新媒體概論

周茂君 編著

崧燁文化

新媒體概論
目錄

目錄

內容簡介

序

前言

第一章 新媒體概述

第一節　新媒體概念及其演進 21
　　一、新媒體概念 21
　　二、新媒體概念的演進 26
第二節　新媒體的基本特徵 29
　　一、海量性 29
　　二、交互性 29
　　三、即時性 30
　　四、多媒體性 31
第三節　新媒體表現形態 32
　　一、網路媒體形態 32
　　二、數位媒體形態 39
　　三、行動通訊媒體形態 41
　　四、自媒體形態 42

第二章 新媒體的發展歷程

第一節 網路媒體發展概況 47
　　一、1969—1993：網路媒體探索期 47
　　二、1994—2000：網路媒體商用嘗試期 49
　　三、2001—2004：商業網站啟動期 50
　　四、2005年至今：網路媒體全面發展期 53
第二節 自媒體發展掃描 54

一、自媒體概述 55
　　二、部落格：Web2.0 時代具有開創意義的個人媒體 55
　　三、微博：精英傳播向草根傳播的變革者 58
　　四、微信：「連接一切」的移動平台 64
　第三節 行動通訊媒體發展巡禮 67
　　一、行動通訊媒體的產生及意義 68
　　二、行動通訊媒體的發展推進媒介融合 70
　　三、移動互聯網搭建人類社交平台 72

第三章 網路技術和數位技術

　第一節 網路技術 75
　　一、網路的組成部分 75
　　二、網路結構 77
　　三、網路體系結構 79
　　四、網路訊息表現形態 79
　第二節 入口網站技術 85
　　一、網站基礎知識 85
　　二、網站的架構 87
　　三、網站架構中的軟體系統 88
　第三節 搜尋引擎技術 88
　　一、搜尋引擎技術概述 88
　　二、搜尋引擎的工作原理 90
　　三、搜尋引擎的應用 94
　第四節 即時通訊技術 95
　　一、即時通訊軟體概述 95
　　二、即時通訊軟體技術 96
　第五節 網路影片技術 98
　　一、網路影片初探 99

二、串流媒體技術和 P2P 技術的應用 102
　第六節 數位電視技術 103
　　一、數位電視概述 103
　　二、數位電視技術原理 104

第四章 行動通訊技術

　第一節　移動技術基礎 109
　　一、行動通訊網路 109
　　二、行動終端及其作業系統 112
　第二節 LBS 技術及應用 113
　　一、LBS 概述 113
　　二、LBS 技術實現前提和方法 114
　　三、LBS 技術的應用 119
　第三節 二維碼 120
　　一、一維碼 120
　　二、二維碼 121
　　三、二維碼的應用 123
　第四節 行動支付 125
　　一、行動支付概述 125
　　二、行動支付相關技術 126
　　三、行動支付應用 128

第五章 傳播參與者：從受眾到網眾

　第一節 傳統的受眾概念 131
　　一、受眾的定義及基本類型 131
　　二、受眾觀念的歷史演進 134
　　三、主要受眾理論 137
　　四、受眾的媒介使用行為 141
　第二節 新媒體環境下的網眾概念 142

一、網眾概念及基本特徵 143
　　二、網眾身分的意義 146
　　三、網眾的媒介使用行為 149
　第三節　從受眾到網眾角色轉變中的博弈 150
　　一、從自由烏托邦到全景式監獄：網眾的社會控制 150
　　二、從天涯若比鄰到對面不相識：網眾的社會關係 153

第六章 傳播內容：從組織生產到用戶生產

　第一節　大眾傳媒的內容生產 157
　　一、大眾傳媒內容生產的基本環節 157
　　二、大眾傳媒內容生產的基本特徵 159
　　三、大眾傳媒內容生產的制約因素 161
　第二節　新媒體用戶自主生成內容（UGC） 164
　　一、Web 2.0 與互聯網平台 164
　　二、Web 2.0 環境下用戶自主生成內容 169
　　三、用戶生成內容的特點 170
　第三節　網路狂歡下的眾聲喧譁 172
　　一、新媒體與賦權理論 172
　　二、話語權分散語境下的網路狂歡 174
　　三、眾聲喧譁的正面與負面效果 177

第七章 傳播過程：從線性傳播到病毒式傳播

　第一節　傳統點對點的線性傳播模式 183
　　一、傳播學三論概述 183
　　二、典型的線性傳播模式 186
　第二節　新媒體環境下由一點對多點的放射性傳播模式 191
　　一、六度分隔理論概述 191
　　二、新技術帶來病毒式傳播 192
　　三、病毒式傳播的產生條件 195

第三節 新媒體激發病毒式傳播 199
　　　一、新媒體構建新型傳播語境 199
　　　二、病毒式傳播的基本特徵 202

第八章 傳播效果：從可知效果到未知效果

　　第一節 傳統的效果可知論 207
　　　一、傳播效果概述 207
　　　二、傳播效果的歷史演進 209
　　　三、傳統媒體與效果可知 214
　　第二節 新媒體環境下傳播效果難以預測 215
　　　一、新媒體消解傳播控制權 215
　　　二、新媒體語境下傳播效果難以預測 220
　　　三、傳播效果難以預測的原因 222
　　第三節 碎片化後的重新聚合 226
　　　一、新媒體環境下的碎片化傳播特徵 227
　　　二、新媒體環境下的意見領袖 230
　　　三、新媒體意見領袖對傳播活動的引導作用 233

第九章 新媒體經營概說

　　第一節 新媒體產業經濟概貌 239
　　　一、新媒體產業的崛起 239
　　　二、新媒體產業的特徵 241
　　　三、新媒體產業中存在的問題 243
　　第二節 新媒體產業價值鏈構成 245
　　　一、構建新媒體產業鏈的必要性 245
　　　二、新媒體產業價值鏈的構成部分 247
　　　三、平台運營系統的運作 249
　　第三節 新媒體經營的組織架構 251
　　　一、運營部 251

7

　　二、技術部 253
　　三、數據部 253
　　四、市場部 255
　第四節 新媒體經營的內容 256
　　一、廣告服務 256
　　二、專業化的訊息服務 257
　　三、網路遊戲 258
　　四、增值服務 258
　　五、智慧產品 259

第十章 網路媒體經營

　第一節 入口網站經營 261
　　一、入口網站的類型 261
　　二、入口網站的盈利模式 262
　　三、入口網站的發展出路 264
　第二節 垂直網站經營 265
　　一、垂直網站的盈利模式 266
　　二、垂直網站的發展方向 267
　第三節 搜尋引擎經營 269
　　一、搜尋引擎的盈利模式 270
　　二、搜尋引擎的發展方向 272
　第四節 社交網站經營 274
　　一、社交網站的特點 274
　　二、社交網站的盈利模式 276
　　三、社交網站的發展方向 278
　第五節 電子商務網站經營 280
　　一、電子商務網站的特點 280
　　二、電商網站的主要類型 282

三、電商網站的發展趨勢 285

第十一章 數位電視媒體經營

第一節 IPTV 經營 289
　　一、IPTV 概況 289
　　二、IPTV 產業鏈 291
第二節 數位電視經營 292
　　一、數位電視概況 293
　　二、數位電視產業鏈 295
　　三、數位電視經營模式 296
第三節 樓宇電視經營 296
　　一、樓宇電視概況 296
　　二、樓宇電視經營困境 298
　　三、樓宇電視經營的出路 300
第四節 車載電視經營 302
　　一、車載電視概況 302
　　二、車載電視經營現狀 303
　　三、車載電視經營的發展趨勢 305

第十二章 手機媒體經營

第一節 手機媒體發展概況 309
　　一、手機媒體的概念 309
　　二、手機媒體的特徵 311
　　三、手機媒體的發展歷程 313
第二節 手機媒體產業價值鏈 314
　　一、手機媒體產業價值鏈各環節 314
　　二、手機媒體產業價值鏈演變 318
第三節 手機媒體盈利模式 320
　　一、傳統的手機媒體盈利模式 320

9

二、手機媒體盈利的現狀 321
　　三、手機媒體的業務類型及其盈利模式 323

第十三章 新媒體廣告經營

第一節 網路廣告經營 329
　　一、搜尋引擎廣告（SEA） 329
　　二、即時通訊廣告（IM） 334
　　三、部落格廣告 340
　　四、微博廣告 343
　　五、SNS 廣告 346
第二節 數位電視媒體廣告經營 349
　　一、數位電視媒體廣告的形式 349
　　二、數位電視媒體廣告存在的問題 352
第三節 手機媒體廣告經營 353
　　一、手機媒體廣告的類型 353
　　二、手機媒體廣告的優勢 354
　　三、手機媒體廣告的問題 355

第十四章 企業的新媒體行銷

第一節 從傳統行銷到新媒體行銷 359
　　一、企業行銷環境的變化 359
　　二、新媒體環境下企業行銷面臨的機遇與挑戰 363
第二節 新媒體環境下企業行銷觀念嬗變 370
　　一、從數據收錄到大數據挖掘 370
　　二、從培養消費者到建立用戶社群 372
　　三、從企業的單個創意到消費者的集體創造 374
　　四、從品牌就是一切到一切都是品牌 375
　　五、從追求利潤最大化到注重人文關懷 377
第三節 企業的新媒體行銷策略 379

一、增加行銷活動中消費者參與 379
　　二、將企業與產品訊息置於消費者可能到達的地方 383
　　三、在深度溝通中解決問題與化解危機 386

第十五章 新媒體倫理與用戶媒介素養

　第一節 新媒體環境下的媒介倫理 391
　　一、新媒體倫理及其發展歷程 391
　　二、新媒體環境下的傳播倫理問題 395
　　三、新媒體環境下的傳播倫理建構 398
　第二節 新媒體用戶的媒介素養媒介素 404
　　一、媒介素養的內涵及其演變 404
　　二、新媒體用戶媒介素養的意義與內涵 406
　　三、新媒體用戶媒介素養教育 410

後記

新媒體概論
內容簡介

內容簡介

　　本書從總論、技術、傳播、經營和管理五個方面,對新媒體進行了分析,既剖析了技術發展對傳播參與者、傳播內容、傳播過程和傳播效果的影響,又考察了新媒體———網路媒體、手機媒體、數位電視與戶外新興媒體的經營活動和企業的新媒體行銷,是一本供新聞傳播學各專業在校大學生、研究生使用的教材,亦可作為從事新媒體工作的專業人士使用的重要參考書。

新媒體概論
序

序

　　媒介技術的發展將我們帶到了一個眾語喧譁、瞬息萬變的新媒體時代。在這裡，人們都在放聲疾呼，也都被這個由媒介構建的全新世界所迷醉。然而，伴隨著新媒體時代的到來，思想觀念、生活方式乃至行為舉措的急遽改變，也常常讓人們有些不知所措和無所適從。新媒體到底是什麼？新媒體時代到來又意味著什麼？人們如何正確處理好與新媒體的關係？這些問題看似簡單，卻又真真切切地擺在人們面前，需要我們去面對，去解決。因此，理解新媒體在當下顯得尤為重要。

　　人類社會發展的每一階段都會有一些新型的媒體出現，它們都會給人們的社會生活帶來重大的改變。這種改變在今天這個新媒體時代表現得尤其明顯：受眾這一角色轉變成了「網眾」或「用戶」，成了傳播的主動參與者，而非此前的被動訊息接受者；傳播過程不再是單向的，而是雙向互動的；傳播模式的核心在於數位化和互動性。這一系列改變的背後是網路技術、數位技術和行動通訊技術的發展，並由此衍生出多種新媒體形態———以網路媒體、互動性電視媒體、移動媒體為代表的新興媒體和以樓宇電視、車載移動電視等為代表的戶外新型媒體。

　　由周茂君教授主編的這套新媒體系列叢書，就是在移動互聯、數位行銷、大數據和社會化網路等熱點問題層出不窮的背景下，沿著技術、傳播、運營和管理的邏輯，對新媒體進行的梳理和把握。從技術層面上看，新媒體是用網路技術、數位技術和行動通訊技術搭建起來，進行訊息傳遞與接收的訊息交流平台，包括固定終端與行動終端。它具備以新技術為載體、以互動性為核心、以平台化為特色、以人性化為導向等基本特徵。從傳播層面看，新媒體從四個方面改變著傳統媒體固有的傳播定位與流程，即傳播參與者由過去的受眾成了網眾，傳播內容由過去的組織生產成了用戶生產，傳播過程由過去的一對多傳播成了病毒式擴散傳播，傳播效果由過去能預期目標成了無法預估的未知數。這種改變從某種程度上可以說是顛覆性的，傳統的「5W」「魔彈論」和「受眾」等經典理論已經成為明日黃花。從運營層面看，在新媒體

技術構築的運營平台之上，進行各類新媒體的經營活動，包括網路媒體經營、手機媒體經營、數位電視與戶外新媒體經營和企業的新媒體行銷。這就在很大程度上打破了報刊、廣播和電視等傳統媒體過分倚重廣告的單一經營模式，實現了盈利模式的多元化。從管理層面看，新媒體管理主要從三個方面著手，即新媒體的政府規制、新媒體倫理和新媒體用戶的媒介素養。

這套新媒體系列叢書既有對新媒體的發展軌跡和運行規律的理論歸納，又有對新媒體運營實務的探討，還有對大量鮮活新媒體案例的點評，真正做到了理論與實務結合、運行與案例相佐，展現出叢書作者良好的學術旨趣與功力。希望以這套叢書為起點，湧現出更多的作者和更多的研究著作，早日迎來新媒體教育與研究的新時代。

是為序。

羅以澄

前言

　　關於新媒體，從概念到特徵，有很多說法，也有各種各樣的表述。我們認為，新媒體是指採用網路技術、數位技術和行動通訊技術進行訊息傳遞與接收的訊息交流平台，包括固定終端與行動終端。它具備以下基本特徵———以新技術為載體，以互動性為核心，以平台化為特色，以人性化為導向。

　　以新技術為載體，是指新媒體的應用與運營以新技術為基礎。網路技術、數位技術、行動通訊技術的發明與普及，不僅為新媒體的誕生提供了技術支持，同時也為新媒體的運作提供了訊息載體，使得訊息能以超時空、多媒體、高保真的形式傳播出去。可以說，新媒體的所有特徵，都是建立在新技術提供的技術可能性的基礎之上。

　　雙向互動是新媒體的本質特徵。傳統媒體一個很大的弊端在於訊息的單向流動，而新媒體的出現突破了這一侷限。它從根本上改變了訊息傳播的模式，也從根本上改變了傳播者與受傳者之間的關係。傳播參與者在一個相對平等的地位進行訊息交流，媒體以往的告知功能變成如今的溝通功能。這種溝通不僅體現在媒體與用戶之間，還體現在用戶與用戶之間。可以說，新媒體的這一特徵，不僅對傳統媒體，而且對整個社會都將產生深遠的影響。

　　新媒體搭建起一個綜合性訊息平台，傳統媒體與新媒體在這個平台之上逐漸走向融合。新媒體的出現並不會導致傳統媒體的消亡，二者會相互補充、共同發展。而新媒體以其包容性的技術優勢，接納與匯聚了傳統媒體的媒介屬性。報刊、廣播、電視等傳統媒體只有在適應新媒體環境、與新媒體的新技術形式相互滲透之後，才能獲得二次發展。如今數位化報紙、網路廣播、手機電視等融合性媒體如雨後春筍般出現便是明證。而新媒體脫胎於舊的媒介形態的特徵，為新舊媒體的相互融合提供了可能。

　　人性化是所有媒介的發展方向：口語媒介轉瞬即逝、不易儲存，於是有了文字媒介；文字媒介無法大規模複製，於是出現了印刷媒介；印刷媒介難以克服時空的障礙，電子媒介便應運而生。可以說，每一種新型媒介的出現，必然是對以前媒介功能的補充與完善。新技術是其出現的基礎，而人性化導

向意味著技術圍繞人們的需求而展開。新媒體的出現，滿足了人們渴望發聲、渴望分享的需求；滿足了人們渴望交流、渴望互動的需求；滿足了人們渴望以一個更快更便捷的方式，獲取與傳播更多的個性化訊息的需求。而在不遠的將來，新媒體將帶來真正的去仲介化———人們在經歷了部落社會的無仲介、脫部落社會的仲介化之後，正在迎來人與人之間交流的去仲介化。屆時，人們將歡欣鼓舞地迎接一個所有人都與其他人緊密相連的「地球村」時代。

編寫這套新媒體系列叢書，我們希望達到如下目標：

1. 本套叢書的編寫著眼於新世紀合格的新媒體應用型人才培養，適應人才培養逐步由知識型向能力型轉變的需要。因此，它在編寫組成員的構成、編寫大綱的擬定、資料的取捨、內容的寫作，乃至行文等方面都圍繞著這個中心目標而展開。這是本套叢書編寫的基本方針，也是編寫的基礎和前提。

2. 本套新媒體叢書將「技術」「傳播」「運營」和「管理」四個層面作為著力點，將網路技術、數位技術和行動通訊技術發展帶來的多種新媒體形態———以網路媒體、移動媒體、數位廣播電視媒體為代表的新興媒體和以樓宇電視、車載移動電視等為代表的戶外新型媒體作為主要研究對象。叢書中的每本書在研究內容上既相互關聯，又釐清彼此間的研究邊界而不至於重複。

3. 本套新媒體叢書瞄準大專院校網路傳播或相關專業的專業必修課，因而叢書的編寫內容，除了具備普通大專院校網路傳播或相關專業在校大學生、研究生必須掌握的新媒體傳播、行銷實務的基本知識和技能外，還必須具備開闊的思路和國際化的視野，有利於完善學生的知識結構，有利於培養其適應新媒體發展需要的網路傳播能力，有利於保證其畢業後能勝任新媒體經營與管理工作，即有利於使其成為合格的新媒體編輯和經營管理人才。

4. 本套叢書既關注理論前沿問題，吸收和借鑑國內外新媒體研究的最新成果，又注重這些基本理論的實際應用。在具體編寫過程中，本套叢書將基本理論、實際應用相結合，展現出獨具的特色：

其一，基本理論部分。對新媒體涉及的網路技術、數位技術和行動通訊技術等，只作概括性的敘述，不進行全面性的描述，對其基本原理，力爭深入淺出，易學易懂。

其二，實際應用部分。新媒體基本理論的實際應用是本套叢書的寫作重點。無論技術層面，還是傳播層面，抑或是行銷層面，新媒體基本理論的實際應用都是重點，這個思路將貫穿於每本書的編寫之中。

5. 本套叢書在編寫過程中盡力做到有思想、有創見、有全新體系，觀點新穎，持論公允，叢書整體風格力求簡潔、明了、暢達，並在此基礎上使行文生動、活潑、風趣。

「理想很豐滿，現實很骨感。」上述設想在編寫過程中是否實現了，還有待學界和業界專家、學者，以及廣大讀者的檢驗，為此我們祈盼著！

本套叢書首批十本書的編著者，既有來自武漢大學新聞與傳播學院的劉友芝女士、周麗玲女士、楊嫚女士、侯曉豔女士和洪杰文先生、何明貴先生、周茂君先生、李明海先生和馬二偉先生，還有張玲女士。作者隊伍雖很年輕，但絕大多數都擁有博士學位和在國外留學的經歷，因此他們能夠站在學術研究前沿，感受新媒體的新發展，研究新問題，並在書中奉獻自己的獨到見解，進而提升叢書的質量。

在本套叢書付梓之際，需要感謝和銘記的人很多。首先要感謝羅以澄先生，他不僅為本套叢書的編寫提出了許多建設性意見，還親自為叢書寫了序言，老一輩學者對年輕後輩的愛護與提攜之情溢於言表。其次要感謝出版社的李遠毅先生、楊景罡先生和李玲女士等，是你們的辛勤付出和寬大包容才使本套叢書得以順利面世，感激之情無以言表。

周茂君

第一章 新媒體概述

【知識目標】

☆新媒體的概念及基本特徵。

☆新媒體的主要媒體形態。

【能力目標】

1. 瞭解新媒體的概念及基本特徵。

2. 熟悉網路媒體、數位電視媒體、行動通訊媒體和自媒體的媒體形態。

第一節　新媒體概念及其演進

伴隨著網路技術、數位技術和行動通訊技術的迅猛發展，以網路媒體、數位電視媒體和行動通訊媒體為代表的新媒體，已經滲透到社會生活的方方面面，給社會帶來了重大的變化與深刻的影響。新媒體發展越迅速，它在人們日常生活中占據的地位就越重要，從工作方式到生活習慣，從思維方式到行為準則，甚至交友、購物和媒體接觸，無不打上它的烙印。

一、新媒體概念

關於「新媒體」(New Media) 概念最早由誰提出，一般有兩種觀點。一種觀點認為，該概念由美國哥倫比亞廣播公司 (CBS) 技術研究所所長 P. 戈爾德馬克 (P.Goldmark) 提出，他在 1967 年發表了一份「關於開發電子錄影 (Electronic Video Recording，EVR) 商品的計劃」，首次提出「新媒體」的概念，並將電子錄影稱為「新媒體」。1969 年，美國傳播政策總統特別委員主席 E. 羅斯托 (E.Rostow) 在向美國總統尼克森提交的報告書中，也多次使用「新媒體」概念。此後，「新媒體」一詞便在美國和歐洲被廣泛使用，並風行世界各地。另一種觀點則認為，「新媒體」概念至少可追溯到 20 世紀 50 年代。1959 年，馬歇爾·麥克盧漢在美國芝加哥參加全美高等教育學會

舉辦的一次會議上，發表了「電子革命：新媒體的革命影響」的演講，第一次提出「新媒體」的概念。

（一）新媒體的定義

什麼是新媒體，即如何定義新媒體？對此，學界與業界一直都各執一詞，莫衷一是，有的從技術的層面定義新媒體，有的從傳播的層面界定新媒體，有的從內涵方面揭示新媒體，有的從外延方面表述新媒體，等等。科學而準確的概念是進行科學研究的必要前提，只有在準確把握概念的基礎上，思想才能澄澈，思維才能深刻。

新媒體是指採用網路技術、數位技術、行動通訊技術進行訊息傳遞與接收的訊息交流平台，包括固定終端與行動終端。它具備以下基本特徵：以新技術為載體，以互動性為核心，以平台化為特色，以人性化為導向。一般來說，新媒體有狹義與廣義之分，「狹義新媒體僅指區別於傳統媒體的新型傳媒，主要包括被稱為第四媒體的互聯網（以電腦為終端的電腦訊息網路）和第五媒體的移動網路（以手機等行動通訊工具為終端，基於行動通訊技術的移動互聯網服務以及電信網路增值服務等傳播媒介形式），這兩種新媒體，又可被統稱為網路媒體。廣義的新媒體則包括大量的新興媒體，指依託於互聯網、行動通訊、數位技術等新電子訊息技術而興起的媒介形式，既包括網路媒體，也包括傳統媒體運用新技術以及和新媒體融合而產生或發展出來的新媒體形式，例如電子書、電子紙、數位報、IPTV 等。」這裡說得很清楚，狹義的新媒體是以互聯網技術為內核，以電腦、手機等設備為終端，並透過與終端相適應或匹配的方式來進行傳播，它以網路媒體為代表。而廣義的新媒體則是基於網路技術、數位技術和行動通訊技術，透過互聯網、無線通訊網、衛星等通路，向電腦、手機、電視機以及各類數位化電子屏等終端傳播訊息的媒體形態，包括網路媒體、數位電視、IPTV、車載電視、樓宇電視和手機媒體等。本書所說的新媒體即指廣義的新媒體。

以新技術為載體，是指新媒體的應用與運營以新技術為基礎。網路技術、數位技術、行動通訊技術的發明與普及，不僅為新媒體的誕生提供了技術支持，同時也為新媒體的運作提供了訊息載體，使得訊息能以超時空、多媒體、

高保真的形式傳播出去。可以說，新媒體的所有特徵，都是建立在新技術提供的技術可能性的基礎之上。

雙向互動是新媒體的本質特徵。傳統媒體的一個很大的弊端，在於訊息的單向流動。新媒體的出現突破了這一侷限，它從根本上改變了訊息傳播的模式，也從根本上改變了傳播者與受傳者之間的關係。傳播參與者在一個相對平等的地位進行訊息交流，媒體以往的告知功能變成了如今的溝通功能。這種溝通不僅體現在媒體與用戶之間，還體現在用戶與用戶之間。可以說，新媒體的這一特徵，不僅對於傳統媒體，而且對於整個社會都將產生深遠的影響。

新媒體搭建起一個訊息交流平台，傳統媒體與新媒體在這個平台之上逐漸走向融合。新媒體的出現並不會導致傳統媒體的消亡，二者會相互補充、共同發展。新媒體以其包容性的技術優勢，接納與匯聚了傳統媒體的媒介屬性。報刊、廣播、電視等傳統媒體只有在適應新媒體環境，與新媒體的新技術形式相互滲透之後，才能獲得二次發展，如今數位化報紙、網路廣播、手機電視等融合性媒體如雨後春筍般出現便是明證。新媒體脫胎於舊的媒介形態的特徵，為新舊媒體的相互融合提供了可能。

人性化是所有媒介的發展方向：口語媒介轉瞬即逝、不易儲存，於是有了文字媒介；文字媒介無法大規模複製，於是出現了印刷媒介；印刷媒介難以克服時空的障礙，電子媒介便應運而生。可以說，每一種新型媒介的出現，必然是對以前媒介的功能補充與完善。新技術是其出現的基礎，而人性化導向意味著技術圍繞人們的需求而展開。新媒體的出現，滿足了人們渴望發聲、渴望分享的需求；滿足了人們渴望交流、渴望互動的需求；滿足了人們渴望以一個更快速、更便捷的方式獲取與傳播更多的個性化訊息的需求。而在不遠的將來，新媒體將帶來真正的去仲介化───人們在經歷了部落社會的無仲介、脫部落社會的仲介化之後，正在迎來人與人之間交流的去仲介化。屆時，人們將歡欣鼓舞地迎接一個所有人與其他人都緊密相連的「地球村」時代。

（二）圍繞新媒體概念的爭議

對新媒體概念的討論，大致可分為技術、傳播、實務與調和四個派別。其中技術派側重於從技術的角度去定義新媒體，強調技術進步在新媒體發展過程中的作用；傳播派著重強調新媒體的傳播特徵，以及它對於傳統的傳播模式的影響與改變；實務派多是從實際運用的角度分析，其新媒體概念淺顯直白、通俗易懂；調和派則是調和上述三個類別之間的差異，融合它們各自的特點，以概括的手法籠統地提出一個盡可能全面的新媒體概念。

1. 技術派的觀點

持技術派觀點的人認為，新媒體的內涵是在世界科學技術發生重大進步的背景下，在社會訊息傳播領域出現的建立在數位技術基礎上的能使傳播訊息大大擴展、傳播速度大大加快、傳播方式大大豐富、與傳統媒體迥然相異的新型媒體，其外延包括數位廣播電視、手機簡訊、互聯網路等。這一派觀點強調了科學技術在新媒體發展過程中的作用，指出了由於新技術的引入所帶來的傳播活動的整體變化。同時，它從外延與內涵兩個角度去界定新媒體，避免了內涵定義的抽象與外延定義的寬泛。

它的缺點在於由於時代的侷限性所帶來的片面性，主要體現在：首先，當今新媒體已然運用了數位技術、網路技術和行動通訊技術等多種技術手段，而不僅僅是它所提到的數位技術；其次，新媒體帶來了傳播活動方方面面的變革，特別是互動性與個性化，而不僅僅是傳播訊息、傳播速度與傳播方式方面的變化；最後，隨著技術的進步與時代的發展，新媒體衍生出了許多新的形式，不只是它的外延定義中提到的那幾類，而且數位廣播電視、手機簡訊只能說是當時一種新出現的媒體，不是嚴格意義上的新媒體。

2. 傳播派的觀點

傳播派認為，要從數位化、碎片化、話語權共享、全民出版四個方面解讀新媒體，新媒體意味著技術的進步、傳播語境的改變、傳統話語權的解構和內容生產方式的轉變。這一派觀點指出了新媒體引發的傳播領域的變化，上述四個方面對新媒體的解讀，基本概括了新媒體的本質。同時，它也考慮

第一節 新媒體概念及其演進

到了傳播技術和傳播語境因素對於新媒體的影響，而二者的進步與改變正是新媒體產生與發展的主要驅動力。

但這不能算一個嚴格意義上的新媒體概念，只能算是對新媒體概念的描述與解讀。儘管它比較全面地介紹了新媒體的主要特點，但沒能以凝練的語言提出一個明確的新媒體定義。此外，它找到了新媒體同傳播技術與傳播語境的相關性，卻沒能發現它們之間的因果性，正是後者的變革而引發了前者的變遷。

3. 實務派的觀點

實務派以《連線》雜誌為代表，將新媒體定義為由所有人向所有人進行的傳播。這一觀點很好地概括了新媒體的核心特徵，簡短而明確。在傳統媒體時代，傳播活動呈現出兩極化趨勢：一種是我們只能被動地接收媒體傳遞的訊息，而無法將自身的意見及時回饋給媒體；另一種是由於話語權掌握在傳統媒體手中，一般大眾由於無法接觸到稀缺的傳播資源而很難將自己的聲音與觀點傳播出去。新媒體的出現打破了傳統媒體對傳播資源的壟斷，使得人人都有了麥克風，人們都可以利用手中的新媒體，對傳統媒體以及其他所有人傳播訊息。回饋也變得及時而高效，避免了由於傳播的遲滯帶來的一系列問題。

但這派觀點也存在一些問題。首先，這種觀點缺乏定義的嚴謹性。媒體是人們進行訊息傳播活動的工具、載體、仲介或技術手段，是一種實體的存在。而《連線》的觀點將新媒體視為一種「傳播」，最終將由於定義的隨意性而淪為空泛之談。其次，缺乏定義的全面性。對一個事物進行概念定義，應在準確把握事物實質的基礎上對其主要特徵進行全面概括。雙向互動、自主傳播是新媒體的核心特徵，但不是全部特徵，在定義新媒體時還要將它的技術特徵、平台特徵考慮在內。

4. 調和派的觀點

持調和派觀點的學者認為，新媒體是一個相對的概念，新相對於舊而言；新媒體是一個時間的概念，在一定的時間段內有代表這個時間段的新媒體

形態；新媒體是一個發展的概念，它永遠不會終結在某個固定的媒體形態上。這個定義幾乎將人類歷史上出現過的媒介都囊括在內，上文提到的界定新媒體概念發展階段的三種媒體也都與這個定義相吻合。它從時間維度去界定新媒體，解釋新媒體，賦予新媒體概念與時俱進的特點。

凡事都有兩面性，這種單維的概念界定也存在缺陷。首先，它從宏觀的層面去把握新媒體的概念，指出了新媒體概念隨著時間的推移而不斷演進的特徵，但未能指出新媒體的本質特徵。其次，它概括了所有已經出現和將要出現的新媒體，但面面俱到並不是面面俱全，廣度的代價是深度與精度的缺失。最後，定義需要邏輯的嚴謹性，是一種「什麼是什麼」的表述，後者必須能夠高度概括前者的特徵。而採用這種寬泛的概念來定義新媒體，可能造成新媒體概念的淺表化。

二、新媒體概念的演進

早在 20 世紀 50 年代，加拿大傳播學大師馬歇爾·麥克盧漢 (Marshall McLuhan) 就曾發表過題為「電子革命：新媒體的革命影響」的演講，不過他所說的「新媒體」是以時間維度為衡量標準，主要指的是他所處時代的「新媒體」，例如電報、照片和廣播。最早提出新媒體概念的時間可以追溯至 1986 年。日本學者岡村二朗的《視聽教育在新媒體時代的地位》。在岡村二郎的這篇文章中，廣播、有線電視、錄影和小型電腦被看作新媒體。新媒體概念的演進，經歷了以互聯網為代表的網路媒體、以部落格為代表的自媒體、以手機為代表的移動新媒體三個階段。

（一）互聯網：從資源有限到資源無限

互聯網的出現，突破了傳統的報刊、廣播與電視媒體在媒介資源上的侷限性，使得海量的訊息資源突破時空的限制傳遞到受眾面前。同時，互聯網訊息內容的多媒體屬性，使得訊息的形式更為豐富，受眾更易於接受。而且，由於調動了受眾的多種感官，因而較之報刊、廣播、電視等傳統媒體，受眾的參與性更強。

第一節　新媒體概念及其演進

　　聯合國教科文組織提出過一個簡潔的新媒體定義：「新媒體就是網路媒體。」後來在1998年聯合國新聞委員會年會上，聯合國祕書長安南提出了「第四媒體」概念，他呼籲在加強傳統的文字和聲像傳播手段的同時，應利用最先進的第四媒體———Internet，以加強新聞傳播工作。我們將這種定義視為新媒體概念沿革第一階段。在此之前提出的新媒體概念，是新舊之「新」，是一種修辭學上的表述，因而不能被看成一種嚴謹的概念。例如麥克盧漢提出的新媒體概念，有人認為卡拉OK、電腦光碟雜誌、電子傳單、掛曆等都是新媒體。

（二）部落格：從組織生產到用戶生產

　　從1998年的德拉吉報導(Drudge Report)率先挖掘克林頓與陸文斯基的性醜聞開始，部落格開始嶄露頭角，到2003年的伊拉克戰爭時則充分顯示了自身的自媒體特性。部落格濫觴於1993年，到1999年定名為BLOG，典型的代表是Slashdot和德拉吉報導。它打破了大眾傳媒對於媒介內容的壟斷，使得用戶可以自行生成內容，而不再完全依賴媒介組織生產的內容。同時，大眾化的訊息傳播被個性化的訊息傳播取代，用戶在使用這一媒體的過程中獲得了更多的自主性與能動性。此外，部落格使得用戶可以方便地與傳統媒體以及其他用戶進行互動，傳統的單向傳播模式被打破。可以說，正是部落格的出現，實現了由Web1.0向Web2.0的轉變，使傳統的「人機對話」模式向「人人對話」模式的轉變。

　　熊澄宇和廖毅文在2003年提出，所謂新傳媒，或稱數位媒體、網路媒體，是建立在電腦訊息處理技術和互聯網基礎之上，發揮傳播功能的媒介總和。它除具有報紙、電視、電臺等傳統媒體的功能外，還具有交互、即時、延展和融合的新特徵。他們在這裡提到的新媒體指的便是部落格。從這個定義開始，新媒體概念沿革迎來以部落格為代表的第二個階段。這一階段的新媒體概念開始強調新媒體的自主性、互動性與個性化特徵。網路媒體只是將傳統媒體的內容照搬到了互聯網上，而以部落格為代表的新媒體真正實現了媒體形式的變革。

（三）手機：從時空固定到無處不在、無時不有

在手機媒體出現以前，用戶只能在固定的時間與地點接入互聯網，進行訊息的傳遞與接收，傳播活動被限制在了固定的 PC 終端。手機媒體將人們從這一桎梏中解放出來，它使得傳播活動的參與者不再侷限於狹小的時間、空間範圍，傳播活動變得無處不在、無時不有。同時，作為訊息的接收與發佈平台，手機整合了報刊、廣播、電視、互聯網等媒體的傳播特點與傳播屬性，透過多種媒體表現手段傳播訊息，是真正意義上的全媒體。此外，手機媒體具有其他所有媒體望塵莫及的便捷性與交互性，隨身攜帶與使用便利的特點，使得媒體用戶可以「永遠在線，隨時互聯」。

早在 2003 年，熊澄宇便指出新媒體不僅是互聯網，手機已開始從個人通訊工具向媒體終端的過渡。馮光華和後天也提出過類似的觀點。但在那個時代背景下他們所說的手機新媒體，主要是指手機簡訊，而手機簡訊雖然改變了傳統的訊息接收方式，但由於媒體表現形式過於單一（文本和圖片）而不能被看作嚴格意義上的新媒體。相較而言，廖祥忠的觀點更準確，他指出「新媒體」是「以數位媒體為核心的新媒體」———透過數位化交互性的固定或移動的多媒體終端向用戶提供訊息和服務的傳播形態。至此，新媒體的概念沿革進入第三個階段———以手機為代表的移動新媒體。

長期以來，人們對於新媒體的概念缺乏一個統一的認識，可能的原因是技術的進步帶來了媒介形態的不斷變化，進而帶來媒介概念的變遷。同時，新媒體研究是一個新興領域，以往在傳統媒體基礎上發展起來的傳播理論與媒介理論不再完全適用，需要根據媒介形態的變化做出相應的調整。但是，我們必須認識到技術因素在新媒體概念變遷中的作用。隨著網路技術、數位技術、行動通訊技術的發展，尼古拉斯·尼葛洛龐帝提出的「個人報紙」與「互動的新媒體」等概念已然成為現實。而媒介技術的發展並不會就此停滯，它將繼續向前，將我們的社會推向遠方。新媒體確實是一個時間的概念，它存在於過去，也存在於現在和未來。未來的新媒體會呈現出一幅怎樣的景象？萊文森在其「媒介進化理論」中給我們提供了某些指示：媒介將朝著更加人性化、更加完善化的方向發展。新媒體仍在發展，朝著更高的階段進化。

第二節　新媒體的基本特徵

關於新媒體的基本特徵，有海量訊息、超時空、全球化、分眾化、個性化、多媒體性、交互性、即時性、綜合性、開放性、平台性、低成本、檢索便捷、虛擬性、延展性和融合性等各種各樣的說法，它們都從不同的側面揭示了新媒體的特性。與報刊、廣播和電視等傳統媒體相比，新媒體的基本特徵主要表現為海量性、交互性、即時性和多媒體性。

一、海量性

在傳統媒體時代，報刊的版面無論有多少、廣播和電視的時長無論有多長，它們的訊息貯存與容量都是有限的。到了新媒體時代，這種狀況才得到根本性的改變。新媒體借助網路傳播技術、數位技術和行動通訊技術，透過國際互聯網向全球用戶提供海量訊息。這種「海量訊息」不僅數量眾多、內容豐富，甚至包羅萬象、無所不有，而且它們不受時間、數量和傳播途徑的限制，可以隨時隨地在互聯網上進行傳播與流動，這在之前的任何一種傳統媒體上都無法實現。這些海量訊息，既來自對人類既有知識的積澱與總結，又來自全球新媒體用戶在互聯網上的創造；這些新媒體用戶借助各種固定終端和行動終端，透過互聯網實現對這些海量訊息的共享，並由此帶來其工作、生活的一切領域發生改變。對此，大型電視紀錄片《互聯網時代》有這樣的表述：「一個微博網站一天內發佈的訊息，就超越了《紐約時報》辛勤工作的 60 年；全球 YouTube 最大的影片網站，一天上傳的影像，可以連續播放 98 年；如今兩天積累的訊息總和，就相當於人類歷史留下的全部記憶。伴隨著海量訊息幾乎無成本的全球流淌，伴隨著人與人、人與物、物與物之間囊括一切的連接，人們有理由預見，財富、生活、交往、創造、觀念，立體的又一輪激烈變革，就在眼前。」

二、交互性

交互性，是新媒體區別於傳統媒體的最重要，也最本質的特徵。在傳統媒體時代，媒體機構與受眾之間的關係是不平等的，即媒體機構負責傳播，受眾被動接受；前者主動，後者被動；傳播模式為從傳者到受眾的單向傳播。

這種狀況在新媒體時代得到徹底改變：受眾（姑且稱為「受眾」，實際上在新媒體時代是沒有嚴格意義上的「受眾」）由單一的受眾身分變而為多元的參眾、網眾和用戶身分；受眾角色由被動變而為主動；傳播模式由「從傳者到受眾」的單向傳播變而為「傳者與受眾」雙向互動傳播。具體地說，其一，受眾的身分與角色徹底改變，從被動身分到主動角色。傳統媒體時代的受眾，在傳播過程中處於弱勢地位，其身分是被動的接受者，面對媒體機構的強勢作為，往往敢怒而不敢言。新媒體使受眾的身分發生改變———由受眾到參眾、網眾和用戶，無論是參眾、網眾，還是用戶，都強調的是受眾的主動介入、積極參與；受眾身分的改變使其在新媒體使用過程中扮演角色隨之發生改變———由單一的被動接受者到多元的主動參與者，或者將二者融為一體，既是訊息的接受者，又是訊息的傳播者。其二，徹底改變了傳者與受眾之間的不平等地位。過去的時代，媒體機構作為傳播者，由其傳播主導地位決定，對傳播哪些內容，選擇何種傳播方式，一般是不顧及或者完全忽視受眾的需要與感受的，往往居高臨下，進行訊息的編輯與傳播；受眾由於接收訊息的通路有限和自身的弱勢地位，不得不選擇沉默或者被動接受。而在新媒體時代，參眾、網眾和用戶的地位空前提升，他們不再是被動接受者和沉默一族，而是選擇積極參與、主動介入，對傳播機構的強勢做派選擇「用腳」投票的方式加以否決，於是在與後者的博弈中徹底改變了之前的不平等地位。其三，徹底改變了「由傳者到受眾」的單向傳播模式，變而為「傳者與受眾之間雙向互動式」的傳播模式。在新媒體傳播過程中，傳者與受者之間的角色常常發生變化：在一次傳播活動中，受者 A 可能是被動的接受者，是受者身分，但當他將這則訊息轉發出去，他就變成主動傳播者 A，具有了傳者身分；在這種不斷地接收再轉發、轉發再接收的過程中，傳者、受者的身分也不斷地隨之發生改變。因此，可以說交互性是新媒體最本質的特徵。

三、即時性

傳統的報刊、廣播、電視在新聞報導上是講求時效性的，但是受技術和生產流程的制約與影響，新聞從採編到刊播出來之間總會有一個時間過程。報紙媒體今天採寫的新聞，最快也要明天才能見報，期刊媒體的時間週期更

長；廣播、電視媒體今天上午採編的新聞，至少要到今天中午或者下午才能播出 (當然，現場直播除外)。新媒體不僅追求實效性，更把這種實效性推向極致───講求傳播的即時性。一方面，網路技術、數位技術、行動通訊技術為人們應用 FB、LINE、部落格、YouTube、微博、微信等新媒體形式消除了技術障礙，使人們可以借助這些新媒體形態進行即時傳播、即時交流，諸如在線交流思想的點滴體會、行動的些微收穫和片刻的心理變化等；另一方面，人們在現實生活中目擊的新聞事件、拍攝的新聞圖片、採寫的現場短新聞等，則可以透過微博、微信等上傳網路，成為新媒體的即時報導，並不斷豐富新媒體的報導內容。因此，新媒體具有即時性的特徵。正如陳力丹所說，新媒體對傳播實效的不斷追求，也使得人們的交往模式向即時在線轉變。微博的簡潔、手機的及時和方便攜帶，加上無線上網技術的成熟，使得人們可以隨時隨地進入網路獲取訊息並發佈訊息。但也正是因為網路的全方位覆蓋，使得社會交往的速度越來越快，很多時候都要求人們及時甚至即時做出回應。新媒體所帶來的這種全天候訊息傳播方式，使得人們的零碎時間被最大限度地整合，新媒體不斷滲入個人生活的方方面面，最大限度地侵襲著人們的時間，使社會交往時刻處於即時在線的緊迫感中。

四、多媒體性

報刊、廣播、電視等傳統媒體的表達形態比較單一：報刊是平面媒體，其表達形態以文字、圖像為主；廣播是聲音媒體，其表達形態以聲音為主；電視是聲畫媒體，其表達形態以聲音、畫面為主。新媒體運用數位技術，在媒體表達形態上突破傳統的報刊、廣播、電視的種種限制，將文字、圖像、音頻、影片和動畫等多種媒體形態整合在一起傳遞訊息，實現訊息的多媒體傳播或全媒體傳播。當然，新媒體要實現多媒體傳播，離不開超文本電腦技術。多媒體超文本是一種按訊息之間關係非線性地存儲、組織、管理和瀏覽訊息的電腦技術。王長瀟在《新媒體論綱》一書中說：「它 (多媒體超文本) 是指透過超連結，在各種訊息之間建立聯繫，對超連結圖標做微小的一次鍵擊，受眾就可以透過幾乎無處不在的橫向連結 (樹形分枝檢索) 或縱向連結 (導航) 離開一個新聞網站而進入另外一個新聞網站。多媒體超文本連結改變

了傳統媒體的訊息傳播方式，使新聞網站的訊息結構呈現非線性的特徵，這種非線性可以使網路新聞在時間上無限延續，在空間上無限拓展，在保留舊有訊息的前提下隨時隨地增添新的內容，進而實現以影片、音頻、文字、動畫、遊戲、論壇的形式多角度地向人們傳播新聞事件。」換言之，新媒體借助數位技術和超文本的非線性訊息組織方式，實現傳統的報刊、廣播、電視等多種媒體形式的互相融合，使新呈現的媒體形態，既可以是「可看」的文字、圖像，又可以是「可聽」的音頻，還可以是「可觀」的影片、動畫。

第三節 新媒體表現形態

新媒體在不同的歷史發展時期，其表現形態是不相同的。Web1.0時代由網站僱員主導生成內容，網路用戶主要透過瀏覽器在搜尋引擎、入口網站上獲取訊息，是訊息的消費者。Web2.0時代由網路用戶主導而生成內容，他們由訊息接受者變而為訊息製造者和傳播者，主要透過社交網路服務（SNS）、部落格（BLOG）、簡易訊息聚合（RSS）、對等網路（P2P）、即時通訊（IM）等進行訊息的生產與傳播，更強調建立以興趣為聚合點的社群，並進行訊息聚合，在開放的平台上與其他用戶分享訊息。「如果說Web1.0是下載、瀏覽、搜尋，那麼Web2.0就是上傳、分享與創建交互。」3G、4G和移動互聯網時代（Mobile Inter-net，MI）將行動通訊和互聯網結合在一起，它採用行動通訊技術，透過智慧行動終端，向人們提供訊息和服務，進而搭建起便捷的社會交往平台和媒體融合平台，甚至人們生活和工作的平台。按照新媒體運用技術不同，新媒體可分為網路媒體形態、數位媒體形態、行動通訊媒體形態，同時，自媒體形態是新媒體區別於傳統媒體的重要媒體形態，因而作為新媒體形態單獨列出。

一、網路媒體形態

網路，即互聯網，其全稱是國際互聯網（Internet）。網路媒體是繼報刊、廣播和電視之後最早出現的新媒體形態，因而被稱為「第四媒體」。關於網路媒體的定義有很多，雷躍捷等的定義最簡潔明了：網路媒體是借助國際互聯網這個訊息傳播平台，以電腦、電視機以及移動電話等為終端，以文字、

聲音、圖像等形式來傳播新聞訊息的一種數位化、多媒體的傳播媒介。網路媒體形態包括搜尋引擎、入口網站、垂直網站、新聞網站、影片網站、社交網站等。

（一）搜尋引擎

搜尋引擎 (Search Engine)，是在互聯網上專門為用戶提供訊息檢索服務的網路系統。它是按照一定的電腦程式在網路上搜尋訊息，並依據特定的規則對這些訊息進行加工處理，然後向用戶提供訊息搜尋與檢索服務。世界上最早的搜尋引擎出現在加拿大，該國麥基爾大學的三位大學生 Alan Emtage、Peter Deutsch、Bill Wheelan 在 1990 年發明了 Archie 程式。「Archie 是一個可搜尋的 FTP 文件名列表，用戶必須輸入精確的文件名，然後 Archie 會告訴用戶哪一個 FTP 地址可以下載該文件。該程式是世界上第一個自動搜尋互聯網上匿名 FTP 網站文件的程式，其工作原理與現在的搜尋引擎很接近。」Archie 由於是第一個搜尋引擎系統，因而被稱為現代搜尋引擎鼻祖。目前著名的搜尋引擎有 Google(Google)、百度 (Baidu)、搜狗 (Sogou)、360 搜尋、雅虎搜尋 (Yahoo!) 等。搜尋引擎的類型主要有目錄式搜尋引擎、全文搜尋引擎、元搜尋引擎、垂直搜尋引擎等。

1. 目錄式搜尋引擎

它的工作原理是依據人工目錄，按類搜尋訊息。搜尋引擎首先提供一份由人工按照類別編排的網站目錄列表，再在網站目錄下細分出具體內容的子目錄，子目錄資料庫保存著各網站的站名、網址和內容提要等，網路用戶則按照這類子目錄搜尋相關的訊息，雅虎、搜狐即屬此類。

2. 全文搜尋引擎

與目錄式搜尋引擎不同，全文搜尋引擎是全文掃描，建立索引，並按照索引查找。即借助電腦索引程式，對文章中的每個詞進逐行掃描，確定其出現的次數與位置，並建立相應的索引；當用戶搜尋該文時，該檢索程式就會依據先前建立的索引進行搜尋，並將搜尋結果回饋給用戶。百度、Google 即全文搜尋引擎的代表。

3. 元搜尋引擎

它的工作原理是一個用戶界面，多個搜尋引擎。即將用戶的查找請求發送到多個搜尋引擎之上進行訊息檢索，再用同一界面將搜尋結果提供給用戶。元搜尋引擎沒有自己的獨立資料庫，而是調用多個搜尋引擎的搜尋結果，以統一的格式在同一界面上集中顯示。元搜尋引擎由於處於多個搜尋引擎之上，借助分佈於網路的多種檢索工具進行全局控制，所以又被稱為「搜尋引擎的搜尋引擎」。著名的元搜尋引擎有搜魅網 (Someta)、BaiGoogledu 等。

4. 垂直搜尋引擎

它是針對某一特定行業的專業搜尋引擎，是全文搜尋引擎的細分和延伸，具有「專、精、深」的特點。它的工作原理是用網路蜘蛛在互聯網上不斷蒐集頁面，再「按照對象不同，對蒐集到的網頁所包含的訊息進行區分，然後分門別類地將內容訊息集成到對象訊息庫中。在網路抓取、對象分類和內容集成之後，垂直搜尋引擎就可以利用這些結構化的對象訊息為用戶的特定需求提供全面、專業、有深度的服務」。

（二）入口網站

門戶 (Portal)，原意為入口、正門，現在多指互聯網上的入口網站和企業應用系統的門戶系統。入口網站 (Portal Web，Directindustry Web)，由英文的「Portal Site」翻譯而來，屬於 ICP(Internet Conetnt Provider，互聯網內容提供者) 的一種，指的是將互聯網上浩繁多樣的訊息按照一定的規則進行整理、分類以後提供給搜尋引擎，以便用戶能夠快速找到所需訊息的網站。入口網站最初提供的是搜尋服務和目錄服務，隨著互聯網的發展和競爭的加劇，入口網站也迅速地拓展各種新的業務類型以吸引和留住互聯網用戶，從新聞訊息、娛樂資訊到搜尋引擎、電子郵箱、增值服務，入口網站的業務包羅萬象、應有盡有，因而有「網路超市」、網路世界的「百貨商場」之稱。根據入口網站主要服務對象的地域特徵，可以分為綜合入口網站和地方入口網站。綜合入口網站面向的是全球範圍內的互聯網用戶，以提供綜合型的新聞訊息、娛樂資訊為主，也提供搜尋引擎、網路郵箱、在線遊戲、移動增值等其他產品，擁有龐大的用戶群體和較高的流量來源，影響力比較廣

泛。目前，綜合入口網站明顯存在著盈利模式比較單一、同質化競爭嚴重等問題。隨著互聯網個性化風潮的來臨，綜合入口網站還需要進一步在分析用戶需求的基礎上，不斷創新產品和服務，打造個性化、獨特性的品牌風格，才能建立利潤屏障，獲得行業競爭優勢。地方入口網站指的是通向地方綜合性互聯網訊息資源並提供訊息服務的地方綜合網站系統。它最基本的特徵是有著強烈的地方屬性，以服務於當地互聯網用戶為宗旨，主要為當地用戶提供地方的新聞資訊、房產訊息、應徵求職、商場促銷、旅遊招商、文化歷史等特色訊息。這些訊息一般都是跟當地用戶的生活息息相關的，具有針對性、實用性和互動性。

比較著名的綜合型入口網站有雅虎、AOL、MSN、騰訊、新浪、網易和搜狐。

1. 雅虎

雅虎 (Yahoo) 是美國著名的互聯網入口網站，也是一家全球性的 Internet 通訊、商貿及媒體公司，由美籍華人楊致遠 (Jerry Yang) 和大衛·費羅 (David Filo) 於 1994 年 4 月在美國創立。Yahoo 的名稱來源於喬納森·斯威夫特 (Jonathan Swift) 的小說《格列佛游記》。在小說裡，Yahoo 指一種粗俗、低級的人形動物，它具有人的種種惡習，無論外表，還是其行為舉止都非常令人討厭。楊致遠和大衛·費羅「反其意而用之」，於是就有了「Yahoo!」。1995 年 4 月 12 日，雅虎公司正式在華爾街上市，其服務包括搜尋引擎、電子郵箱、新聞等，業務遍及全球 24 個國家和地區，是全世界網路流量最大的網站，也是最早的入口網站，為超過 5 億的用戶提供多元化的網路服務。後來的大部分入口網站都是參照它的模式建立和經營。

2. 騰訊

騰訊 (Tencent) 公司的全稱為「騰訊控股有限公司」，是馬化騰與大學同學張志東於 1998 年 11 月在廣東省深圳市註冊成立的，其主要任務是拓展無線網路尋呼業務，為尋呼臺建立網上尋呼系統。騰訊公司以即時通訊工具 QQ 為其產品核心，附帶遊戲平台 QQ 遊戲、入口網站騰訊網、交易平台拍拍網等產品。其主要產品騰訊 QQ 在中國年輕人中有較大影響。其入口網站

騰訊網為中國四大入口網站之一。騰訊公司一直秉承「一切以用戶價值為依歸」的經營理念，始終處於穩健、高速發展之中。2004 年 6 月 16 日，騰訊公司在香港聯交所主板公開上市。公司成立十多年來，騰訊已發展成為中國服務用戶最多的互聯網企業，也是中國最大的互聯網綜合服務提供商。2013 年，騰訊品牌價值超越 Face-book (第 31 名)，在「BrandZ 全球最具價值品牌百強榜」排名第 21 名。2014 年 6 月 12 日，騰訊宣布與加多寶成為策略合作夥伴；6 月 27 日，騰訊入股 58 同城，獲得 19.9% 的股份。到 2014 年 11 月，它已成為中國進入全球互聯網公司十強的四家企業之一，其餘三家互聯網企業是阿里巴巴、百度和京東。

　　3. 新浪

　　新浪 (Sina) 公司是一家服務於中國及全球華人社群的網路媒體公司，是中國四大入口網站之一，由四通利方公司和華淵資訊網於 1998 年 11 月 30 日合併而成。Sina 一詞源於拉丁文 Sino。在拉丁語系中，Sino 是「中國」的意思，而在古印度語中，Cina 也是中國之意。這樣，Sino 與英文 China 合拼，即 Sina，意為「中國」。Sina 的中文名稱「新浪」是由其首任總裁王志東所起，這個域名很好地表達了新浪網希望成為中華區最大入口網站的決心。新浪的公司口號是「一切由你開始」。它透過入口網站新浪網、移動門戶手機新浪網和社交網路服務及微部落格服務新浪微博組成的數位媒體網路，幫助廣大用戶透過互聯網和移動設備獲得專業媒體和用戶自生成的多媒體內容 (UGC) 並與友人進行興趣分享。2000 年 4 月，新浪在那斯達克股票市場正式掛牌交易。2012 年 11 月，新浪微博註冊用戶突破 4 億。2013 年 4 月 28 日，新浪微博迎來最大策略投資者阿里巴巴，雙方簽署策略合作協議，阿里巴巴將斥資 5.86 億美元購入新浪微博發行的優先股和普通股，占微博公司全稀釋攤薄後總股份的約 18%。2014 年 3 月，新浪微博正式更名為微博。2014 年 4 月微博在那斯達克證券交易所上市。

　　4. 網易

　　網易 (NteEase) 公司的全稱是「廣州網易電腦系統有限公司」，是中國四大入口網站之一。由丁磊於 1997 年 6 月，在廣東省廣州市創立，正式推

出全中文搜尋引擎服務。2000年6月，網易公司在那斯達克證券交易所上市。網易是中國領先的互聯網技術公司，利用最先進的互聯網技術，加強人與人之間訊息的交流和共享，實現「網聚人的力量」的公司口號和目標。在開發互聯網應用、服務及其他技術方面，網易始終保持業界的領先地位，並在中國互聯網行業內率先推出了包括中文全文檢索、全中文大容量免費郵件系統、無限容量免費網路相冊、免費電子賀卡站、網上虛擬社區、網上拍賣平台、24小時客戶服務中心在內的業內領先產品或服務，還透過自主研發推出了一款率先取得白金地位的國產網路遊戲。網易公司推出了入口網站、在線遊戲、電子郵箱、在線教育、電子商務、在線音樂、網易bobo等多種服務。

5. 搜狐

搜狐(Sohu)公司是中國四大入口網站之一，是中國領先的新媒體、通訊及移動增值服務公司，是中文世界最強勁的互聯網品牌，由留美博士張朝陽創辦。1996年8月，從美國麻省理工學院畢業回到中國的張朝陽博士，利用風險投資創建了「愛特信訊息技術有限公司」。1998年2月，愛特信正式推出搜狐網，中國首家大型分類查詢搜尋引擎橫空出世，「出門靠地圖，上網找搜狐」成為當年的時尚流行語。2000年7月，搜狐在那斯達克證券交易所上市。目前搜狐已發展成為富有影響力與公信力的新聞中心、聯動娛樂市場，跨界經營的娛樂中心、深受體育迷歡迎的體育中心、引領潮流的時尚文化中心。同時，搜狐以雄厚的實力，著重突出四大專業頻道———汽車、房產、財經和IT，全方位多維度打造實力媒體平台。

（三）垂直網站

垂直網站(Vertical Website)，也被稱為專業化網站，是指針對某一特定領域、群體或某些特殊需求而提供與之相關的深度訊息和服務的網站。與大而全的綜合性網站不同的是，垂直網站的定位非常清晰，它力求提供某個領域內最全面、豐富的訊息和最專業的服務，針對性強、專業化程度高和服務的深度性是其最顯著的特點。

目前的垂直網站用戶覆蓋數比較多的主要有部落格類(痞客邦等)、在線影片類網站(如YouTube等)、行業新聞類網站(東森新聞雲等)、分類網

站 (104人力銀行等)、房產網站 (591租屋網) 等。隨著網民成熟度的提升，分眾化趨勢開始日益明朗，網民對垂直訊息和服務的需求呈現出比較樂觀的發展趨勢。因此，對垂直網站而言，探索適合自身的盈利模式和經營策略便更顯得十分重要。

（四）影片網站

影片網站是以影片作為技術平台和經營平台的網路媒體，它讓互聯網用戶在線發佈、瀏覽和分享影片作品。近年來，無論是P2P直播網站、BT下載網站，還是影片播放網站，抑或是影片點播網站，都將自己爭奪的重點放在影視點播上，這種現象值得關注。在盈利模式上，有些影片網站透過讓廣告商給頻道冠名收取費用，另一些以向註冊用戶提供沒有廣告的服務藉以收取費用，還有一些找到了合作夥伴共同進軍電子商務和網路遊戲市場。所以，盈利模式不清晰導致網路影片市場儘管發展很快，但很少有企業實現盈利。

（六）社交網站

在互聯網領域，英文縮寫SNS有三層含義。其一是指Social Network Service，這個含義的範疇最廣，指的是幫助人們建立社交網路的互聯網應用服務；其二是Social Network Software，指採用P2P技術構建社會網路的軟體；其三是Social Network Site，是用來建立社會關係的網站，即社交網站。雖然三者側重點有所不同，但這三個詞界定的事情都是將人的社會化及社會關係的建立與維繫當作核心。

雖然對於SNS而言最普遍的定義是Social Network Service，但是嚴格來講，國內的SNS指的都是社交網站而非社交網路服務，因此本書所說的SNS主要是指社交網站或者社交網 (Social Network Site)。社交網站的特點表現為用戶具有相同的屬性和較高的黏性，成員之間的互動頻繁，呈現出較高的群組聚合性。

著名傳播學者麥克盧漢認為「媒介即人體的延伸」。SNS作為一種社交網站，延伸了人類的交往能力和交往範圍。SNS是一種利用互聯網實現人與人之間關係的建立和維繫的社交平台，是對現實生活中人際交往的虛擬化補

充，它不僅能夠降低社交成本，而且可以最大限度地幫助用戶拓展有價值的人脈資源。

二、數位媒體形態

數位媒體是建立在數位技術基礎上的新興媒體，由此衍生的媒體形態就是數位媒體形態。按照維基百科的解釋，數位媒體是指以二進制數的形式記錄、處理、傳播、獲取過程的訊息載體，這些載體包括數位化的文字、圖形、圖像、聲音、影片影像和動畫等感覺媒體和對這些感覺媒體的編碼等，統稱為邏輯媒體，以及存儲、傳輸、顯示邏輯媒體的實物媒體。但通常意義上所說的數位媒體指感覺媒體。數位媒體形態包括數位廣播媒體、數位電視媒體和 IPTV 等。

（一）數位廣播媒體

在數位媒體時代，數位廣播媒體擁有主動性、互動性和個性化等新屬性，同時具有了高保真、傳播內容大、不受時空限制和成本低廉的優勢。並且建立在數位技術基礎上的數位廣播媒體有多種傳播形態，具體表現為無線網路廣播、衛星廣播、手機廣播、數位地面廣播等。

（二）數位電視媒體

數位電視 (Digital Television)，又稱為數位電視或數位電視，是與模擬電視相對的，是指從節目的採集、製作、編輯、播出、傳輸、接收的全過程都採用數位技術的電視系統。數位電視的具體傳輸過程是：由電視臺送出的圖像及聲音訊號，經數位壓縮和數位調製後，形成數位電視訊號，經過衛星、地面無線廣播或有線電纜等方式傳送，由數位電視的接收器接收後，透過數位解調和數位視音頻解碼處理還原出原來的圖像及伴音。因為全過程均採用數位技術處理，因此，訊號損失小，接收效果好。與模擬電視相比，數位電視具有圖像質量高、節目容量大 (是模擬電視傳輸通道節目容量的 10 倍以上) 和伴音效果好的特點。數位電視提供的最重要的服務是影片點播 (VOD)，它有效地提高了節目的參與性、互動性和針對性。因此，在可以預見的未來，電視將朝著點播模式的方向發展。此外，數位電視還提供了數據傳送、圖文

廣播、上網服務等其他服務，用戶能夠使用電視進行股票交易、訊息查詢、網上瀏覽等，此舉賦予了電視新的用途，擴展了新的功能，把電視從封閉的窗戶變成了交流的平台。對於數位電視取代模擬電視帶來的好處，赫南·加爾伯瑞曾有精彩的論述：「它（數位電視）改變了從攝影機到發射塔各個方面，顛覆了現有的節目製作與發行的基礎；它要求建立新的機制以補償內容提供商和發行商，因為在這樣一個世界裡，傳統的廣告可以被選擇性地跳過，而輕輕地一按鍵就可以進行完美的複製與傳播；它還要求開發新的工具，能為觀眾提供在令人眼花繚亂的節目和新業務中快速搜尋的導航服務，就像互聯網的瀏覽器幫助我們在互聯網上找到我們的路一樣。」

（三）IPTV

IPTV(Internet Protocol Television)，即交互式網路電視，是一種利用寬頻互聯網的基礎設施，以家用電視機、個人電腦和手機為接收終端，集互聯網、多媒體、通訊、廣播電視及下一代網路等基本技術於一體，借助互聯網協議，向家庭和個人用戶提供包括數位電視在內的多種交互式服務的新媒體形態，用戶在家裡可以透過電腦、網路機上盒＋普通電視機和移動設備（手機、平板等）三種方式享受 IPTV 服務。按照百度百科的說法，從 NGN(Next Generation Network 的簡稱，即下一代網路，又稱為次世代網路) 概念與定義來看，IPTV 屬 Triple Play（語音、數據、視像三重播放業務）範疇，是一種寬頻網路業務，涉及多媒體、影片業務，它利用各種寬網路基礎設施，透過有利於多業務增值的 IP 協議，提供包括影片節目在內的各種數位媒體交互性業務，實現寬頻 IP 多媒體訊息服務。IPTV 既不同於傳統的模擬式有線電視，也不同於經典的數位電視，因為傳統的模擬式有線電視和經典的數位電視都具有頻分制、定時、單向廣播等特點。儘管經典的數位電視相對於模擬電視有許多技術革新，但只是訊號形式的改變，沒有觸及媒體內容的傳播方式。相比較而言，IPTV 的最大優勢在於它的交互，而數位電視的最大優點在於其圖像的高清。

三、行動通訊媒體形態

行動通訊媒體形態，即手機媒體形態，它是將行動通訊與互聯網結合在一起的媒體形態，是繼報刊、廣播、電視和網路媒體之後的「第五媒體」。人類進入智慧手機時代以後，手機不僅是用來打電話、接電話的通訊工具，而且還可以在上面進行閱讀、看影片，成為名副其實的媒體形態。

（一）簡訊、彩信

簡訊的英文名是 SMS，是 Short Message Service 的縮寫，用戶透過手機或其他電信終端，直接發送或接收的文字或數位訊息。按照設置，用戶每次能接收和發送簡訊的字符數，是 160 個英文字符或數位字符，或者 70 個中文字符。

彩信，即 MMS，是 Multimedia Message Service 的簡稱，中文名為多媒體訊息服務，通常又稱為彩信。與簡訊相比，彩信的特色是應用多媒體功能，傳遞功能全面的內容和訊息，這些訊息包括文字、圖片、數據、動畫、音頻和影片等多媒體訊息。

（二）手機報紙

手機報紙，又稱為手機報，是整合、編輯傳統報紙訊息，使之變成適合在手機上觀看的新聞，再透過基於 4G 等無線網路技術的彩信業務平台，將其發送到用戶的手機上，或者用戶利用 WAP 連接到網路直接瀏覽訊息的全新傳播模式。手機報紙圖文並茂，在觀感上更加接近傳統報紙。手機報的出現不是偶然的。它是科學技術迅猛發展、電信技術突飛猛進、傳統媒體應對挑戰的產物，是傳統媒體和電信媒體聯姻的成果。它是傳統報業繼創辦網路版、興辦網站之後，躋身電子媒體的又一舉措，是報業開發新媒體的一種特殊方式。

（三）手機期刊

手機期刊，又稱為手機電子雜誌，是指直接在手機上閱讀的多媒體資訊雜誌。它突破網路電子雜誌的侷限，傳播內容圖文並茂，無須網路，無須下

載，直接在手機上閱讀，方便快捷。手機期刊具有精準傳播(推送)、成本更低、攜帶方便和環保時尚等特色。

(四) 手機圖書

手機圖書，又叫手機電子書，主要指透過手機閱讀的電子圖書。伴隨著行動通訊技術的成熟和手機的普及，透過手機看小說已經成為一種時尚和潮流。當前，手機電子圖書文件主要有 UMD、WMLC、Java(包括 JAR，JAD)、TXT、BRM 等幾種格式。

(五) 手機電視

手機電視 (Mobile TV)，是基於 Android 平台在線音影片播放和分享應用，為用戶提供電影片道和音頻廣播直播，是以手機等便攜式行動終端設備，傳播視聽內容的一項技術或應用。手機電視融合多種媒體特性，將電視媒體的直觀性、廣播媒體的便攜性、報紙媒體的滯留性和網路媒體的交互性融為一體。因此，手機電視不僅能夠提供傳統的音影片節目，而且還可以借助無線網路完成交互功能，更利於多媒體增值業務的開展。

四、自媒體形態

自媒體的英文名為 We Media，又稱「公民媒體」或「個人媒體」，它既是一種以個人傳播為主的媒體形態，又是一種個性化、平民化、自主性極強的訊息傳播方式，它主要借助部落格、播客、微博、微信、論壇 (BBS) 等訊息傳播平台，向社會公眾或者特定個人傳遞訊息的新媒體形態的總稱。

在傳統媒體時代，訊息傳播活動由專業媒體機構主導，它們在新聞報導時透過議程設置，強化主串流媒體聲音，告訴社會公眾哪些是對的或者哪些是錯的，人們在這個過程中只是扮演被動接受者，即「受眾」的角色，沒有多少主動性可言。新媒體時代來臨以後，由專業媒體機構把持的訊息傳播活動逐漸被「去中心化」取代，「主串流媒體聲音」也漸次被碎片化和個性化所淹沒，每一個人都在從自己獲得的資訊中對事物做出主觀價值判斷。與由專業媒體機構主導的訊息傳播不同，自媒體是由普通大眾主導的訊息傳播活動，它將傳統媒體時代的由「點到面」的傳播，轉化為自媒體時代從「點到

點」的傳播，是用戶與用戶之間的一種對等的傳播活動。因此，從根本上說，自媒體是一種以個人傳播為主的媒體形態，即人們常說的「人人都有麥克風，人人都是記者，人人都是新聞傳播者」。同時，它還是一種為個體提供訊息生產、積累與共享，傳播內容兼具私密性和公開性的訊息傳播方式。

（一）部落格

部落格，是 BLOG 的音譯名，有的也音譯為「部落格」或「部落閣」，是 Web Log 的縮寫形式，又稱 Weblog，是一種傳播個人思想、帶有知識集合連結的網路日誌。「部落格」之名最早來自被稱為「網路旗手」「部落格教父」，並將 BLOG 引入中國的方興東。他認為部落格是繼 E-mail、BBS、ICQ 之後出現的第四種網路交流方式。部落格的使用者或擁有者被稱為 Blogger 或者 Webloggers。部落格一般由個人管理，Blogger 或者 Webloggers 不定期將自己新寫的文章或者將別人的文章張貼在上面。部落格上的文章通常根據張貼時間，按照由新到舊的方式排列，重要文章可以置頂。作為個人主頁或者個人網站的部落格，其「技術原型可以說是簡化的 BBS 和個人空間的組合」，它「以『個人日誌』的連結文本形式存在，在時間維度上持續，並且可以回溯，因而表現為一個較為完整的個體。與 BBS 或個人網站中的網民相比，部落格可以不依附大型網站，同時突破了傳統個人主頁的諸多侷限，更強調受眾的個性與權利，從而塑造了網路世界中個體的完整形態」。在部落格中，博主可以隱去自己的真實身分，借助文字、圖像、其他部落格或網站的連結，自由表達自己的思想與觀點，與他人進行交流、溝通與互動，因此部落格是一種互動性極強、極具個性化的自媒體形式。目前，比較有名的部落格有新浪部落格、網易部落格和搜狐部落格等。

（二）微博

微博 (Weibo)，又稱為微型部落格或微部落格，譯自英文 MicroBlog 或 Micro Blog，它是一個基於用戶關係的訊息分享、傳播以及獲取平台，是由部落格發展而來，是部落格在 Web2.0 時代新的表現形式。微博用戶可以透過電腦 (WEB)、手機 (WAP) 等客戶端組建個人社區，以簡短的文字發佈或更新訊息，並實現訊息的即時分享。與部落格相比，微博發佈的文字訊息更

加簡短，一般不超過 140 字，因而有「一句話部落格」的說法，並且微博作為一種分享和交流平台，更加注重訊息的時效性和隨意性，可以表達出用戶每時每刻的思想和最新動態，用戶可以不受時間、地域限制，隨時隨地發佈訊息，發佈訊息的方式也更加方便快捷。世界上創立最早、影響力最大的微博網站是美國的 Twitter。2006 年 5 月，Blogger.com 的創始人埃文·威廉姆斯 (Evan Williams)，在美國矽谷創建微博網站 Twitter，向用戶提供微博服務，由此改變了世界的溝通方式，影響到社會生活的方方面面。

（三）微信

微信，英文名為 WeChat，是深圳市騰訊電腦系統有限公司於 2011 年 1 月 21 日，推出的一個為移動智慧終端提供即時通訊服務的免費應用程式，「微信」一詞亦由騰訊公司總裁馬化騰在產品策劃的郵件中確定。微信支持跨通訊運營商、跨作業系統平台，透過網路快速發送免費語音簡訊、影片、圖片和文字，透過「搖一搖」「漂流瓶」「朋友圈」「公眾平台」「語音記事本」等社交和服務插件，共享串流媒體內容資料。微信的創新表現在兩個方面：其一，微信提供公眾平台、朋友圈、消息推送等功能，強化了行動通訊技術條件下社交訊息平台的即時通訊功能，一方面用戶可以透過「搖一搖」、「搜尋號碼」、「附近的人」、掃二維碼方式添加好友和關注公眾平台，另一方面微信又將內容分享給好友以及將用戶看到的精彩內容分享到微信朋友圈；其二，伴隨著微信逐漸由社交訊息平台向商業交易平台的轉移，它將對整個行銷行業帶來顛覆性影響，消費者只要透過微信平台，就可以實現商品查詢、選購、體驗、互動、訂購與支付的線上線下一站式服務模式。根據騰訊在 2015 年 6 月發佈的「2015 微信用戶數據報告」顯示，截至 2015 年第一季度，微信已經覆蓋中國 90% 以上的智慧手機，月活躍用戶達到 5.49 億，用戶覆蓋 200 多個國家、超過 20 種語言。此外，各品牌的微信公眾帳號總數已經超過 800 萬個，移動應用對接數量超過 85000 個，微信支付用戶則達到了 4 億左右。其重大的影響力於此可見一斑。

第三節 新媒體表現形態

【知識回顧】

　　新媒體是指採用網路技術、數位技術、行動通訊技術進行訊息傳遞與接收的訊息交流平台，包括固定終端與行動終端。它具備以下基本特徵——以新技術為載體，以互動性為核心，以平台化為特色，以人性化為導向。一般地說，新媒體有狹義與廣義之分：狹義的新媒體是以互聯網技術為內核，以電腦、手機等設備為終端，並透過與終端相適應或匹配的方式來進行傳播，它以網路媒體、手機媒體為代表；廣義的新媒體則是基於網路技術、數位技術和行動通訊技術，透過互聯網、無線通訊網、衛星等通路，向電腦、手機、電視機以及各類數位化電子屏等終端傳播訊息的媒體形態，包括網路媒體、數位電視、IPTV、車載電視、樓宇電視和手機媒體等。本書所說的新媒體即指廣義的新媒體。

　　新媒體概念的演進，經歷了以互聯網為代表的網路媒體、以部落格為代表的自媒體、以手機為代表的移動新媒體三個階段。

　　與報刊、廣播和電視等傳統媒體相比，新媒體的基本特徵主要表現為海量性、交互性、即時性和多媒體性。

　　按照新媒體運用技術不同，新媒體可分為網路媒體形態、數位媒體形態、行動通訊媒體形態，同時自媒體形態是新媒體區別於傳統媒體的重要媒體形態。

【思考題】

1. 什麼是新媒體？新媒體概念是如何演進的？
2. 狹義的新媒體與廣義的新媒體有何區別？
3. 新媒體有哪些基本特徵？
4. 新媒體有哪些主要媒體形態？
5. 自媒體形態與傳統媒體有何不同？

第二章 新媒體的發展歷程

【知識目標】

☆瞭解新媒體的發展歷程。

☆瞭解自媒體的形態、特點及意義。

【能力目標】

1. 能夠初步掌握互聯網從軍事科學研究向商業化轉變的脈絡。

2. 瞭解移動互聯網對傳播環境造成的各種衝擊和改變。

第一節 網路媒體發展概況

從互聯網的雛形———阿帕網 ARPAnet 的橫空出世至今，互聯網已經走過了四十多個年頭。在這近半個世紀的發展中，互聯網的發展從實驗室走向市場，並最終改變了人類的生活、工作、娛樂等各個方面，它的發展歷程呈現出從科學研究教育到商業應用的清晰脈絡。

一、1969—1993：網路媒體探索期

在 1969 年到 1993 年之間，互聯網的主要目的還是用於軍事、科學研究等領域，並未進入大眾的生活，在此期間，網路媒體仍處於探索期。

（一）互聯網在歐美的起源

世界上第一臺電腦 ENICA 於 1946 年在美國誕生。1957 年，蘇聯發射第一顆人造地球衛星，在跟美國的競賽中贏得了空間領域的勝利。美國國防部受到刺激，決定組建高級研究計劃局，計劃透過電腦網路促進先進軍事指揮和控制系統的發展，使其能承受蘇聯的核攻擊。

軍事目的直接指向了網路結構的去集中化。因為不能存在一個能被敵人摧毀的指揮中心，要保證即便在部分被摧毀的情況下，整個系統還能繼續工作，所以直接導致了互聯網作為一個權力分散的系統而存在。當時的互聯網

以封包交換 (Packet Switching) 通訊技術為基礎，這個系統使網路可以獨立於指揮與控制中心而運作。訊息被分裝為單位 (小包)，然後才發送出去，根據流量和網路情況，訊息包走不同線路，到達目的地後又重新打包。每個訊息包用數位封套包裝，標上運輸和內容的具體參數。互聯網的產生，從一開始就打上了軍事目的的烙印。

在 1969 年起步時，互聯網只是美國一個小型的公共電腦網路，這一網路有一種電腦語言和一套協議。直到 1974 年，TCP 協議和 IP 協議被提出，再到 1983 年被確定為網路的標準協議，這時美國才真正建立起來中國性互聯網。

除了軍方贊助以外，科學研究的價值成為互聯網發展的第二個重大因子。由於軍方和科學界都不希望受到中央網路的控制，因此最初雙方建立了良好的工作關係。後來，在安全問題的優先排序上，軍方跟科學家雙方發生了嚴重分歧。經友好協商後，1983 年，互聯網分成軍用和民用兩部分。然而當時互聯網仍然是專家和精英的用品，未曾開放讓大眾消費。

20 世紀 80 年代，商業網路服務已經在公共互聯網之外興起，給用戶提供購物和聊天的機會，但收效不大。同期，美國反文化運動和歐洲反文化運動的興起，把互聯網從技術精英的工具改造為虛擬共同體的創造力，將其改造為亞文化的遊戲場、民主的代理場。

1985 年，歐洲粒子物理研究所的內部網啟用了互聯網協議，1989 年又開通外部網互聯網協議，並於 1991 年創建了萬維網。20 世紀的 80 年代和 90 年代，互聯網的發展實現了國際化，此前主要以美國為中心。

1990 年，美國軍方把公共互聯網的骨幹業務分流出來交給國家科學基金會，從此，其軍事使命就終結了。1991 年，美國互聯網商業開發的禁令才被解除，這是互聯網邁出的非常重要的一步。

1993 年，馬克·安德森等人創辦了「網景」公司，「網景」瀏覽器的推出加速了互聯網的普及速度，因為它將 WWW 思想付諸實踐，使得互聯網有可能真正走出技術高手的圈子飛入尋常百姓家。同年，克林頓政府提出「訊

息高速公路」計劃，旨在使所有的美國人方便地共享海量的訊息資源，進一步推動了互聯網的商業化進程。之後，互聯網就開始逐步從實驗室走向了市場，並最終席捲全球，成為推動人類社會進步的重要驅動力量。

（二）互聯網在中國的萌芽期

互聯網在中國拉開序幕也始於實驗室。1987 年 9 月 20 日，錢天白教授向世界發出中國第一封電子郵件「越過長城，通向世界」，宣告中國人開始使用互聯網。1990 年 11 月 28 日，錢天白教授代表中國正式註冊了中國的頂級域名「.cn」。直到 1994 年 4 月 20 日，中國開通與國際互聯網相連的 64K 網路信道，才標誌著中國正式加入互聯網國際大家庭。正式接入國際互聯網以後，中國的互聯網基礎設施建設也在積極鋪開，CHINANET(中國公用互聯網)、CERNET(中國教育和科學研究電腦網)、CSTNET(中國科技網)、CHI-NAGBN(中國金橋訊息網) 等四大骨幹網工程相繼展開。

二、1994—2000：網路媒體商用嘗試期

1994 年到 2000 年期間，互聯網走過了商用嘗試期。在此期間，搜尋引擎、商業網站、網路廣告等有了初期的發展和壯大，網路經濟的熱潮一度達到頂峰。

（一）歐美地區的互聯網商業化嘗試

20 世紀 90 年代中期，互聯網的市場化開始被人們接受，因為它符合當時的時代精神。麻省理工學院的尼古拉斯·尼葛洛龐帝預言，公眾將從互聯網和數位媒體中主動獲取想要的東西而不是被動接受媒體推給他們的東西。

1994 年，楊致遠和大衛·費羅在美國創立了雅虎。搜尋引擎的到來，進一步加速了互聯網的商業化步伐。到 1995 年，美國的公共互聯網完成了私有化。1996 年 4 月 12 日，雅虎正式在華爾街上市，上市第一天的股票總價達到 5 億美元。互聯網的商業價值開始逐漸凸顯，也使互聯網的性質發生了變化。1997 年透過的信用卡交易標準協議大大促進了網上銷售。在一定程度上，互聯網成了一個大型商場，虛擬商店開張，產品和服務在此出售。

在互聯網的普及上，商業化發揮了重要作用，使更多公眾能用上互聯網。然而，商業化又實施了經濟控制和元數據控制，啟用新的商業化的監控技術，這就影響了互聯網的多樣化和自由。

互聯網商業化的變遷讓它的中性被終結了，因此也帶來了一系列的副作用。它促成的網路廣告可能會打擾人，如互聯網體系為富人提供快速的上網服務，窮人卻只能享受低速的上網服務；互聯網曾經是非市場化的，內容自由流通，如今這個空間卻可能變得商品化，銷售和廣告可能成為主導，損害了互聯網作為開放的公共領地的性質。

（二）中國地區的互聯網商業化萌芽

互聯網這個新生事物在中國的發展也很迅速，網路經濟在快速升溫的同時，傳統媒體創辦網站的熱情高漲，商業網站謀求著創造跟「美國在線」一般的網路神話。

從1995年《神州學人》週刊成為中國第一家走上互聯網的媒體開始，此後3年裡，網路媒體在數量上迅速增長，呈現出向前推進的強勁勢頭，多路媒體開始了摸著石頭過河的探索之路。

與此同時，新浪等商業網站的紛紛成立，給互聯網經濟的紅火添了把柴。根據1999年的廣告監測數據顯示，互聯網站的廣告收入在當年第四季度比第一季度增長了651%，互聯網址在電視和報刊上大肆投放廣告，投放總計達1.56億元。網站開始了爭先恐後燒錢買版面來博關注，「燒錢」「圈地」「風險投資」「上市」等曾是當時的熱門詞彙。

2000年美國在線與時代華納的合併更是給整個互聯網行業強大的信心，網路經濟的熱潮達到高峰，國內互聯網行業從業者希望複製美國的神話。此時，互聯網的商業化發展已成燎原之勢。

三、2001—2004：商業網站啟動期

2000年下半年，互聯網的第一場暴風雪從美國刮到亞洲，互聯網遭遇到第一次寒冬。2000年4月那斯達克科技股一瀉千里，美國的網站陷入倒閉潮、

併購潮，台灣的番薯藤也被併購，但中國仍有三家入口網站新浪、網易、搜狐逆風上市，雖然一直徘徊在垃圾股邊緣，卻透過自身的絕地反擊獲得重生。總體來說，從 2001 年到 2004 年，是世界商業網站的啟動期。

（一）商業網站的破冰重生

2000 年年底的互聯網泡沫破滅是必然的，因為當時互聯網的發展並沒有達到成熟的局面，「燒錢圈地熱」和「上市融資熱」一度矇蔽了創業者的眼，他們未能清醒地認識到當時的經濟環境和技術環境。

然而，頑強的互聯網人並未就此倒下。從 2001 年到 2002 年上半年，網路經濟在跌落谷底以後開始了絕地反擊，用多種方式尋求適合自身特點的發展道路。

在此之前，幾乎所有商業入口網站一直沿襲著美國雅虎網站的模式，即透過內容與搜尋服務來吸引網民，提升點擊率，再用點擊率來吸引廣告主進行在線廣告的投放。這與傳統媒體的二次售賣模式其實並沒有本質差異，都是要先吸引用戶眼球。然而，互聯網低潮的到來讓各家網站開始探索新的發展道路。

美國的網站先做出了示範性探索。2001 年 4 月，微軟公司宣布要開設訂閱收費服務網站，《紐約時報》也開始測試一系列收費的訊息產品，ABC News、雅虎等紛紛走上收費的嘗試之旅。

中國網站為了生存，開始效仿收費，並且嘗試用重新定位和其他的方式盈利。2001 年，網易在那斯達克的停牌使其傳統廣告受到劇烈衝擊，開始進行策略轉型，向提供個人收費服務的方向轉型。2002 年 4 月 12 日，新浪進行架構整改，核心業務包括了新浪網、新聞企業服務、新浪熱線；搜狐開始面向個人和企業開展了一系列收費服務。當時商業網站的收費服務主要包括對個人用戶收費、對企業用戶收費和提供互聯網服務進行收費。

這三家入口網站逐漸擺脫對雅虎的純粹模仿，開始重新定位並摸索自身發展之路後，終於在 2002 年下半年走出了寒冬，實現了盈利，為之後更好

的發展打下了良好的基礎。而透過這次寒冬的自救，中國商業網站的發展開始逐步走向規範化、理智化。

相對而言，這場互聯網泡沫破滅帶給傳統媒體網站的負面影響和衝擊要小得多。從 2001 年到 2002 上半年，傳統媒體網站開始了自我調適和改版，以提升自身新聞傳播的實力，並適應新時期競爭的需要。

（二）商業網站的跨越成長

2003 年被視為網路媒體發展史上的一個分水嶺。這一年，網路媒體開始復甦，網路經濟重現曙光。國際上的重大事件，讓網路新聞有了更多的表演舞台。商業入口網站繼續自身改革和提高的發展之旅。尤其是 SARS 事件的爆發，更讓網路媒體和電子商務網站獲得了迅速生長的契機。

2003 年 2 月，美國「哥倫比亞」號太空梭失聯時，新浪網第一時間將訊息發佈在網站上，並且向手機新聞訂戶發出第一條簡訊，這比新華網、人民日報等媒體都要早；此後在 3 月打響的伊拉克戰爭期間，中國網路媒體紛紛主動出擊，推出關於伊拉克戰爭的最新報導和手機簡訊服務，開闢戰爭專題頁面，24 小時滾動直播戰爭動態，開通戰爭的網路影片直播等舉措，讓中國網路媒體有了新聞時效性競爭的意識。而在這次戰爭報導之爭中，不僅出現了網路影片串流媒體播放、Flash 新聞等新的新聞報導形式，報導手段和方式也得到了提高。

這一年，SARS 肆虐亞洲。此事件被網路媒體踢爆之前，傳統媒體卻「集體失語」。在之後的對抗 SARS 的過程中，商業網路媒體相比傳統媒體，行動更早、手段更豐富、報導的資訊更加多元，向網民通報最新疫情和預防的手段、知識，發佈最新資訊，網民也從商業門戶上獲取了很多傳統媒體不曾報導的側面消息，商業門戶彰顯了自身的傳播廣度和傳播影響力。

在 SARS 期間，人們的生活方式發生了改變。透過電子商務網站進行購物的方式開始逐漸被很多網民接受，電子商務網站獲得了飛速的發展；透過網路寫日誌來記錄生活並發表，成為人們休閒時間的新選擇；網路聊天室、BBS，成了 SARS 這一特殊時期中小道消息和官方消息橫飛的通路，人們在

此交流感情、打發時間。可以說，SARS 使得網路生活方式在人們生活中打下了深刻的烙印。

網路的發展更進一步使其彰顯民眾的呼聲，維護公民的權利得到了見證。2003 年的網路輿論，煥發出了重大的能量，甚至推動了官方制度的改革和社會的進步。其中尤以孫志剛事件最為**轟動**，因為該事件直接導致了收容遣送制度的廢止，這被視作網路輿論發揮力量的里程碑。

2004 年，網路媒體紛紛推出「2003 年十大新聞評選」，對過去一年的新聞事件進行回顧和點評，標誌著商業網站的競爭姿態凸現出來。在經歷了網路經濟寒冬洗禮後重生的商業網站，經過短暫的休整後，在新聞內容、發展模式、盈利手段上都有了新的發展，終於重整旗鼓，並最終迎來了網路媒體的跨越式成長。

四、2005 年至今：網路媒體全面發展期

從 2005 年以後，互聯網呈現出全面的發展態勢，先是 PC 端網路媒體的全面發展，之後移動端媒體也開始強勢增長，互聯網成為改變全球人類生活的重要力量。

（一）2005─2008：PC 端網路媒體全面發展

僅以互聯網的發展為例，商業網站匯聚起大量人氣和流量，傳統媒體網站也成長為網路新聞影響力的主導者；同時，部落格、網路雜誌、網路影片開始興起，大陸校內網 (現為人人網)、FB 等社交網站獲得蓬勃發展；新型的網路盈利方式得到拓展。

同年，網路閱讀這一新興閱讀方式開始興起，截至 2006 年 5 月，中國已有 400 多家出版社開展了網路出版。網路影片開始興起，惡搞短片《一個饅頭引發的血案》在網上風靡一時，IPTV 的技術根基日益堅固。

部落格是這段時期最引人矚目的互聯網產品。2005 年，是部落格發展的關鍵一年，這一年，全球部落格數量突破一億，中國部落格數量達到 1600 萬，

實現了從「小眾」走向「大眾」的過渡，各大商業門戶也紛紛開通部落格搶占用戶。

社交網站的火爆是這時期另外一個熱點。校內網、開心網、FB等社交網站，都曾風靡一時，註冊用戶數和活躍用戶數都居互聯網應用的前列。而基於社交關係的商業應用則得到迅速的發展。

（二）2009年至今：新媒體百花齊放

3G牌照的發放宣告了3G元年的到來，移動互聯網產業開始躍入新的發展階段。此後，移動互聯網、FB、LINE、三網融合、媒介融合等熱點成為傳播學界熱議的主題，也成為業界爭相熱捧的對象。

基於智慧手機的各種APP開始火熱，各家入口網站趁熱打鐵推出了各自的新聞客戶端產品而傳統媒體網站也紛紛推出自身的移動客戶端，搶奪移動互聯網時代的新聞用戶，一場沒有硝煙的戰爭在移動端展開。

中國2009年8月，新浪推出「新浪微博」內測版，此後微博發展日益火熱，在微博中誕生的各種網路熱詞迅速走紅網路，諸多政府機構、企事業單位和各界名人、草根匯聚於微博，藉著微博上的高人氣和影響力成為微博上的意見領袖，利用微博反腐、微博打拐、微博行銷都成為對微博應用的熱點所在，微博效應逐漸形成和壯大。

而2011年推出的微信，則是移動互聯網發展史上的一個里程碑式的產品。截至2014年末，微信的月活躍人數已突破5億，在移動端獨領風騷，一騎絕塵。基於微信的O2O服務、電子商務、行動支付、微信行銷、企業宣傳等更是紅火至今。

除此以外，在網路媒體以外的領域，電子商務、移動生活、智慧穿戴設備、物聯網等也方興未艾，在改變著全球互聯網用戶的生活和工作方式。

▎第二節 自媒體發展掃描

隨著互聯網的不斷發展，越來越多的新型傳播工具開始出現，以專業的媒體組織機構為主體進行的新聞報導方式逐漸受到衝擊，以個體為單位的訊

息傳播方式得到發展，先後出現了以部落格、微博和微信為代表的自媒體形式，逐漸變革傳統的傳播模式和媒介生態。

一、自媒體概述

所謂自媒體，是指普通公民經由數位科技與全球知識體系相連的，一種提供與分享他們真實看法、自身新聞的途徑。

一般認為，自媒體有如下特點：傳播主體是普通大眾而非專業的傳播機構；傳播通路以第三方專業網站為實現平台；依託於數位科技與網路技術而產生；實現了從傳播到互播的改變，傳播方式更加多元化；傳播主體擁有了更大的話語空間與自主權。

比較有影響的自媒體類型包括部落格、微博、FB或微信，三者分別在不同時期成為普通公民彰顯自我、表達觀點的媒介。

二、部落格：Web2.0 時代具有開創意義的個人媒體

部落格，即網路日誌，英文名為 BLOG，形式多以文字為主，也糅合了攝影、音樂、影片、藝術等。

（一）部落格的產生與發展

最早的部落格是作為網路過濾器的作用出現的，因此有人認為瀏覽器 Mosaic 的 What』s New 網頁是最早的部落格網頁，但「Weblog」這個術語第一次被使用卻是在 1997 年 12 月，Jorn Barger 用其來描述那些有評論和連結，而且持續更新的個人網站。

目前最流行的詞彙「BLOG」，一般公認為是 Peter Merholz 在 1999 年才命名的。這一年，也是部落格開始高速增長的一年，Blogger、Pita、Grey matter、Diary land、Big Blog Tool 等眾多自動網路出版發佈免費軟體出現，它們往往還提供免費的服務器空間。因此，一個部落格就可以零成本地發佈、更新和維護自己的網站。其中 Pyra 公司出品的 Blogger 是當時最流行和最有影響的工具。

部落格與個人網站、社區、網上刊物、微型門戶、新聞網頁的區別，最明確的是形式而不是內容。Evan Williams 對部落格的定義非常簡潔：「部落格概念主要體現在三個方面：頻繁更新 (Frequency)、簡短明了 (Brevity) 以及個性化 (Personality)。」後來繼續演化，更規範更明晰的形式界定為：

1. 網頁主體內容由不斷更新的、個人性的眾多「帖子」組成；

2. 它們按時間順序排列，而且是倒序方式，也就是最新的放在最上面，最舊的在最下面；

3. 內容可以是各種主題、各種外觀布局和各種寫作風格，但是文章內容必須以「超連結」作為重要的表達方式。如果無法滿足這些條件，就不能稱為正式的部落格網站。

部落格早在 2000 年就已經進入中國，但直到 2003 年「木子美性愛日記」的爆發，才使得部落格為更多網民瞭解和使用。木子美事件，是部落格發展歷史上繞不開的一個重要事件。

2005 年，全球部落格數量突破 1 億，中國部落格數量達到 1600 萬，實現了從「小眾」向「大眾」的過渡。此後到 2009 年微博出現之前，部落格一直是互聯網上的主流產品。部落格上也出現了許多紅極一時的名人，如名人部落格排名第一的徐靜蕾，兩個月創造了 4 億次的點擊量，還有在部落格上針砭時事、「大放厥詞」而火的「新青年韓寒」，都一度成為文化界的焦點。

到 2009 年 12 月，部落格在網民中的使用率達到 57.7%，活躍部落格的規模進一步擴大。到 2010 年年底，部落格的用戶規模已達 2.9 億，受社交網站的快速增長和微博興起的影響，部落格的增幅相比 2009 年較小。同時，部落格的使用率也出現了下降，普通網民開始越來越習慣微博等快讀、簡單、互動和社交性更加強的訊息互動方式。如今部落格的創作者也主要回歸到精英人群，內容趨於專業化，這也是互聯網技術的發展和網民成熟度、個性化程度提升導致的必然結果。

（二）部落格的特點

部落格具有私人性、即時性、開放性和交互性等特點。正是這些特點，使其改變了傳統的網路環境和傳播格局，產生了深遠的社會影響。

部落格不再是由傳統的媒介組織所擁有的工具，而是真真正正屬於網民個體私有的網路空間。網民可以在上面自由表達自己的觀點、態度，將其當作個人展示的舞台，也可以只是進行生活記錄，當作網路日誌的形式。博主對自己的部落格有著充分的管理權和自主權。部落格的出現標誌著個人媒體時代的真正到來，訊息傳播得以透過部落格這一仲介以一種最私人化、最便捷化的方式呈現。

部落格具有即時性。部落格的呈現方式一般是按照時間順序倒序排列。部落格發佈後，就可以及時更新在網路上，其他網民即可立刻進行瀏覽。而紙質媒體在其訊息生產過程中，媒介工作者從採訪、寫作到修改、印刷、出版、售賣這一過程中所耗費的時間，會導致訊息的時效性降低，而部落格則能提升訊息傳播的新鮮性。

部落格具有開放性。它允許瀏覽者進行自由的評論，給網民提供了一個訊息和觀點交流的通路，意味著在網路環境中公共領域的興起，降低甚至是打破了個體進入公共領域的門檻和機制。

部落格具有交互性。以往的大眾媒介發佈訊息是單向的訊息輸出，訊息回饋這一環節比較薄弱，雖然報社有讀者來信，電臺有聽眾電話交流，但是跟部落格這種博主與瀏覽者直接透過評論和回覆的機制進行思想的碰撞、消息的互換還是存在很大的差距，部落格使得傳播過程中的傳受雙方互動性得以大大提升。

（三）部落格對傳播格局的影響

部落格跟原有的網路傳播方式有著本質上的區別。電子郵件和 LINE 是點對點或小群體之間的傳播，BBS 是網民的隨意發言，它們傳播的結果是一個個離散的點，而部落格突破了點對點傳播的侷限，可以使得博主的發聲為更多人聽到。

部落格的出現預示著個人媒體時代的真正到來。因為它不僅使互聯網上的訊息傳播可以以一種私人化的形式出現，還給網民提供可以互動的交流平台，透過對傳統傳播模式的衝擊，打造出了一種新型的訊息傳播格局。

　　部落格帶來訊息空間的延伸。從本質上看，部落格創造了一種全新的傳媒文化和民主氣氛，延伸了傳媒訊息科技的文化張力。部落格為網民提供了一種新的傳播通路，使得普通網民也可以利用這個平台去分享自己的知識、訊息和觀點，而且主要是將其作為一種實現個體價值、張揚自我個性的工具進行使用。此外，由於部落格的評論機制，使得不同網民的觀點可以在此進行碰撞，產生新的思想火花，這就跟傳統媒介只是讓受眾被動地接受消息形成了區隔，使訊息空間得以延伸。

　　部落格賦予了個體對大眾媒介施加影響的權利。一旦部落格被網友圍觀，或者其言論產生了重大的社會效應，大眾媒介就會出於追逐熱點的本能繼續予以跟蹤和報導，因此部落格的出現可能會讓個體反向影響大眾媒介，而改變了以往個體只能受大眾媒介報導影響的局面。

　　部落格使得傳播的主客體可以走向融合統一。傳播的大眾傳播模式中，傳者與受者界限分明，而在部落格的環境中，網民是帶有積極參與的主動性的，他們可以透過對部落格內容的評論實現與傳者之間的互動，甚至可以透過獨立寫作新部落格內容予以評價和回應的方式，使自己由受者成為傳者，由此部落格使得傳播的主體與客體的界限不再那麼清晰，並得以融合統一。

　　總的來說，部落格改變了傳統媒體的傳播模式，是 Web2.0 時代具有開創意義的一種個人媒體。

三、微博：精英傳播向草根傳播的變革者

　　微博 (Weibo) 是微型部落格 (Micro Blog) 的簡稱，用戶利用微博可以實現即時分享與社交。

（一）微博的產生與發展

微博最早的鼻祖是美國的 Twitter。2006 年，Twitter 由傑克·多西、伊萬·威廉姆斯和比茲·斯通創辦。2007 年，在美國 South by Southwest 音樂節上第一次吸引了公眾的眼球，並於當年獲得了全美互動網路大獎。

中國的微博中，以新浪微博和騰訊微博影響力較大。由於新浪微博的發展現狀遠勝於其他微博，因此，目前亞洲微博一般被用來指代新浪微博。

1. 微博的發展與紅火

2009 年是 Twitter 發展迅速、用戶量迅速增長的關鍵一年。隨著其知名度和用戶數量的不斷擴大，Twitter 的業務和目標也在不斷擴大，用戶體驗不斷提升。Twitter 是目前全球範圍內使用最廣泛、訊息量最大的微博應用，支持英語、日語、法語、葡萄牙語、西班牙語、義大利語等十多種語言版本，並且語言版本還在不斷發展。

正是在 2009 年 8 月，新浪網推出「新浪微博」內測版，成為中國第一家提供微博服務的入口網站，微博正式進入網民的視野。此後，國內其他家入口網站也紛紛推出自己的微博產品，網易微博、人民微博、搜狐微博、騰訊微博先後開放用戶註冊。一時間，微博產品風靡整個互聯網圈，主流入口網站基本都在布局微博，因而 2010 年也被稱為中國的「微博元年」。

Twitter 不僅在諸多重要場合比如洛杉磯地震、孟買襲擊事件、歐巴馬競選中發揮出不容忽視的作用，也吸引了各個領域的許多知名人士。美國的歐巴馬、俄羅斯的梅德韋杰夫、法國的薩科齊、英國的卡梅倫、韓國的李明博等都在 Twitter 開通了個人帳號；歌手瑪丹娜、知名脫口秀主持人奧普拉等娛樂明星也是 Twitter 的人氣用戶；此外還吸引了體育界明星、眾多商家企業的青睞。

而在中國，新浪微博的風頭也曾引領風潮。不僅吸引了眾多名人，還有諸多政府部門、相關領導、企事業單位、媒體單位紛紛入駐，微博一度成為網民討論時政、經濟、八卦，媒體發佈新聞資訊，企業進行自我宣傳、行銷

的大平台。在微博中誕生的各種網路熱詞也迅速走紅網路，透過微博曝光的許多事件經常成為社會輿論焦點，微博效應熱火朝天。

2. 微博由盛轉衰

2011 年是國內微博用戶實現井噴式增長的一年，中國微博用戶數達到 2.5 億，微博花了一年時間成為近一半中國網民使用的重要互聯網應用。

2013 年，微博的用戶規模和使用率均出現大幅下降。中國微博用戶規模為 2.81 億，較 2012 年底減少 2783 萬。這折射出並不樂觀的微博發展情況：一方面，基於社交網路行銷的商業化並不理想，盈利能力有限；另一方面來自競爭對手的衝擊導致微博用戶量下降。據中國互聯網訊息中心 (CNNIC) 的統計報告，在減少使用微博的人中，有 37.4% 的用戶轉移到了微信。

儘管提供微博的門戶很多，但除了騰訊微博透過一鍵互通功能，實現與騰訊旗下王牌產品 QQ、QQ 空間的互通，曾一度能與新浪微博抗衡外，其他微博基本都是曇花一現，甚至走向關閉的結局。2014 年 11 月 4 日，網易微博宣布將正式關閉，將用戶遷移至旗下的 LOAFER，同年 12 月 5 日，鳳凰微博宣布關閉。其他諸如搜狐微博、人民微博，雖未明確表示關閉微博，但是已成奄奄一息之態。用戶群體主要向新浪微博傾斜，新浪一家獨大的格局形成。

2014 年 3 月，新浪微博改名「微博」二字，並於當年 4 月 17 日，正式登陸那斯達克證券交易所，微博在已經走向下坡路的時候逆風上市。

儘管微博已經上市，但是隨著微信、FB 等新型移動互聯網應用興起，微博的發展受到了強烈的衝擊，無論是微博用戶數還是活躍人數，都呈下降趨勢，業界對微博的未來也開始唱衰。

在全球範圍來說，Twitter 的發展仍然比較紅火。Twitter 目前已經比較成熟的盈利模式包括實時搜尋、高級帳戶收費、移動與客戶端服務、平台開放與合作、策略合作、廣告等，隨著其開放平台更加成熟，Twitter 未來的商業價值仍然非常重大。

(二) 微博帶來傳播生態的變革

儘管部落格的出現在一定程度上也改變了傳播的生態，然而到了微博時代，才真正地革了傳統傳播媒介的命。無論是 Twitter 還是國內的新浪微博，其特點都大同小異。同樣作為開放的社交化媒體，也具有兼容性和網狀交叉擴散性，提高了訊息傳播的速度與效率，因此其對傳播生態帶來的變革也是相似的。

微博實現了傳播主體由精英傳播到平民傳播；傳播內容由統一生產到個性化生產；傳播過程從單向到互動；傳播效果呈病毒式擴散。

首先，在傳播主體上，微博賦予了每個註冊了微博的用戶傳播的權利和機會，實現了傳播者的大眾化。以往被大眾媒介所掌握的傳播權利被下放，在這種環境下能明顯提高傳播者的自主性。而且傳受雙方之間的界限被打破，傳者既是受者，受者也可以成為傳者，二者之間交錯融合。

其次，傳播的內容發生了改變。在傳統媒體環境下，大眾媒介對訊息有一個取捨和加工的「守門人」過程，是一種統一生產的內容。而在微博環境下，普通用戶發佈微博幾乎是零門檻，用戶可以自己創作內容，微博上的熱議事件往往還能吸引大眾媒介跟進報導。但是，零門檻的發佈方式也使得微博平台上的內容碎片化，缺乏規範和嚴謹，甚至內容失真或不符合社會規範，造成網路謠言。

再次，傳播過程也發生了改變，傳統的傳播環境下，傳者向受者的傳播過程是一種單向流動、點對面的傳播。微博的出現則提供了一種以互動和交流為突出優勢的新的傳播平台。傳播的主體和傳播的客體之間可以透過微博的轉發、評論、點讚、私信等功能進行及時的、點對點的交流和互動。並且在微博平台上，由於微博用戶可以添加自己的觀點以後進行轉發，因此微博訊息除了一對一、一對多的傳播外，還可以實現多對多的傳播，微博實現了人際傳播和大眾傳播的結合。

最後，傳播的效果也發生了改變。其一表現為傳播的病毒式擴散效果，微博突破了時間和空間的限制，使得訊息的發佈、傳播都非常迅速、高效，

甚至能產生病毒式的擴散效果。其二則表現在微博語境下，傳播的客體不再全盤接受所有訊息，而是具有了質疑的可能。一旦他們對微博中的某些訊息抱有懷疑態度時，他們可以直接評論或轉發表達自己的不同觀點，甚至透過自己的例證去否定權威。

（三）微博提升公民話語權

微博的興起削弱了傳統媒體輿論控制的能力，提升了公眾的話語權，從而建立起媒介話語的新秩序。

話語權有兩層含義：「話語權利」和「話語權力」。簡單來說就是表達自己意見的「權利」和自我的表達有一定的影響力。後者隱含著一種一定要達到某種效果，使「權利」得到保障的蘊意。

媒介的形態與結構和話語權之間關聯緊密，甚至可以認為誰掌握了媒介，誰就掌握了話語權。互聯網的自由性、平等性、開放性、交互性和匿名性，為人們廣泛參與公共事務、發表政治意見和表達自我的利益訴求提供了一個交流的平台，使公民話語產生的土壤更加肥沃。尤其是在微博興起的互聯網媒介環境下，傳統媒體對話語權的絕對壟斷地位被打破，話語間互動的維度、頻度、廣度和深度上都發生了深刻的變化。

傳統媒體控制話語權的一個很重要的手段就是議程設置，傳統媒體環境下，是媒介議程影響公眾議程；然而在新媒體環境下，網民的討論熱點一旦成為社會討論的焦點，媒體出於追逐社會熱點的職業本能，就會對這些網民討論的焦點話題跟進報導和考證，也就是說公眾議程會反向影響媒介議程。這就直接對傳統媒體話語權的作用機制之一形成了直接的衝擊。

在新媒體衝擊的環境下，傳統媒介在捍衛話語權上處於相對被動招架的狀態。中國的媒介組織，作為宣傳體系下的一環，受到來自政治體制上的束縛，加之商業因素的壓力，不可能很好地履行社會監督角色，因此在公眾心中的公信力不斷下降，這必將導致媒介話語權處於極大的被動局面。

然而，微博並未真正改變傳統微博的傳統意見領袖的形成機制及其影響。整個媒體系統中的話語權仍歸屬於既有的意見領袖，草根的話語只是得到了更大程度上的彰顯而已。

一方面，微博上影響力比較大的媒體帳號，大多來源於現實中的既有媒體。因為微博是一種用戶主動關注機制，這使得意見領袖的門檻被提高，傳統媒體或來自傳統媒體的記者所管理的微博號，更加能夠贏得用戶的信任和青睞。微博意見領袖對傳統媒體的依附，會加深既有意見領袖的地位，非但沒有使既有意見領袖失去話語權，反倒加強了其話語權。

另一方面，雖然草根的話語得到一定程度的放大，但是草根用戶的微博在信任度、擴散程度、影響力上都無法跟傳統的意見領袖相抗衡。加之草根用戶在訊息量不足、訊息內容的把關、訊息傳播缺乏專業性上的弱勢，導致僅有部分草根用戶能成為微博上的意見領袖，而絕大多數草根用戶仍然只能維持其草根身分。

（四）微博的負面性與治理

微博的快速發展雖然帶來一系列可喜的變化，卻也帶來一系列新的社會問題。

微博發佈主體繁多、訊息不定量也沒有明確的目標定位，在海量訊息面前，受眾難免會產生「選擇困難症」。此外，由於微博發佈的低門檻，可能會導致海量訊息中夾雜著虛假、非理性、煽動性的言論，使其成為垃圾訊息、虛假訊息的收容站。

在微博場域下，下放的話語權使得網上的訊息精華與糟粕並存；微博的傳播廣度之大、傳播效率之快，也會成為謠言的催化劑，加快了假新聞傳播的可能；微博碎片化的表達方式，可能導致在傳播過程中訊息失真，成為假新聞滋生的溫床。雖然針對網路謠言，目前有微博的官方闢謠和一些專業人士出來「打假」，但是在此之前網路謠言早已瀰漫網路，會造成極其惡劣的社會影響。

此外是網路暴力的泛濫。既包括對他人毫無來由的誹謗和洩漏隱私，也有漫天的網路謾罵。微博的低門檻發佈、轉發和評論機制使得很多無辜者被醜化、玷汙清白，使陷於輿論漩渦的人遭受無窮無盡的網路謾罵，甚至被逼關閉評論或者清空微博。

針對微博可能導致的一系列社會問題，更呼喚規範化的、可操作化的新媒體管理體系的出現。

首先，需要優化目前的網路治理模式。合理的網路監管體系應該是多方參與的治理，需要有政府層面的行政管理條例、互聯網行業的行業治理體系、微博平台的守門人角色擔當、網民自身素質的提升和社會監督的參與。這離不開相關微博內容管理條例和自律規章的建立，也離不開網民自身媒介素養的提高。只有多方的參與和合作，完善政府、企業、社會、網民這四者之間的協商對話，建立良性互動機制，才能優化現有網路治理模式。

其次，要建立網路輿情的預警系統。利用網路搜尋引擎技術和網路訊息過濾技術，實現對「與己有關」的網路輿情監督管理的需要，最終形成輿情簡報、輿情專報、分析報告，為決策層全面掌握輿情動態，建立網路輿情應急處理工作機制提供輿情預警和分析依據。

最後，要依靠傳統媒體的力量，合理利用傳統媒體的公信力和影響力，在微博環境中闢謠與揚善，弘揚主旋律。

四、微信：「連接一切」的移動平台

無論是部落格還是微博，都是模仿國外類似產品進行中國化以後的產物，沒有原創性。而微信的出現，則是一種新興的「中國式互聯網產品」，對於中國互聯網的發展具有非比尋常的意義。

微信出生於 2011 年，截至 2015 年 5 月 13 日，微信已經覆蓋中國 90% 以上的智慧手機，當之無愧地成為移動互聯網時代的霸主。它的出現不僅動搖了微博的王者地位，而且也進一步推動了移動互聯網的發展，創新了企業的行銷方式。

（一）微信公眾號

微信公眾號是商家、媒體或者個人在微信公眾平台上申請的應用程式帳號，透過它可以實現與該公眾號的訂閱用戶之間的文字、圖片、語音、影片的全方位溝通和互動，可以說微信公眾號的出現改變了企業的行銷方式，已發展成為一種主流的宣傳和行銷方式。

1. 微信公眾號的運營方式

微信 5.0 版本發佈以後，微信公眾號被區分為訂閱號和服務號。訂閱號每日可以群發一條消息，且所有訂閱號將被折疊在一個訂閱列表中，不再有群發提醒，未認證的訂閱號不可以自定義目錄；而服務號群發的消息會出現在用戶消息列表中，不用認證即可免費申請自定義目錄，但是每月只能群發 4 條訊息。

作為微信商業化的重要環節，微信公眾號在連接商家和用戶上充當著重要的橋樑作用。針對公眾號，微信也逐步開放了很多重要的接口和功能，比如微信支付接口、微信小店、智慧硬體接口、帳號體系、打通 APP 等，一步一步完善著公眾號的生態體系，使其能成為「連接一切」的平台。

微信公眾號的運營主體除了傳統媒體、企事業單位外，還有一批在移動互聯網時代興起的自媒體人 (大多從傳統媒體轉身或兼任)。截至 2015 年第一季度末，微信公眾平台已經擁有超過 800 萬的公眾號，微信公眾號已經成為企業行銷的一種熱門新選擇。

傳統媒體的微信公眾號因其原有閱讀群體廣泛，內容運營的專業性強，是用戶訂閱和閱讀的重要來源。目前，大陸主串流媒體大都採用「訂閱號」的模式進行運營，主要有「以訊息推送為主」和「構建用戶系統，試水微信行銷」兩種行銷模式。

第一種模式，主要還是採取傳統媒體「內容為王」的策略，透過在微信公眾號每天向訂閱用戶推送媒體生產的原創資訊或轉載的資訊來吸引粉絲關注，以維繫和打造自身在移動互聯網時代的影響力。一般而言，這些公眾號的推送內容是精心挑選以後的能吸引用戶的，也有刊物內容的簡介，吸引用

戶去購買雜誌的。然而雖然這種模式的公眾號也會涉及跟訂閱用戶的互動，但是在社交關係的搭建、企業行銷上還較弱。

第二種模式，則開始用互聯網思維嘗試構建新的用戶系統，將微信視為新型行銷工具。其中具體的做法又包括：

一是要求用戶關注微信並且截圖分享至朋友圈來抽獎或者透過朋友圈集讚，給予一定的獎勵，這是大部分微信公眾號開辦之初為了吸引粉絲常用的手段；

二是認證的微信訂閱號或者服務號可以透過自定義目錄欄，跳轉到相應的期刊訂閱或者商品購買的網頁；

三是軟文廣告行銷，透過結合自身帳號定位在推送消息內植入商家訊息獲取商家的廣告費用；

四是自願付費成為會員或者為作者打賞，讓用戶自願「打賞」是目前比較常見的一種方式。

2. 微信公眾號的侷限與突破

在微信公眾號如火如荼的背後，仍然存在不少侷限。諸如內容同質化，缺乏品牌個性；運營思路老套，互動性和社交性不夠；受限於微信平台的功能限制，比較被動等。

微信公眾號已經推出至今，已然走過了漲粉的紅利期，訂閱用戶對公眾號的敏感程度明顯下滑，訂閱圖文訊息的打開率也在下降，這說明微信公眾號的運營亟須往精細化方向發展。

首先，要突破內容逐漸同質化的情形。微博一度走向衰退的一個很重要原因也是因為同質化訊息越來越多，垃圾訊息的價值低，同質化的冗餘消息讓用戶產生審美疲勞。雖然微信公眾號上的傳統媒體的帳號，可以有豐富的原創內容作為支撐，但是因為對新聞事件的報導角度區別不大，就容易導致內容上的同質化出現。因此，媒體的公眾號需要體現媒體品牌的個性與價值，善於從不同角度去分析新聞事件，給訂閱用戶耳目一新、不可替代之感。

其次，要轉變運營思路，用互聯網思維去改進運營方式，真正做到從用戶出發，善於利用微信公眾平台的用戶分析和圖文分析數據，掌握用戶閱讀微信公眾號內容的習慣和偏好，才能有的放矢。

最後，還要加強跟用戶的交流和互動，但不能僅限於簡單的線上互動，線下開展粉絲見面會、期刊簽名購買等活動也未必不可取。

（二）微信與移動互聯網生活方式

微信的出現，不僅改變了人們的交流方式，而且還對人們的生活方式產生了深刻的、持續的影響。

微信被互聯網行業視為是騰訊公司搶占移動互聯網入口的一張門票。在互聯網經濟中，信奉的是「通路為王」，認為只要搶佔到了用戶，就能把應用和服務分發出去，從而謀得利潤。作為騰訊公司布局移動互聯網的重要一環，微信「連接一切」的野心就已經彰顯出微信不僅僅只是一個通訊工具那麼簡單，而是要做用戶在移動互聯網時代的服務平台。

2013年8月，微信5.0版本推出，新增了「遊戲中心」和「微信支付」等商業化功能，已經凸顯出微信在行動支付和搭建移動娛樂業態的熊熊野心。2014年3月19日，微信支付接口正式對外開放，標誌著微信的商業化路徑又深入一環。目前，微信支付已實現刷卡支付、掃碼支付、公眾號支付、APP支付，並提供企業紅包、代金券、立減優惠等行銷新工具，滿足用戶及商家的不同支付場景。

此外，騰訊公司入股滴滴打車、大眾點評、京東等企業，並將其服務接入微信平台中，完善了微信對人們生活服務、O2O服務和網路購物等方面的支持。可以預見在不久的將來，微信支付將成為現實生活中的重要支付手段，而微信所搭建的移動生活方式，也將徹底改變人們長久以來的生活習慣。

第三節 行動通訊媒體發展巡禮

行動通訊媒體的產生，改變了新聞生產方式，構築了媒介融合的平台，重塑了人們的生活方式，搭建起人類社交平台和智慧化生活方式。

一、行動通訊媒體的產生及意義

行動通訊媒體，指的是透過行動終端（手機、平板電腦及其他手持終端）連接互聯網，來獲得海量資訊和服務的媒介。

（一）行動通訊媒體的產生

行動通訊媒體的產生、發展離不開行動通訊技術的進步、行動終端硬體的普及、移動應用軟體的豐富以及移動互聯網用戶規模的增長。

1. 行動通訊技術的發展

2009年是移動互聯網發展歷程中的關鍵節點。這一年，3G通訊獲得正式牌照，手機網民規模達到2.33億，占網民總體的60.8%。3G業務實現了電腦、通訊、消費電子和內容的融合，為行動通訊媒體的發展提供了技術保障。

2013年12月4日，工業和訊息化部正式向國內三大電信運營商中國移動、中國聯通、中國電信發佈了TD-LTE制式牌照，標誌著中國4G時代的大幕開啟。4G時代的來臨，不僅網路速度得到大幅提升，數據流量的價格也得以降低，使得透過移動互聯網能夠實現的應用場景越來越多，尤其是網路影片的發展迎來了春天。

根據工業和訊息化部（工信部）數據顯示，截至2015年4月，中國移動電話用戶的總規模已經達到12.93億戶，其中3G/4G用戶總數達到6.44億戶，3G/4G技術正快速席捲與改造行動通訊行業，在技術層面保證了移動互聯網向前推進。

2. 行動終端硬體的普及

終端設備對上網支持程度的逐步完善也對行動通訊媒體的發展造成重要作用。

2007年，第一代iPhone的發佈，標誌著智慧終端序幕的開啟。此後iPhone不斷升級換代，智慧機的技術工藝也得以不斷提升，iPad、iTouch等手持智慧設備的問世也擴展了移動智慧終端的格局。

電信運營商推出的「綁約送手機」或「購手機送話費」等活動也進一步刺激了智慧手機用戶的增長。智慧手機競爭相當激烈，市場經常陷入價格戰或配置戰中，萬元以下的智慧機市場火爆異常，各智慧手機終端廠商推出的「饑餓行銷」手段經常引發搶購狂潮，其中又以主打性價比的小米和華為表現最為醒目。目前市場上的主流手機終端已基本都是大螢幕、支持高速上網服務的智慧手機，2014年中國的智慧手機用戶首次超過5億，預計在之後幾年推出5G服務將保持高速增長，在2018年超過7億智慧手機用戶量。

行動終端的普及，為移動互聯網的發展提供了硬體支持，終端工藝和技術的提升，也必將提升移動互聯網用戶的使用體驗。

3. 移動應用軟體的豐富

移動應用軟體，主要指的是智慧手機的第三方應用程式，透過第三方應用程式，能為用戶提供多元化、全方位的移動互聯網應用和服務。

國際上比較主流的應用程式商店有蘋果的App Store，Google的Google Play Store，Nokia的Ovi Store，還有黑莓用戶的BlackBerry App World，微軟的Marketplace等，中國市場則以豌豆莢、騰訊應用寶、安智市場等最受歡迎。最近幾年，APP (應用程式，Applica-tion的縮寫)的分發成為各個互聯網巨頭的爭奪重點。

目前，比較熱門的移動應用主要有即時通訊工具、搜尋引擎、移動地圖、行動支付工具、移動影片、新聞客戶端、移動音樂、移動遊戲、移動電子商務等類型，移動應用往往成為互聯網公司爭奪用戶的入口，競爭激烈，因此各類型的應用層出不窮，使得移動互聯網的服務和功能愈來愈豐富多彩。

(二) 行動通訊媒體的發展階段

移動互聯網的發展主要有四個階段，包括了雛形階段、起步階段、發展階段和成熟階段，目前已經進入成熟階段。

2000年以前是移動互聯網形成的雛形階段，移動夢網的推出是其最初的雛形。但是當時的移動夢網只是基於Web2.0時代瀏覽器的一種產物，還是

一個封閉的系統，當時的應用都比較簡單，主要滿足訊息瀏覽和搜尋、簡單的通訊功能。

2001 年到 2006 年，是移動互聯網的起步階段。在這個階段，出現了很多移動 SP(Service Provider，服務提供商，一般指電信增值業務提供商)，這類廠商作為獨立門戶的出現，使得移動互聯網得以快速發展，在這階段很多 SP 透過與入口網站的合作獲得了盈利，移動增值市場的用戶和收入也不斷提升，但這一時期的主要應用也以獲取資訊和搜尋訊息為主。

從 2007 年智慧手機的推出到 2009 年 3G 開始普及，是移動互聯網的發展時期。在這一階段，智慧手機開始逐漸普及，行動通訊技術不斷優化，移動數據流量的資費也開始快速下降，用戶對於移動互聯網也逐漸熟悉。在這一階段已經出現了不少獨立的移動應用，手機音樂、手機閱讀、手機遊戲、手機電視等種類的應用不斷出現、豐富和普及。

2010 年至今是移動互聯網的成熟期，移動互聯網的發展進入快速發展期，互聯網服務商全面接入，行動終端製造廠商也開始透過內置軟體或自建生態加入移動互聯網領域，電信運營商也透過跟互聯網服務商或行動終端的製造商的合作，搶占移動互聯網市場，用戶對移動互聯網的習慣和依賴程度進一步加深。整個市場在多方參與者的推動下取得了飛躍式的發展，湧現了大量具有移動互聯網特點甚至是顛覆傳統互聯網、傳統行業的應用。

二、行動通訊媒體的發展推進媒介融合

行動通訊媒體的發展改變了新聞生產方式，推動著媒介融合的進程。

1. 行動通訊媒體改變新聞生產方式

行動通訊媒體的出現改變了傳統的新聞生產方式，出現了全民記者化。普通的移動互聯網用戶，可以透過移動智慧設備，即時記載、拍攝生活中發生的突發事件，上傳至微博或朋友圈，透過社交圈中的人際傳播和轉發機制，讓突發事件得以呈現在大眾面前，成為「業務記者」。

「全民記者」的出現也導致傳統媒體的記者必須具備快速獲取訊息關鍵詞和進行訊息整合、處理的能力，以專業性來保證自身的影響力。傳統媒體更需要依靠多年積累而來的影響力、獨特的新聞視角和鞭辟入裡的新聞解讀能力，保持並突出自身專業內容和原創優勢。同時，還要適應新環境下用戶需求的變化和多元化的特點，轉變內容運營的思維，實現從傳統的新聞思維到以產品思維、服務思維、數據思維和互動思維為中心，即互聯網思維的轉變。

除了提升專業新聞生產能力以外，傳統媒體也應適應互聯網快速發展的特點，利用雲端存取和挖掘大數據等手段，改變新聞採寫方式，用結構化數據來進行新聞的採寫，融入新媒體技術和行動終端的特點創新新聞的呈現方式，比如圖說新聞、數據可視化新聞和基於移動端瀏覽特點的 Html 5 格式的新聞專題，這樣才能保持對用戶的吸引力。

2. 行動通訊媒體發展促進媒介融合

在移動互聯網發展日新月異的當下，媒介融合的趨勢已不容逆轉，傳統媒體和新媒體的融合也進入了新的歷史階段。

從根本上講，媒介融合的主導因素有兩個。

一是技術因素，提供創新和體制機制調整的動力；

二是用戶需求，提供媒介融合的市場。成功的媒介融合形態正是充分利用技術的推力，沿著滿足受眾—用戶需求的角度逐步推進。

對傳統媒體而言，要更好地在移動互聯網時代發展和生存，就必須要以積極的心態迎接互聯網。不少傳統媒體雖然叫嚷著要進行媒介融合，但是實際上只是想採取「傳統媒體為體，新媒體為用」的方式，不改變傳統媒體的根本體制和運營模式，而是借助新媒體通路去獲得訊息發佈的新路徑，只是在原有運動模式的基礎之上畫延長線，這並非真正的媒介融合。

移動新技術的發展，為傳統媒體和新媒體之間的媒介融合提供了技術創新的動力和保障。傳統媒體應該合理利用移動新技術，不再將行動通訊媒體視為一種工具，而應該是與之融合的主體，把移動互聯網當基礎，當運作的

基本邏輯，在內容生產和行銷行為上考慮移動互聯網的規則和機制，致力於建立有影響力、公信力和權威性的內容，然後利用新媒體平台和資源將內容最大限度地分發出去，獲得內容方面的機會，彌補連結的短板。

　　傳統媒體在進行媒介融合的過程中，還必須堅持以用戶為中心的思維來進行指導。在互聯網時代，強調的是用戶為王，用戶的體驗、用戶的喜愛程度直接關係到一個產品或企業能否獲得好的發展。因此媒介融合要求傳統媒體改變以往高高在上的姿態，需要從為用戶解決問題的服務思維上著手，真正使得自身的訊息發佈有價值；需要利用互聯網數據和自身積累的數據進行嚴謹分析，挖掘用戶需求；需要加強跟媒體內容的用戶之間的互動，徹底拋棄高高在上的自得感和不重視「受眾」的想法，將「受眾」當作「用戶」對待，生產真正符合用戶口味的內容。

　　此外，在跟媒介相關的其他要素方面進行匯聚和融合也是必不可少的，包括媒介的形態、媒介功能、媒介傳播手段、媒介的資本所有權和組織架構等。在節點眾多的媒介融合的產業鏈上，傳統媒體絕不能僅僅滿足於做好一個內容提供商的本分，而應該努力學習、吸納新媒體的技術特性，往產業鏈的上下遊方向延伸。

三、移動互聯網搭建人類社交平台

　　移動互聯網的發展為用戶塑造了新的生活方式，搭建人類社交平台，智慧化和娛樂化也成為移動互聯網用戶的生活新體驗。

　　智慧手機的發展，使得人們的交流可以突破時間、空間的限制，實現隨時隨地的聯繫。透過各種第三方應用軟體，可以與遠方的同學、朋友、親人甚至陌生人共享文件、音樂、圖片和資訊。微博、朋友圈等基於熟人關係的社交網路的興起，以及各種基於陌生人交友的社交軟體的風靡，讓移動互聯網時代的虛擬社交越來越成為人們生活的重要方式。

　　社交性又帶來新的內容生產和傳播方式。甚至可以說，社交性已經成為當今新媒體內容發佈的起點。用戶化身為社會化媒體的主角，他們利用社會關係來進行新聞訊息內容的生產、傳播和接受。無論是進行原創內容的創作，

第三節 行動通訊媒體發展巡禮

還是對已有內容或專業媒體內容的加工、整合，都是基於用戶自身的興趣和需求而來的。由於擁有較穩定的社交關係，因此他們往往可以使得自己原創或加工的內容更容易得到受眾的認同，也就更加容易實現廣泛傳播。基於社交關係的黏性和可靠性，也興起了許多新型的行銷方式。

此外，智慧化的穿戴設備也給了移動互聯網用戶新的體驗。Google 公司 2012 年發佈了一款「拓展現實」眼鏡 Google Project Glass，這款眼鏡具備和智慧手機一樣的功能，可以透過聲音控制拍照、影片通話和上網等，這款智慧設備的出現也帶動了一系列可穿戴設備的研發。像小米公司發佈的小米手環可以監控睡眠狀態和運動情況，還有 iHealth、Uwatch 等定位於記錄生活習慣、進行健康管理的智慧手錶等。

可以預見的是，此後智慧化的設備將越來越多，而這一切必將推動人們的生活進入智慧化體驗的新時代，從而改變人們的生活方式。

不可否認，在移動互聯網時代，娛樂仍然有著重要的地位。隨著移動智慧終端的不斷革新，通訊技術的支持和數據流量資費的下降，人們對網路影片、網路閱讀、網路遊戲的需求量也在不斷提升，主打休閒時間的移動遊戲如「消消樂」「全民打飛機」等都曾風靡一時。並且隨著移動智慧終端性能的提升，一些大型遊戲也可以在移動端進行，這使得娛樂化趨勢在移動互聯網時代也十分明顯。

【知識回顧】

本章對新媒體的發展歷程進行了回顧，分別從網路媒體的發展和移動互聯網的發展進行了具體的論述，並對新媒體發展過程中三種重要的自媒體工具：部落格、微博和微信的發展歷程、產品特點和對傳播環境及公眾生活帶來的影響進行了探討。

【思考題】

1. 你最常使用的 APP 是什麼？談談它的盈利模式是怎樣的。

2. 在移動互聯網時代，大眾媒介該如何保持自己的競爭力和影響力？

3. 你認為 PC 互聯網會被移動互聯網取代嗎？為什麼？

第三章 網路技術和數位技術

【知識目標】

☆網路技術的基礎知識和網路技術的基本原理。

☆網路技術中入口網站、搜尋引擎、即時通訊、網路影片的關鍵技術及應用。

☆瞭解數位媒體技術的基礎知識及原理。

☆把握數點陣圖像、數位音頻、數位影片的原理及應用。

【能力目標】

1. 瞭解我們生活中常見的網路技術和數位技術。

2. 掌握網路技術基礎，把握網路傳播特點和應用，初步認識網路技術。

第一節 網路技術

新媒體環境改變了我們的生活環境，帶來了數位化和互動的傳播方式。網路技術作為最早出現的新媒體，它的出現具有劃時代的意義。用戶透過網路門戶、網路影片和即時通訊，走向了比傳統媒體時期更為廣闊的訊息空間。

一、網路的組成部分

網路如同一張大網將獨立的電腦緊緊連成一個整體，訊息則根據網路協議予以傳遞，避免訊息傳送過程中的雜亂無章。

一個完整的網路由硬體系統和軟體系統這兩個部分構成。我們通常使用的終端設備屬於硬體系統，網路應用則屬於軟體系統，二者缺一不可，協同作用支撐起整個電腦網路的運作。

（一）網路硬體系統

網路硬體系統，是構成電腦網路的設備與部件的總稱，也是網路中必不可少的配置，簡單地說就是主機、傳輸介質和通訊設備。

1. 主機

主機通常可以分為服務器 (Server) 與客戶機 (Client) 兩種。服務器主要負責管理訊息資源和提供數據服務，是網路的核心設備。呈現在網民面前的符號訊息，不管是文字、圖片，還是音頻、影片都需要預先儲存在服務器上，用戶提出訪問請求後，服務器會根據不同的需求返回相關數據訊息。客戶機是一個與服務器相對的硬體設備，主要功能是實現用戶對數據訊息的訪問。

2. 傳輸介質

傳輸介質是電腦網路通訊中訊息傳輸的通道。電腦網路中數據的流通需要依附有線介質或無線介質。有線的數據傳輸介質主要有雙絞線、同軸電纜和光纖，它的傳輸環境相對單一，不易受外界環境的干擾，但因傳輸距離的限制，數據傳輸只能在小範圍內進行。而無線傳輸可以打破地域的限制，不同傳播頻率會產生不同的訊號傳輸效果，無線傳輸的介質可以是無線電波、微波、紅外線、雷射等。

3. 通訊設備

通訊設備是傳送或者接收數據的設備。在數據通訊過程中，通訊設備可看成訊息在網路上流動的接口，如網卡、路由器、集線器、交換機等。其中，路由器是最為常見的通訊設備，它能為經過路由器的每個數據分組尋找一條最佳傳輸路徑。

（二）網路軟體系統

網路軟體作為組建網路的重要部分，可透過一系列的軟體程式實現數據的交換，以可視化的界面和易操作的程式實現電腦與用戶間的交互。在沒有網路軟體系統的電腦上，顯示的會是一連串的字符，用戶如果要對電腦進行操作，就必須鍵入相應的程式代碼，操作很複雜，不利於電腦技術的普及。

一個完整的網路軟體系統主要由網路作業系統、網路協議和網路通訊軟體三部分組成。

1. 網路作業系統

網路作業系統是網路軟體的核心，它是用戶與電腦交互的前提條件，簡化程式運行的同時實現更高效的數據資源管理。如在 Windows 作業系統中，電腦桌面會顯示任務欄、開始按鈕和程式的圖式，用戶只需輕輕一點滑鼠就能夠開啟程式，使電腦運作起來。

2. 網路協議

網路協議在網路通訊過程中扮演著「守門人」的角色。網路協議是數據交換中相互遵守的規定和約定，如 TCP/IP 協議、NetBEUI 協議、IPX/SPX 協議等。網路協議包括雙方在交換數據時應採用的數據格式、傳輸的時間順序、糾正錯誤的方法等。通常一個完整的協議包括語法、語義和時序三個部分。其中語法規定了訊息的結構和格式；語義涉及需要發出何種控制訊息，完成何種動作及做出何種應答；時序是對事件實現順序的詳細說明。

3. 網路通訊軟體

網路通訊軟體是互聯網通訊中必不可少的主體，訊息經由通訊軟體，才能夠實現用戶之間訊息的交互。狹義上看，可以等同於用戶日常使用的電子郵箱、即時通訊等工具。

二、網路結構

互聯網世界中，電腦的數量龐大，彼此交織成一個錯綜複雜的網，對網路結構的把握主要從網路的覆蓋範圍和拓撲結構入手。

（一）按網路覆蓋範圍分類

根據覆蓋範圍的不同，網路可分為廣域網、都會網域和區域網路。

1. 廣域網

廣域網 (Wide Area Network，WAN) 又稱遠程網，它能夠覆蓋一個城市、一個國家，甚至是全世界。Internet(Internet) 是典型的廣域網，也是目前最大的網路。由於通訊技術的侷限，廣域網的傳輸速率較低，一般維持在 64Kbit/s~2Mbit/s 之間。

2. 都會網域

都會網域 (Metropolitan Area Network，MAN) 和廣域網都能夠適用於城市網路的構建，但是都會網域與廣域網相比，覆蓋範圍就要小得多，只能達到幾十千米。都會網域早期主要透過電纜進行連接，所以應用會受到一定程度上的侷限。隨著無線通訊技術的發展，城市中逐漸興起的無線網勢必會為都會網域帶來更豐富的應用。

3. 區域網路

區域網路 (Local Area Network，LAN) 顧名思義是適用於小範圍內的電腦網路，覆蓋範圍最大不超過 20km，通常在企業或者校園中應用得較為廣泛。因為區域網路的網路負載壓力相對較小，傳輸速率大大提高，一般可以達到 10Mbit/s。此外，短距離降低了延遲率和誤碼率。區域網路的建造標準則大多是按照 IEEE802.3(以太網) 標準建設。

（二）按網路拓撲結構分類

網路拓撲 (Network Topology) 這個概念是從網路的物理結構形態上予以界定的，即各個網路節點以及鏈路之間相連的不同結構形態的抽象表示。不同形態的網路拓撲，作用也不盡相同。常見的拓撲結構有星型拓撲結構、匯流排拓撲結構、樹型拓撲結構、環型拓撲結構和網狀型拓撲結構五種，如圖 3-1 所示：

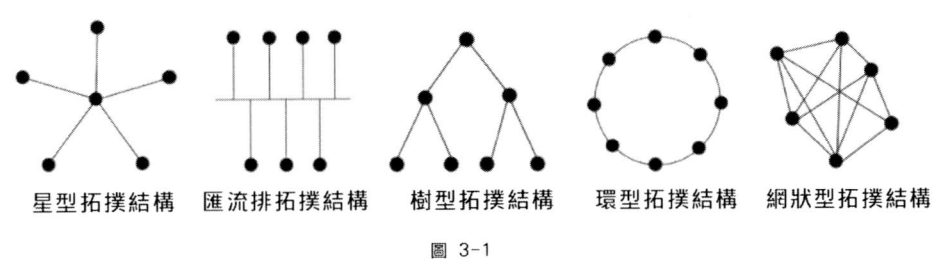

星型拓撲結構　匯流排拓撲結構　樹型拓撲結構　環型拓撲結構　網狀型拓撲結構

圖 3-1

三、網路體系結構

網路體系結構和網路結構都屬於結構範疇，但二者區別很大。網路結構強調的是網路節點的結構形態，而網路體系結構則是對網路通訊系統的一種結構化設計，主要是從邏輯上對網路協議進行分層，以解決網路系統不兼容的問題。

當前，使用得最為廣泛的網路體系結構是國際標準化組織(International Organization for Standardization，ISO) 於 1979 年提出的開放系統互聯 (Open System Interconnection，OSI) 參考模型。這個模型根據功能的不同，將網路的通訊分為 7 個層次，這 7 個層次由低到高依次為物理層、數據鏈路層、網路層、傳輸層、會話層、表示層、應用層。各層之間是相互連接的關係，而不是相互獨立，數據按照層級順序依次傳遞。

四、網路訊息表現形態

網路訊息的形態主要表現為圖像、音頻和影片，與早期的訊息相比，現階段的訊息形態更加豐富，對用戶的吸引也更大。

（一）圖像

圖像是新媒體訊息的構成要素之一，隨著數位技術的發展，圖像被大規模用於訊息傳播。快節奏的讀圖時代，圖像豐富的色彩和前衛的設計能給人強烈的衝擊感，從而迅速吸引人們的眼球。圖像也就逐漸成為新媒體時代網路訊息的主要形態之一。

1. 像素和解析度

像素是構成圖像的基礎單位，一個單位是一個像素 (pixel)，如圖 3-2，該圖像素為 3008px×2000px。將圖片不斷放大可以看到不同顏色的方塊，如圖 3-3，每個方塊就是一個像素點。即該圖橫向有 3008 個色塊，縱向有 2000 個色塊，不同色塊透過顏色的變化構成了這幅風景圖像。

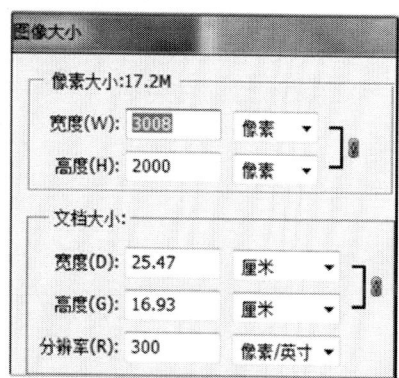

圖 3-2

圖 3-3

解析度是描述圖片清晰與否的標準，它指的是單位面積內的圖片中包含的像素點個數，通常以像素 / 英吋為單位 (PPI)。

像素：3008px×2000px
圖3-4a

像素：100px×67px
圖3-4b

同樣畫幅的圖像，圖3-4a中，橫向有3008個像素點，縱向有2000個像素點，而右圖3-4b，橫向與縱向分別有100和67個像素點。顯然，圖3-4a的圖像要比圖3-4b的清晰度高很多。因此在同等畫幅的情況下，像素高的圖像清晰度就高，像素低的圖像清晰度就低。

2. 點陣圖和向量圖形

網路上展現給用戶的圖像，大多是點陣圖，它們由像素點構成(如圖3-2，3-4)。不同解析度的圖像在進行放大或縮小後，視覺上會有所差異，假設解析度一定，畫幅小的圖像會更清晰。在實際操作中，可能會對點陣圖圖像進行一定轉換，那麼在轉換中必須遵守一個準則，即高像素的圖像可以轉換為低像素的圖像，但反過來無法實現，因為低像素的圖像已經失真。

與點陣圖相對的是向量圖形，它是以幾何圖形的形式來表示圖像，由點、線、面等元素構成，隨意對它進行放大或縮小都不會造成圖像的失真。向量圖形多應用於簡單的圖形素材或LOGO中。

3. 圖像的顏色

圖像的顏色在視覺上是一種補充和完善，多重色彩構成極具表現力的圖片，這裡涉及色彩三要素和顏色的模式。

「色彩三要素」是顏色的屬性，包括色相、亮度和飽和度。色相是色彩直觀的展現，如紫色、黑色、黃色；亮度是顏色的明暗程度，和灰度類似；飽和度指的是顏色的純度，飽和度越高，摻雜的其他顏色就越少。

「顏色模式」是記錄圖像顏色的方式，常見的有 RGB 模式、CMYK 模式、Lab 模式和 HSB 模式。RGB 顏色模式主要透過紅 (Red)、綠 (Green)、藍 (Blue) 三原色來記錄顏色，使用範圍很廣，絕大多數圖像都是此類模式；CMYK 顏色模式主要透過青 (Cyan)、品紅 (Ma-genta)、黃 (Yellow) 和黑 (Black) 來生成顏色，在印刷時使用最多；Lab 顏色模式主要是透過亮度份量 (L) 和顏色份量 a、b 來表示顏色，能夠表現出多種色彩；HSB 顏色模式主要是以色相 (Hue)、飽和度 (Saturation)、亮度 (Brightness) 來表示顏色，主要用於顏色的描述。

4. 點陣圖像壓縮

網站為了追求更好的視覺效果，會選擇在網站中使用高清大圖代替小幅圖像，但繁多的大幅圖像對存儲空間的要求也更高。在實際應用上，用戶反覆讀取圖像訊息，會給服務器帶來較大的負擔。因此網站會對圖像進行壓縮，緩解服務器的壓力。壓縮的方式主要有「有損壓縮」「無損壓縮」和「混合壓縮」，不同壓縮方式獲得的圖像效果不同。

(二) 音頻

音頻作為訊息的另一種存在形式，主要功能在於聲音的記錄，並越來越多地用於廣播、網路影片等媒體形態中。

1. 聲道、音軌、頻譜、碼率、噪音

數位音頻在處理過程中，涉及聲道、音軌、頻譜、碼率、噪音等要素。其中聲道是聲音在錄製時音源的數量或回放時的揚聲器數量。聲道可以分為單聲道、立體聲、四聲道環繞、5.1 聲道和 7.1 聲道。

音軌是記錄聲音的軌道，如圖 3-5a 就是某一首音樂的音軌。通常面向聽眾的音樂是多條音軌合成的結果。

頻譜則是聲音波動的頻率，可以反映出不同頻段的聲音表現力的高低強弱。如圖 3-5b，將圖 3-5a 拉伸之後就是聲音的波形，透過上下起伏的變化反映出聲音波動的頻率。

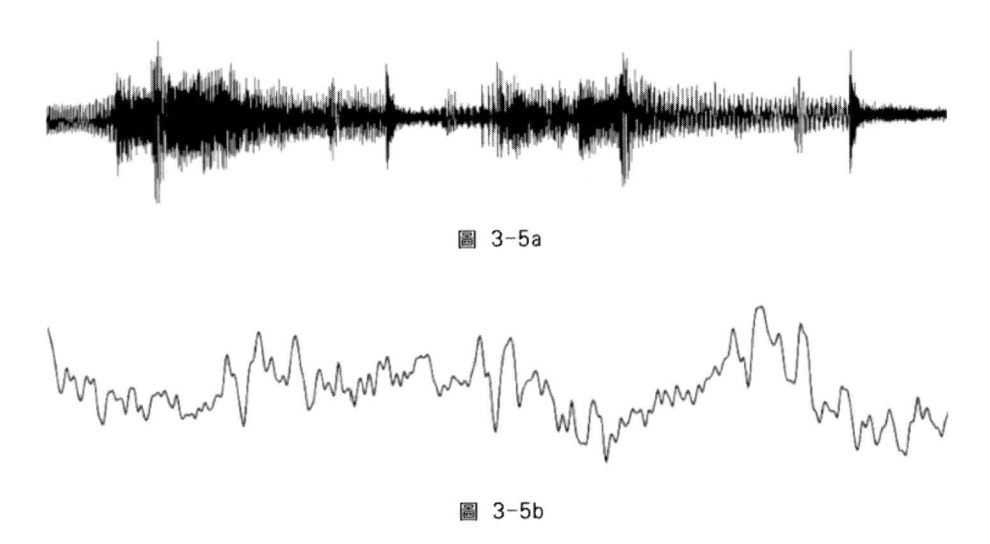

圖 3-5a

圖 3-5b

碼率，又稱比特率，是每秒傳送的比特數，碼率越高，傳送的數據越多，音頻質量就越高，音頻文件也就越大。如在百度音樂中下載一首歌，標準品質的碼率為 128Kbps，文件只有 4.6M，而超高品質的碼率為 320Kbps，文件有 11.5M。通常音樂的品質越高，文件就越大。

噪音則指的是在音頻訊號傳輸過程中，由於傳輸內外環境的不一致所產生的與音頻相異的聲音，類似於使用收音機時受到訊號干擾所發出的「滋滋」聲。

2. 數位音頻的格式

音頻作為媒體訊息形態之一，用於多種平台，所以對格式有多種要求，常見的格式有「.MP3」「.WAV」「.WMA」「.RA」等。其中「.MP3」是目前應用最為廣泛的一種音頻格式，壓縮率在 10：1 到 4：1 之間，占用存儲空間較小，壓縮後的音質仍然較高。「.WAV」是應用在微軟平台及其應用程式中的文件格式，通常採用的是 PCM 無壓縮編碼，音質較高，但文件

存儲要占用很大的空間。「.WMA」也是微軟推出的與「.MP3」格式齊名的一種新的音頻格式，壓縮比和音質都超過「.MP3」，即使在較低的採樣頻率下也能保持良好音質。「.RA」是用於流式播放的文件，壓縮比率隨網速而變化，失真度小。

（三）影片

隨著媒體訊息處理技術的不斷成熟，文本訊息逐漸向影片訊息演變，不但最大限度地激發了用戶的聽覺和視覺，還以更為豐富的形態滿足了用戶的體驗。

1.「影格」和「影格率」

用戶觀看影片時，看到的是動態的影像，但實際上它們是由多幅靜態畫面構成，一幅靜止影像就是一影格。

影格(Frame)是構成影像最為基礎的單位，當每一影格以較快的速度運動起來後，人眼就可以看到動態的影像。其中衡量「影格」運動快慢的標準為「影格率」，即每秒顯示的影格數(fps)或赫茲(Hz)。由於人的腦神經對光的反應存在一定的記憶，所以只有影像達到一定影格率，人眼才會看到動態的影像，以電影為例，它的「影格率」通常為24fps，即每一秒放映24格畫面。

2. 影片壓縮

影片文件容量要比圖像大得多，尤其是高清影像。為了便於傳輸和儲存，需要對影像進行壓縮。常見的壓縮格式有以下幾種：

MPEG，即運動圖像專家組，包括MPEG-1、MPEG-2、MPEG-4、MPEG-7及MPEG-21等壓縮方式，主要利用了「運動補償」和「影格間壓縮」技術，屬於有損壓縮方式，但畫質和音質仍較好；AVI，即影片音頻交錯格式，它能夠支持音、影片的同步播放，屬於有損壓縮方式，畫面質量不高，存儲空間大，但是可以在多個平台運行，兼容性較好，主要用於多媒體光碟上訊息的保存；MOV最大的特點是能夠跨平台播放，壓縮比較高，存儲空間小，不影響畫質和音質；RM作為一種串流媒體技術，可以使壓縮比率隨著網路

傳輸速率而變化，當頻寬不足時仍然可以實時交換影像數據；3GP 主要應用於手機媒體上，文件容量小，能夠降低網路傳輸的壓力，但是兼容性差，畫質不高；ASF 支持多種壓縮和解碼方式，且壓縮比率和影像質量相對較高。

第二節　入口網站技術

在繁多的網路應用海洋中，用戶接觸最早且使用較多的當屬入口網站。入口網站作為綜合性訊息聚合平台極大地滿足了用戶早期的觸網需求，網路將訊息資源「公開」和「共享」精神發揮到最大化。

早期的入口網站，以文字訊息為主。儘管網頁結構簡單，卻能滿足網民的日常訊息需求。隨著社會節奏不斷加快，訊息增長速度與日俱增，用戶的需求變得多樣化。入口網站的服務便從單一的訊息服務，轉向影片、郵箱、電子商務等綜合性的服務，它的數據開始從單一層級頁面流向多級頁面，其技術也從簡單走向複雜。

一、網站基礎知識

網站由多個層級頁面構成，而用戶訪問網站時，訊息是以平面化的形態呈現，因此網站的外觀和格局對網站的發展有十分大的影響。

（一）網頁設計

網頁設計是一種視覺表達藝術，對配色有較高的要求。如「豆瓣網」，它的整體格調為清新的綠色，從 LOGO 到標題，均以淺色係為主，「文藝範兒」的特色十分明顯。

不論是「網路原住民」還是「網路移民」，都無法否認目前我們正處於「讀圖時代」，網民的眼球時刻接受著色彩的衝擊，訊息審美逐漸走向新的高度。

在網頁設計中，最常用軟體有 Dreamweaver、Fireworks 和 Flash，即「網頁三劍客」。常用到的還有 Photoshop、CorelDRAW、Illustrator 等。

Dreamweaver 是網頁設計軟體的一種，其使用便利，尤其在網頁內容模組的編輯排版中，透過可視化操作，可以提高設計師們的工作效率，除了

能在設計視圖中直接編輯訊息，設計師們還能夠透過拆分視圖同時顯示代碼和設計內容。Fireworks 和 Flash 的作用就在於輔助網頁的編輯與製作，尤其在動態圖片的製作中，Fireworks 和 Flash 生成的腳本語言可以直接添加在 Dreamweaver 中，避免網頁製作中的重複編輯。

（二）傳統入口網站的編寫語言

入口網站的頁麵包含多個模組，各個模組相互組合。各模組內的訊息既能進行可視化編輯，又可以透過代碼實現多種功能，這些代碼就是一系列編程語言。電腦和人腦不一樣，無法直接理解人類用語，所以程式需要透過編譯然後嵌入電腦，最後才能在網民操作滑鼠時，實現相應的交互行為。與編程語言類似的還有腳本語言，作為一系列的描述性語言，它同樣是能夠讓程式運作起來的指令。

傳統的入口網站大多為靜態的頁面，多由 HTML(Hyper Text Markup Language) 語言編寫而成。HTML 語言又稱超文本標識語言，不同的 HTML 標籤可以定義不同的文本，如標籤「< ; img> ; 」定義的就是圖像訊息，表示網頁中嵌入了一幅圖像。

（三）動態網站的編寫語言

動態網站和靜態網站相比，最大的區別就在於交互性。傳統入口網站只能以單一的形式向網民傳遞訊息，但這種訊息傳播方式已無法滿足用戶日益增長的需求，他們希望網路可以讓他們參與其中，獲得更豐富多彩的訊息。腳本語言和編程語言則很大程度上解決了「供需失衡」。網站根據編程語言的不同，大體可分為 ASP 網站、PHP 網站、JSP 網站。

ASP(Active Server Pages) 網站最重要的一個功能就是可以非常輕鬆地連接資料庫。透過使用 ASP，只需寫很少的代碼就可實現對資料庫的操作，並可以讓靜態 HTML 頁面動態地反映資料庫最新的數據訊息。ASP 技術的缺點在於處理用戶請求以及服務端 QPS(Query Per Second) 時表現得不太好。

PHP(Hypertext Preprocessor)網站最大的特點在於有很多免費的原始碼。它是目前網站中最熱的腳本語言。網站建設者只需要很少的編程知識就能使用PHP建立一個真正交互的Web站點。一般來說，PHP網站比較適合中小型網站，它的運行速度快，成本低，具有極強的開放性，但這也為它的發展帶來了很大的弊端，使PHP代碼存在一些不規範的現象。

JSP(Java Server Pages)網站從安全性和規範性的角度來看，表現較好，是一種絕對的面向對象編程。用JSP語言開發網站，兼容性較大，還可跨越多個平台，應用程式易於管理和維護。但不足就在於運行需占用較大的空間，調試比較麻煩。

腳本語言能夠為用戶帶來更便捷的操作，也是衡量網頁用戶體驗度的關鍵，網站建設者需根據自身的服務和定位選擇合適的語言，實現效益的最大化。

二、網站的架構

傳統入口網站時期，架構普遍簡單，對系統的性能要求不高，因此無法承載網站大量的訪問。隨著資料庫讀取頻率的增加，程式的響應速度變慢，若網站瞬間流量激增，就容易讓服務器癱瘓，用戶便無法繼續訪問。

網站主要使用的服務器有應用服務器、文件服務器和資料庫服務器。為瞭解決網站訪問量和承載量之間的矛盾，應用服務器和數據服務器逐漸分離。當前多數網站會根據自身業務在分離服務器的基礎上增加服務器的數量，而在存儲上採取分佈式緩存存儲，以提高系統的可伸縮性，減少資料庫的讀取壓力，節約數據連接資源。

網站的架構可以分為前端架構和服務器架構。前端架構指的是網站的表現層和結構層，它們是和用戶接觸有關的部分，包括「前端緩存」「代碼優化」「前端框架選擇」和「路由機制」。「前端緩存」是將網站頁面的訊息儲存在用戶的電腦硬碟裡，如圖片、CSS、Flash等，避免用戶多次調用資料庫訊息，可有效緩解服務器的壓力。「代碼優化」能讓網頁代碼更簡潔地呈現，多採用DIV+CSS布局。為節約程式響應時間，優化過程中應避免過多嵌套。

「前端框架選擇」是根據網站的規模、用戶的需求和成本效率選擇合適的框架。「路由機制」指在傳輸過程中，數據借助路由器尋找最佳通訊路徑，實現短時間內的訊息傳輸。

服務器架構包括「服務器的部署」以及「環境的搭建」。「服務器的部署」是根據業務的需要針對服務器來部署軟硬體設備，使服務器平穩運行，合理分配應用服務器、文件服務器、數據服務器之間的比例關係。因此，服務器不是越多越好，而是要恰到好處，好的網路架構一定是適合自身發展的。

三、網站架構中的軟體系統

當前網站的數量正成倍增長，儘管網站之間的內容和服務各有差異，但它們各自的基礎架構卻是類似的。從網站架構中的網站軟體系統來看，它大致可分為4層，每層均採取分佈式部署。第一層為應用層，它直接面向用戶，透過客戶端瀏覽器，用戶能獲取文字、圖片等類型的數據。第二層是服務層，又稱為分發數據層，所有數據都將在這一層進行處理，數據處理完後便返回給應用層相關數據類型和數據包。第三層是高速緩存層，它的工作就是處理邏輯數據和運算數據。第四層是資料庫層，它主要用來提供資料庫儲存訪問服務，如資料庫、緩存、文件和搜尋引擎等。

第三節 搜尋引擎技術

傳統入口網站時期，用戶主要透過「瀏覽」獲取訊息，入口網站便是訊息的入口。相較於紙媒，網路已為用戶提供了足夠多的訊息。當新的訊息搜尋時代來臨，訊息開始過於泛濫，如何精準搜尋訊息成了新的問題。搜尋引擎的出現，逐漸彌補了海量訊息帶來的「漏洞」，將訊息智慧化地呈現在搜尋者面前。

一、搜尋引擎技術概述

1990年，加拿大麥基爾大學的三名學生發明了Archie，它被視為所有搜尋引擎的鼻祖。在搜尋引擎出現之前，用戶在找尋訊息時，需要在瀏覽器中輸入特定的地址，打開網站後再開始搜尋訊息。顯然，單一的搜尋方式無

第三節 搜尋引擎技術

法長久滿足用戶的需求，訊息搜尋成本越大，用戶放棄的可能性越大。為彌補傳統訊息搜尋的缺陷，搜尋引擎走進用戶眼簾。用戶只需透過關鍵字，就能迅速獲取自己想要的訊息。搜尋引擎的發展大致經歷了分類目錄時期、文本檢索時期、連結分析時期和用戶中心時期。

分類目錄時期的搜尋引擎網站如同導航標，透過收錄排名靠前的優質網站為用戶提供包括新聞、搜尋引擎、社交、網路購物、影片等在內的服務，形式上類似於「網路黃頁」的電話號碼收錄，只是它的內容要豐富得多。從收錄方式上來看，分類目錄時期以人工收錄為主。但這種訊息搜尋存在很大的侷限性，只有很少的網站能被收錄，並不能滿足網民日益複雜的訊息搜尋需求。

文本檢索時期的搜尋引擎網站主要根據用戶輸入的關鍵字和關鍵詞來檢索訊息，類似於圖書館的書目查詢系統。用戶在客戶端輸入某個搜尋關鍵字或詞後，服務器會捕捉到數據並產生響應，進而在資料庫中找尋符合檢索規則的訊息，最後將訊息返回給用戶。一般來說，文本檢索出的網頁內容與用戶查詢的訊息之間的匹配度較高，可採用布爾模型、向量空間模型或者機率模型進行檢索，它的不足就在於對用戶檢索能力有較高要求。

連結分析時期的搜尋引擎網站主要是對檢索到的網頁連結進行排序，重要的網頁會優先排序並返回給用戶，而次要的網頁排名就相對靠後。因此，透過連結分析篩選出的網頁與用戶的需求匹配度較之前面幾個檢索時期都要高很多。Google 作為首位採用者獲得了很大的成功，隨後該網頁分析技術陸續在其他搜尋引擎中使用開來。

用戶中心時期的搜尋引擎網站最大特點在於「智慧化搜尋」，搜尋引擎為用戶提供的不是簡單的數據，而是在把握了用戶的搜尋行為和心理習慣之後返回的同用戶真實需求高度匹配的搜尋結果，體現出人性化的查詢機制。

在整個搜尋過程中，資料庫造成了很大的作用。透過大數據分析，用戶的行為軌跡變得可測量，可跟蹤。但也有人質疑「人性化」或許存在窺探用戶隱私的嫌疑。因此搜尋引擎在未來的發展中需要在滿足用戶搜尋需求和掌握用戶個人訊息之間把握好一個度，這樣才能獲得更長久的發展。

二、搜尋引擎的工作原理

搜尋引擎出現後,訊息搜尋變得井然有序,核心在於頁面的抓取,透過建立索引提供檢索服務。

(一) 搜尋器抓取頁面

搜尋引擎運作的第一步是利用「搜尋器」蒐集網頁訊息,搜尋器又被稱為「網路蜘蛛」,它的工作就是每天反覆「織網」,擴大蒐集範圍,獲取盡可能多的頁面。針對那些沒有價值的網頁,搜尋引擎會定期進行更新,若更新不及時,用戶就會遇到死連結或無效連結,如圖 3-6:

圖3-6 無效連結打開之後顯示的內容,表明該URL已經失效

搜尋器對網頁的抓取是隨機的,它從任意一個網頁開始之後會順著 URL 中的超連結 (Hyperlink),以「寬度優先」「深度優先」或「啟發式」方式獲取網頁訊息。

「寬度優先」是指搜尋器在某個頁面發現多個連結時,先不考慮深入某個連結抓取訊息,而是先將這個頁面上的所有連結全部獲取之後,再進行下一層次的搜尋,如圖 3-7:

圖 3-7

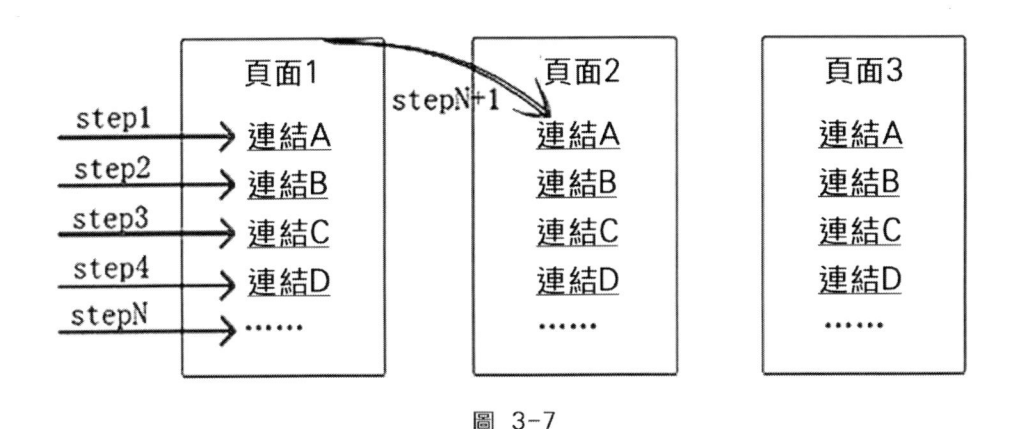

「深度優先」則是指搜尋引擎優先滿足搜尋頁面的深度，當搜尋器在某個頁面發現一個連結時會不斷地順著連結層層抓取訊息，直到沒有連結才返回第一個頁面，然後再繼續搜尋，如圖 3-8：

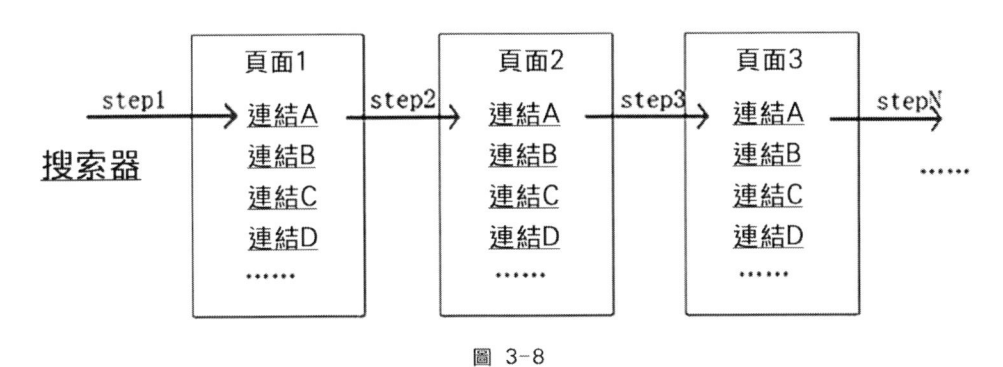

圖 3-8

「啟發式搜尋」是對搜尋位置評估之後再進行搜尋的一種策略。因為寬度優先搜尋策略和深度優先搜尋策略可能存在搜尋對象空間無限大的情況，所以透過事先預估，從權重較大的位置開始搜尋可以避免很多無用功，還大大提高了搜尋效率。

（二）索引器建立索引

搜尋引擎運作的第二步是透過「索引器」理解「搜尋器」所搜尋的訊息，並從中抽取若干索引項，用於標識文檔以及生成文檔庫的索引表。簡單地說，

建立索引的過程就是從抓取的網頁中抽取出若干關鍵字、關鍵詞以便用戶進行訊息檢索。

獲取索引項之前，搜尋引擎需要對網站中的標籤訊息進行過濾，這樣做能夠保證包含在標籤中的訊息被準確獲取。

以下面的測試文檔為例（該文檔用 HTML 語言編寫），截取出的部分代碼如下圖 3-9：

```html
<div calss="two">
    <ul>
        <li><a href="#">[人口]300萬，多生活在南部沿海地區</a></li>
        <li><a href="#">[語言]印度尼西亞語、英語</a></li>
        <li><a href="#">[宗教]信仰阿迦瑪印度教(Agama Hindu)</a></li>
        <li><a href="#">[民族]主要為峇里島的原住民</a></li>
        <li><a href="#">[時區]東8區，與中國無時差</a></li>
        <li><a href="#">[性質]宗教、海濱、公園、都市</a></li>
        <li><a href="#">[氣候]熱帶海島型氣候，氣候常年炎熱</a></li>
    </ul>
</div>
```

圖 3-9

假設搜尋引擎獲取網頁之後篩選出以上部分標籤，那麼圖中標籤「<；a>；」和「<；/a>；」之間的文本內容便是索引器得到的正文。獲得文本之後，索引器會對內容進行切分，該環節涉及的切分技術包括正反向切詞、正向切詞、反向切詞、關鍵字最少化切詞、回饋切詞技術等，切分的目的就在於獲取一系列目標關鍵詞，最終形成關鍵詞索引庫。

（三）提供訊息檢索服務

搜尋引擎運作的第三步是在抓取海量網頁訊息之後，根據網頁的相關性排名向用戶提供訊息檢索服務。相關性的排名主要和算法有關，以 Page Rank 算法為例，它是衡量網頁重要性的指標之一，此外有 HITS、HillTop 等算法。Page Rank 算法最初由 Google 的創始人佩奇於 1997 年提出，是一種連結分析算法。它將「入鏈」的數量和網頁的質量結合作為好的網頁重要性評價的標準。「入鏈」指的是其他網站指向某網站的連結，和「出鏈」

相對;網頁質量則與網頁的訪問流量、註冊用戶、活躍度、更新頻率、網頁內容的質量等因素相關。

如圖 3-10,假設有 A、B、C、D 四個頁面,每個頁面的網頁權重均賦值為 1,網頁 A 的「入鏈」數為 0,網頁 B 的「入鏈」有 1 個,網頁 C 的「入鏈」有 2 個,指向網頁 D 的連結有 3 個。初步可以求得 A、B、C、D 四個網頁的權重分別為 0、0.33、0.83、1.83。顯然網頁 D 的權重最大,那麼也就最容易被搜尋引擎抓取到。

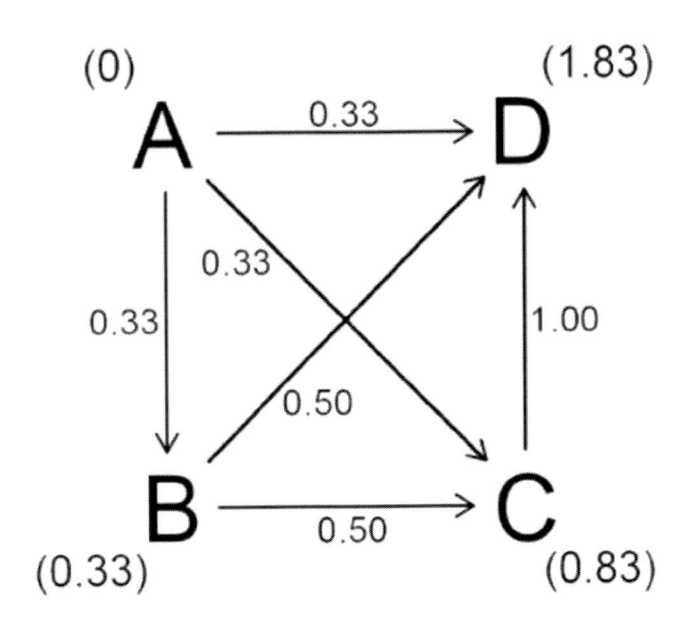

圖 3-10

網頁的排名除了和權重有關,還與網頁自身的重要性有關。因此,對於一個網頁或者網站來說,如果想讓自己的網頁排名比較靠前,不但需要有大量的「入鏈」,自身的內容也需要提升。

三、搜尋引擎的應用

作為網站入口的搜尋引擎，在生活和工作中的利用率相當高。對企業而言，搜尋引擎是一個極佳的推廣平台，透過搜尋引擎優化，企業的相關訊息可以呈現給有特定需求的用戶。常用的優化策略有以下幾種。

（一）域名優化

域名是與 IP 地址相對的主機名稱。搜尋引擎在抓取關鍵字的時候，若頁面中的關鍵字和搜尋引擎索引庫中收錄的關鍵詞匹配度高，網頁就會優先排列。域名優化常採用便於記憶或常用的名稱。但實際情況是，常見的域名大多已被搶注，所以企業更多時候是透過類似名稱來優化。域名優化是最簡單的搜尋引擎優化方式，容易理解，但實際效用仍有待考究。

（二）關鍵字策略

搜尋引擎的「蜘蛛」在抓取頁面時對頁面文字內容的標題十分敏感。因此行銷者在編輯網頁的文字訊息時，需要著重考慮標題的設置。要學會運用逆向思維，分析對手的關鍵詞，增加自身的曝光率，吸引用戶，將流量引入自己的網站。

除了標題策略，企業還可透過聯想詞彙來設置關鍵字，降低優化成本。如某中小企業最近新研發了一件化妝品，需要在搜尋引擎上進行推廣，但各大化妝品品牌常年雄踞搜尋引擎榜首，因此該企業考慮將關鍵字設置成「冬季如何保濕」「最佳護膚」這類冷門關鍵字。如果和用戶需求的匹配度高，網頁排名自然就會提前，降低了搜尋引擎推廣的成本。

（三）結構優化策略

結構優化策略中，網路蜘蛛對網路架構的要求比較高，在規劃網站層級時，目錄結構最好不要超過 3 層。網站還需要適當地添加「外鏈」模組，借助知名度高和質量高的網站提高自己的網頁級別。

總的說來，搜尋引擎優化只是推廣策略的一種，提高網站自身的內容和服務質量才是發展的重點，用戶也要學會在搜尋引擎優化大行其道時擦亮眼睛。

第四節 即時通訊技術

人類文明誕生的基礎是社會交往的發展。原始時期的人類為了生存而聚居，相互之間透過肢體語言進行交流，隨著生產力的提高，人類逐漸形成了自己的語言體系，交流方式開始多樣化。不論是文字傳播階段還是網路傳播階段，都帶來了人類溝通的新紀元。尤其在新媒體時代，即時通訊工具的出現讓人們可以隨時隨地聯繫彼此，不但通訊成本大大降低，溝通形式也愈發豐富多彩，人人互聯構成一個在線的整體。

互聯網和行動通訊技術的發展，促進了即時通訊工具的普及。這個時期，人與人之間只需要透過即時通訊軟體就能實時地傳遞文本訊息和聲音訊息，隨著網路技術的成熟，圖片、音頻、影片等訊息的傳播都已實現。以大部分通訊軟體的功能，它不僅支持免費的語音通話，還能夠多人影片，共享螢幕演示 PPT 文件，未來即時通訊工具的形式勢必會更加豐富。

一、即時通訊軟體概述

最早的即時通訊軟體為 ICQ(I SEEK YOU)，由以色列人於 20 世紀 90 年代創造。由於技術限制，ICQ 只能在用戶間傳遞簡單的文本訊息。隨著網路技術的不斷發展，才陸續出現了 MSN、騰訊 QQ 等即時通訊工具，並呈現出向移動端滲透的趨勢。根據使用方式的不同，即時通訊工具大致可以劃分為以下三種，它們有相通之處，卻各具特色。

（一）基於 PC 客戶端的即時通訊

PC 端的即時通訊工具是用戶最早接觸到的一種，用戶使用 PC 客戶端即時通訊工具前，需要在客戶機上下載應用軟體，然後按步驟註冊帳號，透過網路協議與服務器或另一客戶機進行通訊。絕大多數 PC 端即時通訊工具不

但支持「一對一」或「多對多」的文字、語音、影片通訊，還能便捷地透過在線或離線方式傳遞多媒體數據。

（二）基於 WEB 網頁的即時通訊

網頁版的即時通訊是在互聯網技術發展到一定程度後產生的基於瀏覽器/服務器(B/S)結構的網路應用，用戶的通訊行為可直接在瀏覽器上進行，而不需要客戶端的支持。它最大限度地保持客戶端軟體操作習慣的同時，還具有極大的便利性。網頁版即時通訊工具以 Yahoo Web Messenger、WebQQ 為代表，除了可支持常規的通訊服務外，還能隨意增添新的應用，交互性強，可以很好地實現本地電腦與服務器端的對接。

（三）基於行動終端的即時通訊

移動端的即時通訊工具結合了網路技術和行動通訊技術，讓用戶透過行動終端就能直接實時交流，而不需要借助電腦，徹底將用戶從電腦中解放出來。其中移動網路對行動終端上的即時通訊服務影響最大，早期的移動網路並不完善，即時通訊只能傳輸單一的文字訊息和少量簡易圖片。隨著 4G 網路普及及 5G 即將商業運營、智慧手機的普及和行動通訊網路的完善與發展，行動終端的即時通訊功能日益多元化。用戶不但能在 Wi-Fi 環境下輕鬆實現語音和影片通話，功能甚至比 PC 端即時通訊工具還強大。

二、即時通訊軟體技術

即時通訊軟體和其他網路應用一樣，數據都要經由「傳送—接受」環節。其中網路是連接兩端的傳輸紐帶，端口是大門，服務器則是訊息的「糧倉」。

（一）客戶端版即時通訊

客戶端版即時通訊功能的實現主要基於客戶端/服務器(C/S)網路模型。客戶端負責為用戶提供交互界面，服務器端則響應客戶端的請求然後將訊息發送給另一用戶。隨著即時通訊用戶的增多，服務器的負擔越來越大。為了保證網路傳播的效率，訊息的傳遞開始採用 P2P 模式，該模式中的數據可以不經過服務器，而是直接在用戶之間進行交互。

用戶使用即時通訊工具的第一步就是向服務器發送登錄請求，建立主機和服務器之間的聯繫。在登錄過程中，若用戶註冊的訊息和後臺資料庫的預留訊息不相符，連接就會處於斷開狀態，若相符便直接進入用戶個人的主界面。

登錄界面之後，用戶可以點擊自己好友的頭像或者用戶名，在彈出的聊天界面輸入相應的文字或圖片訊息。這些訊息會在後臺程式中轉換為由字節組成的字符串，經過識別，再傳送給好友。

為了確保數據準確地從一個端口傳到另一個端口，就需要運用到網路協議。對於即時通訊工具而言，主要用到的有 XMPP 協議、SIMPLE 協議、UDP 協議和 TLS 協議。

XMPP(Extensible Messaging and Presence Protocol) 協議又稱可擴展通訊和表示協議，主要在客戶端/服務器之間進行消息傳送。X 指的是 XML 格式的消息通訊協議。消息一般放置在＜;msg＞;＜;/msg＞;標籤中，拓展起來十分方便，通常一條消息可附加多種內容，這為開發、調試都帶來較大的便利。

SIMPLE(SIP for Instant Messaging and Presence Leveraging Extensions) 協議又被稱為即時通訊對話初始協議和表示擴展協議，其中的 SIP 能夠支持語音和影片通話，也具備較高的拓展性，使用成本相對較小。

UDP(User Datagram Protocol) 協議，即用戶數據報協議，和 TCP/IP 相比，是一種不可靠的、非面向連接的通訊。TCP/IP 在通訊中必須先建立一個通訊管道，而 UDP 只需要知道目標地址 (IP 和端口) 就可以發送，缺點在於無法保證數據是否被對方收到，而優點是響應的速度很快。

TLS(Transport Layer Security) 協議，即安全傳輸層協議，它的作用是在通訊過程中保證數據的安全性和完整性。

（二）WEB 版即時通訊

WEB 版即時通訊工具作為另一種形式的即時通訊應用，它的網路模型主要是瀏覽器/服務器 (B/S) 結構。其最大特點是能夠擺脫客戶端的束縛，用

戶無論在任何作業系統上，都可以透過瀏覽器實現通訊功能。WEB 版同客戶端版本的即時通訊工具相比，除了網路結構和平台有較大差異以外，用戶在體驗上並沒有太大區別。

瀏覽器和服務器之間的數據傳輸主要採用基於「請求—響應」模式的 HTTP 協議。如用戶用瀏覽器打開某個網頁，瀏覽器就會根據用戶的 IP 地址向服務器發送請求，服務器端隨後在後臺返回相應的數據。但如果按照上面的方式進行通訊，消息並不能自動推送，也就無法滿足用戶實時的通訊需求。為瞭解決這個問題，網頁即時通訊便採用了基於 Ajax 長輪詢的 Comet 技術。Ajax 輪詢主要是透過設定再次發送請求的時間實現訊息的更新，但這樣容易造成資源的浪費，對客戶端來說壓力較大。而在 Comet 的應用架構中，服務器則會主動以異步的方式向客戶端程式推送數據。透過使用 Ajax 長輪詢可以避免輪詢一次就結束，極大地提高了工作效率。

即時通訊在新媒體時期，應用範圍很廣，早期單一形態的訊息傳播逐漸轉變為現在的多媒體訊息傳播，衍生出眾多增值服務的同時，即時通訊的形態也發生了變化，移動端的即時通訊開始嶄露頭角。以「騰訊 QQ」為例，它於 2009 年首次推出 WebQQ，2014 年 9 月底就傳出告別傳聞，這期間只經歷了短短 5 年時間。且不論它的退出是真是假，行動終端一定是大勢所趨。不論哪種即時通訊工具，只有跟上用戶步伐的通訊方式才能獲得持久的生命力。2006 年，一個新的時期到來了，一批批風險投資讓中國的網路影片行業異軍突起。在接下來的幾年，網路技術不斷成長，用戶對網路影片的需求大幅攀升。不論是技術上還是商業應用上，網路影片都是一枝獨秀，新的網路影片時代已經來臨。

第五節 網路影片技術

網路影片是用戶在網頁或軟體客戶端上查找相關影片訊息，並透過互聯網實時觀看的一種網路應用技術。早期的網路影片，由於存儲壓縮技術的侷限，多以片段的形式呈現給用戶，並且需要緩衝很久或者將影片完整下載之後才能保證播放的流暢，給用戶帶來很大不便。

第五節 網路影片技術

　　網路技術的發展帶動了影片行業的進步，串流媒體的出現帶給了用戶更多可用的資源，也改變了傳統影片「先下後看」的播放方式，走向多元化的網路影片傳輸階段。

一、網路影片初探

　　日新月異的技術給網路影片帶來了新的發展和機遇，特別是 P2P 傳輸技術的應用使各種影片資源在現有互聯網上得到整合，匯聚成一個龐大的數據源，並根據用戶的需求，提供個性化的影片內容。

　　對網路影片而言，它的「生殺大權」掌握在存儲和傳輸二者手中。影片越清晰，需要的存儲空間就越大，若沒有足夠的頻寬，播放就會受到影響。為瞭解決大容量和高速度之間的矛盾，串流媒體和 P2P 技術逐漸走進人們視線，很大程度上緩解了服務器的存儲壓力和頻寬的傳輸壓力。

（一）串流媒體技術

　　串流媒體技術是一種音頻和影片播放技術，簡單地說，就是把連續的音頻和影片數據經過壓縮編碼後放到專用的串流媒體服務器上，用戶透過網路一邊下載一邊觀看多媒體節目，而無須下載完整文件的即時播放技術。串流媒體技術會先在用戶電腦上創造一個緩衝區，於播放前預先下載一段資料作為緩衝，當網路實際連線速度小於播放所耗用資料的速度時，播放程式就會取用這一小段緩衝區內的資料，避免播放的中斷，也使得播放品質得以維持。

　　一個完整的串流媒體系統主要由數據採集、數據壓縮、數據存儲、數據傳輸和數據播放五個部分組成。

　　1. 數據採集

　　數據採集是串流媒體系統的初級階段，該階段的作用在於匯聚盡可能多的影片數據。具體的數據採集方式有三種。第一種是網站或者客戶端以後臺自製或者購買的方式掌握影片資源，不論哪種方式，影片播放平台都需要投入大量的資金。第二種是網站或客戶端經由轉載獲得的影片資源，隨著網路逐漸走向開放，這類共享資源會越來越多，群體的力量不容小覷。第三種是

平台內用戶自行錄製並上傳的原創影片資源，該數據採集方式不但能夠縮小成本，還能讓用戶最大限度地參與到影片製作中來。

2. 數據壓縮

數據採集是一個資源整合的過程，數據匯聚後，為了節省服務器存儲空間，緩解頻寬傳輸壓力，需要對影片資源進行壓縮編碼。常見的網路影片壓縮編碼標準有 MPEG-4 和 H.264，音頻、影片採用不同壓縮標準壓縮之後，質量各有差異。MPEG-4 標準最初由 IOS 推出，是基於對象化的編碼方式，具備穩定性、適應性和伸縮性，使用成本較低，互動性較高。H.264 標準則由 ITU-T 推出，是面向 Internet 和無線網路的影片圖像編碼和傳輸技術，較適合媒介融合環境下的跨網傳輸。

3. 數據存儲

影片數據的存儲是串流媒體技術的關鍵，一般影片資源的存儲包括訊息緩存管理、串流媒體碼流管理、串流媒體存儲管理、串流媒體檢索管理和日誌管理。影片數據不論是存儲在串流媒體服務器上還是 WEB 服務器上，或者是用戶的電腦中，最終目的都是為了提高播放效率。

4. 數據傳輸

數據傳輸離不開傳輸協議，因為只有透過協議，訊息才能準確無誤地從一個端口傳遞到另一個端口。串流媒體數據在傳輸中常用的協議有 HTTP/TCP 協議和 RTP/UDP 協議，前者主要用來傳輸控制訊息，後者則主要用來傳輸實時多媒體數據。

傳輸方式上，串流媒體傳輸可分為順序流式傳輸和實時流式傳輸。順序流式傳輸是指用戶在觀看影片的時候，只能收看已經從互聯網上下載的那部分，其餘部分需按照數據包接收的順序依次觀看。實時流式傳播則指影片可以實時地觀看，特別適合現場事件的影片播報，支持隨機訪問，用戶可快進或後退觀看前面或後面的內容。

5. 數據播放

用戶觀看網路影片時，會用到點播和廣播這兩種播放方式。點播可理解為一對一的影片播放，它允許用戶按照自己喜好選擇節目。廣播則可以理解為一對多的影片播放，影片網站將影片數據發送給所有的網路用戶，如用戶透過網路看實況世界盃，流式傳輸能夠滿足用戶流暢觀看的需求，卻無法直接對影片進行操作。

（二）P2P 技術

傳統的網路影片是在客戶機 / 服務器 (C/S) 模式的基礎上播放，儘管數據包以流式傳輸，但網路頻寬的侷限常常讓服務器負載過重，因此 P2P 技術逐漸為影片傳輸所用。

P2P(Peer to Peer) 作為一種對等網路技術，它的每個節點間，地位相等，並不存在中心節點，彼此既可以是服務器，又可以是客戶機。P2P 網路中的訊息不經過中心節點便能直接進行點對點的傳輸，極大地減輕了服務器的壓力。當網站的服務器被大量訪問時，這種結構的優點更加凸顯。通常 P2P 技術的網路結構可分為以下三種。

1. 集中目錄式結構

集中目錄式結構的網路結構中有一個中央服務器，負責管理多個 P2P 節點，處於某個節點的用戶在搜尋訊息時，會向中央服務器發送請求，當用戶所在節點獲得查詢數據後便會直接和另一個存放相關數據的節點建立連接。但如果服務器失效，和服務器連接的對等節點的效用也不復存在。

2. 純 P2P 網路結構

純 P2P 網路結構中，對等節點之間不透過中央服務器就可以直接互聯，具有較高的拓展性。它主要採用洪泛的方式和隨機轉發機制進行訊息搜尋，數據會由源節點依次從鄰近節點傳遞至目標節點。它的不足之處在於容易受到惡意病毒的攻擊，用戶面臨訊息安全隱患。

3. 混合式結構

混合式結構的網路結構綜合了集中目錄式結構和純 P2P 結構的優點，它能夠根據各節點的不同能力劃分為搜尋節點和普通節點兩大類。當普通節點無法滿足搜尋需求的時候，才會繼續進行洪泛搜尋，相比其他結構混合式結構更為有效地緩解了頻寬資源不足的問題。

二、串流媒體技術和 P2P 技術的應用

影片行業的兼併之風越演越烈，當然一切都離不開技術的支持。和傳統時期的網路影片相比，新媒體時期的網路影片大多採用了串流媒體技術和 P2P 技術，這些技術讓用戶在有限頻寬條件下也能流暢觀看高清影片。

以愛奇藝為例，用戶點播自己喜歡的節目後，會接觸一段廣告。這段廣告是經過壓縮並存儲在專用的服務器上的，所以用戶在觀看廣告時會十分流暢，不需要長時間的緩衝就可觀看。這種類型的影片廣告是一種順序流式的傳輸，影片訊號傳輸過程中，用戶只能選擇暫停或播放，而不能進行快進、快退的操作。

廣告播放結束後，影片下方會顯示多個小節點。如圖 3-11，它們可以看成一個一個的數據包，透過流式傳播，用戶可以邊接收數據邊觀看。影片數據存放在串流媒體服務器上，因此用戶在影片點播時可隨意前進、後退。為減少服務器的壓力，網路影片會先緩衝一部分數據，再一點點提供給用戶。

圖 3-11

通常採用了 P2P 技術的網路影片為了在客戶機間交換數據，會在用戶電腦中放置緩存。這種緩存方式會擠壓用戶電腦的硬碟空間，反覆的訊息讀取也會給硬碟帶來一定的損耗，而這些問題用戶很難輕易察覺到。

儘管網路影片技術存在些許弊端，但從用戶體驗的角度來看，技術的效用是達到了。畢竟技術不是決定一切的標準，產品最終要以人為本，如何在滿足用戶的使用需求同時維護用戶的利益，對各影片運營商來說就是「仁者見仁、智者見智」了。

第六節 數位電視技術

新媒體時代，從某種程度上又可以被稱為數位時代。數位技術蔓延至生活的各個角落，對於用戶而言，互動便是其最大的特色。雖然說中國的數位電視還停留在「電視機＋機上盒」的階段，但後起之秀的增長態勢已充分說明了數位時代的不可逆轉性。隨著訊息爆炸時期的來臨，越來越多的訊息以比特流的方式從一個終端走向另一個終端，而在訊息的流動過程中，勢必會占用更多頻寬，影響訊息傳輸的質量。數位技術的發展緩解了傳播的壓力，不僅帶來了更高效的傳播，還節省了大量的空間，為新媒體的傳播奠定了夯實的基礎。本節著重以數位電視為例探討數位技術的原理和應用。

一、數位電視概述

數位電視 (Digital Television) 從具體形態上看，指的是播放電視節目的設備。而從技術層面上看，數位電視更多地強調的是電視節目訊號從製作、傳輸到播出環節的數位化處理過程。

（一）數位訊號與模擬訊號

早期的電視節目是透過模擬訊號進行傳輸，即模擬自然界的聲波和光波以記錄下聲音和圖像的運動軌跡，包括訊號波長、振幅、頻率、時間等。但這種訊號容易受到外界環境的影響導致訊息的失真，所以數位訊號的優勢逐漸凸顯。

數位訊號主要是將聲音和圖像訊息轉換成二進制的形式進行傳輸，這些數位序列不容易受到噪音的干擾，且易儲存和傳播。

（二）數位電視分類

數位電視的分類大致有以下幾種。按訊號傳輸方式分，數位電視可以分為地面無線傳輸 (地面數位電視 DVB-T)、衛星傳輸 (衛星數位電視 DVB-S)、有線傳輸 (有線數位電視 DVB-C)。按螢幕幅型，可以劃分為 4：3 幅型比數位電視、16：9 幅型比數位電視。按產品類型，可以劃分為數位電視顯示器、數位電視機上盒、一體化數位電視接收機。按清晰度，可以分為低清晰度數位電視 (LDTV)、標準清晰度數位電視 (SDTV)、高清晰度數位電視 (HDTV)。按掃描線，可以劃分為 HDTV 掃描線數、SDTV 掃描線數。

二、數位電視技術原理

1949 年，美國兩位訊息學者香農和韋弗提出的「香農—韋弗模式」就闡述了電子訊息從信源到信宿的傳播過程，訊息透過發射器轉變為可供傳輸的訊號，經由信道到達接收器，然後接收器對接收到的訊號進行解碼，最後到達信宿。同理，數位電視訊號的傳播也包括編碼、調製、發送、解調、解碼這幾個部分，如圖 3-12：

編碼 ➡ 調製 ➡ 發送 ➡ 解調 ➡ 解碼

圖 3-12

（一）節目製作與訊號生成

這裡的節目不僅僅指電視節目，還包括多種影片內容。電視觀眾所看到的影像是處理過的數位產物。回溯到最初階段，便是節目的製作與訊號的生成。透過節目的製作，將真實場景中的影像錄製下來，以便儲存和傳輸。

第六節 數位電視技術

1. 節目製作

節目影像製作主要是透過攝影機、錄音機這類輸入設備記錄影像，涉及圖像訊息的掃描、合成和處理。其中掃描是電視傳播的基礎，主要是透過控制電子束在水準方向從左到右和垂直方向從上到下有規律運動形成的光柵（掃描所形成的軌跡）。水準方向的掃描叫「逐行掃描」，垂直方向的掃描叫「近場掃描」，合稱「行近場掃描」。

另外，掃描還可以分為逐逐行掃描和隔逐行掃描。逐逐行掃描是對影像一行一行地進逐行掃描；隔逐行掃描則透過隔行交替的方式掃描，包括奇數逐行掃描和偶數逐行掃描。如圖 3-13 為奇數逐行掃描，圖 3-14 為偶數逐行掃描，二者嵌套在一起構成影格，如圖 3-15：

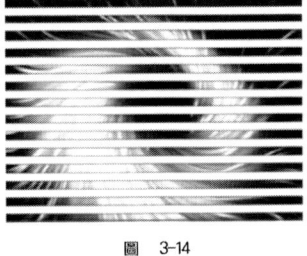

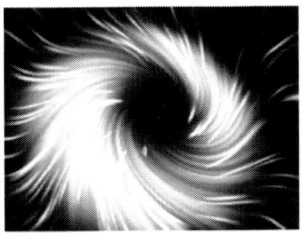

圖 3-13　　　　　圖 3-14　　　　　圖 3-15

每一影格掃描的行數越多，顯示的圖像就越清晰。不同的制式，掃描行數不同，電視記錄的相關參數也不同，目前的制式主要有如下三種：

表 3-1　主要的電視制式

制式	國家（或地區）	掃描方式	掃描行數	影格率	解析度
NTSC	美國、日本、加拿大等	隔行掃描	525行／影格	30影格／s	720×80
PAL	中國、歐洲部分國家等	隔行掃描	625行／影格	25影格／s	720×576
SECAM	歐洲部分國家等	隔行掃描	625行／影格	25影格／s	720×576

105

2. 節目編碼

錄製好的節目影像以多媒體格式存放在存儲器中，但是這種未經加工的影像是無法經由信道直接傳輸的，必須對影像訊息進行編碼，讓圖片、音頻、影片等訊息轉換成二進制的數位訊號。

訊號合成階段。電視是集圖像、音頻、影片等為一體的媒體形式，而觀眾觀看的節目是經過合成處理後的訊號。美國學者 J.R. 多米尼克等人稱這個過程為訊號的放大、混合和處理，電視訊號在這個過程中的電磁強度得以強化，他們認為只有經過放大處理的訊號才能播出。

節目壓縮處理階段。影片文件的大小通常和每秒的影格數、畫面的解析度以及文件的格式相關。假設有一部長約 60 分鐘，碼率為 600Kbps 的影片文件，那麼它的容量大小約為 263.67M。若是藍光高清電影，其容量更是可以達到 30G。大容量的影片給訊息存儲帶來了挑戰，對傳輸設備來說也是個很大的負擔，因此多媒體訊息在傳輸前需進行壓縮處理。常見的影片壓縮標準主要有以下幾種：

(1)H 類壓縮標準：H.261 壓縮標準是最早的運動圖像標準，主要採用影格內編碼和影格間編碼，用於影片會議和可視電話，基本速率為 64Kbps；H.262 壓縮標準大規模用於數位電視系統，支持衛星、有線和地面傳輸；H.263 壓縮標準是最早用於低碼流通訊的標準，在 H.261 基礎之上發展而來，同樣採用了影格內編碼和影格間編碼，能夠在低碼率的條件下提供良好的影片效果；H.264 壓縮標準是由 ITU-T 和 ISO 組織聯合制定的標準，能夠實現影片的高壓縮比、高圖像質量、良好的網路適應性等。

(2)JPEG 壓縮標準：它不僅可用於靜態圖像，還能用於動態圖像的壓縮編碼。該標準主要是透過實時影格內編碼單獨地壓縮每一影格，對頻域裡人眼不敏感的部分進行濾除。

(3)MPEG 類標準：MPEG-1 壓縮標準是 MPEG 制定的第一個用於音頻和影片的有損壓縮格式，用於 CD 和 DVD 上的訊息壓縮，傳輸率為 1.5Mbits/sec；MPEG-2 壓縮標準壓縮後的影像質量和傳輸率都較高，支持固定比特

率傳送、可變比特率傳送、隨機訪問、信道跨越、分級解碼、比特流編輯等特殊功能，傳輸率在 3~10Mbits/sec 之間；MPEG-4 壓縮標準主要用於交互式的影片通訊，頻寬要求較低，但影像的畫質仍能夠保證，傳輸率在 4800~64000bits/sec 之間；MPEG-7 壓縮標準能夠根據語義內容對多媒體訊息進行檢索，是一種基於內容檢索的編碼標準；MPEG-21 壓縮標準主要是規定數位節目的網上實時交換協議，致力於為全球多媒體訊息用戶提供透明有效的電子交易和使用環境。

（二）節目的傳送

在傳送環節，根據傳輸介質的不同，數位電視節目的傳播可以分為地面傳輸、衛星傳輸和有線傳輸。地面傳輸過程中，節目訊號是透過廣播電視基地台發送到數位訊號接收機上，支持固定接收和移動接收，優點是覆蓋面廣，接受便捷，但容易受到地形和天氣的影響，導致訊號傳輸不穩定。有線傳輸過程中，訊號是在有限區域內透過同軸電纜、光纜等這類介質進行傳送，和地面訊號傳輸相比，它不容易受到外界環境的影響，且影像傳輸質量高，最大還原電視節目畫質，但不足在於訊號傳輸接收設備投入的成本較大。在衛星傳輸過程中，訊號主要透過衛星以無線電波的形式進行傳輸，它可以打破訊號傳輸的地域限制，在大範圍內進行傳播，訊號無須中轉就可以直達用戶，不足是訊號易受天氣因素的干擾。

（三）訊號雜訊比

訊號在傳送環節，受到環境的影響，不可避免會發生失真的現象，使接收到的訊號和原訊號間產生一定的差異，這種差異主要透過訊號雜訊比 (Signal to Noise Ratio，SNR) 表現出來。

（四）節目的接收

節目的接收階段包括解調環節和解碼環節。解調環節是解調器從已知調製訊號中恢復出原數位訊號送解碼器解碼，而解碼環節是解碼器把接收到的數位訊號轉換為用戶可以直接看到的節目。在接收環節，通常會採用糾錯編

碼、自適應均衡和自適應濾波等技術消除影片訊號在傳輸過程中的各種干擾和噪音。

【知識回顧】

　　進入 21 世紀以後，網路技術和數位技術進入迅速發展的軌道，顛覆了世界訊息的流動，實現了傳統的媒體到網路媒體的跨越，也標誌著人類訊息社會的重構。不論是從時間還是空間上，網路技術和數位技術都在最大程度上為人們帶來便利。在網路技術不斷成熟的同時，也衍生出越來越多的網路應用。在不同需求的刺激下，網路應用這個長尾會不斷延伸下去。政府透過網路這個開放平台能夠實現政務公開，進行輿論監控。媒體則可以在網路上獲得大量的訊息源，最大範圍內掌握一手訊息。企業透過網路可以更好地宣傳自身，進行一系列的行銷活動，謀得利益。用戶則能夠在網路中，尋覓到滿足自己工作或娛樂需求的應用。

【思考題】

1. 如何理解網路技術和數位技術對傳統媒體的影響？是挑戰還是機遇？
2. 網路技術面臨哪些問題？數位技術又有哪些挑戰？
3. 網路應用的未來發展趨勢會怎樣？

第四章 行動通訊技術

【知識目標】

☆瞭解行動終端運作的基本原理。

☆把握行動終端中所採用的 LBS 技術、二維碼技術、行動支付技術基本原理及應用。

【能力目標】

1. 瞭解我們生活中常見的行動通訊技術。

2. 掌握行動通訊技術基礎，瞭解行動通訊傳播的特點和應用。

第一節　移動技術基礎

3G 時代的出現讓整個移動互聯網異彩紛呈，當用戶高呼還未充分過足癮時，4G 時代便悄然來臨，最近還有業界人士提出和 5G 相關的概念，6G、7G……也將不再遙遠。在這一系列更迭背後是網路的不斷升級完善以及消費者需求的提高，而移動互聯網中摩爾定律的週期勢必會大大縮短。

移動技術嚴格來說是網路技術的一種，沒有行動通訊網路的支持，很多移動應用都將難以實現。網路技術逐漸成熟，智慧手機和平板電腦的相繼出現，讓生活和工作變得移動化，大屏到小屏的演變也使人類社會與網路達到一種更高層次的融合與共生。

一、行動通訊網路

自 19 世紀 70 年代電話誕生以來，通訊技術不斷演進，人與人之間的語音交流越來越便捷，而行動通訊技術的出現，更是打破了地點的侷限，讓人們可以在全球範圍內進行行動通訊。

短短十年，行動通訊技術已經歷了模擬行動通訊時期、數位行動通訊時期、多媒體行動通訊時期和寬頻接入與分佈式時期。

（一）模擬行動通訊時期（20 世紀 80 年代至 90 年代）

模擬行動通訊時期即行動通訊的「1G 時代」，這個時期的行動通訊主要採用模擬技術和頻分多址技術 (FDMA)，它有 NMT、AMPS 和 TACS 等多種制式 (中國主要採用的是 TACS 制式)。模擬通訊過程中，語音訊息主要以模擬訊號的形式進行傳輸，速率一般為 2.4Kbps，它作為早期的行動通訊方式，能夠簡單地滿足用戶的需求，但缺點也很明顯，就是訊號的抗干擾能力較差，容易造成訊息失真，通話質量不高，只能在小範圍內進行。頻分多址技術 (FDMA) 採用的則是調頻的多址技術，用戶在通訊過程中，信道會根據頻段的不同予以分配，通話內容易遭到竊聽，保密性相對較差。

（二）數位行動通訊時期（20 世紀 90 年代）

數位行動通訊時期即行動通訊的「2G 時代」，以數位語音行動通訊服務為主，使用最多的是時分多址技術 (TDMA) 和碼分多址技術 (CDMA)，以 GSM 和 CDMA 兩種制式為代表。其中 GSM 系統中，就主要採用時分多址技術，它的頻率在 900~1800MHz 之間，訊號傳輸速率一般為 9.6Kbps，而信道是根據時間的不同予以分配。碼分多址技術是一種擴頻的碼分多址技術，信道在同時間、同頻段的情況下，是按照編碼的不同予以分配。

技術的發展存在時代侷限性，帶有階段性發展的特徵，行動通訊網路從 2G 到 3G 的跨越並不是一蹴而就的，中間還經歷了短暫的「2.5G 時期」和「2.75G 時期」，服務於這兩個時期的技術則分別是 GPRS 技術和 EDGE 技術。GPRS(General Packet Radio Services) 技術是由 GSM 基礎上演變來的無線分組交換技術，傳輸速率可以達到 115Kbps，它能支持簡單移動互聯網訊息處理。EDGE(Enhanced Data Rate for GSM Evolution) 技術則是一種基於 GSM/GPRS 網路的數據增強型行動通訊技術，傳輸速率一般可以達到 384Kbps。

（三）多媒體行動通訊時期（3G）

多媒體行動通訊時期就是行動通訊的「3G 時代」，主要採用的是 CDMA 技術。同前幾個時期相比，這個時期用戶的使用範圍更大，享受

到的服務也更多元化。除了常規的通訊服務，CDMA 技術還支持文字、圖片、音頻、影片等多媒體訊息的聯網服務，傳輸速率依數據類型而異，但一般可以達到 100~300Kbps，它的主流的技術標準有 WCDMA(Wideband CDMA)、CDMA2000(Code Division Multiple Access 2000)、TD-SCDMA(Time Division-Synchronous CodeDivision Multiple Access)。WCDMA 指的是「寬頻分碼多重存取」，它是架構在 GSM 網路基礎上的技術標準，能夠很好地同 GSM 網路兼容，交互性較好。CDMA2000 採用的是 MC-CDMA 多址方式，可以支持語音、分組數據等業務。TDSCDMA 是中國製定的行動通訊標準，集 CDMA、TDMA、FDMA 技術優勢於一體，訊號不容易被干擾，且頻譜能夠得到充分利用。

（四）寬頻接入和分佈式時期（4G）

寬頻接入和分佈式時期即行動通訊的「4G 時代」，它的國際標準是 TD-LTE，主要採用了 OFDM 技術、MIMO 技術、SDR 技術、切換技術、智慧天線技術和基於 IPv6 的核心網路技術，其中 OFDM 技術(正交頻分復用技術)可保證較高的頻譜利用率，具備較強的抗噪聲和抗多信道干擾能力。MIMO 技術(多輸入多輸出技術)能夠有效地將通訊鏈路分解成許多並行的子信道，提高系統通訊容量及數據傳輸質量。SDR 技術(軟體無線電技術)則類似於一個開放的通用硬體平台，能夠實現各類網路及業務的無縫漫遊和相互轉換。而智慧天線技術在改善訊號質量和擴大訊號傳輸範圍上有很大的優勢。IPv6 技術極大地提高了 IP 地址容量，為行動通訊時代實現大規模 IP 服務提供了可能。隨著 4G 行動通訊技術滲透率的增加，移動應用智慧化水準將有很大的提升。

而當人們還沉浸在 4G 時代所賦予的便利時，5G 已經悄然來臨。儘管現在 5G 還處於概念階段，但它仍有許多值得期待的地方。與 4G 時代相比，5G 各方面都會有很大提升。按照技術發展規律，5G 將集中在新型多天線、高頻段、同時同頻全雙工、直接通訊和自組織網路上發力，最終將打造成一個多層次、多應用的移動智慧網路。在滿足用戶需求方面，5G 能夠更好地滿足用戶對超高流量密度、連接密度和移動性的需求，並提供更極致的應用體

驗。從商業應用上看，5G 作為一個有著極高兼容性的平台，將加快工業、醫療、交通等行業的融合，並推動各產業在更大範圍內訊息化服務的升級。伴隨 5G 技術的深入發展，我們有理由相信，不久的未來，行動通訊領域乃至整個社會都將面臨新一輪的移動浪潮。

二、行動終端及其作業系統

行動通訊的終端在訊息傳遞過程中是最為基礎的一環，透過行動終端內置的無線設備，手機或平板電腦可以隨時隨地同網路相連接，從而實現移動化與便捷化。行動終端可以是筆記型電腦、平板電腦、手機、掌上遊戲機、POS 機或移動電視，種類十分豐富，從通訊方式上來看，行動終端可分為無線通訊設備、紅外通訊設備、藍牙通訊設備三種。

行動終端的載體是實體設備，運載主要依靠背後的作業系統。作業系統主要用於管理應用程式，為用戶提供更友好的界面，從而實現交互。常見的行動終端作業系統有 iOS、Android、Symbian、Windows Phone、Blackberry OS 等。

iOS 作業系統由蘋果公司研發，屬於 UNIX 體系，支持多點觸控，界面簡潔美觀，主要用於 iPhone、iPad、iPod touch 等系列產品上。它的系統原始碼是不對外開放的，所以應用相對封閉，用戶只能從內置的 App Store 中下載。

Android 作業系統由 Google 公司開發，屬於 Linux 體系，它可以在多品牌的行動終端上使用。同 iOS 作業系統的封閉性相反，它的系統原始碼可以對外開放。Android 作業系統主要透過 Java 語言開發，可以任意修改，開發成本較低。但這種開放性容易導致惡意軟體的滋生，程式在後臺運行時會占用較大內存，從而降低工作效率。

Symbian 作業系統，最初由塞班公司推出，後被 Nokia 收購。儘管該作業系統能耗低、內存占用少，但隨著新型智慧手機的普及，Symbian 作業系統難以適應市場的發展，於是逐漸退出了舞台。

Windows Phone 作業系統，由微軟公司推出，系統原始碼和 iOS 系統一樣也不對外開放。作為 Windows Mobile 作業系統的延續，擁有很強的操作感，Tiles 主界面由直接連接應用程式的動態框架組成，用戶可以任意刪減，但它無法同時處理多個任務。

Blackberry OS 作業系統由黑莓公司推出，它能夠依賴特定的服務器軟體和終端，兼容無線數據鏈路，實現移動網路和軟體系統在手機平台上的無縫對接，尤其是能夠支持電子郵件無線訊息服務，系統運行穩定。

鴻蒙（英語：Harmony OS，開發代號 Ark）是華為自 2012 年開發的一款可能兼容 Android app 的跨平台作業系統。截至 2019 年 6 月 14 日，華為高管證實了新系統的存在以及華為在全球申請「Hongmeng」商標一事，且說明主要是用於物聯網，未必會發展為手機系統。2019 年 8 月 9 日華為開發者大會上，華為消費者業務執行長余承東正式宣布發布自有作業系統鴻蒙，內核為 Linux 內核、鴻蒙微內核和 LiteOS。未來將擺脫 Linux 內核和 LiteOS，只有鴻蒙微內核。

第二節 LBS 技術及應用

每逢春節，中國大量的旅客從一個地方遷移到另一個地方，為交通出行帶來了極大的挑戰。2014 年春節期間，百度旗下的「百度遷移」將流動的人群以數據化的形式展現出來，多條發散式曲線牽引著路途中的人們回到家鄉。基於 LBS 數據分析，人口遷移的軌跡與特徵得以直觀、動態地展現在人們眼前，為人們的出行帶來許多便利。

一、LBS 概述

LBS(Location Based Service) 又稱基於位置服務，屬於地理資訊產業的一部分。它是在電腦技術、無線網路技術和電子技術的基礎上，確定行動終端設備和用戶的所在地理位置，並提供各類增值訊息的一種服務。用戶在實際使用中可以很方便地透過 LBS 獲取位置周邊訊息。

LBS 定位技術最早是用於軍事定位，隨後才應用在測繪和車輛跟蹤定位等領域。LBS 技術最早源於美國，在定位技術和通訊技術發展到一定階段後，西歐國家英、法、德，以及東亞國家日、韓等才相繼推出了各具特色的商用位置服務。中國 LBS 技術的出現相對較晚，目前它的發展大概經歷了三個階段。

　　第一階段 (2001—2004)：2002 年，中國移動旗下移動夢網品牌首次開通位置服務，這項服務包括「你在哪裡」（親友位置查詢）、「我在哪裡」（用戶位置授權）和「尋找最近的」（城市訊息查詢）這三項功能，但由於定位技術發展不成熟，查詢的精確度不高，加上市場的需求不足，所以位置服務市場也就一直處於低速增長的狀態。

　　第二階段 (2005—2007)：中國 LBS 定位市場發展良好，定位服務進一步走向大眾化。2006 年，聯通的所有省市 (區) 公司都推出了移動定位服務。但是技術限制、終端限制仍制約著定位服務的發展，商業模式不成熟。

　　第三階段 (2008—)：2008 年開始，中國電信運營商開始籌備建設 3G 網路，3G 時代逐漸來臨，消費者的多樣化需求得到更多的滿足。而 LBS 的商用價值開始凸顯，LBS 技術不斷深化。

二、LBS 技術實現前提和方法

　　LBS 的發展離不開移動互聯網技術、移動定位技術和電子地圖訊息系統技術的進步以及客戶端和服務器端的不斷升級。一個完整的 LBS 系統通常由定位系統及定位網路、行動通訊網路、行動終端、移動服務中心四個部分組成，如圖 4-1：

第二節 LBS 技術及應用

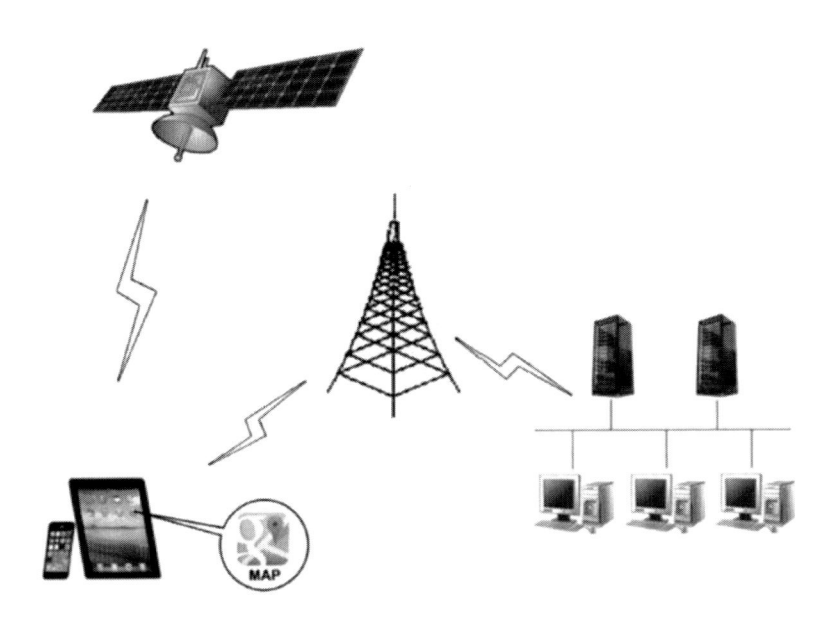

圖 4-1

　　定位系統及定位網路。定位系統是 LBS 得以實現的前提，包括三種定位方法，即通訊基地台網路定位、基於 GPS 的精確定位、混合定位。平時我們所說的定位多指全球定位系統 (GPS，Global Positioning System)，利用定位衛星，可以在全球範圍內進行實時定位、導航。

　　行動通訊網路。它是連接用戶終端和服務管理中心的通道，要求能實時準確地傳送用戶的請求和服務中心的應答。LBS 可以使用兩種網路，一種是基於蜂窩通訊系統的 GSM、GPRS、CDMA 等，另一種是基於 Internet 的有線或無線區域網路。

　　行動終端。它是用戶與 LBS 系統直接交互的通道，來完成用戶的請求及接受系統的服務，具有友好的交互界面、良好的通訊端口和完善的輸入方式等。

　　移動服務中心。它是 LBS 系統的核心，負責與移動智慧終端進行訊息的交互，同定位服務器、內容提供商的網路互連，實現各種訊息的分類處理、記錄轉發及各系統間業務訊息的流動，對整個網路進行監控。

以上四個環節的協調運作，基於位置的服務系統得以初步建立，接下來就分析下在 LBS 中常用到的幾種定位方法。

其一，基於衛星的定位方法。基於衛星的定位是最常見的一種定位方法，它透過太空中的 24 顆衛星、地面控制系統、用戶設備這三個獨立的部分來運作的，主要運用衛星基本三角定位原理。GPS 定位一般是透過接收 4 顆衛星訊號來測出訊號傳送和到達的時間差並算出二者的空間距離，然後轉換成用戶的地理坐標，如圖 4-2。不足是訊號在傳送過程中，可能會受到天氣或環境等因素的干擾，存在部分誤差。

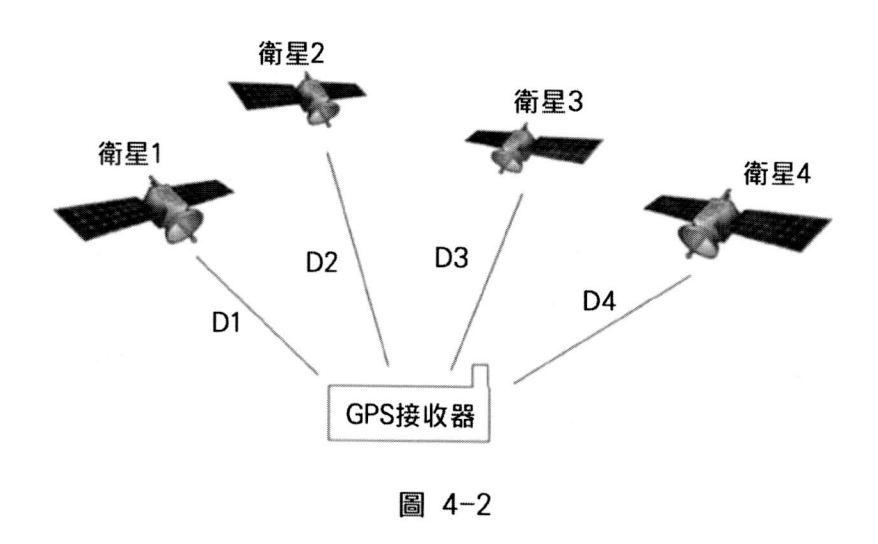

圖 4-2

其二，LBS 定位。LBS 定位和 GPS 定位最大的區別在於，LBS 定位不需要 GPS 定位那麼大規模的設備，而只需要透過基地台、網路和行動終端就可以實現定位。LBS 定位時採用到的技術有 COO 定位、AOA 定位、TOA 定位和混合定位技術。

(1)COO(Cell of Origin) 定位。COO 定位即蜂窩小區定位，是最簡單且最容易實現的一種移動定位方式，當行動終端出現在某個基地台覆蓋的區域時，基地台系統資料庫就能夠透過相應的小區 ID 號碼識別註冊用戶所在

的方位。該定位技術的精度取決於所在小區覆蓋範圍的半徑,誤差一般在 200m 以上,是應用最為廣泛的一種定位技術,如圖 4-3:

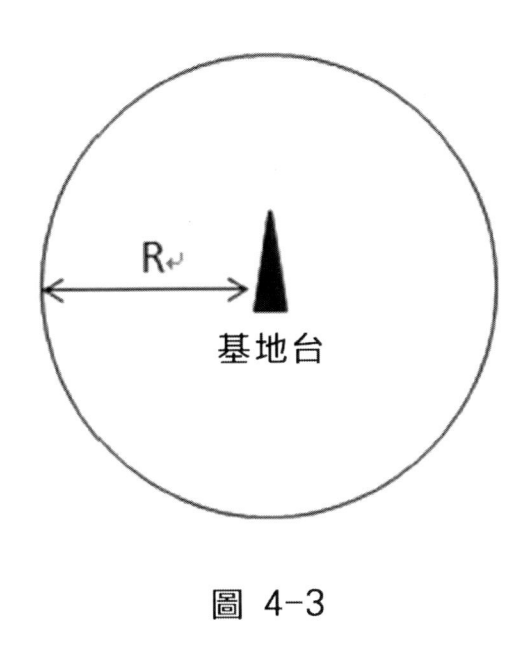

圖 4-3

　　(2)AOA(Arrival of Angle) 定位。AOA 定位又稱入射角定位,主要是透過基地台接收天線陣列測出移動臺發射電波的入射角,利用兩個入射角,交會確定出被測移動臺的位置。其中,對天線陣列的方向性要求比較高。

　　如圖 4-4,基地台 1,2 分別捕捉到終端所發出的訊號後,它們的基準線與終端之間會產生兩個夾角「α」與「β」,透過測量基地台與終端的距離 D1,D2 就可以求得終端的位置。但終端所發出的訊號容易被建築物干擾,訊號會產生反射和折射,造成角度測量的誤差,而終端與基地台的距離也會影響測量的精確度。

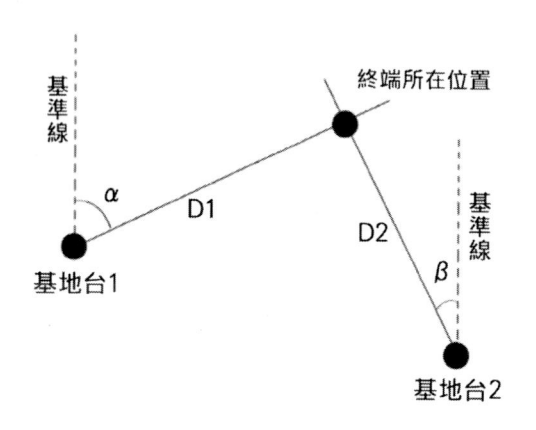

圖 4-4

(3)TOA(Time of Arrival) 定位與 TDOA(Time Difference of Arrival) 定位。TOA 定位和 TDOA 定位又稱到達時間與到達時間差定位。主要是透過測量行動終端訊號到達各個地面基地台的時間，以及到達不同基地台之間的時間差值來確定終端的所在位置。

如圖 4-5，利用 TOA 和 TDOA 定位時要確保終端發射出的訊號能夠被 3 個或 3 個以上的基地台接收到。TOA 定位直接利用訊號從基地台至用戶的傳輸時間特徵量得到「偽距值」，利用基地台位置和「偽距值」建立「球面交會方程」，求解後得到用戶位置；TDOA 定位則利用多段偽距間的時間差特徵量，透過「雙曲面交會方程」求解得到用戶位置。

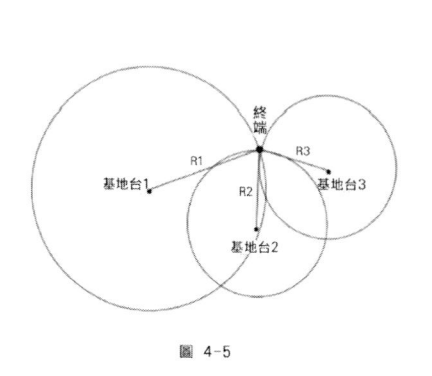

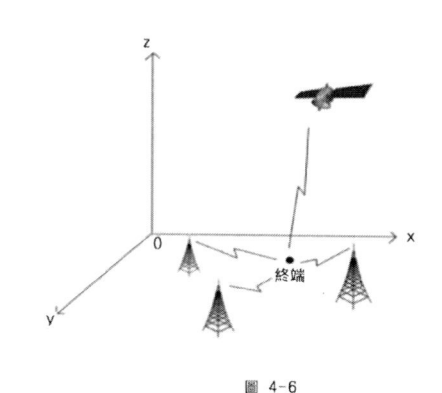

圖 4-5

圖 4-6

(4) 混合定位法。混合定位技術綜合了 AOA 定位和 TOA 定位，它既能夠獲得行動終端所在的方位，又能求得終端與基地台之間的距離，可以精準地獲取位置訊息，定位成本相對較高。

其三，LBS+GPS 定位。LBS+GPS 定位可以看成是小範圍定位與大範圍定位的疊加，它的精確度極高。如圖 4-6，在這個立體的測量空間內，透過 GPS 定位系統很容易獲得移動基地台的地理坐標位置，接著利用地面基地台捕捉的訊號測得終端的位置。

三、LBS 技術的應用

日常生活中，LBS 技術的應用十分廣泛，隨著定位技術的日趨成熟，它的角色也越來越重要，人們的吃喝住行都離不開它。LBS 能夠將獨立的個體納入定位網路，使人際圈從虛擬走向基於位置的互動。距離帶來的真實感消減了網路的不確定性，從而構建出虛擬的真實感。

在社交媒體中，LBS 的作用就在於分享式的互動。早期的人際交互主要基於文字、圖片或影片訊息的傳遞，形式較為單一。LBS 技術出現後，透過時時分享，用戶的分享心理得到極大的釋放，人際交互也更加生動多元。

以微信為例，它在滿足用戶體驗度的同時，還將 LBS 應用於交友。用戶開啟位置功能之後，找尋「附近的人」，就會顯示出用戶所在位置周邊的人，距離最大可精確到 200m。這樣的交友方式極大滿足了人們交友的需求，不但擴大了人際交往圈，還增添了交友的神祕感。

微博的 LBS 功能則主要用於滿足用戶的分享心理。用戶透過定位或者簽到告訴朋友自己在某一刻、某一地點正在做什麼，以及有些什麼樣的心裡感悟，由此記錄下生活的軌跡。

在生活服務中，透過 LBS，行動終端能夠為用戶提供天氣、交通、餐飲等訊息，實用性極強，涵蓋了用戶出行所需的各種訊息服務。看到 LBS 的良好發展態勢，很多行銷者都在嘗試透過內容服務與用戶建立良好的關係，以求打造出一個線上線下互聯的服務型網路社區，用戶的消費體驗感大大提升。

以團購網站「美團網」為例，「美團」客戶端可以透過行動終端的基地台位置測得用戶所在地，如武漢。點擊右上角定位的標記，周邊的團購產品就會顯示出來。用戶可以根據距離或評分對團購商家進行排名，這樣就將獨立的實體點評轉換為線上的口碑共享。從實際使用情況來看，用戶在外出旅遊時對 LBS 服務的依賴較大，如預訂酒店、購買車票、門票、辦理租車等業務。如果要達到目的地，還可透過設置 GPS 進行導航，當然，定位也會存在一定誤差，這也是未來 LBS 技術需要不斷升級的地方。

第三節 二維碼

二維碼是新時代的產物，用「小身材，大智慧」來形容它最合適不過了。現在許多宣傳單和海報上都會出現這種黑白相間的小矩形，用戶拿出手機，輕鬆一掃就能獲得更多精彩訊息，極大地拓展了傳單的訊息承載量。

隨著智慧手機使用的人越來越多，人們在日常生活中接觸到二維碼的機率也越來越大。在行銷者眼中，二維碼背後蘊藏著無限的商機，它將線上和線下連接起來，搭建出一個多元的行銷環境，行銷者和消費者之間的聯繫也由此展開。

一、一維碼

一維碼 (One-Dimensional Bar Code) 早在二維碼出現前，就已大量用於標記物品。作為訊息自動識別技術的一種，一維碼不論是在商業、圖書管理還是郵政等領域，都發揮了很大的作用，極大地簡化了商品訊息的輸入。操作人員只需要拿著掃描槍對著條碼一掃便能夠迅速、準確地識別物品的訊息。

一維碼又稱為一維條碼，它由若干縱向分佈的「數據符」根據不同的密度、寬窄比和對比度進行排列編碼。通常它只在水準方向上表達訊息，垂直方向則不代表任何訊息。條碼所遵循的排列規則我們統稱為碼制，常用的一維碼碼制有 EAN 碼、39 碼、128 碼、ISBN 等。

編碼環節完成後，訊息會在系統的資料庫中一一對應進行儲存。儘管一維碼能在一定程度上簡化操作，提高效率，但條碼的分佈仍會受到空間的制約，客觀上的束縛決定了一維碼只能攜帶少量訊息。編碼如果離開資料庫和電腦網路，就會失去實際的意義。一維碼的保密性和防偽性較弱，訊息容易被洩漏。如果條碼有損毀，它也無法自動糾錯，容易出現無法讀取的現象，從而增加人工操作的成本。

二、二維碼

一維碼的出現解決了物品無序化的問題，但是隨著社會走向更加高級的形態，物品的極大豐富需要更大的空間來儲存相關訊息，於是二維碼應運而生。

1. 二維碼概述

二維碼 (Two-Dimensional Bar Code) 最初起源於日本，原本是 Denso Wave 公司為追蹤汽車零部件而設計的一種條碼，它是按照一定規則在平面上分佈的黑白相間的圖形。這些圖形透過不同的排列組合構成涵蓋大量數據訊息的二維碼圖案。它的編碼方式主要是借助若干個與二進制相對應的幾何圖形對其所代表的文字數值訊息進行描述，用圖像輸入設備或光電掃描設備實現訊息自動處理。

二維碼從種類上來看可以分為數百種，若按照技術來劃分則可以分為「行排式二維碼」和「矩陣式二維碼」。行排式二維碼 (2D Stacked Bar Code)，又稱「堆疊式二維碼」或「層排式二維碼」，是在一維碼的基礎上根據需要來堆積而成的，兩行到多行不等，拓展性強。具有代表性的行排式二維碼有 Code 49、Code 16K、PDF417 等。矩陣式二維碼 (2D Matrix Bar Code)，又稱棋盤式二維碼，是在相應的元素位置上，用「點」（方點、圓點等）表示二進制「1」，用「空」表示二進制「0」。具有代表性的矩陣式二維碼有 QR Code、DataMatrix、Code One 等。一維碼一次只能採集幾十位字符，橫向上的條碼排列組合是有限的。每一條一維碼對應著產品的唯一訊息，且

不容變更，所以產品一旦退出市場，相應的條碼就不再供其他品類的產品使用，這樣就帶來了條碼空間資源的浪費。因此二維碼的應用優勢十分明顯。

(1) 訊息存儲量大，表述訊息多樣化。二維碼在水準和垂直方向上都可以存儲訊息，所以圖形本身可以攜帶大量的訊息，具有極強的拓展性。以 QR Code 為例，它共有 40 種規格，分為 40 個版本，版本 1 的規格為 21 模組 ×21 模組，後一版本比前一版本每邊多增加 4 個模組，其中最高版本 40 可容納多達 1850 個大寫字母或 2710 個數位或 1108 個字節，或 500 多個漢字，比普通條碼訊息容量約高幾十倍。互聯網上的訊息都是以字節為單位進行儲存的，基於此，二維碼使得圖像的標識也成為可能。

圖 4-7

如圖 4-7 為版本 3 的二維碼，規格為 29 模組 ×29 模組。

簡單地說，模組就是橫縱的小方塊個數，每個小方塊可以看成程式代碼和數據結構的集合體。

(2) 糾錯能力強。二維碼具備極強的糾錯能力，條碼被損毀後仍有可能被識讀出來。通常二維碼的糾錯能力可以分為 L 級 (可糾正 7% 的字碼)、M 級 (可糾正 15% 的字碼)、Q 級 (可糾正 25% 的字碼)、H 級 (可糾正 30% 的字碼)。其中糾錯能力和糾錯容量成正比，糾錯容量等於碼字總數減去糾錯碼字量然後除以碼字總量。

(3) 數據保密性能高。為了防止訊息泄密和偽造，使用二維碼表述訊息時，可以用一定的算法對內容進行加密，然後再生成二維碼。在識讀時，系統則根據解密算法來重述所表示的訊息。加密與解密這一過程讓數據變得更加可靠。

(4) 訊息攜帶和解讀方便。二維碼能夠搭載大量訊息，且模組的密度較大，就算條碼離開了資料庫，仍具有意義。

智慧手機的廣泛應用，讓二維碼的輸入不再侷限於傳統的掃描器，走向了便捷化與私人化，用戶只需要將行動終端的攝像頭對著條碼掃一下，就能夠獲得訊息並識別，數據的採集和訊息處理速度在新媒體環境下有了顯著提高。

三、二維碼的應用

二維碼目前在日本、韓國以及一些歐美國家使用的範圍較大，技術也相當的成熟。在中國，二維碼的技術最早可追溯至20世紀80年代。1997年12月，中國物品編碼中心制定了國家標準《四一七條碼》，2005年，中國自主知識產權的二維碼標準「漢信碼」誕生。可以說，在21世紀的前十年，中國二維碼事業一直處於不斷地摸索中。

最早的時候，二維碼應用最大的難題是用戶基數不夠，一方面二維碼需要下載安裝條碼識別軟體，制約了用戶的普及。另一方面，應用不夠廣泛影響了用戶使用的積極性。而近年來，手機用戶數大量增加。據工信部統計數據，2014年1月底中國行動通訊用戶達12.35億。如此龐大的用戶為二維碼的發展開闢了很大的空間，在此基礎上的應用也日漸繁多，主要應用於電子商務、數據憑證、訊息服務這三個方面。

(一) 電子商務

二維碼在現代電子商務中扮演了很重要的角色，單一條碼就能拓展大量售賣訊息，節省了傳統媒體發佈的廣告版面。對於消費者來說自動化處理的支付行為實現了線上線下購物的互聯，帶來了便捷的購物體驗。如圖4-8：

圖 4-8

支付寶可以透過掃描二維碼來付款或者轉帳。用戶登錄支付寶後打開「掃一掃」，然後將二維碼／條碼放入掃描框內就會自動顯示付款頁面。如打車軟體「嘀嘀打車」，透過支付寶，司機和乘客之間可以快速完成交易。用戶在超市購物的時候還能夠打開「付款碼」支付商品，免去了現金交易的麻煩。就轉帳功能來說，只需用戶點擊銀行卡，將銀行卡正面放置，使卡號訊息顯示在掃描框的區域內，確認卡號無誤之後點擊「轉帳到該卡」，隨即輸入轉帳金額，點擊「確認轉帳」即可，操作十分簡便，為用戶節省了不少時間。

（二）數據憑證

二維碼的數據憑證功能主要應用於身分識別，造成簡化檢票流程的作用，在入場券、門票、車票、發票等票據上比較常見。

以火車票上的二維碼為例，它包含了火車票的運行區間、購票人姓名、身分證號、火車票票號，當乘客攜帶印有二維碼的火車票經過安檢時，工作

人員就可以透過系統迅速核對火車票和乘客訊息，規範乘車的同時還有效地打擊了黃牛，降低了檢票的時間成本。

（三）訊息服務

在資訊的時代，不論是用戶還是消費者都面臨著過分充裕的訊息，過分的訊息投遞勢必會造成用戶的厭煩心理。而二維碼的出現改變了這種大規模的訊息轟炸，以更加緩和的「用戶主動索取」方式傳達著行銷訊息。企業在訊息宣傳中將選擇權交到用戶手中，用戶如果對某種訊息感興趣，自然會主動獲取更多豐富的文字、圖片、影片等訊息，使得訊息傳播的目標更加明確。

第四節 行動支付

「行動支付，手機就是隨身錢包」這一概念逐漸成為時尚生活的風向標。尤其在白領群體中，快捷的支付方式能夠幫助他們省去不少麻煩，只需要一個手機就能夠輕鬆實現理財和資金的周轉。支付寶這類行動支付工具的出現，讓人們可以隨時隨地付款，多樣化的支付方式也成了一種娛樂，在人們生活中扮演著愈發重要的角色。

傳統通訊時期，手機的功能只是聯繫彼此。隨著行動通訊時代的來臨，智慧手機的出現，手機的娛樂效用和經濟效用逐漸凸顯，尤其在行動支付方面，表現出很強的發展勢頭。本節我們著重探討以手機為終端的行動支付。

一、行動支付概述

行動支付當前已經滲透至人們生活的方方面面，如乘坐公交、購物都會用到它。行動支付的載體是一個可以移動的物體，用戶透過該物體可以輕鬆實現資金的流轉。

行動支付的定義可以從廣義和狹義兩個方面予以界定。廣義上的行動支付，指的是借助電子設備在移動場合進行的一種資金轉移行為。狹義上的行動支付則專指借助手機、平板等行動終端，利用無線通訊技術進行的支付行為。

行動支付的範圍十分廣泛，若按照支付方式的不同，可以劃分為遠程支付和近場支付。

遠程支付中，用戶無須親臨線下的某個實體店面，只需透過手機或其他的行動終端，借助通訊技術就可以獲得某種產品或服務，相關費用直接在話費或者用戶銀行帳號中扣除。

其中，遠程支付就可以分為基於簡訊的行動支付、基於互動式語音的行動支付、基於無線通訊網路的行動支付三個部分。基於簡訊(SMS)的行動支付主要是透過向移動運營商發送相應簡訊代碼以獲得增值服務，比如早期用戶透過手機訂購包月的天氣預報訊息。基於互動式語音(IVR)的行動支付表現為用戶撥打電話號碼，根據語音提示獲得相應服務，如電話點播歌曲等。基於無線通訊網路的行動支付是無線通訊網路發展走向商業化的產物，在2G時期，也就是人們所說的WAP上網時期，這類行動支付應用還不是很廣泛，但隨著3G、4G移動網路的發展及成熟，行動支付的重要性漸漸凸顯，日常透過手機購物APP客戶端購買某產品就是典型的行動支付。

近場支付則指的是用戶在線下透過付款設備與收款設備之間的短距離通訊所產生的交易行為。它的分類更多是透過技術實現形式予以劃分。相關技術包括紅外技術、藍牙(Bluetooth)技術、射頻識別技術(RFID)、近距離無線通訊技術(NFC)等。

另外，行動支付還可以根據服務提供主體予以劃分。首先，是運營商為主體的行動支付，如電信業者的簡訊業務；其次，是以銀行為主體的行動支付，如網路銀行業務；最後，是以第三方支付平台為主體的行動支付，如支付寶及LINE PAY轉帳、付款等業務。

二、行動支付相關技術

在人類支付方式的演變過程中，紙幣的流通到現在的行動支付表明了未來貨幣流通的電子化趨勢。這種演變離不開下面幾種技術的推動。

GSM技術，即全球行動通訊系統(Global System for Mobile Communication)，是使用最為廣泛的移動電話標準，能夠讓手機實現在世

界範圍內進行點對點的通訊。移動運營商就是透過該技術提供語音或者簡訊類增值服務盈利。

WAP 技術，是一種無線應用協議 (Wireless Application Protocol)，是一個在數位移動電話、Internet 及其他個人數位助理機 PDA 與電腦應用之間進行通訊的開放性全球標準。透過這種協議，行動終端能夠像電腦一樣與網路互連，網路頁面主要以無線標記語言 (WMI) 編寫。它的缺點在於網路連接費用高、速率低，只能顯示簡單的網頁資訊，界面單一，交互性不及電腦。

Wi-Fi 技術，即無線保真技術 (WIreless-FIdelity)，是無線區域網路技術 (Wireless Local Area Networks) 的一個分支。在無線區域網路覆蓋的範圍內，行動終端能夠搜尋到無線訊號，並透過射頻技術連接上無線路由器，輸入指令後便可實現上網功能。無線網路支持多設備的接入，且傳輸速度快，成本低，但是網路的穩定性和安全性仍有待加強。

紅外技術，其中紅外就指的是紅外線，是電磁波的一種，它能根據光的折射、反射來傳送相應訊號。發展較為成熟，多用作 1m 內的點對點的數據傳輸，如家用遙控器就採用了這種訊號傳輸技術。它的缺點在於紅外線發射設備和接收設備中間一旦出現障礙物，交易就會中斷。

藍牙技術，也是一種近距離無線通訊技術，主要透過移動設備中的無線電收發晶片進行數據傳輸，它的有效傳輸距離為 10m。該晶片包括無線電收發器和鏈路控制器 (LC)。前者是藍牙設備的核心，後者的作用則在於實現數據的交換。

射頻識別技術 (Radio Frequency Identification Devices，RFID)，由電子標籤、讀寫器、天線和控制單元四個部分組成。電子標籤負責存儲訊息，然後透過天線傳遞訊號，讀寫器負責將接收到的訊號進行解碼最後傳送給控制單元。

近距離無線通訊技術 (Near Field Communication，NFC)，是近場支付中應用最為廣泛的技術。它由 RFID 及互聯互通技術整合演變而來，它將

非接觸讀卡器、非接觸卡和點對點功能整合進單一晶片，以此實現在短距離內與兼容設備進行識別和數據交換。其特點是成本低、耗能低。

三、行動支付應用

行動支付的應用不論是從金融理財還是到生活服務，都為人們帶來了極大的便利，電子貨幣的普及代替了大量的現金流，在支付環節中，衍生出的商業理念為越來越多的服務商青睞，也由此帶來更加優質且多元的產品或服務。

（一）LINEPAY、微信錢包等行動支付

LINEPAY和微信錢包都是以用戶體驗為中心，隨時隨地幫助用戶查詢帳戶訊息、轉帳、付款等，涵蓋了生活的多個方面。

以「生活繳費」服務為例，代收費種類包括電費、水費、燃氣費等。若用戶需要繳納電費，只需打開手機或者平板電腦的「行動支付」應用，透過首頁進入生活繳費頁面，點擊「電費」選項即可。如果用戶的行動終端已開啟GPS定位功能，應用會默認定位為當前所在城市。最後用戶確認付款訊息即可完成整個支付行為。

作為第三方支付平台能夠支持多領域的支付，無論是購物還是出行都顯得尤為方便。隨著行動支付理念逐漸深入人心，越來越多的移動應用支持用戶在線支付。

（二）手機銀行

網路支付熱潮過後，行動支付的重要性不斷凸顯，對銀行來說，這塊藍海能夠創造新的利潤增長點，當然不能輕易放過。因此各大銀行均在積極部署行動支付領域，並不斷拓展新的業務滿足用戶多樣化的需求，以求在這個行動支付的市場上分一杯羹。對於用戶來說，手機銀行最大的特點就在於其延續了傳統銀行的高安全性和保障性，信賴度較大。

早期的手機銀行服務結構較單一，用戶主要透過它來管理銀行帳戶，以便直觀地把握帳戶資金動態。而支付業務更多只是附帶功能，如繳納移動通

話費用。在行動支付行業激烈的競爭下，銀行不斷調整自己的業務範圍，支付範圍不斷擴大，業務類型上逐漸和第三方支付平台靠齊。

作為新的生活方式，行動支付帶來便利的同時也帶來了很大的安全隱患，木馬病毒和網路詐騙的出現時刻威脅著用戶的帳戶安全。2014年7月，360手機衛士發佈了首份手機銀行客戶端測評報告，報告上顯示少數手機銀行的安卓客戶端可能存在安全隱患。

網路安全是整個網路社會理想化的存在形態，在這個良性循環的背景下，各方才能獲得更加長足的發展。對於銀行、第三方支付運營商或者移動運營商來說，他們只有提供良好的安全保障，用戶才能對他們施以信任。

【知識回顧】

網路給予了人們互聯的可能，移動則將這種可能延展至無限。隨時隨地的分享生活、新鮮事成了新的生活方式，透過這種分享機制，人與人之間的「弱關係鏈」不斷得到強化。移動化帶來的是一個雙贏的時代，用戶透過移動互聯網享有了更加便利、更加個性化的生活，行銷者則透過大數據把握住用戶的行為方式乃至思維方式，從而換來更加精準的定位。企業之間的競爭從產品走向服務，開闢出市場新藍海的同時，也促使技術不斷向前發展。數位技術的出現，完善了網路媒體和移動媒體的表現形式，更加清晰的圖片、更加震撼的音樂、更加流暢的影片，時刻填補著用戶需求的漏洞。未來，技術作為新生活的引領者，將開闢出越來越精彩的領域。

【思考題】

1. 如何理解行動通訊技術同網路技術和數位技術三者之間的關係？
2. 談談行動通訊技術對生活方式的影響。
3. 結合實例，闡述未來行動通訊技術發展中需要解決的問題。

第五章 傳播參與者：從受眾到網眾

【知識目標】

☆受眾的類型、特點以及受眾觀念的演進。

☆幾種主要的受眾理論。

☆網眾概念提出的背景及網眾的特徵。

☆網眾的身分意義。

☆從受眾到網眾角色轉變中的博弈。

【能力目標】

1. 理清受眾觀念的發展脈絡及受眾角色差異在市場中的體現。

2. 瞭解受眾、網眾的媒介使用行為。

第一節 傳統的受眾概念

　　1948 年，美國傳播學者拉斯韋爾在《社會傳播的結構與功能》中提出了著名「5W」模式，將傳播活動劃分成傳播者、訊息、媒介、受傳者、效果五個部分的活動。後來傳播學中的受眾分析，在某種程度上就是沿著這個模式發展而來。然而，「受眾」這個概念本身卻是由來已久，它隨著歷史環境的更替而發生變化，並在不同的視角下，呈現出不同的特點。

一、受眾的定義及基本類型

　　作為傳播活動的一個重要組成部分，受眾的參與直接影響到傳播活動能否順利進行。他們可以是一個社會中既存的群體，也可以是伴隨某一種媒介而來的流動人群。面對訊息，他們可以是被動地接受，也可以是主動地尋求；他們既是被操控的對象，也是權利的所有者。可以看到，受眾背後的深刻內涵已經超出了其本身的字面意義。

（一）受眾的定義

從早期公共場所的圍觀者，競技、表演的觀看者，到媒介傳播內容的接受者、資訊的訂閱者，再到傳播活動的參與者、溝通交流中的互動者，受眾的含義由簡單走向複雜，由單一走向多元。總體而言，可以從以下幾個角度來進行定義。

首先，從傳播活動中傳播者與受眾的關係來看，傳播者是指對所要傳遞的訊息進行編碼，並將其傳播出去的組織或個人。而受眾則是指接收訊息，並對訊息進行解碼的個人或群體。這種定義將受眾視作特定訊息接受者，著眼於傳播活動中的角色差異，其適用性最為廣泛。因為，即便在新媒體環境下，受眾兼具了傳受雙重身分，但在具體的傳播情境中，仍然存在著傳播者與接受者的不同。

其次，從媒體的角度來看，受眾是指特定媒體內容的接受者。這既包括媒體內容的訂閱者，又包括實際接收到媒介訊息的人群。報紙的讀者、廣播的聽眾、電視的收看者都可以被劃歸到受眾之中。媒體內容的訂閱者和購買者，反映了某一特定媒介的覆蓋情況和影響範圍，而實際接觸到媒體內容的群體範圍會更大。

再次，從市場的角度來看，受眾是為媒體創造廣告利潤的群體，是媒介經濟中的重要一環。這個定義著眼於受眾的經濟價值。媒體將特定的內容以較低的價格賣給受眾，在吸引了大量受眾之後，再將這些受眾賣給廣告商，以獲得高額的廣告刊登費用。而這種由受眾創造出的價值，是傳統媒體長久以來生存的基礎。這也是為什麼媒體會想盡一切辦法，甚至不惜以無償的形式，爭取更多的受眾。

最後，從社會的角度來看，受眾存在於更大的社會環境之中，他們是一群有著相似的人口統計學特徵(性別、年齡、文化、職業、收入)、心理特徵和行為特徵的群體。許多媒體的目標對象就是這樣一個個子群體，並以他們的特徵來確定自身的市場定位，從而形成不同的內容風格、價值取向等。

（二）受眾的基本類型

麥奎爾認為，我們可以從多種維度理解受眾。包括主動性或被動性程度、互動性和可互換性程度、規模大小和持續時間、空間上的位置、群體特徵（社會／文化身分）、接觸媒介源的同時性、構成的異質性、傳送者與接受者之間的社會關係、訊息與在社會／行為意義上對態勢的界說、「社會呈現」(Social Presence) 的程度、使用環境的群己狀況等多種維度。對受眾進行不同類別的劃分，有助於我們從不同的角度對其進行研究，並且在日常的傳播實踐中，制訂出不同的傳播策略。

以不同媒體劃分，受眾可以分為報紙、雜誌、宣傳冊的讀者，廣播的聽眾，電視、電影、戲劇的觀眾，手機用戶，聯網網民等。這種劃分方式最為常規，基本上有什麼樣的媒體，就會相應的有什麼樣的受眾。

以空間分佈來劃分，受眾可以分為地方性受眾（即面向當地進行傳播，如地方性日報、晚報、電臺等的受眾）、區域性受眾（即區域性傳播所覆蓋的受眾）、全國性受眾（即受眾群體覆蓋全國範圍）、全球性受眾（即受眾遍及全球，如美國之聲）。

以人口統計學來劃分，受眾可以劃分為男性受眾、女性受眾，低收入受眾、中等收入受眾、高收入受眾，無教育水準受眾、低教育水準受眾、中等教育水準受眾、高等教育水準受眾等。

以傳播內容來劃分，受眾可以劃分為進行廣播，傳遞普遍性內容的一般性受眾；進行窄播，傳遞針對性內容的特殊性受眾。這樣的劃分很大程度上是源於傳播科技的改善，使得傳播資源日益豐富，市場細分成為可能，於是也就有了各種各樣的受眾群體。

（三）受眾的特徵

雖然受眾的概念不斷在發生變化，並且存在著多種思考的維度，但總體而言，受眾作為一個集合體，有著一些普遍性的特徵。

1. 同質性與異質性

同質性表現為，同一類型的受眾，大致上有著相似的人口統計學特徵、心理特徵和行為特徵，這些特徵使得他們具有某種內在的一致性，並對特定的傳播內容產生偏好。而異質性則說明了，雖然受眾可以被劃分到同一個群體裡，但是他們之間仍然存在著顯著的差異。受眾內部結構多元，關係複雜，在享有著共同興趣愛好的同時，又保持著各自的不同。這種差異性則是更為複雜的社會結構的反映。

2. 穩定性與流動性

穩定性為一種相對的狀態，即在一段時間內，受眾是較為固定的群體。總體而言，他們對特定媒介內容的需求以及他們自身的媒介使用習慣在短期內不會發生較大的變化。而流動性則說明，受眾一方面面臨著成員的流失，另一方面也會不斷有新的成員進入。這種流動可以是由媒體造成的，也可以是由受眾自身造成的。因此，受眾的數量和規模總是在時起時伏。

3. 被動性與主動性

被動性強調了受眾在使用媒體時候的無意識。他們並不知道自己想要的是什麼，對於媒介傳播的內容，他們總是在被動地接受。雖然有時有所選擇，但是總體上不會超出媒介提供內容的範圍。而主動性，則強調受眾在使用媒介的過程中是積極的、主動的。他們會根據自身的特點來選擇特定的內容。不僅如此，他們對媒介傳播的內容並非消極接受，而是會做出自己的解讀，形成自己的理解。

二、受眾觀念的歷史演進

對受眾的認識是一個持續不斷的過程。從早期的受眾角色缺席，其存在受到忽視，到受眾的客體化，人們開始從經濟和社會的角度對受眾進行研究，再到受眾的主體性回歸，受眾價值被重新挖掘，每個階段都有著不同的受眾研究，也產生了不同的受眾理論。

（一）受眾角色缺席

在一對一的傳播中，傳播者與受眾之間保持著相對平等的關係，雙方對傳播的情境、話語都有所控制。隨著傳播範圍的擴大化，傳播者與受眾的地位也在不斷發生改變，而當「中心—邊緣」的傳播格局形成之後，便正式確定了傳播者對傳播活動的主導地位。

在早期的傳播活動中，受眾雖然普遍存在，但是他們總是處於缺席狀態。所謂的「缺席」並非指他們不在場，而是指他們在傳播活動中不被考慮，不被關照。他們沒有自身的話語權，只能被動接受訊息。一切以傳播者為主導，並按照傳播者自身的意願，選擇傳播活動開展的時間、地點以及傳播方式。而傳播活動並不需要及時有效的回饋來實現雙方的溝通交流，傳播的唯一目的在於訊息的輸出。

出現這種現象有著複雜的社會原因。這很大程度是源於知識水準分佈不均衡，而傳播資源也十分有限，並被特定的權力精英所壟斷。在這些社會精英眼裡，受眾都是主體意識缺乏、沒有文化、消極被動的「烏合之眾」。傳播學中的大眾社會理論對這個時期的受眾進行了非常詳細的描述。然而，這種觀點帶有強烈的偏見，是一種典型的精英主義傳播觀。在這樣的傳播觀下，受眾不被重視，他們被傳播者任意左右。這樣的受眾觀產生於特定的歷史情境中，也必須再還原到歷史環境之中進行考察。

（二）受眾的客體化

受眾的客體化，主要是源於受眾作為一個龐大的群體，他們自身有著重大的經濟價值和社會價值。正是因為這些價值的存在，促成了媒體、市場人員和學者對他們進行研究。

對於媒體而言，受眾是其利潤的主要來源，因為大規模的受眾意味著大規模的企業廣告投入。因此，從經濟價值出發，逐漸形成了一種將受眾視為市場的受眾觀。此時對受眾的研究，側重於對受眾進行市場調查和心理分析，並對其進行歸類，最終轉賣給有特定需求的企業。

與此相對的是一部分學者試圖去研究受眾對媒體的使用，從而用以批判早期形成的對受眾的刻板成見。這類研究旨在發掘受眾在媒介接觸過程中的積極性、主動性，分析他們的使用動機以及對媒介內容的解讀方式，試圖還原受眾的真實面貌。

可以看到，這些研究雖然都在試圖瞭解受眾，將受眾從早期的缺席狀態中解救出來，但是，受眾仍然被當作一個客體，研究的目的不是在於為受眾正名，而是在於更加有效地利用受眾、控制受眾。從這個角度來看，處於受眾客體化階段的受眾觀仍存在許多侷限。

（三）受眾的主體性回歸

受眾的主體性回歸很大程度上歸功於新媒體的出現。新媒體的去中心化讓權力由傳播者分散到受眾手中。受眾不再是消極的接受者，他們在接收訊息的同時，也在主動地創造內容，並且積極地參與到傳播活動中去，並透過以「個體發聲，集體呼應」的形式發揮著自己的力量。這種主體性的回歸，也促成了由受眾向網眾的轉變。

新媒體的普遍接近性，讓被壟斷的知識和技術在整個社會範圍內得到傳播。人們可以根據自己的需求進行特定的媒體選擇。交互性帶來了雙向的溝通回饋，語言符號與非語言符號的綜合運用，促成傳播雙方在互動過程中相互理解，達成共識。

受眾的主體性回歸，在某種程度上，可以看作對「一對一」的人際傳播的還原。透過消除時間、空間障礙，合理分配話語權，讓傳播者與接受者站在同一平台上進行交流。受眾不再是隱匿的、無意識的、原子般的存在。他們也不僅是訊息接收者，他們還是有著自我能動性的社會人。他們的行為折射出特定的社會環境與文化特性。他們有著自身的需求，並且在使用媒介的過程中，讓需求得到滿足。

從被動的受眾到主動的網眾，傳播科技發揮著重要的作用，提供了基礎性保障。這種主體性的回歸背後，也有著深刻的社會動因。社會的發展不斷推動著人的自我意識的覺醒，而商業因素的介入，也在促成新技術的創新與

普及。應該清楚的是，受眾觀念的轉變並非一蹴而就的，這是一個逐層深入的過程，時而前進，時而倒退。但總體而言，這意味著我們需要重新來審視這樣一個不斷變化的群體，並在日常的實踐中，去修正既有的受眾理論。

三、主要受眾理論

與受眾觀相對應的是不同階段的受眾理論。這些理論大部分是源於特定歷史時期的經驗性研究。它們反映了學者體察受眾的不同視角，也揭示出傳播學中受眾分析的發展脈絡。有些理論，如今依舊適用，有些理論需要在新的環境下進行調整。

（一）大眾社會理論

大眾社會理論產生於19世紀末期，精英階層的權力不斷喪失，世風日下，不可挽回。其矛頭指向了傳媒業以及受到傳媒業操縱的大眾讀者。所謂「大眾」，是工業化、城市化、現代化催生的概念，將人群視作規模龐大、彼此孤立、漂泊無根、面目模糊的人的集合。

該理論認為媒介是一種非常有害的、癌症一般的社會力量，必須對媒介進行淨化或者對媒介進行徹底的重構。媒介具有直達普通人頭腦，並直接影響普通人頭腦的力量。一旦普通人的頭腦被媒介腐蝕，各種不良的、長期的後果不僅會破壞個人的生活，還會產生大規模的社會問題。普通人受到媒介影響是因為他們被傳統社會機構隔絕和孤立出來，而以往正是這些傳統社會機構，在保護人們不被操控。

而處於大眾社會中的受眾被認為孤立的、分散的、無組織的、原子般的存在。他們從既有的社會關係中脫離出來，變得無所依靠，只能任由媒體所擺佈。他們規模重大，缺乏理性。正是因為如此，精英階層的權力才會不斷喪失，利益不斷受到損害。而這對於整個社會的發展而言是極為不利的。

毋庸置疑，這種大眾社會論的受眾觀帶有強烈的精英主義色彩，反映了沒落的精英階層對普通大眾的強烈偏見。

（二）使用與滿足理論

使用與滿足理論最早起源於 20 世紀 40 年代的哥倫比亞學派，在經歷了五六十年代的凋零之後，在近 20 年得以復興。該理論試圖消除傳統受眾研究中所形成的偏見與刻板印象，力圖從受眾自身的需求和心理出發，重現受眾在媒介使用過程中的積極性與主動性。其代表的研究成果包括：赫佐格的日間廣播劇調查、貝雷爾森的「失去報紙意味著什麼」研究、卡茨的「使用與滿足」模式、羅森格倫的「使用與滿足」模式等。

該理論認為，受眾使用媒介並非無意識的盲目的行為，而是出於某種特定的需求，並且在使用媒介的過程中使需求得到滿足。受眾透過使用媒介而獲得的滿足至少來自三個方面：媒介內容、媒介接觸本身以及接觸不同媒介時的情境。

具體而言，這些動機可以歸納為以下幾種：

1. 獲取訊息

獲取訊息即將使用媒介作為獲取外界訊息的一個途徑。最為顯著的是我們對新聞訊息的獲取一般都來自媒介。透過使用媒介，我們可以瞭解到外部環境的變化，並產生特定的調適行為。

2. 學習知識

在使用媒介的過程中，還伴隨著各種各樣的學習行為。一部分知識性內容會伴隨著媒介的傳播而得到擴散。這些對於公眾而言，能夠產生一定的教育作用。媒介可以作為正規教育的一種補充。

3. 休閒娛樂

在訊息娛樂化日益顯著的今天，休閒娛樂的內容也越來越受到大眾的歡迎。各種各樣的娛樂節目一波一波地襲來，人們目不暇接。這些內容為受眾提供了茶餘飯後的談資，並且能夠緩解生活的壓力，打發無聊的時間。

4. 逃避現實

許多時候媒介使用的過程並不具備明顯的目的性。人們收看電視、收聽廣播有時候僅僅是因為不願跟他人接觸。這反映了現代化過程中人與人之間的關係的割離，從而產生了強烈的疏離感。這樣的社會病理現象最終導致人們沉浸在媒介之中，逃離社會現實。

5. 社會交往

媒介環境一方面反映了現實環境，另一方面又在對現實環境進行再造。人們在使用媒介的同時，也在不斷受到媒介的影響。透過將自身的行為與媒介中的行為進行比照，受眾習得了合適的社會交往方式，並將媒介中的內容，作為社會交往的資本運用到真實的人際互動中。

（三）分眾理論

分眾理論的提出，很大程度上是源於媒介資源的豐富化，媒介本身不斷細分、不斷專業化，從而導致了受眾的細分，以及特定受眾群體的形成。不同的受眾群體圍繞特定的媒介聚合，於是就形成了所謂的分眾。

分眾觀的核心內容：社會結構具有多樣性，是多元利益的複合體；社會成員分屬不同的社會群體，其態度和行為受群體屬性的制約；分屬不同社會群體的受眾個人，對大眾傳播有著不同的需求和反應；在大眾傳播面前，受眾並不是完全被動的存在，他們在媒體接觸、內容選擇、接觸和理解上有著某種自主性和能動性。

麥奎爾從電視領域出發，概括了受眾分化的四個階段。他認為「在電視發展的早期階段(20世紀50年代和20世紀60年代)，大部分國家，大多數觀眾只有有限的、最多不超過三個的重要的或中國性的頻道可供選擇。美國的情況稍好一些。那時，人們廣泛分享著同樣的媒介經驗，同質性相當強。這種一元模式(Unitary Model)意味著，單個受眾基本上與一般公眾擁有共同的空間。隨著媒介內容和頻道的增長，在一元模式框架內出現了更多樣化和更有特色的選擇空間。例如，日間和晚間電視，各種地方電影片道等。這是一種有限的內在多樣化模式，可以稱為多元模式(Pluralism Model)。第

三,是核心—邊緣模式(Core-Periphery Model),這一模式顯示,頻道的增加使得對這一框架之外其他的、競爭性頻道的選擇成為可能,也使人們有可能欣賞到與大多數人的喜好、與主流趣味迥然不同的電視節目。最後一個階段,被稱為分裂模式(Breakup Model),表明受眾群更廣泛的分化以及核心的淡化。受眾以不固定的方式,分散到許多不同的頻道中,知識偶爾才會出現受眾共享經驗的情況。」

事實上,媒介資源的多樣化必然會導致受眾的分化。這樣一個過程一方面意味著更為個性化的媒介選擇,更加精準的市場定位,同時,這也意味著媒介原本整合社會訊息的作用受到消解,社會結構也在不斷被重塑。我們可以說,分眾理論給我們帶來了一個全新的視野。

(四)其他受眾理論

除了上述的幾種受眾理論之外,還有個人差異論、社會分化論、文化規範論、社會參與論。這些理論將受眾放到更為廣闊的社會文化背景下進行考察。

個人差異論認為,人們的心理結構千差萬別,這既是源於每個人先天條件的不同,又是源於各自後天環境的差異。個人信仰、認知結構以及文化背景、社會環境均會影響人們對客觀世界的認識,因此在解釋外部世界時,會產生不同的理解。

社會分化論認為受眾並非一個孤立的個人,他們雖然千差萬別,但仍有共同之處。受眾依據性別、年齡、種族、收入、受教育程度等被劃分到不同群體之中。每個群體內部具有相對一致性,這種一致性影響著群體成員對外界事物的看法。根據群體目標以及價值觀念,人們會對接收到的內容進行不同的解釋。

文化規範論從媒介出發,指出了媒介內容對受眾的長期影響。這種影響具體表現為對既有觀點的改變或強化。而媒介內容很大程度上是社會價值觀的反映,透過文化規範,社會在傳播互動的過程中實現整合。

社會參與論的核心在於受眾應該參與到傳播媒介當中，以便維護傳播媒介的公共屬性。受眾不僅在接收訊息，他們也希望參與到訊息傳播當中，並發揮自身的作用。透過參與傳播活動，受眾能夠更好地進行討論，表達自身的觀點，同時達到更好的傳播效果。

四、受眾的媒介使用行為

對於受眾的媒介使用行為研究集中表現在受眾對報紙、雜誌、廣播、電視這四種媒介的使用研究上。具體而言，研究側重於使用動機的探討。總體而言，這些研究反映出受眾在媒介資源相對匱乏的條件下的一些普遍性需求。

（一）對報紙雜誌的使用

早期印刷媒介的受眾大多都是一些受過正規教育的特定階層。就其數量而言，他們是社會中的少數。隨著印刷媒介的市場化與大眾化，受眾群體也由精英階層向普通民眾轉移。

1940 年，B.R. 貝雷爾森對書籍讀者進行了研究，並發表了《讀書為我們帶來了什麼》。在這篇文章中，貝雷爾森總結出人們閱讀背後的一些動機。隨後，1949 年，貝雷爾森又做了名為「失去報紙意味著什麼」的研究，研究以 1945 年的紐約報紙派送員的大罷工為背景，試圖弄清報刊在人們日常生活中的作用。

作為週期性的出版物，在廣播、電視尚未誕生之前，報紙和雜誌都肩負著傳遞訊息的重要作用。國家大事、社會新聞、天氣狀況、市場行情、商業廣告等這些訊息都是透過報紙、雜誌獲取的。透過閱讀報紙和雜誌，人們可以瞭解到外部世界的最近變動，以便做出相應的適應行為。除此之外，掌握訊息除了對自身有利之外，還可以作用於他人，將自己獲取的訊息分享給他人，一方面可以提供社會生活中的談資，另一方面也有助於社會地位的形成。同時，閱讀習慣一旦形成，便會成為一種常態。也就是說，閱讀本身便成了目的。

（二）對廣播電視的使用

H. 赫佐格在 1944 年對一個名為《專家知識競賽》的廣播節目的 11 位愛好者進行了詳細的訪談。赫佐格認為，有三種基本心理需求使得人們喜愛知識競賽節目：

(1) 競爭心理需求———透過搶先猜測答案使自己與出場嘉賓或收聽夥伴處於一種競賽狀態，享受由此帶來的競爭樂趣；

(2) 獲得新知的需求———從節目中得到新的知識，以充實自己；

(3) 自我評價的需求———透過猜測答案來判斷自己的知識程度，確認自己的能力。

1969 年麥奎爾對電視節目的調查，歸納出受眾從電視節目中獲得的四種滿足，包括：

(1) 心緒轉換效用 (Diversion)，

(2) 人際關係效用 (Personal Relations)，

(3) 自我確認效用 (Personal Identity)，

(4) 環境監測效用 (Surveillance)。

與報紙、雜誌不同的是，廣播為一種伴隨性的媒介，即人們可以一邊做其他的事情，一邊聽廣播。而電視為一種家庭性的媒介，人們更傾向於與家人一同坐在電視機旁，觀看電視節目。同時，比起報紙、雜誌，廣播、電視的實效性更強，也就是說，人們更能夠從廣播、電視中獲取外界訊息。同時，電視的娛樂性內容也不斷受到受眾的偏愛。

第二節 新媒體環境下的網眾概念

傳統媒體向新媒體過渡過程中，伴隨著從受眾到網眾的轉變。這並非受眾的終結，因為在很多情況下，傳受關係的差異化決定了「受眾」這個概念仍然有它的價值。只是新媒體環境的確催生了新的群體。他們擺脫了受眾固有的侷限，根據自身的需求，創造出新的可能性。

一、網眾概念及基本特徵

從電腦聯網到社會聯網，媒介系統不斷更替，原本被孤立、分割的個人重新回歸到各種各樣的社會關係之中。網眾的形成，確立了新媒體傳播中新的主體。它們影響著傳播的過程、意義的共享、權力的結構以及效果的達成。

（一）網眾的概念

網眾的概念是相對於受眾而言的。有學者指出，網眾是由「網路化用戶」組成的群體，即當今社會中那些積極的媒介使用者，他們以跨越各種媒介形態的訊息傳播技術 (ICT) 為仲介，與其他媒介使用者相互聯結，構成融合訊息網路與社會網路的新型網路，「網路化用戶」則成為該網路的節點(Node)。

之所以要提出「網眾」的概念，是因為基於傳統媒體之上的受眾概念已經無法在新媒體環境中適用。受眾概念的著眼點是傳播過程中的角色差異，而新媒體的使用者往往兼具傳播者與接受者雙重角色。他們在傳播過程中的主體性空前提高。從最初的媒介使用，到成熟的訊息生產，他們的媒介素養不斷提升，在日常的媒介實踐中形成自身的價值判斷，積累媒介使用經驗。

與此同時，在新媒體環境下，媒介使用者不再是孤立的。他們之間的聯繫越來越緊密，強關係與弱關係都在訊息網路中表現出來。這種社會關係網路事實上早就存在，只不過因為新媒體的發展，人們才更加深刻地感知到。而這在傳統受眾概念中是無法涵蓋的。

以網眾代替受眾，不是對受眾的否定，而是立足於變化，對其進行與時俱進的發展。它反映了權力的重新分配以及由網眾構成的全新的傳播網路。同時，它讓我們跳出傳統上對訊息接收者的偏見，更為客觀地看待被科技形塑的傳播活動。

（二）網眾概念的提出背景

網眾概念是在新媒體環境這種特定的背景下提出的。

一是電腦聯網以及移動互聯網走向成熟，為網眾的形成提供了技術支持。訊息傳播科技的進步，使得媒介資源得到了最大限度的開發，同時，媒介使

用日益便捷，操作日益簡單，交互特性帶來了互動溝通，這些技術的成熟是網眾得以產生的前提。

二是由電腦聯網帶來的社會聯網，促成媒介使用過程中社會關係的建立，網眾不斷被結構化。人們的社會關係網路在訊息網路中逐漸顯現出來，線上的社會關係加強了人與人的聯繫，群體聚合帶來了網眾地位的提升。

三是商業因素的介入，讓技術的使用更為廉價。更為低廉的價格讓普通民眾也能負擔得起。這意味，網眾群體的整體數量在不斷增多，而網眾內部的成員結構也更為多元。重大的規模使得任何微小的事件經過群體網路之後，就會產生難以想像的結果。

四是全球訊息流通，區域之間的壁壘逐漸消除，讓網眾不僅在數量上持續激增，在分佈範圍上也不斷擴大。由於地理位置差異產生的區隔被打破，世界各地的人們第一次真正意義上站到了同一個平台上。

（三）網眾的基本特徵

「網眾」概念的提出，意味著我們需要對傳播活動的主體進行重新審視。傳播媒介演變使得傳播活動的各個要素均發生了大大小小的變化。和傳統的受眾相比，網眾呈現出許多新的特徵：

1. 網路化

網路化 (Networked) 即一種結構化。它所體現的是人與人之間的連接關係。傳統的受眾群體，通常被按照一定的人口統計學屬性進行區隔和歸類，他們彼此之間的聯繫微乎其微。即使是同一媒體的受眾群，也只是存在簡單的相似。而網眾則是經由社會網路和訊息網路連接起來的群體。以單個個人為節點可以延伸出不同的連接關係。這種連接關係會在日常的媒體使用中表現出來。

2. 能動性

網眾不僅僅是在被動接受訊息，他們自身有著能動性。一方面，他們能夠主動索取訊息，來滿足自身的需求。另一方面，對於接收到的訊息，他們

有著自己的理解和解讀。同時，他們會進行選擇性的再傳播。這就意味著，這是一種建立在自身媒介素養基礎之上的媒介使用。雖然每個人的素養水準不一，但和之前傳統媒體的媒介使用相比，確實有著很大的差別。正是這種能動性讓網眾既成為訊息接受者，又成為訊息傳播者。

3. 全球化

網眾遍佈全球，他們不再受到地理位置的侷限。不同國家、不同區域的網眾都可以在同一訊息平台接收訊息，發佈訊息，參與討論，進行協作。這種由網眾帶來的全球化的訊息傳播，讓世界更為緊密地聯繫起來。一方面，它有助於促成積極合作，解決現存的人類共同性問題（例如，環境汙染、恐怖主義、世界和平），另一方面，它造成了社會控制的危機。國家的權威受到動搖，由此帶來的訊息安全問題成了各個國家必須應對的難題。

4. 繁雜性

網眾無論是從成分上，還是從結構上來看都顯得極為繁雜。這是因為，他們可能來自不同的國家、地區、民族、種族；同時，他們的教育程度、收入水準都存在著差異；再加上成員可以在網際空間中自由流動。這一切使得我們所面臨的網眾較之傳統媒體的受眾而言，更為複雜。傳統的受眾研究路徑在網眾身上不再適用，更多的因素需要被考慮在內。

5. 數位化

在新媒體環境下，無論是文字、圖片，還是聲音、影像，它們的物理形式均被消除，最終以數位的形式被存儲和呈現。而傳播活動中的網眾，他們的任何媒介使用行為同樣都會轉化為數位軌跡被記錄下來。這些數位軌跡為研究網眾提供了新的出發點。人們的各種行為被量化，最終形成龐大的非結構化的數據。大數據分析的興起正是以此為基礎，而由網眾行為產生的數據，將帶來重大的財富。

二、網眾身分的意義

網眾不僅僅是對新媒體使用者的一個綜合性概括，它更反映出新媒體用戶與以往普通受眾所不同的身分與角色。這些身分與角色無論從個人的角度還是社會的角度來看，都有著十分重要的意義。

（一）個人層面的意義

從個人的角度來看，網眾的形成意味著受眾主動性的回歸。從被動接受到主動獲取，從消費訊息產品到參與到訊息產品的生產環節中去。個人的主體性得到確立，並在日常的實踐中，發揮主體的功能與作用。

1. 訊息的索取者

網眾是訊息的索取者。在媒介資源較為匱乏的時候，人們雖然也有自主權，但是由於諸多限制，總體上只能被動接受訊息。隨著媒介種類的增多，通路的日益豐富，人們可以根據自己的需求來獲取訊息。這一方面，為網眾提供了多樣性的訊息內容，另一方面，促使他們不斷提升自己訊息選擇的能力，從而滿足自身的訊息需求。

新媒介創造出一個重大的訊息庫，而網眾自主地在訊息庫中索取訊息。這種主動的索取，帶來了對特定事物更為全面的瞭解，避免了單一報導的訊息容量限制、呈現形式限制、報導立場限制。不僅如此，知識的壟斷被打破，網眾可以在這樣一個訊息庫中各取所需，而不必統一接收相同的訊息。同時，透過主動搜尋訊息，許多個人化的問題能夠在這個過程中得到解決。從這個意義上來看，媒介使用伴隨著一定的教育、指導功能。相比從前，這種功能更為系統、更為專業。

2. 內容的生產者

網眾是內容生產者。將集中的訊息生產權力分散到個人手中，意味著會有更為多元的內容產出。在大眾傳播時代，媒介內容在某種程度上反映出一個時代的集體記憶，而大多數個人的身影卻被模糊化了。在新媒體環境下，時代的主旋律仍然被弘揚，與此同時，個人也擁有了自我表露、自我展現的平台。

自主的內容生產者一方面在進行個人的創造，另一方面在進行個人的記錄。個人創造帶來了各種亞文化的繁盛，個體的智慧被展現出來。同時，也帶來了思想的傳播，觀點的碰撞。而個人的記錄則進一步實現了訊息的體外化。媒介的存儲功能部分替代了大腦的存儲功能。透過記錄來存儲記憶。記憶的內容更為豐富，更為具體。這些留存在媒介上的訊息，於個人而言，無疑是一筆珍貴的財富。

3. 意見的表達者

網眾是意見的表達者。透過索取訊息，我們可以對外界事物獲得詳細的認識；透過生成內容，我們可以形成自身的看法。而最終目的，是將我們的觀點，我們的訴求表達出來，從而帶來現實層面的改變。

表達意見對於個人而言具有重要意義。首先，它是網眾主體性最為顯著的表現。透過發表觀點的參與比起簡單的內容生產而言更具有意義。其次，意見的表達能夠促成自身媒介素養的提高。在表達意見的同時，能與他人進行思想的碰撞，拓寬眼界，提高自身辨別的能力。最後，個人的訴求能夠透過公共的討論最終產生有利的結果，並促成事態朝著自己的意願發展。

（二）社會層面的意義

從社會的角度來看，網眾的形成無疑推動了民主政治的發展。廣泛的參與帶來協商的可能性，而網路本身的開放環境特點又為社會監督與民主法治提供了有力的保障。同時，網眾龐大的規模，以及在這種規模之上的合作能夠發揮集體的力量，解決一些共同性問題。

1. 參與民主協商

民主協商是一個社會政治文明的重要標誌。而真正意義上的民主協商不僅需要公民積極地參與，還需要讓討論在一個理性的環境中進行。網眾的形成可以說為民主協商帶來了希望。網眾群體規模重大，其構成成分多元，能夠形成廣泛的參與。意見領袖的存在能夠將普通網眾分散的意見進行整合，避免過度分散。

需要澄清的是，新媒體所提供的是一種民主協商的可能性，至於民主協商的質量，這並非其能夠保證的。民主協商的實現，需要人們在這樣一個公共環境中不斷進行磨合，在參與討論的過程中，提高自身的認識水準，並以理性的方式應對面臨的問題。但是，我們應該看到，這種民主協商已有了雛形。網眾已經開始有意識地對發生的事情進行公開討論，發表自己的觀點，而這些觀點雖然不能代表全部，但至少讓我們聽到了一些聲音，公共決策也有了更多的參考依據。今後需要做的，就是不斷完善公共討論的平台，提高網眾的參與熱情和知識水準，從而不斷推進民主協商的進程。

2. 實現集體協作

集體協作是網眾身分的另一個重要社會意義。從 Web1.0 到 Web2.0 最大的轉變就是，人們從最初的參與發展到了集體合作。單個個人的力量經過社會網路被無限放大，最終形成的合力能夠創造出無窮的力量。

最為典型的集體協作表現在災難救助上。在地震、洪水災害發生時，網眾發揮各自的力量來應對災情。災難發生地的人們能夠向外界發佈災區訊息，以便救援人員優化救援方案。同時，尋人訊息、物資捐獻訊息、血庫補給訊息能夠在網路上迅速擴散，網眾們參與訊息轉發傳播，並給予及時回饋從而輔助救災工作。而那些不能直接參與的網眾，則可以進行祈福祈禱，施以人文關懷，傳播正能量，為災區提供精神支持。這些在傳統媒體時代是很難高效實現的。其他諸如「光碟計劃」「節能一小時」的公益宣傳，「隨手拍解救被拐兒童」「關注留守少年」的愛心行動，這些都體現出集體協作的重大價值。

每一名網眾都是一個節點，人們的社會關係網路將不同的節點連接起來。這種改變需要我們重新思考我們解決問題的方式。

3. 完善輿論監督

在大眾傳播時代，輿論監督基本上都是由報紙、電視等傳統媒體來承擔，它是媒介的一項基本職能。然而，傳統媒體的監督力度有限，且面臨著諸多的阻礙，並不能非常有效地實現社會預警、協調控制的作用。基於網眾之上

第二節 新媒體環境下的網眾概念

的輿論監督很好地彌補了傳統輿論監督的缺陷。這表現在網眾對於特定的問題有著較高的敏感度。微小的線索經過集體的協作便能夠刨根究底，弄清真相。無處不在的網眾也驗證了那句「天網恢恢，疏而不漏」，社會監督因此變得更為完善。

網眾在進行輿論監督的同時，也在不斷地發現問題、暴露問題。這些問題可能隱藏在社會生活當中，或者被人試圖掩蓋，因而之前尚未浮現在公眾的視野當中。如今，群體的力量帶來了問題的發現機制，我們可以發掘潛在的隱患，制訂出行之有效的解決措施，同時，建立預警機制，減少社會風險。但應該注意的是，在這個過程中需要區分對公共生活的監督與侵犯私人領域的區別，必須防止權力的濫用，從而保障他人的合法權益不受侵害。

三、網眾的媒介使用行為

網眾的媒介使用習慣因新的媒介特性而呈現出新的特點。從互聯網到手機，從最開始的嘗試性使用、附帶性使用到現在的習慣性使用、依賴性使用，新媒介不斷在向我們的生活滲透，個人生活、市場經濟、社會結構都在悄悄地發生著改變。

（一）對網路媒體的使用

對網路媒體的使用，既需要一定的物質基礎(如相應的設備、網路)，又需要一定的智力支持(如使用網路媒體的知識、技巧)。這就決定了網路媒體的用戶群體相對集中於某一部分人群，而對於剩下的人群，只能在技術準入降低，自身知識水準提高後，才能增加接觸的機會。

與傳統媒體一樣，對網路媒體的使用仍然是基於一定的使用動機。比如接收資訊，瞭解外部環境的變化；聯繫他人，進行社交；娛樂休閒，打發空餘時間；獲取知識，作為正規教育的補充等。值得一提的是一些伴隨而來的新動機；首先，網路媒體提供了自由發聲的通路，人們可以參與公共事務的討論，並進行輿論監督；其次，網路媒體提供了一個展示自我的平台，並在展示自我的過程中，與他人進行社會交往；再次，網路媒體讓線下生活線上化，人們可以在網路上購物消費、進行日常工作、專業諮詢等；最後，網路

媒體提供了一個宣泄的場所，在這裡人們可以以匿名的方式宣泄壓力，獲取他人的社會支持。

（二）對手機媒體的使用

手機影片、手機閱讀、手機遊戲、手機檢索這些都是手機發展形成的產物。它們反映出網眾對手機媒體的不同使用形態，以及新的資訊獲取方式。同時，手機媒體不僅僅是一個獲取資訊的平台，它更是一種社交的工具。它將移動互聯的概念植入人們的生活當中。在某種程度上，手機取代電腦，成為移動互聯網的一個接口。各種 SNS 社區都可以透過手機接入。人們利用手機，分享自己的位置訊息、拍攝照片影片上傳、記錄個人的心情，從而與他人建立聯繫。人與人的交往可以在隨時隨地由個人發起。

不僅如此，手機還是個人的移動金融終端，透過手機，能夠實現金融支付功能。透過綁定手機號、銀行卡，手機消費得以實現。它不僅讓消費變得更加網路化，而且促成了消費的移動化。如此一來，隨時隨地大家都可以透過手機來實現購買與支付。

可以看到，與網路媒體一樣，手機媒體的使用伴隨著不同的動機與特點。它反映了手機一族的形成與壯大，並在這個過程中產生了豐富的媒介使用體驗。

▌第三節　從受眾到網眾角色轉變中的博弈

從受眾到網眾，我們親眼見證了這樣一個轉變。有的人為此狂歡，因為我們正迎來一個最好的時代。傳播科技改變生活的道理從來沒有像今天這樣為人們所感受。也有的人惶恐不安，因為我們習以為常的規則就這樣輕易被打破，我們對媒介日益依賴，以至於我們無法想像離開它們的生活。角色的轉變讓我們比以往更需要認清擺在我們面前的這個雙刃劍。

一、從自由烏托邦到全景式監獄：網眾的社會控制

社會學家詹姆斯·貝尼格曾假設，訊息社會來源於由 1840 年鐵路和其他蒸汽動力交通工具創造的控制危機。而社會控制一直都是媒介領域的一個重

要議題。國家在維護社會穩定的同時,個人在極力爭取自由,二者之間的博弈伴隨著媒介發展的始終。

(一) 自由烏托邦的幻想

「電子烏托邦」的幻想由來已久,它寄希望於媒介技術的進步所帶來的社會的解放。早期社會學家庫利就斷言「印刷意味著民主」。而在麥克盧漢看來,媒介的發展可以分為「部落文化」(口頭媒介)、「脫部落文化」(文字、印刷媒介)、「重新部落化」(電子媒介)三個階段,並指出這三個階段對應的結果:「伊甸園」「人的墮落」「重返天堂」。雖然這些不免帶有技術決定論的色彩,但是確實反映出我們在不斷向「理想的國度」邁進。

如今,訊息的控制權已經不再被媒介組織所壟斷。人們可以進行自主的訊息生產、訊息傳播。互聯網所提供的是一個廣闊空間,它具有極大的包容性,能夠讓各方都有自己的發聲通路。對於接收到的訊息,網眾有權利選擇贊同或者抵制。

諸如報紙、廣播、電視都有著嚴格的準入機制,層層把關貫穿始終。國家機構、政治團體、經濟組織的存在都會影響媒介的內容輸出。因此,我們所接收到的訊息只是傳播者想讓我們看到的部分,至於訊息是否反映了實際狀況,完整性如何,我們無所知曉。而在新媒體環境下,內容生產的工作一部分被網眾所取代。在傳播擴散的環節上,訊息經由網眾傳播,擴散速度如同病毒複製一般。網眾能夠發掘出自己認為有價值的訊息進行分享,針對事件做出評論。自由的發言成為一項可以實現的權利。人人都有一個麥克風,可以隨意進行觀點的表達。同時,語言符號與非語言符號的運用,讓守門人的把關活動面臨空前的挑戰。即便存在層層篩選機制,傳播中的意義在網眾之間互動的過程中不斷發生變化,形成不一樣的符號系統和話語體系。而這些足以跟官方的話語體系與訊息監控相抗衡。

此外,訊息源的增多意味著無法從根源上禁止訊息的傳播。人們對訊息的獲取已由國內拓展到國外,由單一語言獲取發展到多重語言獲取。新媒體環境下,技術精英不再為官方所壟斷。民間技術精英的崛起意味著,一部分

人在限制訊息自由流通的同時，另一部分人在不斷突破限制，為其他網眾帶來訊息自由獲取的機會。在控制與反控制的過程中，雙方爭奪著役使權。

所有這些都似乎向我們表明，我們在向高度的自由邁進。網眾在自我解放的同時，也在不斷地解放著社會。

（二）全景式監獄的恐慌

雖然網眾的呼聲不斷，但是我們所面臨的狀況遠比想像中複雜。在自由不斷實現的同時，我們也面臨著前所未有的監控恐慌。

福柯曾經提出了「全景監獄」的概念，意指為了實現對監獄犯人的監視管理，可以將監獄建成一個類似古羅馬鬥獸場那樣的環狀。在監獄的中心建一個瞭望塔，監獄的窗子都對著中心的瞭望塔，這樣一來，關押在監獄中的犯人就會感到一種恐慌，即他們的一舉一動隨時都會被看到。如今，數位媒介充斥著我們的生活，「全景監獄」的概念重新被提出，來佐證由監控帶來的焦慮。

可以看到，技術越發達，我們的社會監控變得越簡單。因為，在網路空間中存在著多重把關系統與多重把關方式，而這背後是一種複雜的控制機制。

首先是控制實體準入。這既包括技術層面的硬體軟體問題(如切斷網路，禁止特殊網站的訪問)，也包括身分層面的問題，即並非所有人都能進入特定的網路系統中(比如帳號被封鎖)。實體的準入限制直接阻礙訊息的自由獲取。

其次是控制訊息，包括控制訊息準入與訊息流通。特定的訊息無法以正規通路進入網路系統中去，這一點表現為技術上機械地把關。比如，敏感詞被事先設置好，那麼它就無法正常地同其他訊息一樣，進入人們的視野。網路空間中還有許許多多真實存在的守門人，他們作為真實的活動者，判定著網路中的訊息是否利於傳播，並進行著不斷的把控。這種人為的控制，主要用於彌補現有技術的不足。

再次是控制網路節點。把握網路節點是網路控制的關鍵。進入網路中的訊息十分零碎，最終是由相應的意見領袖進行整合。控制好人數相對較少的

意見領袖，能夠有效防止訊息的分流。透過抑制意見領袖的整合作用，讓觀點和訊息成為一盤散沙，這事實上就控制好了網路空間的訊息流。

最後是控制網路系統。這個是在迫不得已的情況下採用的方式。它借助的是存在於網眾當中的一個悖論，即網眾與網眾的連接性越強，他們反而越脆弱。因為這種結構化是建立在技術之上的，而傳統社會中人與人的結構化取決於單個個體。當技術被切斷之後，網眾之間的關係無法正常維持。就像一個結構嚴謹的蜂巢，懸於一棵樹的枝丫上，當枝丫被折斷後，蜂巢也就掉落了。

而最關鍵的是，網眾的行為被數位化了。任何網路中的舉動都會產生數位軌跡被記錄下來。而既有的非數位化訊息也在向數位化轉換。這意味著，訊息追蹤的通路在不斷暢通，伴隨而來的是更為精準的控制。

所有這些都向我們表明，這是最好的時代，也是最壞的時代，而人的作用往往決定著我們未來的走向。

二、從天涯若比鄰到對面不相識：網眾的社會關係

「海內存知己，天涯若比鄰」這句詩，可以說是對移動互聯今天的最好寫照。我們足不出戶就可以與世界各地的朋友說話聊天，訊息的完整性空前提高，傳送速度趨近於零，維繫遙遠的關係變得經濟便捷。然而，當我們沉溺於媒介使用的時候，以虛擬的社會互動代替現實關係的互動的時候，我們看到的是人與人的疏離，現實的溝通交流變得困難。而在這樣的雙重影響下，我們需要重新思考網眾的社會關係。

（一）天涯若比鄰的親密感

新媒體帶來了時間與空間的破除，對人際傳播進行最大限度的還原，不僅能夠進行實時的聲音傳播，還可以進行影像的再現。傳播中的語言符號與非語言符號都被展示出來，不同地區時間的差異與空間的距離感均不復存在，這讓傳播溝通能夠以最佳的方式進行。

我們不僅能夠在一對一，或者一對多的會話中表達自我，還能夠在社交平台上進行個人生活的記錄和情感的流露。社交媒體除了提供一個訊息流通的平台之外，它還為網眾提供了一個記錄、互動的場所。持續的內容生產，帶來了豐富的個人訊息，按照約哈里之窗理論所提示的，我們在不斷擴大彼此之間的開放區域，形成更多的共通意義空間，無論是默默圍觀還是回覆他人，都可以帶來相互的瞭解。

　　同時，在新媒體的使用過程中，人際關係網路逐漸趨於顯現。人們以強關係網路為出發點，不斷輔助弱關係網路的建立。新媒體特有的推薦機制與聚類機制，能夠將朋友、朋友的朋友、朋友的朋友的朋友都聚集起來。而在以往，這些關係的建立總需要特殊的時間、地點，由特殊的人和事件來導引。即便是已經建立了關係，要想很好地維繫已有關係，其成本也十分昂貴。

　　如今，即便是相隔異地，人們也不必再像以前那樣因天各一方而感到煩惱。熟悉的人可以噓寒問暖，陌生的人也可以形成潛在的聯繫。在社交網路上，有相同興趣愛好的群體建立自己的討論組，交流分享生活的經驗與趣味，並將線上的交往延伸至線下，虛擬的行為轉化為現實的行為，網路和現實的界限開始模糊化：這一切跡象都表明，我們與他人的距離在拉近，因為傳播技術，不同的人走到了一起，一些不適合直接表達的情感被以其他方式表達出來，我們從未像現在這樣接近彼此。

（二）對面不相識的疏離感

　　雖然傳播科技讓人與人之間的聯繫變得越來越簡單，但這種技術基礎並不意味著它能實現人們的理想交往。來自反面的聲音認為，在傳播科技日益發達的今天，人與人之間不僅沒有更加親密，反而越來越疏離。

　　「疏離」（Alienation）這個概念，最初是在神學著作裡廣泛使用，而在這些著作裡，「疏離」被解釋為與上帝的分離，背道而馳。學者 Seeman 認為，疏離感包括了五個要素，即無力、無意義、無規範、孤立、自我疏離。Zwetkoff 指出，疏離感是現代社會的主要弊病，它有不同形式，事實上可以等同於疏遠、退縮、脫離、混亂、無力、玩世不恭、無用、無意義等。Clark 在陳述了疏離感的諸多定義（包括無意義感、無力感、無歸屬感、被操控感、

社會孤立感和自我孤立感)之後,提出疏離感指的是個人無力去實現他本應該實現的角色。Lystad 認為,疏離感被看作個體對某些社會結構成分不滿的標誌,它尤其和經濟、政治相關。楊東、張進輔等人透過一系列研究,提出疏離感是指個體與周圍的人、社會、自然以及自己等各種關係網路之間,由於正常的關係發生疏遠,甚至被客體支配、控制,從而使個體產生了社會孤立感、不可控制感、無意義感、壓迫拘束感、自我疏離感等消極的情感。可以看到,疏離感是一種社會病理現象,它具有多個維度,其核心是基於人與人正常關係的破裂,從而導致冷漠、排斥、空虛、孤獨等多種病態心理。

新媒體為我們創造了一個多姿多彩的世界,而這所帶來的負面結果是,人們沉溺於媒介使用當中不能自拔,寧願獨自玩電腦、看手機也不願意與他人進行言語的交談。甚至出現諸如上網成癮的媒介依存症,因媒介使用無法得到滿足時,感到空虛、焦慮、痛苦,有時還會產生暴力行為。親朋聚會到處找無線網,談話期間低頭玩手機,人與人之間透過電子媒介交流,面對面時卻無話可說。當人際交往以這樣一種方式進行時,我們很難說人們的關係日益緊密了。

由新媒體帶來的人的疏離,是網眾研究中需要關注的一個問題。因為當中有兩股力量的存在,一方面在拉攏彼此,另一方面在排斥彼此。在這兩股力量的作用下,網眾的社會關係也在發生變動,不同因素相互調和,其最終結果如何,仍需要進一步研究。

【知識回顧】

本章從傳統的受眾出發,以不同的視角來界定「受眾」這個概念,探討不同維度下受眾的類型劃分以及受眾自身的特點。同時,以受眾角色的變化為線索,對受眾發展歷史進行梳理,列舉受眾研究的主要理論及其媒介使用行為。在此基礎上,結合新的媒介環境來理解網眾概念的產生,分析其產生背景、自身特點,剖析「網眾」這個概念所帶來的個人層面與社會層面的意義。最終,我們回歸理性的分析,探究從受眾到網眾角色轉變中的博弈問題。

【思考題】

1. 受眾觀唸經歷了一個怎樣的演變？

2. 網眾的形成會對大眾傳播產生什麼樣的影響？

3. 如何看待網眾角色的社會意義？

第六章 傳播內容：從組織生產到用戶生產

【知識目標】

☆新媒體環境下用戶生成內容。

☆新媒體賦權與網路狂歡的負面效果。

【能力目標】

1. 瞭解傳統媒體內容生產的基本環節、特徵和制約因素。

2. 理解用戶生成內容的意義，正確對待其正面與負面影響。

第一節 大眾傳媒的內容生產

自19世紀30年代以報紙為代表的大眾傳媒的興起，大眾傳媒透過組織生產的方式生產內容，旨在滿足最大範圍的受眾需求。批量生產、迎合受眾、價值中立是其基本特徵。大眾傳媒主要受到政治因素、經濟因素和一般社會因素的制約。

一、大眾傳媒內容生產的基本環節

我們在這裡說的大眾傳媒主要指報紙（含期刊，以下同）、廣播、電視三大傳統傳媒通路。經過了較長時間的發展，它們生產的各個環節都有了各自的特徵。

（一）報紙的內容生產環節

報紙是歷史最久的大眾傳媒，世界上最早的日報是萊比錫的一位書商蒂莫休裡茲赫在1650年創辦的《新到新聞》。經過幾百年的發展，報紙在內容、形式和印刷方法上都有了顯著的改變。現代報紙的生產一般都要經過以下四個環節：

報紙生產的第一個環節是策劃，即對新聞報導活動進行的規劃和設計，使報導達到預期的傳播效果。報社各部門都有自己的編前會議，記者向主編或部門主任報告新聞選題，部門人員共同制訂報導計劃，安排採編時間及人力分配情況。一般來說，各個部門都會有周、月和季度報導計劃，保證版面內容充實，使版面文章組合更具有整體性、深度性和趣味性。比如，四年一次的世界盃足球賽就是重點策劃的對象，在開賽前的幾週甚至幾個月前，記者和編輯們就開始劃分版面與組稿，他們蒐集往年報導的新聞，分析今年賽事的新變化，構思出與眾不同的報導角度和報導內容，爭取在眾多報紙中脫穎而出。有的媒體還會派出特派記者，講述記者在球賽現場的見聞和心得感受，給讀者帶來不同的閱讀體驗。

第二個環節是內容的採寫，這是新聞報導最重要的一個環節，也是充分體現新聞工作者水準高低的環節。採，即採訪，記者根據獲得的新聞線索挖掘背景訊息，做好採訪的前期準備工作。採訪對象可以是新聞當事人，也可以是當事人的朋友、家人。記者要透過過硬的採訪技巧和溝通技能從採訪對象那裡獲得有價值的訊息，發揮新聞敏感性，在對象的話語中抓住可以深挖的細節，進而深入採訪，為寫作提供充足的素材。寫，即新聞寫作，是記者綜合能力的體現，透過將事實有機地組合來展現記者隱藏的意圖，引導讀者思考。

第三個環節是編輯與排版。記者向編輯上交稿件以後，由責編對文字內容、中心思想進行審核與修改，美編負責稿件的排版和藝術設計。排版完畢，主編將審閱全部內容，確認內容無誤後簽版。

最後一個環節是印刷與發行，制訂好的內容被送達印刷廠進行印刷、裝訂，最後由發行部門統一安排報紙的投遞。

（二）廣播的內容生產環節

要製作一個廣播節目，首先要對節目內容進行多方面的策劃，這包括對聽眾的調查和研究，設定節目定位，確定節目形式和節目特色。其次，進入節目主體的撰稿環節後，編輯要根據節目設定編寫文案。文案內容要符合廣播語言的要求，注重口語化的同時也要注重語言的個性化、文雅。編輯人員

還要選擇適合節目的背景音樂，設定好片花、片頭。再次，節目進入錄製階段，工作人員調試好錄音設備、話筒、耳麥和電腦聲卡，播音員根據設定好的文案資料正式開始錄音。最後，由編輯人員完成節目的後期製作，將音頻剪輯完成並插入片頭、片尾和背景音樂，輸出成為完整的節目並在預設的頻道和時段播放。

（三）電視的內容生產環節

電視節目的製作主要可以分為前期製作和後期編輯兩個過程。

前期製作的第一個階段是構思創作，包括節目構思，確立主題和結構以及草擬腳本。在內容生產之前，主創人員召開編前會議，對節目的內容、風格規劃提出意見，並設計出分鏡頭腳本。完成內容的設計之後，主創人員要制訂詳細的拍攝計劃，包括人員配置，道具、拍攝場地準備等。第二個階段是現場錄製，以演播廳拍攝為例，演員們首先要進行排練，練習走位、動作和臺詞；工作人員要準備並調試攝影機、升降臂、道具、服裝等。一切準備就緒之後，拍攝過程才能開始。

後期編輯的第一個階段是節目編輯，包括對素材的剪輯、特技的運用和混錄，最後完成成片的輸出。第二個階段是審片修改，一般由節目負責人審查節目內容，提出修改意見，審核透過後的節目將被覆制存檔，在電視中播出。

二、大眾傳媒內容生產的基本特徵

在近百年的發展中，大眾傳媒的內容不斷發生改變，最終形成了自己獨有的特徵，即：批量生產、受眾本位、價值中立。我們既要把握特徵形成的原因，又要瞭解這些特徵可能存在的負面影響。

（一）批量生產

19世紀30年代被認為近代大眾傳播的起點，《紐約太陽報》和《先驅報》的出現使報刊成為重要的大眾傳播媒介。在此期間，電子通訊技術的出現為大眾傳播提供了便捷高效的傳播工具。隨著大眾傳播媒介的激增，傳媒內容

的需求量也在迅速擴大，報紙有更多的版面需要填充，廣播電視也有更多的節目需要播出，大眾傳媒批量地生產、複製訊息以滿足不斷增長的需求。

　　大眾傳媒是訊息的工廠，每時每刻都在向受眾輸出海量的訊息。進入新媒體時代後，數位化多媒體和網路技術被廣泛應用到傳媒生產的各個領域，訊息傳播的成本變低，速度變快，大眾傳媒的內容更像是流水線上批量生產的產品，源源不斷地湧向受眾市場。在入口網站、FB、部落格以及 LINE 中各種訊息層出不窮，在「google」中輸入關鍵詞「新聞」，就能出現上億個結果，這明顯超過了一個普通受眾所能接受的訊息量。

　　大規模的訊息生產在滿足媒介與受眾的需求之外也帶來了一些負面影響，受眾處於訊息的洪流之中難以自拔。從幾十頁厚的報紙到街邊 LED 螢幕中滾動的訊息，再到網路推送的最新消息，各種訊息被強行植入受眾的視域中，受眾的注意力被裹挾到諸多媒介之中，加重其閱讀負擔。

（二）受眾本位

　　受眾本位意識是一種以受眾需求為導向的傳播意識，它是大眾傳播在發展過程之中逐漸形成的一種導向。大眾傳播的產品具有商品和文化兩重屬性，它需要透過市場上的交換來實現自身的價值，這表現在人們透過付費來獲得印刷媒介或是部分電子媒介上的訊息。為了盡可能多的完成價值交換，媒介生產的內容必須滿足受眾多種多樣的需求，這包括政治、經濟、文化、娛樂、生活等多方面、多層次的訊息。在呈現方式上媒介應注重受眾的閱讀習慣和興趣愛好，注重圖片、文字、影片的結合，注重語言文字的風格特色，盡可能地吸引受眾的眼球。

　　受眾不僅是訊息的接受者，也是傳媒的選擇者。他們根據自己的需求、愛好和意識對傳播內容和媒介進行篩選，接受和分析。同時，受眾也是媒體重要的評判者，他們的需求影響甚至決定了媒體的生死存亡。競爭是市場經濟的一個顯著特徵，不僅在同一媒體內部存在競爭，廣播、電視、報紙、網路等不同類型的媒體都在積極搶奪受眾群體，力求最大程度占領市場，維持媒介自身的生存發展。

(三) 價值中立

早期的報紙是政黨用以維護黨派利益,與其他黨派進行權力鬥爭的工具,在內容上有著濃重的黨派色彩。商業性報紙的出現和發展打破了這一局面,由於商業報紙依靠廣告作為主要經濟來源,擺脫了政黨經費對經濟來源的控制,使它能夠在內容上獨立,在報導方式上追求客觀,得到了受眾的歡迎和支持,價值中立也因此成為大眾傳媒內容生產的一大特徵。

雖然大眾傳播媒介一直標榜自己價值中立,但是在媒介內容生產的過程中要完全做到這一點也是不現實的,傳媒的價值還是要受到意識形態、文化歷史等多方面因素的制約。傳媒要儘量保證內容客觀公正,不將明顯的情感和價值導向投射在內容之中,不給受眾帶來誤導。

三、大眾傳媒內容生產的制約因素

大眾傳媒的內容對我們的現實生活產生著重要的影響,我們透過傳媒生產的訊息來瞭解社會,判斷是非,然而大眾傳媒的內容也無時無刻不受到現實生活的制約:來自政治、經濟、社會文化等各個領域因素相互制約,相互妥協,它們共同決定著傳媒的內容以及我們認知這些內容的方式。

(一) 經濟因素

二戰後,西方國家的傳媒公司仍處於獨立經營的狀態,然而,隨著資本壟斷加劇和市場競爭激烈化,傳媒最終由相互競爭走向了兼併、收購,小的媒介公司不斷消失,最終由幾個大型媒介集團壟斷傳媒市場。美國五大傳媒巨頭———時代華納、迪士尼、貝塔斯曼、維亞康姆和新聞集團控制了美國90%的新聞媒體,報紙、雜誌、廣播、電視臺、網路以及電影等傳媒領域處處存在著它們的身影。以時代華納為例,它旗下的130種期刊的營業收入達到45.14億美元,其中僅《時代週刊》年收入就達9.21億美元,《人物週刊》年收入達到7億美元。擁有全美發行量最大的發行達220萬份的報紙《今日美國報》的甘尼特公司是全美最大的報業公司,僅在美國就有日報101種,它的雜誌《美國週末》的發行量高達2370萬份,另外這家集團還擁有22家電視臺,在美國和英國擁有210多個網站,年收入近70億美元。《華爾街

日報》每年的營利高達數億美元，而NBC、ABC不僅規模重大，營業收入高，營利能力也很強。

從宏觀的角度來看，傳媒的內容生產會受到壟斷資本和少數大型利益集團的影響。與來自國家和政府層面的控制不同的是，經濟層面的影響更為間接、手段更為隱形。它們主要表現在：

一是成立超級媒介集團，以資本實力為後盾壟斷傳媒市場；

二是利用集團擁有的經濟力量影響議會黨團和院外活動，從而干預公營傳媒的活動；

三是透過廣告或贊助來影響媒介的內容生產。

從微觀的角度來看，傳媒的內容要受到來自廣告主和受眾的雙重影響。一方面，傳媒透過售賣時間、版面特別是受眾的注意力給廣告主，以獲得利潤；另一方面，傳媒又要透過擴大發行量、收視率或點擊率來提升媒體的經濟價值和社會價值。然而，受眾和廣告主之間的利益並不是一致的，媒介在迎合一方的同時也許要以失去另一方為代價，這就使媒介的內容生產時時受到市場的壓力。

（二）政治因素

政治層面對媒介內容生產的影響是直接有效的，國家方針政策直接約束著傳媒的運營。不管是在資本主義國家還是社會主義國家，傳媒都是當權者極力控制的一個重要領域，透過掌握傳媒日常的內容生產來維護自身對國家政權的控制。社會制度指的是在「特定的社會活動領域中圍繞著一定目標形成的具有普遍意義的、比較穩定的和正式的社會規範體系」，任何傳播都是在一定的社會制度的條件下進行的。

社會主義制度下的大眾傳媒是關係國家安危的部門，它以滿足人民日益增長的文化需求為目的，所生產的一切內容都必須有利於鞏固社會主義制度。

資本主義制度下的大眾傳媒大多數是一種企業性質的機構，政府可以透過司法部門等多種其他通路間接控制、監督新聞機構的運行，而不能直接控

制傳媒的內容。在西方，傳媒的內容選擇更多地受到來自市場和受眾的影響，而非體制性因素的干預。

社會制度並不是唯一的政治性因素，各黨派力量以及各種社會團體也在大眾傳媒中發揮著自己的力量，促使傳媒內容向積極、健康、公正的方向發展。例如，美國早期的電視連續劇中一直存在種族歧視，黑人演員在劇中的比例非常小，出現的黑人扮演的都是僕人、工人和罪犯等角色，而知識分子、白領、老闆的角色從來都是由白人占據。經過反對種族歧視的社會團體幾十年來不懈的鬥爭，這一不公現象終於有了改觀，現在我們可以看到各種電視劇、電影中經常浮現不同人種的身影，黃種人、黑人也在劇中扮演主要的角色。

雖然各國國情不盡相同，但法律條文對傳媒都有著基本相同的約束。例如，不允許發表與國家制度和意識形態相關的內容以及涉及國家安全和國防機密、損害名譽權和隱私權、發佈淫穢與非法出版物；對公眾利益和社會文明風氣有害的內容。傳媒機構想要正常運行就必須保證內容和導向在法律允許的範圍內進行。

（三）傳媒因素

傳媒的職能是影響傳媒內容最重要的因素，承擔什麼樣的責任決定了媒體報導什麼以及怎樣去報導。媒體的首要功能就是報導新聞、傳遞訊息，新聞機構及時回饋社會變化，客觀公正地進行報導，滿足受眾對於外界訊息的需求。其次，新聞媒體還有反映和引導輿論的職責。作為政府和民眾的橋樑，新聞媒體一方面要做政府的喉舌，將各項國家方針政策傳遞給民眾，另一方面又要擔任傳聲筒，將民眾的意見和情緒如實地反映給執政者，這也決定了內容生產的雙向性。

大眾傳媒的性質也影響著傳媒的內容生產。媒體的性質決定媒介的方針、宗旨和政策，影響著報導的內容導向和風格色彩。在市場競爭日趨激烈的環境下，媒體力爭差異化經營，有的媒體擅長報導娛樂事件，有的則擅長新聞調查、注重深度性。不同的媒體風格也約束著傳媒的不同報導內容。

（四）一般社會因素

傳媒面對的環境是複雜的、多變的，不同國家和地區有著不同的社會環境，因此，媒介在內容的選擇上也要顧及眾多社會性因素，比如社會風俗、生活習慣、宗教信仰、道德規範、教育程度等。不適合傳媒所處的社會環境的內容可能會使受眾感到厭惡甚至引發抗議。

例如，《國際廣告》曾刊登過一則因為社會風俗差異而引起重大爭議的廣告，在立邦漆的廣告畫面上有一個中國式的亭子，在亭子的兩根立柱上各盤著一條龍，左立柱因為未噴立邦漆而顯得黯淡，右立柱因為噴上了立邦漆色彩鮮豔，連盤龍都滑了下來。這則廣告一經登出就引起了網民們的強烈抗議，「龍」是中國的圖騰，盤龍落地則是對中國和中國傳統文化極大的侮辱。傳媒在發佈內容時沒有考慮到獨特的社會風俗和文化，這才引起了一番風波。

第二節 新媒體用戶自主生成內容（UGC）

Web2.0 時代，人們可以透過互聯網平台將自己的原創內容進行展示或者提供給其他用戶。用戶生成內容有三點特徵：網路上公開發佈、一定程度的原創性、非專業手段或組織創作。用戶生成內容打破了大眾傳媒對於內容生產的壟斷，使更多來自民眾的聲音與觀點得以湧現。

一、Web 2.0 與互聯網平台

Web 2.0 的出現是具有劃時代意義的，它改變了人們彼此連接的方式，將整個世界納入一張大網之中。Web2.0 的形態是多元的，從部落格到維基、RSS 等各種，滲透到人類生活的方方面面。

（一）Web 2.0 的定義

2004 年，歐雷利媒體公司的副總裁戴爾·多爾蒂在一次會議中提到，Web 2.0 將勢不可擋地席捲全球互聯網行業。2005 年，該公司總裁 Tim O.Reilly 在網上發表了一篇《What Is Web 2.0：Design Patternsand Business Models for the Next Generation of Soft-ware》，從互聯網作為一種平台、處理集體的智慧、處理數據以及在軟體出版週期、編程模式等方

面的優勢來勾勒 Web 2.0 的樣貌。十年過去了，Web 2.0 已經深入我們的生活之中，並且改變著我們的生活方式，而學界和業界關於 Web2.0 仍舊沒有一個統一的定義。

業界較為認可的是 Blogger Don 在他的《Web 2.0 概念詮釋》一文中的定義，「Web 2.0 是以 Flickr、Craigslist、Linkedin、Tribes、Ryze、Friendster、Del.icio.us、43Things.com 等網站為代表，以 BLOG、TAG、SNS、RSS、Wiki 等社會軟體的應用為核心，依據六度分隔、XML、Ajax 等新理論和技術實現的互聯網新一代模式」。

學界認為，Web 2.0 指的是互聯網的第二代服務，這既包括互聯網的底層技術變革，例如，P2P 技術對現有的客戶端 / 服務器結構的衝突，同時也指互聯網應用層面的變化，其中，部落格 (包括播客)、維基、RSS、SNS、社會書籤等尤為受到關注。

部落格是一種在虛擬空間中發佈的日誌，博主透過互聯網簡單迅速地發佈所思所想，與他人進行溝通。部落格的內容是十分廣泛的，從國家大事到個人情感無所不包，既可以是碎片化的生活記錄，又可以是重大事件的爆料平台；部落格的形式也是多種多樣的，文字、圖片、音頻、影片的多元組合使它比以往任何媒體更具有視覺的震撼力。部落格的類型較為豐富，比如商業型、教育型、科技型等。部落格注重回饋，讀者無須註冊也可以在帖子下面發表評論，與博主進行互動。專業型部落格是為特定領域的用戶提供交流和討論的平台，自主解決問題、尋求幫助，具有高度的分享性和互動性。

播客 (Pod Casting) 是蘋果產品 iPod 和廣播 (Broadcast) 的合成詞，它是數位廣播技術的一種。網友們既可以將網路上的廣播節目下載到自己的 iPod 一類的便攜式播放器上，又可以透過網路向世界傳播自己的「廣播節目」，這就讓個人既成為內容的消費者又成為內容的生產者。播客與眾不同之處還在於它的訂閱模式，它使用 RSS 模式是一種高效、方便、低成本的訊息發佈方式，使用戶輕鬆地接受並獲取定製的訊息，用戶可以在海量的資源面前主動選擇個性化的內容，更具有主動性。

維基百科 (Wikipedia) 是 Wiki(夏威夷語「快點」) 和 Cyclopedia(百科全書) 合併而來的詞語，它成立於 2001 年 1 月 15 日，是一個由世界各地的參與者共同創造、完善的免費、公開的網路百科全書。截至 2014 年 7 月 2 日，維基百科條目數第一的英文維基百科已有 454 萬個條目。全球所有 282 種語言的獨立運作版本共突破 2100 萬個條目，總登記用戶也超越 3200 萬人，而總編輯次數更是超越 12 億次。維基百科體現了一種互聯網時代社群力量和免費內容的偉大性。

社會書籤 (Social Bookmark)，是一種提供網路書籤的服務，用戶可以隨時將新聞、影片、圖片等網路訊息加入自己的收藏內，以關鍵詞來進行個性化的標記和整理，還可以與他人共享自己的收藏。Del.icio.us 是國外著名的網路書籤，它是一個免費又簡單的儲存、管理和探索有意思的網路連結的工具，用戶不僅可以管理自己感興趣的網站，還可以跨越地域的限制來分享他人的智力成果。被收藏次數較多的網站在被搜尋時會出現在排行榜的前列，用戶可以輕而易舉地找到最受歡迎的網站。

(二) Web 2.0 的特徵

Web 2.0 具有四大特徵：去中心性、個人性、共享性、社會性，而這些特徵都是與技術背後的「人」緊密相關的。

1. 去中心性

Web 2.0 是一個自由、平等、開放的平台，人人都可以是內容的生產者和傳播者，共同進行內容的創作。Web 2.0 採用 P2P 技術，數以億計的用戶無須身分鑒定或註冊登記就可以透過聯網機器調用網路空間的海量內容，實現數位訊息的共享和交換。比如在新浪微博中，普通百姓也可以公開發表社會熱點事件抑或是記錄個人瑣事，並且與其他網友互動。Web 2.0 的內容生產也是去中心化的，它來自用戶自主生成的內容，不需要經過記者、編輯的層層把關也能到達受眾，這就打破了入口網站的單向傳播模式。

2. 個人性

網路資源使用的門檻下降以後，每個人都可以訂製個性化的訊息。社會化標籤的廣泛應用使用戶可以從訊息的海洋中解放出來，按照興趣、愛好來訂製和管理個人訊息庫，也可以決定訊息呈現的風格、樣式。用戶對於訊息而言不再只是被動的接受者，而是積極的參與者、管理者。

3. 共享性

網路是免費的訊息共享平台，在 Web2.0 時代，任何人都可以輕鬆、快捷地分享來自世界另一個角落的網路資源。比如，在各個論壇或社群網站，用戶透過提問的方式在網路平台發佈疑問，等待其他網友進行回答或者是修正回答，在這裡，知識、經驗、技術的分享都是無償的。再比如，哈佛大學將部分課程在網路上免費共享，使遠在美國以外的學生也能夠學習知識、開闊視野，著名的課程「幸福課」「公正───該如何做是好？」點擊率驚人，也給傳統的授課方式帶來了不小的震驚。Web 2.0 連接起了電腦背後的用戶，使在現實生活中毫無聯繫的人透過不斷的貢獻和分享而相互聯繫，隨著越來越多的人參與到網路內容的生產之中，網路平台的訊息容量不斷擴大，工具性也不斷增強。

4. 社會性

Web 2.0 的應用，還是一種社會紐帶，是個體吸納與整合社會能量的接收器，同時也是個體能量放大為社會能量的轉換器。一方面，諸如部落格、微博等應用是個體透過網路工具向現實社會展現自我形象，構建社會關係網路的平台；另一方面，個人透過網路迅速聚集為群體，在互聯網輿論場上發出響亮聲音，從而對現實生活產生重大影響。近年來網路內幕事件層出不窮。草根網友們的追責不只是簡單的個人意見相加，而是形成了一種輿論壓力，迫使政府加快對涉事官員的調查和處理。

（三）Web 2.0 的意義

Twitter、Facebook 以及國內的新浪微博等著名社交網站都在短短幾年內實現爆發式的增長。虛擬的網路前所未有地將數以億計的用戶以複雜的方

式連接起來，悄無聲息地改變著我們的生活和行為方式。我們可以從以下兩個角度來把握 Web 2.0 的意義。

1. 挖掘個人的力量

與 Web 1.0 以內容為王不同的是，Web 2.0 注重將人與人連接起來，更深層次地體現人的價值。它是一種人與人的對話，並不是數據與數據，或者人與數據間冰冷的交流。在這個開放的系統裡，用戶主動地參與到網路構建的各個環節中，透過訊息的生產和傳播彼此相互連接，實行社會化協作。

Web 2.0 的出現打破了少數資源擁有者佔有和控制資源的體系，使廣大平民用戶自下而上地集中群體智慧，利用集體智慧。個人力量的凝聚使得互聯網的潛力不斷擴張，免費的資源吸引著更多的用戶參與到分享和創造價值的過程中去，Web 2.0 的資源總量正在不斷積累。

Web 2.0 的應用，還是一種社會紐帶，是個體吸納與整合社會能量的接收器，同時也是個體能量放大為社會能量的轉換器。Web 2.0 的技術運用滿足了人們對於交往的需求，人們透過各種社交工具構建起一種虛擬的人際關係，延伸和重構著原有的社會關係網路，滿足了人們的溝通、發泄、尋找、窺探種種心理需求，調節人與人之間的相互作用。

2. 衝擊權力關係

網路的發展雖然沒有動搖傳統的社會結構，但個人的自由表達和意見分享給原有的權力關係帶來了不小的衝擊。Web 2.0 的時代背景賦予民眾更多展露自我的機會，也給予他們更多獲知訊息的權力，以網路為橋樑的民眾對社會生活和關鍵問題決策的介入越來越多。

Web 2.0 創造了更加豐富的網路社區，具有相同標籤的網民群體能夠快速尋找到相同的群體。從佔有的資源和權力大小來講，草根雖然難以與精英抗衡，但草根群體總量龐大，活躍程度高，能夠透過網路迅速集結起來，形成輿論意見，經常影響到整體公共意見的走向，對抗精英群體。草根與精英的權力範圍在 Web 2.0 的條件下不斷進行調整和重塑。

二、Web 2.0 環境下用戶自主生成內容

用戶生成內容 (User Generated Content，UGC) 泛指以任何形式在網路上發表的由用戶創作的文字、圖片、音頻、影片等內容，是 Web 2.0 環境下一種新興的網路訊息資源創作與組織模式。其實，在 Web 1.0 時代 UGC 已經存在，然而它存在著諸多侷限性，首先，用戶的參與是簡單地點擊滑鼠，被動參與，整體用戶群體並沒有強烈的內容生產的意識；其次，UGC 的內容較為單一，文本占據了主要網路空間，而音頻、影片較少；最後，UGC 發佈工具和平台較為複雜，發佈的時間成本和技術要求較高。

UGC 在 Web 2.0 條件下有著跨越式的發展，我們可以從以下三個角度來認識它。

（一）平台

隨著用戶自主生成內容的迅速增多，專門性的 UGC 網站逐漸形成，圖片、音頻、影片都有專門的共享平台，用戶可以根據自己的獨特需求來使用某一類網路平台。比如 Insta-gram 就是一款著名的圖片分享軟體，用戶只要註冊帳號就可以在其頁面上發佈自己拍攝的照片，來自世界各地的用戶都可以欣賞到這一圖片並點贊和評論。YouTube 是最早的影片分享的平台，網友們可以將自己拍攝的創意影片節目輕鬆上傳，內容可以是精彩的表演，也可以是平淡生活的片段。

獨立平台近年來也有交叉發展的趨勢，影片、音頻等平台逐漸與微博、部落格等 SNS 網路結合，用戶在發佈自己生成的內容或是觀看其他用戶發佈的內容時可以點擊關聯分享按鈕，將內容以連結的方式分享在自己的 SNS 帳號內容之中並加以評論，吸引更多的朋友們點擊和關注。

（二）用戶

UGC 的用戶被稱為是 Prosumer，即生產者 Producer 和消費者 Consumer 的合成詞，它體現了用戶的雙重屬性———既是生產內容者又是內容的積極接受者，這是傳統媒體條件下用戶不具備的屬性。UGC 的用戶來源廣泛，任何一個地區的網民只要在網路分享平台上註冊帳號就可以發佈內

容。UGC 的用戶可以分為個人用戶和團體用戶兩種。個人用戶是指互聯網上獨立的個人進行的內容的製作和分享；團體用戶是非專業的、非商業性質的用戶的集合，他們共同完成某一段內容的創作。

用戶自主生成內容的動機可能是與有著相同愛好的群體進行交流，可能是透過網路建立知名度，成為網路紅人，也可能僅僅是渴望表現自我。這種對用戶潛在的激勵成為用戶源源不斷地生成內容並分享的主要原因。

（三）內容

UGC 的表現形式多種多樣，基本上可以分為文字、圖片、音頻、影片、文件資源五類。隨著手機、平板電腦、iPod 等媒介的廣泛使用，用戶不僅可以坐在電腦前記錄下所見所聞，更可以隨時隨地記錄下自己拍攝的圖片、影片，並透過無線網路上傳至社交網路。移動媒體上生成的內容已經成為用戶生成內容的一個重要部分。

UGC 的發佈時間具有隨機性。相對於傳統媒體的內容發佈而言，用戶自主生成的內容不需要預先設定好發佈時間，也沒有內容時間長短的限制，更加自由隨意。

UGC 的內容具有較強烈的主觀性。用戶自主生成的內容完完全全從用戶的視角出發，用戶按照自己的需要和偏好對素材進行選取和編輯，彰顯了用戶獨特的個性和價值觀。

三、用戶生成內容的特點

用戶生成內容是區別 Web 2.0 和 Web 1.0 的一大特點，用戶是 Web 2.0 最寶貴的資源，新媒體時代訊息更新的速度是以往任何一個時代都不能比擬的，這主要得益於受眾群體積極地參與、分享、互動。

（一）網路公開發佈

公開發佈是用戶生成內容實現其價值的前提。用戶透過手機、平板電腦隨時可以創造各種形式的內容，如果它們不被網路共享，這些內容仍舊是單向的訊息製作，不能被納入 UGC 的範疇之中。在互聯網的平台上，訊息公

開發佈，自由流動，沒有地域、時間的限制。用戶在互聯網的一端上傳自己生成的內容，在另一端的其他用戶就可以輕鬆地獲取這些訊息。只有內容發佈在網路之後，訊息才能參與到網路的互動之中，透過不同人群的使用，產生不同的價值。

（二）一定程度上的原創性

Web 2.0將互聯網的主導權交還給個人，從而充分發掘了個人的積極性，極大解放了個人的創作和貢獻的潛能。Web 1.0一大弊端在於它缺乏原創性內容，大多數內容都是對傳統媒體的複製黏貼，用戶們面對雷同、同質的內容感到審美疲勞，喪失閱讀興趣。與傳統媒介內容不同的是，用戶自主生產的內容都具有一定程度上的原創性，有的是生活點滴的記錄，有的是新聞事件的抓拍，還有的是搞笑的創意影片。用戶自身成為一個媒介內容生成的機構，既避免了使用傳統媒體內容帶來的版權問題和購買成本，又增添了豐富的、有創意的內容，成為互聯網發展的核心競爭手段。

網友們經常在YouTube上面發佈自己錄製的或自己入境的影片，任何註冊用戶都可以對影片進行分享、收藏、打分、評論，這些影片每天都可以吸引成千上萬的點擊率。例如，加拿大一名青年男子試圖在飛馳的列車邊自拍，因為離火車太近，被坐在車頂上的列車員重重一腳踢到了頭。有人將這一段原創的影片在網路上發佈後，點擊率迅速超過了2300萬，這個小夥也因此被世界多國的網友們熟知。

（三）非專業手段或組織創作

用戶自主生成內容與商業的實體創作有較大差別。商業性的內容生產是由權威機構或專業人員有組織的製作的內容，具有專業性、策劃性、規範性的特點，製作起來需要耗費較多的人力和物力。比如電視節目的製作就需要從編前策劃、現場錄製、節目編輯、審片修改到後期輸出等多個複雜的過程，投入較大，製作時間較長。

用戶自主生成的內容來源於廣大網民自主創造，在內容上具有生活性、隨意性的特點，這類內容較為簡短，在製作上較為粗糙，創作中沒有商業性

組織或機構的介入，幾乎不需要任何成本，也不需要任何回報。比如，各地網友爭相模仿「江南Style」的騎馬舞，將自己用手機錄製的舞蹈影片發佈在互聯網上，內容簡單樸素卻生動有趣，吸引了大量的關注，不斷有網友參與到模仿的行列中來，不少主角還因此火爆一時。

第三節 網路狂歡下的眾聲喧譁

新媒體給了使用者更大的話語權，人人都可以利用新媒體表達觀點，因而網路上的訊息更加豐富，內容更加多元。然而，過度的訊息生產與內容分享，導致無用的碎片化訊息充斥於耳，而真正有價值的訊息夾雜在大量無用的訊息中間一起被忽略。新媒體引發了用戶極大的使用熱情，受眾獲得了前所未有的傳播權利，但眾聲喧譁之下，清醒冷靜在哪裡？真知灼見又在哪裡？

一、新媒體與賦權理論

新媒體的環境對傳統的賦權理論產生了一定衝擊，既延伸了賦權的特性，同時也改變了賦權的基本路徑。

（一）關於賦權理論

賦權 (Empowerment) 又叫增權，指賦予或充實個人或群體的權利。賦權理論出現於20世紀六七十年代的西方社會，在八九十年代廣泛流行於美國社科領域，它是一種理論和實踐，處理權力、無權和壓迫以及它們如何造成個人、家庭或社區問題與影響助人關係的議題，它的目標是增加個人、人際或政治權力，以便個人、家庭或社區可以採取行動改善他們的處境。

賦權的對象是社會中的無權群體，也就是我們常說的弱勢群體。他們在政治、經濟、文化等領域處於相對不利的地位，缺乏改變生存環境的資源和能力。賦權就是透過弱勢群體的相互參與和連接，維護他們的基本權利並增強他們處理問題的能力，從而改善他們的生活。

賦權是在傳播的過程中發揮效用的。羅杰斯提出，交流使賦權得以實現，當交流的過程是一種「對話」時，賦權的效果更為顯著；對話是賦權過程的基本構成，個體透過與同伴對話而獲得信念；小團體內的對話可以產生彼此

的認同感和掌握自己的生活、促成社會變革的力量感。大眾傳媒在賦權過程中發揮著重要的作用，如向公眾樹立某些成功賦權的榜樣；激發人們對特定話題的討論，從而使人們在討論中結成團體。例如，媒體報導 B 肝患者遭受不平等工作機會的事件引發社會的討論，從而緩和社會對 B 肝患者的尖銳態度，也能促使 B 肝患者相互認知，結合成為更大的團體，增強他們處理問題的能力。

以 Web 2.0 為代表的新媒體時代與賦權理論有著天然的契合點，網路傳播跨越了時間空間、身分地位的隔閡，使分散的社會弱勢成員聚集在一起。他們透過線上交流獲得身分認同感和歸屬感，透過線下的集體活動促進社會變革。新媒體賦予了新型社會權利結構，創造了新的話語空間，網民們正在塑造新的公共領域。

(二) 新媒體賦權的具體路徑

新媒體賦權指的是社會中有機會使用互聯網並有可能透過互聯網而提升自己權力的人，透過使用互聯網進行訊息溝通、積極參與決策和採取行動的實踐性互動過程，透過這個過程實現改變自己不利處境或者提升權力和能力，從而使得整個社會的權力結構發生改變的結果的社會實踐狀態。新媒體賦權主要有三重路徑：提供話語平台、凝聚群體力量、吸引社會關注。

1. 提供話語平台

Web 2.0 提供了一個適合公眾討論的空前優越的場所，新媒體技術運用降低了人們聯絡的成本，網路技術的發展給人們提供了方便、廉價的話語平台。弱勢群體在互聯網空間內隱匿了真實身分，減輕在現實生活中遭受的歧視感，同時，他們又透過稀釋某些匿名屬性來尋找群體。在虛擬的空間內，人們透過 LINE、郵件、論壇、FB、部落格等多種方式來展現自我和認知他人，一方面表達和滿足在現實生活中可能難以滿足的訴求，另一方面獲得更多相關領域的訊息。例如，「淡藍網」是大陸一個著名的同志網站，網站包括同志新聞資訊、雜誌、社區、交友、微博等幾個板塊，同志群體可以在其中自由地交流分享，結識同類人群，還可以發佈微博，擴大自身影響力。

2. 凝聚群體力量

網路是弱勢群體聚集的最佳場所，互聯網促進了異質群體的參與，擁有不同社會標籤的成員們有意識地彼此聯繫，相互團結。網路中的弱勢群體組織賦予成員們群體參與性和歸屬感，成員們在虛擬社區內自由地進行個人的表達，也透過相互的交流、互通提升權利意識和增權的能力。

此外，新媒體賦權的路徑還表現在，弱勢群體用戶在網路中的呼籲和號召逐步轉換為現實生活中的集體行動，影響更多群體參與到弱勢群體的救援之中。比如「隨手拍解救被拐兒童」就是透過微博的號召來鼓勵網友們拍下被拐賣兒童的照片並發送至網路，幫助相關部門和家長找回孩子。網友們與發帖者可能並不具有強的連接關係，但他們也熱衷於參加到幫助弱勢群體的行動中去。這種自發性質的、透過聚集群體力量來幫助弱勢群體的活動在微博、論壇上越來越多，一定程度上幫助到了許多弱勢群體成員。

3. 吸引社會關注

新媒體環境下的輿論場突破了傳統媒體議程設置的局面，使個人表達和利益訴求有了更廣闊的展示空間。過去，弱勢群體寄希望於政府工作部門和傳統媒體的關注來維護自身權利，現在，弱勢群體利用以虛擬社交為基礎的人際關係網路來吸引社會關注，改變他們所處的環境。

二、話語權分散語境下的網路狂歡

新媒體平台給每一個個體提供了發言的機會，嘗到了甜頭的網民們如雨後春筍般出現在人們的視線中，解構著話語主體，加入網路狂歡的盛宴之中。新媒體環境下不斷湧現的公民記者就是普通民眾擁有話語權的產物。

（一）「公民記者」時代

2005年7月7日的早高峰時段，英國倫敦發生至少七起連環爆炸案，造成重大傷亡。在記者們趕赴現場的路上，身在城市各個角落的普通市民們已經用手機拍攝下了事故現場的照片，記錄爆炸案發生後的事態變化。在Web 2.0的時代裡，手機與互聯網的完美結合使得每個人都可以是記者，他們處

在事件的第一線，擁有最豐富的報導資源，透過圖片、文字和影片實時報導事件發生的狀況。

公民記者是指諸多不具備新聞專業素養的公眾在新聞事件的報導和傳播中發揮「線人」作用的普通民眾。互聯網天生就具有個人性、即時性和開放性的特點，非常符合民眾對新聞的需求。隨著傳播手段逐漸多元和受眾參與意識提高，公民不再滿足單向的訊息接受，主動參與到報導新聞、傳遞訊息的行列之中。

1. 部落格時代下的公民記者

《赫芬頓郵報》(The Huffington Post) 是美國一個著名的新聞部落格網站，它創建於 2005 年，號稱是「第一份互聯網報紙」。2011 年，《赫芬頓郵報》的獨立用戶訪問量超過了著名的《紐約時報》，確立了它在互聯網新聞領域的地位。《赫芬頓郵報》的內容來自社會各界的公民，除了全職記者之外，有 3000 多名博主為其提供內容，12000 名公民記者隨時為其報導社會的變化。雖然提供內容的公民並不能得到稿酬，但大家還是樂此不疲地為它貢獻內容，《赫芬頓郵報》每個月收到的投稿都超過 200 萬條。

非新聞工作者利用部落格的空間記錄自己在現場的所見所感，不僅能吸引網民的關注，也能吸引傳統媒體的目光，推動事件展開深入調查。此外，不同於傳統媒體諸多審查的是，部落格時代下的公民記者還可以爆料更多政治、經濟領域的敏感事件。比如，1998 年，德拉吉就衝破了傳統媒體的束縛，在他的網站上爆料了一系列美國前總統克林頓與白宮實習生陸文斯基的醜聞，立即引發全美國的轟動。《華盛頓郵報》、CNN 等沉默了多日的傳統媒體這才介入報導，揭開這一段塵封的往事。

2. 微博時代下的公民記者

隨著互聯網自身的進化發展，微博憑藉著諸多的優點逐漸取代了傳統的部落格在人們生活中的地位。尤其是在 Web 2.0 的背景下，微博充分發揮了其分享性特徵和互動性特徵，網友只要拿起隨身攜帶的手機，拍攝下新聞現場的照片，再配上幾十個字的文字說明，就可以在網路中發佈這條「新聞」。

此外，微博具有的 @ 功能使網友能夠快速地通知媒體或政府官方帳號，使新聞事件得到重視和解決。這種簡便的發佈方式得到了網友們的熱烈追捧，以微博的形式來爆料新聞成為一種風尚。

標籤的使用讓每一個新聞事件都成為一個欄目，網友們可以源源不斷地向它貢獻新聞內容。網友在發佈訊息時只要使用「#」將話題框起來，就可以使訊息歸類到話題中去，希望獲得某一話題相關新聞的用戶就可以輕鬆掌握大量碎片化的微博內容，將某一事件的具體細節———畫面或影片全部掌握。

（二）公民記者的意義與缺陷

互聯網環境下公民記者的出現對傳統的新聞報導產生了重大的衝擊，一方面它豐富了報導的內容，使受眾們能夠閱讀到一手的訊息；另一方面它打破了傳統媒體壟斷話語權的態勢，為訊息自由流通帶來更多可能。然而，它的負面影響也是突出的，缺乏把關的訊息時時面臨著被懷疑真實性的困擾。

1. 豐富媒體內容

當公民記者們紛紛拿起手機來報導身邊的新聞事件時，我們可以閱讀到的內容無形中變得更加豐富、充實。來自世界各地的公民記者每天都在生成豐富多彩的新聞內容，它們包括奇聞逸事，也包括各類災害、事故的最新進展。公民記者透過網路平台來報導新聞，彌補了記者無法到場的缺憾，保存了新聞價值。同時，不同的公民記者有著不同的價值觀和視角，他們對同一事件的報導也不盡相同，眾多碎片化的訊息能多維地描述新聞事件，使報導更加貼近客觀現實。

公民記者的出現還改變了傳統的新聞來源獲取方式。在過去的新聞採寫中，記者的新聞來源是通訊員提供的新聞素材、記者採訪獲得的資料，以及政府相關部門發佈的新聞訊息。在 Web 2.0 時代，部落格、論壇、微博等社交媒體也成為新聞消息的重要來源，追蹤熱門微博，分析網友評論也成為新時代記者採寫新聞的一種手段。

2. 打破話語霸權

在傳統媒體公信力受到衝擊的今天，微博作為一種新聞媒體的補充和延伸常常成為敏感事件的曝光臺，打破了傳統媒體對話語權的壟斷。公民記者不同於專職記者，他們身分自由，較少受到媒體把關的層層控制，可以在互聯網上發佈出較為晦澀、敏感的新聞訊息，並且進行自由討論，這是傳統媒體無法比擬的。

在公民記者的背景下，網路上可供受眾參考的訊息更為豐富，並且更新及時、傳播迅速，而傳統媒體大多只能在固定的時間段更新新聞數據，這就降低了受眾對傳統媒體的依賴程度。比如，微博時代的公民記者可以在網路上接力式地記錄臺風天氣對城市造成的影響，以圖片、文字、影片的形式實時記錄下災害現場的變化，網友們可以觀看公民記者的網路「直播」，而電視一類的傳統媒體只能在固定時間段報導臺風的幾個畫面，所呈現的內容在時效性上不能與網路媒體抗衡。

3. 訊息的真實性堪憂

公民記者由於不具有專業素養，在呈現新聞時難以避免地具有較強的主觀性，對新聞事實的分辨能力不強，有時會無意造成新聞失實或不客觀。訊息的真實性是公民記者時代一個令人擔憂的問題，這不僅需要媒體進行訊息的發佈審核和內容驗證，更需要公民本身提高自身素養，從源頭上解決訊息真實性的問題。

三、眾聲喧譁的正面與負面效果

Web 2.0 時代前所未有地調動了民眾參與互聯網的熱情，網民們透過網路環境認知自我、表達自我、構建自我，新媒體環境下人的參與打破了既往的傳播模式，也在影響著內容的表達方法。在這場個體爭奪話語權的狂歡之中，網民既推動了諸多有益的變革，為群體爭取到更多的權利，又不可避免地造成了一些不良的後果。

（一）傳統媒體把關能力弱化

「可敬的新聞業發現自己處在歷史上的一個罕見關頭，破天荒地，它的新聞守門人角色不僅被新技術和競爭力量所威脅，而且可能被它所服務的受眾所動搖」，謝恩·鮑曼和克里斯·威利斯這樣說道。這句話指出了新媒體環境下媒介把關作用的弱化。新媒體的出現和廣泛使用降低了受眾發佈訊息和接收訊息的門檻，任何人只要掌握了使用網路的技巧並擁有發佈的條件就能自主地選擇接受或者生產訊息。在新的公共領域之中，受眾不再是被動的、消極的主體，而是主動發佈訊息、自主選擇內容的主體。過去，傳統媒體對內容生產層層把關，它們決定著受眾應該知道什麼以及從怎樣的角度去認知事實；現在，每個人都可以在 SNS 網路中創建自我社會網路中心，並擁有大量的粉絲，自主選擇接受和傳播訊息。

新媒體內容的審核往往是滯後的，較為寬鬆的，有時甚至是空缺的。一方面是因為新媒體平台上的訊息過於龐大，把關困難；另一方面是因為新媒體不具有傳統媒體的對新聞採編的多重過濾機制，訊息能夠在新媒體中自由地流通。受眾透過使用新媒體擴大了自己選擇訊息的權利，也逐漸打破體制對訊息的封鎖，及時地掌握更多的訊息，包括文字、圖片、音頻、影片等多種內容。

受眾還可以反過來對媒體進行議程設置，決定媒體報導的內容。網友在互聯網中表達自己的意見、態度，從而形成輿論話題或是輿情意見，成為人們關注的熱點訊息，最終受到傳統媒體的重視並加以報導。「表哥」事件就是發端於網路，進而成為傳統媒體報導對象的一個案例：官員楊達才因一張在微博流傳的名錶照片爆紅網路，在網友的接力下，楊達才的其他名錶也被一一挖出，一場貪汙腐敗的大討論迅速展開，傳統媒體也開始介入事件的報導和調查中去。傳統媒體在議程設置方面的能力在網路的衝擊下不斷減弱，而新媒體在這方面的能力卻不斷增強。

然而，把關弱化也存在著負面的影響，不良訊息和虛假訊息入侵了網路空間，給正常的社會秩序帶來了不利影響。

(二) 新聞娛樂化

網路的低門檻提供給民眾一個瞭解世界的通路，也提供給民眾一個追逐娛樂、自我狂歡的平台。網路狂歡的一個重要表現就在於網民們對娛樂的瘋狂追求。總的來說，網路新聞娛樂化主要表現在三個方面：

一是新聞標題的娛樂化，標題通常使用奪人眼球、勁爆的內容作為看點；

二是新聞內容的娛樂化，報導內容偏重於名人隱私、奇聞逸事；

三是新聞形式的娛樂化，節目採用影片、文字、圖片的靈活組合來報導，以戲說新聞的方式來呈現內容。

新聞娛樂化由於滿足部分受眾獵奇和窺探的心理受到了火熱的追捧，網友們熱衷於點擊相關內容並轉發、評論。比如名人在網路上曝光的生活照經常可以獲得幾十萬的評論量或轉發量，不少名人在網路上的粉絲數量超過了千萬，這比某些報紙一年的發行量還要大。活躍在網路娛樂世界裡的網友痴迷於娛樂性質的訊息，而對外界的硬新聞喪失熱情。

網路新聞娛樂化雖然為受眾帶來了更生動有趣的內容，幫助受眾釋放壓力，但近年來娛樂化的過度發展也對受眾造成了不小危害。娛樂化雖然可以看作以受眾為中心的一種新聞選擇，但究其根源還是為了迎合受眾以謀取高額利潤。媒體追求娛樂化的表達使得新聞的嚴肅性逐漸減弱，硬新聞比例縮小和硬新聞軟化表達已經成為潮流，這無形中削弱了受眾獲知生存和發展的必要訊息的權利，受眾在娛樂中變得麻木、愚鈍。同時，媒介一味追求經濟利益，走娛樂化的道路，使得公共性和公益性功能逐漸減弱，為大眾服務的責任感愈發下降。

(三) 傳播碎片化

碎片化 (Fragmentation)，是社會學中的一個概念，用以描述社會轉型時期的結構關係的碎片化分割。這裡所說的碎片化指的是傳播內容的碎片化。過去，我們習慣接受完整的訊息，閱讀媒體上長篇大論的完整內容。而網路空間內的訊息呈現卻恰恰相反，各種訊息都以摘取精華內容或者是以超連結

的形式出現在受眾眼前。每一則訊息都是以碎片的形式分佈在各個角落，網路可以用超連結的形式將各類有關聯的訊息拼接在一起，組合成一幅多彩的圖畫。

碎片化語言的快速流行得益於社交網站的字數限制。最初，Twitter為適應手機一次只能發送140個字符的特性，將用戶發佈內容的字數也限定在140個字符之內，這種較短的訊息發佈突出了訊息內容的主幹部分，節省了用戶閱讀的時間，保證了訊息傳播的效率，受到了受眾的熱烈歡迎和主動適應。中國的新浪微博早期也模仿了Twitter這一特性，用戶在使用中逐漸形成了碎片化的閱讀習慣和語言習慣。

除了簡短精要、內容突出的特徵以外，語言上的非書面化、不規範化也是碎片化的一個重要表現。2013年12月，中國《咬文嚼字》編輯部發表了年度十大網路流行語，它們分別是中國夢、光碟、倒逼、逆襲、女漢子、土豪、點贊、微××、大V、奇葩。簡短精練的流行語包含著特殊的情感和意味，它們不僅在網路中迅速躥紅，被網友們廣泛使用，還延伸到了現實生活的用語之中，新聞報導的標題中也經常充斥著這樣的字眼。

碎片化的傳播方式雖然滿足了人們閱讀的偏好，但從長遠的角度來看並不利於語言和思維的健康發展。人們在跳躍式的思維中接受片段的訊息，只滿足於詞語表面的含義而失去了對文本深層次的思考，逐漸弱化了邏輯能力和表達能力。

（四）隱私範圍弱化

隨著網民參與互聯網的程度變高，一個十分嚴峻的問題浮出水面——誰來保護網民的隱私？網民在網路中留下的個人數據是非常豐富、精確的，它不僅包括用戶公開發表的博文、上傳的精彩圖片、發表的評論，更包括諸如瀏覽網頁、下載文件、播放記錄、登錄IP等一系列隱形的數據。即使是對那些不使用網路的人而言，網路的觸角也可以深入他們生活的方方面面，比如獲取他們的醫療記錄、教育記錄、信用卡消費記錄，透過多維的數據給出精準的用戶畫像，分析出他們的職業、收入、社會地位和健康狀況等。

第三節 網路狂歡下的眾聲喧譁

網民在虛擬空間內盡情展現自我的同時也應該懂得，自己的一舉一動一直處於被觀看和監視之中，表露得越多，隱私範圍就越小。網路的匿名性正透過個人數據源源不斷地生成而變得「實名化」，近年來的「人肉搜尋」就是典型。2006年，一段踩貓影片突然在互聯網上紅了起來，一名女子穿著高跟鞋殘忍地將小貓踩死的影片畫面觸動了網友的心，網友們自主發起了一場「踩貓女」的通緝。僅僅幾天的時間，網友們便從一個十幾億人口的國家中找出這個女子所在的單位，並曝光她的姓名、手機、身分證號等私人訊息。

法律雖然可以保護隱私，但它仍舊是滯後的，私人與公共的界限正在用戶自主的公開中一步步地模糊。生活在曝光時代的網民必須更加注意公開自我的限度，以及如何保護隱私不受侵犯。

【知識回顧】

本章主要講述了新媒體的廣泛應用對傳播內容生產的影響，即從傳統媒體的組織生產過渡到用戶自主生成內容（UGC）。本章首先介紹了報紙、廣播、電視三大媒體內容生產的流程，分析了傳統媒體內容生產的特點及制約因素，其中，政治和經濟因素是影響內容生產的最為關鍵的因素。其次，本章講述了Web 2.0環境對UGC的影響，從三個角度闡釋了UGC的跨越式發展，並指出UGC的三個特點主要為：網路上公開發佈、一定程度的原創性、非專業手段或組織創作。最後，本章重點分析了用戶生成內容的利與弊，介紹了賦權理論及新媒體賦權的基本內容。本章還介紹了新媒體為公民記者提供了絕佳的發展機會，公民記者的蓬勃發展給傳統新聞業帶來的機遇和挑戰，這是我們必須認真思考的問題。同時，如何管理用戶自主生產的內容，減小其負面影響，是未來新媒體管理的主要方向。

【思考題】

1. 內容生產在新媒體和傳統媒體環境下有哪些不同？

2. 用戶自主內容生產環境下的傳統媒體面臨著哪些威脅？它們該如何應對？

3. 結合身邊的輿情事件，分析網路狂歡對網路環境和社會發展的影響。

第七章 傳播過程：從線性傳播到病毒式傳播

【知識目標】

☆病毒式傳播的概念以及病毒式傳播的基本特徵。

☆新媒體對病毒式傳播所具有的促進產生與增強效果作用。

【能力目標】

1. 瞭解線性傳播模式與病毒式傳播模式的區別。

2. 知曉「六度分隔理論」對於病毒訊息擴散的影響，並熟悉這個理論在新媒體上的具體應用。

第一節 傳統點對點的線性傳播模式

在傳統媒體環境下，媒體資源與傳播通路掌握在少數人手中。一般個體不具備大規模傳播訊息的能力，因此，大眾傳播活動呈現出中心化、單向度的傳播特徵。在對訊息論、控制論、系統論下出現的傳播模式進行梳理後不難發現，無論是拉斯韋爾的「5W」模式、奧斯古德—施拉姆模式還是韋斯特裡—麥克萊恩模式，它們都是在傳統媒體環境下提出的，最終都能還原成點對點的線性傳播。

一、傳播學三論概述

傳播學三論包括訊息論、控制論和系統論，它們為傳播學提供了大量的借鑑與參考，對傳播學發展有著重大的影響。三論對於傳播學的貢獻在於，它們是傳播學的理論起點，奠定了傳播學的理論框架和發展方向。此外，三論幫助傳播學大量吸收自然科學的研究成果，許多三論中的術語被傳播學直接拿來使用。

（一）訊息論

訊息論最早由貝爾實驗室的電器工程師香農提出，它在本質上是一種訊號傳送理論。香農認為「傳播的基本問題是在傳播的一端精確地或近似地復現另一端所挑選的訊息」，也就是說，傳播的核心功能在於訊息的精確複製與轉移。一般認為，香農和韋弗在 1949 年發表在《貝爾實驗室技術雜誌》第 27 卷上的《傳播的數學理論》是訊息論的奠基性論文，這篇論文的發表標誌著訊息論的誕生。

訊息是訊息論的核心概念，那麼什麼是訊息？根據香農的觀點，訊息是一種負熵，是「兩次不確定性之差」，是能夠減少或消除不確定性的東西。其中「熵」表示的是不確定性，是混亂和無序的量度。某件事物的熵值越高，其組織程度和預測性就越低，混亂無序的程度就越大；熵值越低，則預測性越高，無序性越小。不同於人們在日常生活中使用的「訊息」概念，訊息論將訊息作為一個高度抽象的概念進行分析。前者可以指某則具體的新聞、消息，而後者則是一個具有哲學概括意味的範疇。訊息論對於傳播學的貢獻在於，訊息論提出的訊息概念，使得後來的學者們能夠擺脫「意義」等主觀因素的干擾，從具體的物質層面分析傳播，以一個全新的、富有成效的方式看待傳播的整個過程。不僅如此，訊息論對於整個科學事業也具有深遠的影響，根據王雨田在《控制論、訊息論、系統科學與哲學》中提出的觀點，「訊息論的重要貢獻之一，就是在科學史、技術史上第一次提出了與質量、能量並列的訊息概念」。

說到訊息論，就必須提到《傳播的數學理論》提出的香農—韋弗數學模式。這個模式由九個要素組成，它們包括訊號源、消息、發射器、訊號、通道、噪音源、接收到的訊號、接收器和信宿。雖然這個模式具有單向傳播模式的缺陷，而且將複雜的傳播活動簡化為消息在相互獨立的信源和信宿之間的流動，適用於機械系統而不適用於人類傳播系統，但這並不能掩蓋它對於傳播學的貢獻。根據香農的觀點，消息由熵和冗餘組成，香農—韋弗數學模式為傳播學研究引入噪音和冗餘這樣的訊息概念，指出了傳播過程中的干擾因素與彌補措施，為傳播過程研究提供了重要啟發。此外，它首創建構傳播模式

的圖解形式，以一個比文字描述更為直觀的方式概括傳播過程，影響了後來的研究者，推動了傳播模式的許多後續圖式的興起。如圖 7-1：

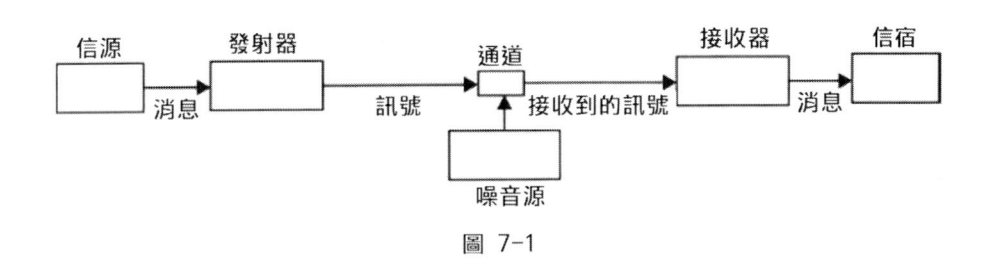

圖 7-1

（二）控制論

控制論由美國數學家維納在其 1948 年出版的著作《控制論：或關於在動物和機器中控制和通訊的科學》中提出，它同訊息論一樣，也是一門技術科學。控制論是研究各類系統的調節和控制規律的學科，它研究生物體和機器以及各種不同基質系統的通訊和控制的過程，探討它們共同具有的訊息交換、回饋調節、自組織、自適應的原理和改善系統行為，使系統穩定運行的機制。維納在這本書中提出了兩個重要概念———傳播的統計學基礎和回饋，其中後者是傳播學中最常借用的概念之一。回饋是控制論的核心概念，因為要想控制系統運作，改善系統行為，必須透過獲取回饋實現。而這裡的回饋主要是指訊息回饋，因此訊息論與控制論的關係十分緊密，或者可以說，訊息論是控制論的基礎。維納本人也曾指出，「控制工程的問題和通訊工程的問題是不能區分開來的」。

關於「回饋」概念，不同學者的觀點並不完全相同。施拉姆在《傳播學概論》中指出，回饋是介於信源和接受者之間的一種結構，是由接受者在收到訊息後對信源的一種反向傳播，信源可以利用回饋來對後續傳播做出相應的調整。賽佛林和坦卡德在《傳播理論：起源、方法與應用》中指出，回饋可以允許某個系統對自身的操作進行修正。李彬在《傳播學引論》中指出，回饋就是將輸出再回輸到系統中去。在人類社會中，回饋是指接受者對於傳

播者發出的訊息的反應。傳播者可以根據回饋檢驗傳播的效果，並據此採取進一步的行動。

比較有代表性的觀點是，回饋是傳播過程中受傳者對接收到的訊息所做出的反應，並將這些反應的一部分或全部作為訊息傳遞給上一則訊息的發送者。回饋對於整個傳播活動意義重大：對於傳播者而言，回饋可以幫助傳播者檢驗傳播活動是否產生作用，並根據回饋調整下一次傳播行為；對於受眾而言，回饋是受眾的意見和態度的流通形式，暢通的回饋通路能保證受眾更加積極主動地參與到傳播活動當中。根據回饋產生的作用，可以分為正回饋和負回饋；根據回饋的發生和響應時間，可以分為即時回饋和延時回饋。

（三）系統論

系統論的觀點可以追溯至古希臘哲學家亞里士多德「整體大於部分之和」的觀點，強調系統的整體觀念。系統論認為任何系統都是一個有機整體，而不是各個部分的機械組合和簡單相加，系統的整體功能是各要素在孤立狀態下所沒有的新質。

與訊息論、控制論不同的是，由於系統的思想源遠流長，系統論並沒有一個明確的創立時間，而且系統論也沒有像訊息論、控制論那樣被普遍採納。但一般認為美籍奧地利理論生物學家貝塔朗菲於1968年發表的專著《一般系統論：基礎、發展和應用》確立了這門學科的學術地位，自此系統論開始作為一門科學出現。

這裡雖然將訊息論、控制論和系統論三者分開進行討論，但實際上三者的關係密不可分。在研究訊息的傳遞與控制時，需要在系統的前提下進行；而在研究系統的運作和控制的過程時，則必然要涉及訊息，因此才稱之為「三論」。目前，這「三論」相互結合、相互滲透，正朝著「三歸一」的方向發展。

二、典型的線性傳播模式

傳播模式有三種類型，包括線性模式、控制論模式與社會系統模式。但這種分類方法與這裡提到的線性傳播模式並不相同。這裡的線性傳播模式是

指，由於傳統媒體上的訊息傳遞受到時間、空間、技術與媒介準入等因素的制約，傳播過程最終都能還原成發生在兩點之間的線性傳播。

(一) 拉斯韋爾的「5W」模式

「5W」模式由傳播學四大先驅之一的拉斯韋爾於 1948 年在發表的論文《社會傳播的結構與功能》中提出，包括誰 (Who)，說了什麼 (Says What)，透過什麼通路 (In Which Chan-nel)，對誰 (To Whom)，產生了什麼效果 (With What Effect)。這個模式雖然是用文字進行描述的，卻將人們每天都在從事卻又闡釋不清的傳播活動明確表述為由五個環節和要素組成的過程，為人們理解傳播過程的結構和特徵提供了具體的出發點。「5W」模式可以普遍應用於各種類型的傳播活動，它的五個環節分別對應傳播學研究中的控制分析、內容分析、媒介分析、受眾分析和效果分析。由於「5W」模式界定了傳播學的研究範圍和基本內容，它對後來的傳播學研究產生了極為深遠的影響。

「誰」對應傳播活動中的傳播者，它提出了對訊息的控制問題。由於傳播者是傳播活動的起點，他對於訊息傳播的控制直接影響到後續的整個傳播過程。後來的學者進行的「守門人」研究，就是控制分析下的一個子研究。

「說了什麼」對應傳播活動中的傳播內容，它是內容分析的主題。傳播內容是由一組有意義的符號組成的訊息，其中符號既可以是語言符號，也可以是非語言符號。內容分析是傳播學研究的一個基本領域，其主要方法是文本分析法。

「透過什麼通路」對應傳播活動中的傳播媒介，它強調了媒介特徵對於傳播活動的重要性。自從以伊尼斯和麥克盧漢為代表的媒介環境學派崛起以來，媒介分析開始引起研究者們的注意。其中麥克盧漢認為，在社會發展的各個階段，真正有價值的訊息不是媒介傳播的內容，而是這些媒介本身。傳播媒介具有變革社會的重大力量。

「對誰」對應傳播活動中的傳播對象，它提醒傳播者要關注訊息的接受者。無論是人際傳播、群體傳播還是大眾傳播，都必須對傳播活動的受眾有

一個清晰的認識,否則就會出現傳而不通的情況,傳播活動本身也失去了意義。

「產生了什麼效果」對應傳播活動中的傳播效果。由於傳播效果是檢驗傳播活動是否成功的重要尺度,效果研究歷來是傳播學者最為關注的一個方面。無論是對傳播者、傳播內容、傳播媒介的研究還是對傳播對象的研究,最終都是為效果研究服務。

「5W」模式也遭到一些學者的批評,原因是這個模式本身存在缺陷:首先,它將傳播活動中的訊息流動描述為直線的,單向度的,忽視了傳播過程中的回饋環節;其次,它固化了傳播者與傳播對象的身分,沒有考慮到實際的傳播活動中二者的角色是互換的;最後,它將傳播活動描述得過於簡單,沒有考慮到傳播環境與社會背景等一系列複雜因素。

(二) 奧斯古德—施拉姆模式

奧斯古德—施拉姆模式是傳播學科的創立者施拉姆在奧斯古德模式的基礎上提出的一種循環模式。奧斯古德認為,香農和韋弗的數學模式是為瞭解決工程問題而提出的,從來就不是為人類傳播準備的。數學模式中信源、發射器、接收器和信宿之間相互獨立,這種情況僅僅適用於機械系統。因此奧斯古德提出每個人都應該被看作同香農—韋弗數學模式相對應的完整的傳播系統,每個人都是一個既能發射訊息又能接收訊息的「傳播單位」。如圖7-2:

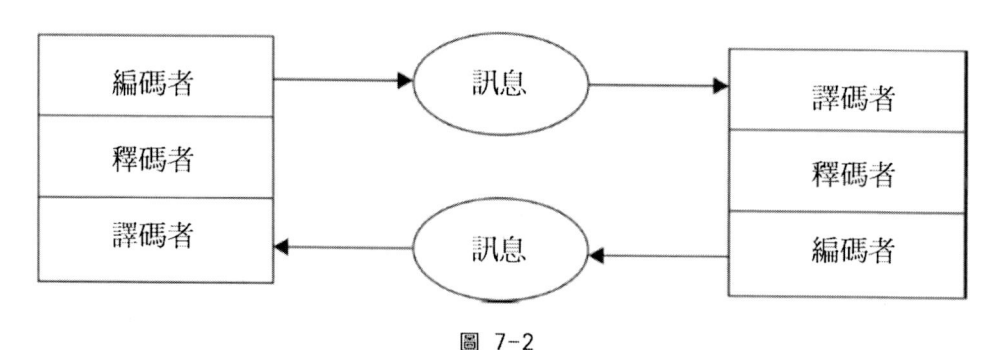

編碼者	→ 訊息 →	譯碼者
釋碼者		釋碼者
譯碼者	← 訊息 ←	編碼者

圖 7-2

施拉姆在奧斯古德觀點的基礎上於 1954 年提出了循環模式，這個模式將傳播活動中的個體看作一個「傳播單位」，訊息在兩個傳播單位之間自由流動。同以往的傳播模式不同，在這個模式中傳受雙方可以利用訊息進行互動，傳播者和受傳者的身分被消解，每個個體既可以是傳播者，也可以是受傳者，並在這兩種身分之間進行相互轉化。不僅如此，這個模式還引入了回饋的機制，認為訊息傳播可以產生回饋，並為傳受雙方所共享。

　　當然，這個模式也存在一些問題。首先，它假定傳受雙方的地位是平等的，這與傳播活動的實際情況不符。即便是相比而言較為平等的人際傳播，也存在長輩與晚輩、領導與下屬、長官與士兵對話的情況。其次，它認為傳受雙方的角色可以相互轉化，這種觀點更適合人際傳播，而不適合大眾傳播。在傳統媒體時代，大眾傳媒的訊息傳播基本上是單向度的。最後，它假定傳播活動中的一方發出訊息，另一方必然有所反應。這種觀點過於絕對，沒有考慮到傳而不通、通而不應等沒有產生回饋的情況。

（三）韋斯特裡—麥克萊恩模式

　　韋斯特裡—麥克萊恩模式又稱大眾傳播概念模式，是由韋斯特裡和麥克萊恩於 1957 年在《傳播研究的概念模式》一文中提出的。這個模式不僅吸收了拉斯韋爾和香農的傳播模式的特點，而且豐富與發展了紐科姆的人際對稱模式，對於人們認識大眾傳播的過程意義重大。

　　在這個模式中，X 代表無數的事件、觀點、對象和人物，是傳播活動的訊息源；A 代表眾多的訊息發送者，它既可以是個人、組織，也可以是整個社會系統；C 代表訊息傳播的仲介與通路，通常由媒介組織及其組織成員承擔；B 代表廣大受眾，它既可以是個人、團體、公眾，也可以是整個社會系統；FBA 代表受眾向原始信源的回饋，FBC 代表受眾透過直接接觸或受眾的研究向傳播組織的回饋，FCA 代表傳播者向鼓吹者的回饋。如圖 7-3：

圖 7-3

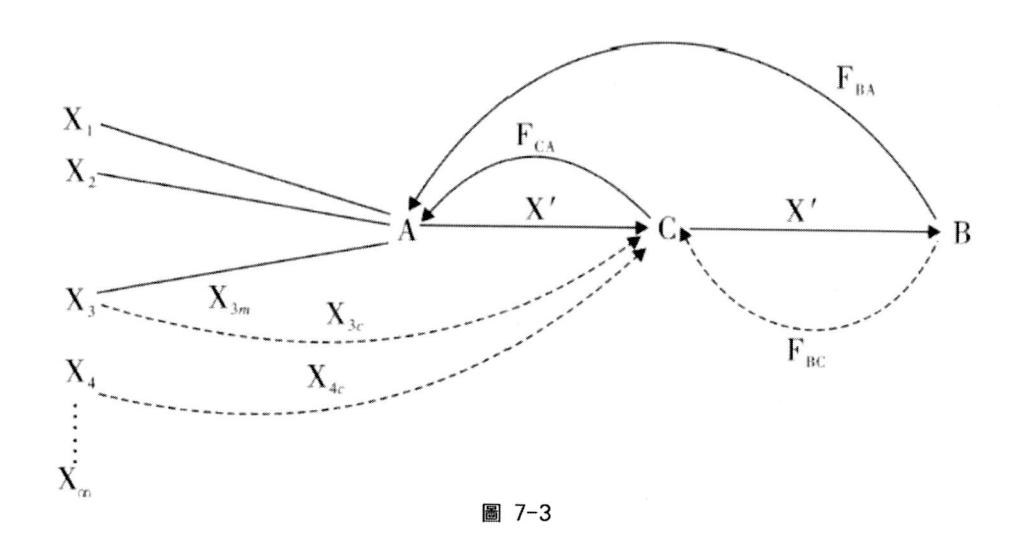

　　韋斯特裡—麥克萊恩模式對以往模式的超越之處在於，首先，它認為傳播過程可以始於某個事件，也可以始於某個人，指明了訊息的來源問題。訊息發送者可以在各個訊息源中進行選擇，而大眾傳媒既可以在各個訊息源中，也可以在各個訊息發送者中進行選擇。其次，訊息可以直接經過大眾傳媒傳遞給受眾，也可以先經過某個發送者或者中間人到達傳播媒介，再由傳播媒介傳播出去。這個發揮仲介作用的訊息發送者既可以是目擊者，也可以是爆料人，還可以是通訊社，等等。再次，它指出了大眾傳播的內容是經過選擇了的，而且這種選擇經過了若干階段。在訊息源發出訊息之後，既有訊息發送者對於訊息的選擇與把關，也有大眾傳媒對於訊息的選擇與把關。這說明大眾傳播過程中存在守門人的把關作用，而且這種把關是多重把關。最後，這個模式強調了回饋的重要性。圖中不僅有受眾對大眾傳媒的回饋，受眾對訊息發送者的回饋，還有大眾傳媒對於訊息發送者的回饋。

　　這個模式同樣存在缺陷，主要有兩點。首先，它認為傳播活動中的三個主體的地位是平等的，但實際上這種平等很少存在。例如中國普遍存在的媒介強勢局面。其次，它過分強調了訊息發送者和大眾傳媒對於社會的獨立性。系統論的觀點在於將傳播活動放在整個社會系統中進行考察，強調傳播過程

中的各種社會因素對於傳播活動的影響，而這些在韋斯特裡—麥克萊恩模式中很少涉及。

第二節 新媒體環境下由一點對多點的放射性傳播模式

新媒體的出現消解了大眾媒介的傳播控制權，普通民眾不再是傳播活動的被動接受者，而成了發散型傳播網路的中心。因此，在新媒體環境下，由一點對多點的放射性傳播模式，更符合當下傳播過程的特徵。

一、六度分隔理論概述

六度分隔理論 (Six Degrees of Separation) 由哈佛大學的心理學教授斯坦利米爾格蘭姆 (Stanley Milgram) 於1967年創立，又被稱作小世界現象 (或小世界效應)，也稱六度空間理論。它不僅為研究社會網路提供了理論基礎，也為後來社交網路服務 (Social Net-work Service) 的出現提供了理論支持。

（一）理論緣起

20世紀60年代，哈佛大學社會心理學家斯坦利·米爾格蘭姆設計了一個連鎖信件實驗：他在內布拉斯加州奧馬哈找到160個人，並交給每個人一封連鎖信件。每封連鎖信件中都放了一個股票經紀人的名字，這個人居住在距離內布拉斯加州2575千米之外的波士頓。信中要求每個收信人將這封信寄給自己認為是比較接近這個股票經紀人，或者是比他們更有可能與這個股票經紀人有私人關係的朋友。最終，大部分信在經過五六個步驟後都抵達了該股票經紀人。

根據六度分隔理論的觀點，最多透過六個人，人們可以認識世界上任何一個陌生人。也就是說，兩個素未謀面的人，總能透過一定的方式建立聯繫。依靠六度分隔，個體的社交範圍理論上可以無限擴大，最後形成一個足以容納全世界的社交網路。

六度分隔理論得以實現的基礎在於「物以類聚」，也即平時所說的圈子。在圈子內部，每個成員之間的聯繫是強關係；而在圈子與圈子之間，個體之間的聯繫變成了弱關係。但不能忽視這些弱關係的作用，因為正是這些跨越結構洞建立的橋接關係，建立了圈子之間的聯繫，傳遞了社會資源，使得六度分隔成為可能。

但也有人質疑六度分隔理論，認為建立聯繫並不等同於建立關係。的確，人們可以透過微博等社交媒體關注明星甚至是透過「@」等方式直接與他們進行對話，但這種對話並不總是雙向的。明星由於追隨者太多，也許無法一一回覆，甚至是沒有看到絕大多數人發送過來的消息。最終，這種對話變成了隔空喊話，而非實質性的交流。此外，人們可以透過六度分隔同知名人物建立聯繫，但根據「鄧巴數位」，人類智力允許人類擁有穩定社交網路的數量有限，因此一般民眾同知名人物建立關係（例如楊麗娟與劉德華）的成本是重大的。

（二）六度分割理論在新媒體上的運用

作為採用數位技術、網路技術和行動通訊技術搭建的訊息交流平台，新媒體使人們擺脫了時空對於交往的束縛，增強了個體的交際範圍與交往能力。六度分隔理論同網路媒體以及手機媒體的結合，產生了各類社交網站與社交軟體及其 PC 終端與行動終端。此類網站與軟體被統稱為 SNS(Social Network Service)，六度分隔理論是其理論基礎。SNS 透過相同或相似的交際圈、興趣愛好、學習經歷、工作地點等將人們聚集在一起，使個體得以進行社交拓展。SNS 在國外的發展較早，創建於 1997 年的 SixDgrees.com 是世界上公認的首個社交網站。較為成功的 SNS 有 MySpace、Facebook、Pinterest、Twitter、LinkedIn 等。

二、新技術帶來病毒式傳播

網路技術、數位技術和行動通訊技術的發展與應用，使得媒介用戶的地位得到顯著提升。同時，這些技術使得媒介用戶的傳播活動兼具人際傳播與

大眾傳播的特徵。一旦有吸引力的「病原體」出現，在一定條件下便能引發訊息的超高速大範圍傳播———病毒式傳播。

(一) 從有序傳播到病毒式傳播

傳統媒體的傳播活動，基本上是遵循拉斯韋爾的「5W」模式，即 Who—Say What—In Which Channel—To Whom—With What Effect。傳播內容由傳播者發出，透過傳播通路到達接受者，繼而產生相應的傳播效果 (也可能沒有效果)。後來奧斯古德、施拉姆等人根據控制論的觀點引入了「回饋」概念，以及韋斯特裡、麥克萊恩等人根據系統論的觀點，在宏觀的社會背景下對傳播活動進行考察。無論是何種觀點，傳播活動的本質沒有變，訊息仍然是在一個或多個通路內進行有序的傳遞。傳播者發出訊息，可以預想到會有哪些受眾接收訊息，並能對訊息傳播的效果做出評估。受眾在發出回饋後也是如此。除非出現信件丟失、線路異常等情況，讀者來信、讀者熱線所傳遞的訊息都能也僅能到達傳播者。總的來說，訊息在傳統媒體上的傳播呈現出從一個點到另一個點的有序傳播模式。

病毒式傳播這一概念最早由美國 O'Reilly 媒介公司 CEO 提姆·奧萊理提出，他稱之為病毒式網路傳播。有學者認為，病毒式傳播是使受眾可以在參與訊息的製作和傳播過程中受益，讓訊息接收者同時成為訊息的發佈者和轉發者，利用大眾的力量，以人際圈席捲的模式攜帶訊息迅速蔓延的傳播方式。一般而言，病毒式傳播具有以下特徵：傳播者主動傳播訊息；傳播內容具有較大的吸引力；傳播媒介有利於訊息的複製與轉發；傳播對象具有較高的易感性。正是這些特徵的協同作用，引發了訊息的大量繁殖與快速傳播。

病毒式傳播模式同以往傳播模式的區別在於，它的傳播過程是無序的。由於混雜性代替了精確性，訊息傳播的起點和終點變得無法預料。大眾傳媒發出訊息的接收對象不再侷限於其媒介用戶，還包括這些用戶將訊息進行再加工後進行二次傳播、三次傳播、四次傳播等。只要訊息具有足夠大的吸引力，傳播活動就能一直進行下去。同時，由於用戶的訊息傳播活動具有大眾傳播的特徵，過去以傳統媒體為中心的線性傳播模型不再適用，取而代之的是去中心化後的網狀傳播模型。每一個用戶都是傳播網路上的一個節點，每

一個節點都與其他許多節點相連，此時訊息如同病毒一般，能在一瞬間傳遍整個網路。

（二）新技術構建新型連接關係

在進入工業社會之前，人類的活動範圍比較狹小，人們只能同自身所處環境之內的其他人建立聯繫。雖然發生了「哥倫布發現新大陸」「鄭和七下西洋」等跨國界跨大陸的訊息傳播與交往活動，但由於當時技術條件等因素的限制，這些特殊事件不可能大規模地進行。工業革命的發生打破了空間對於人類活動範圍的限制，汽車、火車、飛機的運用使得人們可以輕易地同其他地區、其他國家甚至是其他大陸的人們溝通、交易、建立友誼。

但工業革命帶來的人類連接關係的變革是有限的，原因在於訊息傳播與建立關係的成本依然很高。那些能夠到其他國家進行訊息交流活動的往往是政府官員、企業高管以及其他處於社會中上層的人，處在社會底層的廣大人民則由於無力支付昂貴的車／機票費用等原因而無法進行。電話、電報等媒介的使用成本相對較低，但跨國電話的高資費仍然將大多數人拒之門外。書信媒介的費用可以為一般民眾所接受，但由於書信的傳播速度慢，實際上耗費了使用者大量的時間成本，影響了傳播活動的效率。總之，工業革命的各項技術僅僅是改善了人們的連接狀態。

真正給人類的連接關係帶來革命性變化的當屬數位技術和網路技術的發明與應用。這兩種技術使得任何接入互聯網的人都可以使用多種媒體形式同其他人進行交流。透過互聯網，人們可以結識新朋友，進行貿易往來，甚至是進行外交活動。在此之前，還沒有哪種技術能夠將人類的交往成本降到如此之低，降到絕大多數普通百姓能夠接受的水準。關於新技術對於人類新型連接關係的建構，美國學者鄧肯·瓦茨和他的同事彼得·多茲、羅比·穆罕默德的研究能夠很好地說明。

2002年，幾位研究者決定再做一次米爾格蘭姆的信件實驗，原因是內布拉斯加州和波士頓雖然相距很遠，但仍然都處於美國境內，這讓研究者們質疑信件實驗的準確性。這次研究將實驗範圍擴展到全球，在印度、愛沙尼亞、澳大利亞等13個國家選取了18個人作為收信人。與米爾格蘭姆實驗的不同

之處在於,這次實驗中研究者們使用了電子郵件作為人們的溝通工具。由於網路媒體將全世界人民連接在了一起,最終的研究結果符合米爾格蘭姆實驗的結論:電子郵件平均經過六次傳遞後到達收信人的電子信箱中。

三、病毒式傳播的產生條件

病毒式傳播的產生,同網路媒體與手機媒體的普及是分不開的。網路媒體與手機媒體搭建起的傳播平台,不僅賦予了用戶極大的傳播主動權,同時為訊息提供了快速增殖與高速傳播的通路。

(一)從「傳者本位」到「受眾本位」

傳統的傳播理論認為,受眾在傳播活動中處於接受者的地位,只能被動地接受傳播者傳遞的訊息,並對訊息做出反應,魔彈論便是典型的例子。後來出現的使用與滿足理論,雖然強調受眾在傳播活動中的主動性,指出受眾是根據自己的喜好與需要接觸相關訊息,但過於依賴心理學的相關概念,行為主義和功能主義色彩較濃,因而受到其他學者的批評。使用與滿足理論雖然指出了受眾對訊息的自由選擇,但實際上這種自由是有限的、消極的,即受眾只能夠在媒體提供的有限訊息中進行選擇。考慮到大眾媒介的議程設置效果與涵化效果,受眾在大眾媒體面前仍然處於被動地位,容易受到後者施加的影響。因此,這一時期的傳播活動處於「傳者本位」時代。

以網路媒體和手機媒體為代表的新媒體的出現,真正實現了由「傳者本位」向「受眾本位」的轉變。新媒體透過賦予受眾傳播權利,使得受眾在傳播活動中獲得主動地位,而不再被動地從傳統媒體獲取訊息。傳統媒體的訊息壟斷權被打破,受眾可以利用新媒體積極地傳播訊息。受眾傳播主動權的獲得引發了大眾傳播領域一系列的深刻變動,例如以往的議程設置效果都是自上而下,大眾傳媒出於各種目的為普通民眾設置議程。而如今由於網民的主動傳播以及網路聚合所帶來的協同效應,傳統媒體未報導的新聞訊息能夠在網路上迅速發酵,最終形成新聞事件,引發傳統媒體的報導。傳播主動權的獲得使受眾能夠為傳統媒體設置議程,實現自下而上的議程設置效果。不僅如此,傳統的涵化效果也發生了改變。傳統媒體時代,大眾媒介透過為受

眾提供窄化的、帶有偏見的訊息，潛移默化地影響受眾的觀點與立場。而在新媒體時代，根據桑斯坦的《網路共和國》，網路技術使得人們更容易獲得自己喜歡的訊息，拒絕接受不喜歡的訊息，而訊息窄化的最終結果是社會趨於分裂。透過訊息的選擇性接觸進行自我培養，以強化自身原有的觀點。因此，新媒體的出現昭示著「受眾本位」時代的到來。

需要指出的是，「受眾本位」這種表述在新媒體時代並不準確，新媒體的使用者中已經沒有嚴格意義上的「受眾」概念。用戶可以是接受者，也可以是傳播者，某些時候還能擔任訊息傳播的仲介與通路。「網眾」概念更為恰當，它是網路化用戶的集合。網路化用戶透過積極的媒介使用行為，以跨越各種媒介形態的訊息傳播技術為仲介相互聯結，構成融合訊息網路與社會網路的新型網路。第六章對這個概念做了詳細說明，在此不做贅述。

（二）人際傳播與大眾傳播的雙重特徵

普通大眾的訊息交流活動同時具備人際傳播與大眾傳播的特徵，這是病毒式傳播產生的另一個條件。過去的人際交往活動發生在個人與個人之間，這種交往活動是私密的、排他的。新媒體上也可以進行這種私密排他的交往活動。不僅如此，人們運用新媒體交流訊息時，處在交往活動之外的人們也能獲取二者交流的訊息。換言之，新媒體上的交往活動也可以是公開的，它不僅發生在個人與個人之間，還發生在個人與大眾之間。

人際傳播同大眾傳播的結合，使得訊息的傳播範圍發生了質的飛躍。訊息傳播在小範圍內有明確指向，是點到點的傳播。訊息精確到達傳播對象，產生相應的傳播效果與回饋。而訊息傳播在大範圍內呈現網狀發散，是點到面的傳播。訊息的接收對象不再明確，繼而無法確定訊息的傳播效果。通常這種大範圍傳播活動的回饋機制較弱，不像小範圍內的回饋那樣及時高效。

以部落格、微博和微信朋友圈為代表的社交媒體，可以很好地說明這種結合。一篇博文發表之後，不僅透過 RSS 訂閱的用戶可以看到，其他部落格用戶也能看到，並能進行評論與轉發；微博在這方面則更進一步，透過 @ 等方式，可以讓訊息精確到達指定用戶，避免這條微博淹沒在碎片化的內容當中。其他收聽或者沒有收聽的人也能夠看到這條微博，以及被 @ 對象對微博

進行的評論。社交媒體上的人際交往活動變得越來越透明化，原因之一是它同時具備了大眾傳播活動的特徵。

新媒體上傳播活動的這種雙重特徵是由新的傳播技術賦予的。在新技術產生之前，人際傳播與大眾傳播的界限涇渭分明，用戶與用戶之間的連接關係是由終端到終端，此時的人際傳播活動被侷限在兩個或少數幾個參與者當中。新的傳播技術徹底改變了人與人之間的連接狀態。有能力接入互聯網的人們，都處在一張重大的傳播網路上，每個人都是這個傳播網路上的一個節點，理論上每個節點都能同其他任意一個或多個節點建立連接。這樣，當一條訊息發佈時，它有許多個潛在的接受者；用戶採用轉發的方式讓他的朋友看到這則訊息，訊息的傳播範圍得到進一步擴大。經過一級級的傳遞，最終形成了席捲整個傳播網路的病毒式傳播。

（三）主動傳播與自願接受相交替

病毒式傳播的產生，離不開新媒體用戶的傳播和參與。傳播活動逐級進行，最終實現訊息的超大範圍傳播。在病毒式傳播活動過程中，新媒體用戶呈現出主動傳播與自願接受相交替的特徵。要使得傳播活動具備這種特徵，需要滿足以下三個條件。

1. 有吸引力的傳播內容

傳播內容要麼是經過加工提煉，要麼是本身具有與生俱來的吸引力，總之它必須能夠抓住用戶的眼球，這是病毒式傳播產生的先決條件。這種傳播內容讓用戶覺得有趣、值得關注，或是能夠引發情感上的共鳴，從而從其他碎片化的內容中脫穎而出。不僅如此，傳播內容還要能夠引發用戶的參與熱情，使得用戶在看到這則內容後，有將這則內容繼續傳遞下去的念頭，並付諸行動。這種傳播內容便是病毒式傳播過程中的「病毒」，它不僅有著極強的感染力、極快的傳播速度，而且能夠入侵接受者的思維，使其按照自己的意願去行動。

2. 願意主動傳播的用戶

病毒式傳播的傳播主體是新媒體用戶，用戶的參與與否對於病毒式傳播能否產生發揮著決定性的作用。沒有足夠多的用戶參與，「病毒」在傳遞過程中傳播力會逐漸衰減，最終淹沒在互聯網海量的訊息當中。而當用戶從純粹接受者轉變為積極傳播者時，「病毒」才能被逐級地傳遞下去。用戶在病毒式傳播過程中的作用如同賽跑中的運動員，「病毒」則是接力棒，一名運動員在體力將要耗盡時將接力棒傳給下一位運動員，從而保證「病毒」能夠持續地傳遞下去，因此「病毒」的流行離不開這些用戶的作用。需要指出的是，格拉德威爾在《引爆點》中認為，一件事物的流行，是由「聯繫員」「內行」「推銷員」三種人主導的，訊息與事物先傳至他們，再由他們擴散開，從而引發了流行風潮。這種觀點類似於拉扎斯菲爾德的「兩級傳播模式」，後來被學者證明是錯誤的：決定一件事物能否像病毒一樣流行開來，關鍵在於有多少願意主動傳播的個人。

3. 容易被覆制與轉發的媒體介質

有了內容和傳播者還不夠，病毒式傳播的產生還需要一定的媒體介質作為載體。這種媒介首先應當具備平等性與開放性，保證每個用戶都能使用它進行訊息傳播。傳統媒體時代之所以難以發生病毒式傳播，原因之一在於傳統媒體的版面、時段是一種稀缺資源，運用傳統媒體傳播訊息的成本過於昂貴。新媒體的出現賦予了普通個體以傳播權，同時使得傳播活動的成本急遽降低，使得媒介用戶利用新媒體積極傳播訊息成為可能。其次，這種媒介上的內容應當容易被覆制與轉發。病毒式傳播的產生，需要願意主動傳播的用戶持續不斷地進行訊息傳播與擴散，如果複製與轉發的成本太高，則會抑制用戶的傳播熱情，「病毒」也不會傳播太遠。傳統媒體的內容複製和轉發難以實現，而新媒體的複製轉發成本幾乎為零，只需要動動手指頭便可以了。顯然，新媒體更適合充當病毒式傳播的仲介與載體。目前，這種載體主要有網路媒體和手機媒體，具體表現形式則包括網路／手機文本、圖片、音頻、影片等。

第三節 新媒體激發病毒式傳播

　　病毒式傳播現象在傳統媒體時代便已存在，如流言在群體性事件中的傳播，但這需要特定的背景和語境。新媒體透過將全世界人民聯繫在一起，簡化了病毒式傳播的產生條件，增強了病毒式傳播的傳播效果，最終激發「病毒」的快速擴散。

一、新媒體構建新型傳播語境

　　不同時代的傳播語境，來自訊息載體的更替與社會環境的變遷。新媒體的開放性、平等性、交互性等特點，與整個社會的物質繁榮以及電子媒介的高度普及，共同構建了新媒體時代的傳播語境。新媒體語境不僅帶來了新型的訊息傳播方式，而且對於整個社會結構產生了內在的、普遍的影響。

（一）簡化病毒式傳播的產生條件

　　在過去，對受眾具有重大吸引力的內容，能夠在短時間內傳遍大江南北，例如流行歌曲《冬天裡的一把火》。某些負面訊息也能像病毒一樣在人群中快速擴散，一則關於淹水災害、物品短缺、銀行倒閉的謠言，可能引發人群搶購生活物資與銀行擠兌等群體性事件。這些群體性事件發生時，社會成員在謠言四起與恐慌瀰漫的社會環境中變得失去理智，表現出集體無意識的狀態。正如勒龐的《烏合之眾》所言，個人一旦融入群體，他的個性便會被湮沒，群體的思想便會占據絕對的統治地位。而與此同時，群體的行為也會表現出排斥異議、極端化、情緒化及低智商化等特點，進而對社會產生破壞性的影響。但這種群體性事件的產生需要具備一定的社會條件，郭慶光在《傳播學教程》中指出有三點：結構性壓力、突發性事件、非常態的傳播機制活躍化。由此可見，在一個社會和諧穩定、傳播通路通暢的環境下，病毒式傳播現象不太容易發生。

　　新媒體的產生與普及改變了這一狀況，讓訊息的病毒式傳播變得簡單。其主要原因在於新媒體極大地降低了訊息傳播的成本。過去人們向大眾傳播訊息，需要向報社、電視臺支付高額的廣告費用，整個過程十分煩瑣，訊息的接收對象也僅僅侷限於該媒體所能到達的受眾範圍。現在透過新媒體，只

需要動一動指頭，訊息便能馬上傳遞到互聯網。與傳統媒體不同，這種傳播沒有時滯，也沒有噪音，保證了訊息的實時性高保真傳播。同時，這種傳播擺脫了空間的束縛，訊息可以無國界地自由流通，能夠接入互聯網的用戶在理論上都能成為該訊息的接受者。不僅如此，根據摩爾定律與吉爾德定律，電子設備的成本在不斷降低，而主幹網的頻寬在不斷增加，這意味著將來上網可能是免費的，而電腦等設備也僅需要一個相當低廉的價格，從而進一步降低訊息傳播的成本。這樣，不需要整個社會處在緊繃的狀態之下，主串流媒體消息閉塞與小道消息活躍，僅僅需要某個突發事件或是某個具有足夠吸引力的事物，訊息便能霎時傳遍整個社會網路。

（二）增強病毒式傳播的傳播效果

在傳統媒體時代的病毒式傳播中，訊息、觀點、情緒在人群中迅速蔓延，並最終支配人群，引發人們的集體無意識行動。由於這些訊息、觀點和情緒通常具有極端性，其引發的集體行動往往會干擾和破壞正常的社會秩序。

而在新媒體時代，新媒體以其實時性、互動性、全球性、平等性、開放性等特點，使得以新媒體為媒介進行的病毒式傳播能夠產生更大的傳播效果。具體表現在以下三個方面。

1. 傳播速度更快

新媒體打破了時間對於傳播的束縛，使得訊息能夠在一瞬間到達接受者，受眾的回饋也能以同樣的速度進行；透過增加頻寬、拓寬信道等方式，以往需要耗費較長時間的大規模數據傳輸也能瞬時完成。傳播的瞬時性對於整個病毒式傳播過程的影響是重大的，由於時滯的消除，病毒的感染者能夠以積極的方式同感染源進行互動，並將病毒傳給下一位感染者，在一瞬間完成角色轉換。

2. 傳播範圍更廣

伊尼斯在其著作《傳播的偏向》中提到，一切媒介不是偏倚時間的，就是偏倚空間的，前者有壁畫、岩刻，後者有羊皮卷、莎草紙。新媒體的出現顛覆了伊尼斯的觀點，因為它同時打破了時空的束縛。透過新媒體，病毒的

傳播突破了空間的壁壘，將觸角伸至世界的每一個角落。可以這麼說，只要有訊號接入的地方，那裡的人群就是病毒式傳播的潛在感染對象。

3. 傳播影響更深

新媒體使得病毒式傳播突破了時空的束縛，病毒傳播的範圍得到空前的擴大，因而能對整個社會產生更加深遠的影響。一份感染力很強的「病毒」，在人群中以極快的速度進行「脫域傳播」，最終能夠形成一股席捲整個社會的集體行動浪潮。

以 2011 年大陸搶鹽事件為例，由於日本地震造成的核洩漏，「碘鹽可以預防核輻射」「被放射性物質汙染的海水會影響今後食鹽的質量」等謠言在微博等社交媒體上的傳播，引發了群眾的搶鹽風潮。先是浙江的沿海地區，繼而包括廣東、江蘇、山東、河南乃至中國各地居民紛紛透過各種通路搶購食鹽，一些超市中的食鹽被搶購一空，部分地區鹽價飛漲，引發了社會恐慌。在這個病毒式傳播事件中，以微博為代表的新媒體扮演了重要的角色。「碘鹽防輻射」「鹽庫告急」等病毒，由於它的急迫性，以及同人民群眾利益攸關，借助新媒體在線上與線下大肆傳播。訊息傳播的實時性與脫域性，使得搶鹽風潮蔓延至中國各地。而新媒體上「守門人」的缺位以及訊息傳播的隨意性與簡易性，更加助長了這一趨勢。由此可見，由於傳播速度更快、傳播範圍更廣以及傳播的便利性，病毒式傳播的傳播效果在新媒體時代得到了增強。

當然，並不是所有的病毒式傳播都會危害正常的社會秩序，這取決於病毒式傳播的傳播內容。一則時政新聞，能夠為人們設置議程，引起社會的關注；一則生活常識，能夠傳播日常生活知識，服務人們的生活；一則輕鬆幽默的笑話，能夠給工作一天的人們提供娛樂與放鬆。但傳播的訊息如果是負面的、消極的，甚至是煽動性的，那就有可能造成社會恐慌，甚至是群體極化。因此，病毒式傳播是一把雙刃劍，既能推動社會進步，也能威脅社會的正常發展，在使用新媒體進行傳播時必須謹慎對待。

二、病毒式傳播的基本特徵

經過病毒式傳播，訊息、事物或事件在社會上以病毒的方式進行擴散。同以往的訊息傳遞方式不同，新的媒介載體與社會環境賦予了訊息如同病毒擴散一般的特徵，它的傳播是爆發的、混雜的、無序的。

（一）從線性到發散

關於傳統媒體的線性傳播模式，本章第一節已經做了詳細說明。訊息經由特定的通路到達接受者，受眾的回饋也是透過相對固定的方式進行。而在新媒體環境下，訊息的傳播呈現出類似於病毒感染的發散特徵，不再有固定的流通通路，而是以極快的速度在整個傳播網路中蔓延。病毒內容的傳播之所以能夠以發散的方式進行，主要有以下三個原因。

首先，由於新媒體構建了新型的連接關係，具有相同興趣愛好、生活背景、工作經歷的人們能夠更加方便地聚合在一起。網路媒體環境下的人們不再是分散的、孤立的「原子」，他們透過地緣、業緣、興趣愛好等因素形成了一個個虛擬網路社區。這種同質化的社區為病毒內容的擴散提供了極好的環境。較高的訊息可信度、具有吸引力的傳播內容，促進了訊息在病毒感染者之間的傳播與擴散。

其次，新媒體喚醒了人們的分享意識。訊息分享作為一種互惠互利的社會行為，自人類誕生之初便一直存在。但傳播通路的缺乏，使得訊息分享活動只能在小範圍內進行。網路媒體和手機媒體的出現為內容分享提供了便利的通路，徹底改變了人們的行為方式。根據日本電通公司提出的「AISAS 分析模型」，受眾由關注某則訊息到產生實際行動，最後根據自身的體驗進行訊息的傳播與分享。「AISAS 分析模型」突出強調了受眾的訊息分享行為，這在以往的媒介環境下是難以存在的。

最後，病毒感染者本身的需求促進病毒的發散傳播。根據馬斯洛的「需求層次理論」，人類有五種需求，包括生理需求、安全需求、社交需求、尊重需求和自我實現的需求。訊息傳播對於各種需求的滿足，會激勵病毒感染者將接收到的病毒訊息再傳播出去。例如，透過將病毒訊息傳遞給新老朋友，

可以造成維護關係與結識新朋友的作用，這屬於社交需求的範疇。而透過轉發特定的病毒訊息，可以實現形象塑造與印象管理的目的，這屬於尊重需求和自我實現需求的範疇。

（二）從一對多到多對多

大眾傳媒典型的訊息傳播方式是「一點對多點」的輻射狀傳播，雖然將訊息透過「廣撒網」的方式傳遞了出去，但它實際上不能確定訊息最後是否真正到達了受眾。而在病毒式傳播的過程當中，每個個體不僅接收到了訊息，而且自發地將訊息推廣和傳播出去。大多數情況下這種訊息推廣也是面向多個訊息終端，但同傳統媒體「廣撒網」的方式不同，這種傳播不是將訊息盲目地傳給社會上的每一個人，而是透過人際傳播的通路，將訊息傳遞給那些同訊息的最初接受者有著某種聯繫的個體，例如他們的親人、好友與同事。

在病毒式傳播「多點對多點」的傳播方式中，處在傳播網路中的每個個體都被稱為「節點」。「節點」是指若干條連接關係的公共結合點，它對於訊息在網路中的傳遞造成仲介與橋樑的作用。病毒式傳播之所以能夠實現，有賴於每一個「節點」的共同努力。病毒式傳播中的「節點」具有以下兩個特點。

第一，每個「節點」既是病毒的感染者，又是病毒的生產者和傳播者，其身分具有同一性。同傳統媒體時代大眾只能作為被動的訊息接受者不同，新媒體賦予了用戶傳播的主動性，使得任何個體都能透過新媒體進行「一對多」的訊息傳播。本章第一節提到的奧斯古德關於「每個人都是一個既能發射訊息又能接收訊息的『傳播單位』」的觀點，在新媒體時代才真正得以實現。不僅如此，這種「一對多」的訊息傳播同時還具備人際傳播的特徵，它面向的是許多同「節點」有著某種聯繫的個人，因而更容易產生傳播效果。

第二，在訊息傳播的過程中，具有多重身分的「節點」並不固定於某種身分，而是在各種身分之間相互轉換。當一個「節點」製作了一條對其他「節點」有吸引力的內容時，他是病毒的生產者，傳播行為使他馬上變成了病毒的傳播者；其他「節點」在接收到這則訊息時，他們是病毒的感染者，出於某種目的將訊息透過「轉發」等方式傳播出去使他們也變成了病毒的傳播者

；接收到這則訊息的「節點」若是將病毒訊息進行解讀與改編，他們又變成了病毒的生產者，如此無限循環。與傳統媒體大眾傳播活動中的角色轉換不同，病毒式傳播中的角色轉換是快速的、即時的，類似於人際傳播中傳播者和接受者的身分轉換。正是由於無數「節點」不停地進行角色轉換，參與到病毒式傳播活動中，才造就了病毒訊息的幾何倍數傳播。

（三）從有序到無序

正是病毒式傳播的上述特徵，使得病毒訊息的傳播變得毫無規律可循。傳播過程變得混亂無序，而不再像以往那樣從傳播者到大眾傳媒再到受眾逐級進行。此外，傳播效果也變得難以預測，即便是一則短小的消息，也可能引發人們的無數次轉發，最終形成一股強大的輿論聲浪，對事件與社會的發展產生重大影響。

有序代表著秩序、規律，而無序代表著一種混亂無規則的狀態。新媒體上病毒式傳播的無序性，主要表現在五個方面。

第一，訊息的傳播者難以辨認。類似於流言在群體性事件中的傳播，在經過無數次改動後，連最初的傳播者本人也不能辨別訊息出自何處，而將其作為一則新的訊息加以接收。除非使用特殊的技術手段，否則很難追蹤到病毒訊息的傳播源頭。

第二，訊息內容易被篡改。傳統媒體上的一則訊息傳播出去之後，大眾會對訊息做出不同的解讀。雖然解讀多種多樣，但這種解讀發生在接受者的心中，訊息仍能夠保持完整性。新媒體使得用戶可以將自身對於訊息的獨特見解表達出來，對訊息內容進行加工，甚至是戲謔、調侃和惡搞。由於新媒體的去中心化特徵，最終病毒式傳播將完整的訊息變成了碎片化的訊息。

第三，訊息傳播的通路不再固定。新媒體上的病毒式傳播可以跨越多個媒體平台進行，訊息可以在各個媒體平台上進行複製與轉發。例如，影片網站上看到的一段精彩影片可以轉發到社交網路上；透過手機媒體能夠很輕易地訪問與使用網路媒體上的文字、圖片、音頻、影片等各類訊息。

第四，傳播對象難以被認知。在病毒式傳播的過程中，人人都可以是傳播者，這為病毒訊息的傳播提供了無限多種可能性，因而無法確定病毒式傳播的傳播對象。上文提到新媒體改變了人們的連接狀態，互聯網將全世界的人民聯繫在了一起。因此，從理論上講，所有接入互聯網的人都是病毒式傳播的潛在傳播對象。

第五，訊息的傳播效果無法預料。關於這一點，下一章將做詳細論述。

【知識回顧】

本章主要講述了傳播過程如何由線性傳播向病毒式傳播演變，其中新媒體在這個演變的過程中扮演了至關重要的角色。傳統媒體時代，由於傳播媒介不夠發達，人們只能進行由點到點的線性傳播，傳播活動的效率較低。而新媒體技術構建的新型連接關係，打破了過去傳統媒介對於傳播資源的壟斷，使得用戶與用戶之間能夠發生廣泛的聯繫，而不再是訊息的被動接受者。新媒體強化了用戶的主體性地位，兼具人際傳播和大眾傳播的特點，使得新媒體上傳的訊息呈現出類似病毒擴散的特徵。不僅如此，新媒體透過將所有用戶聯繫在一起，簡化了病毒式傳播的產生條件，增強了病毒式傳播的傳播效果，使得病毒式傳播具有「從線性到發散，從一對多到多對多，從有序到無序」的特徵。

【思考題】

1. 什麼是傳播學三論？它與線性傳播模式有什麼關係？

2. 六度分隔理論為什麼能夠運用在新媒體上？

3. 結合實際情況，分析病毒式傳播的產生條件。

4. 面對新媒體傳播活動的無序性，你認為應當怎樣降低新媒體帶來的負面影響？

第八章 傳播效果：從可知效果到未知效果

【知識目標】

☆傳播效果的歷史演進與新媒體環境下的傳播效果問題。

☆新媒體對於傳播控制權的消解及碎片化傳播特徵。

【能力目標】

1. 瞭解訊息的傳播效果由可以預測向無法預測轉變的原因。

2. 掌握新媒體的傳播特徵以及這些特徵對於訊息傳播效果產生的影響。

第一節 傳統的效果可知論

本節主要論述傳統媒體大眾傳播活動的傳播效果。傳統的傳播理論認為，傳播活動可以產生傳播效果，而且這種效果可以被認識，如議程設置效果、涵化效果、第三人效果。從時間上看，可分為短期效果和長期效果；從期望上看，可分為預期效果和非預期效果；從層級上看，可分為魔彈效果、有限效果、適度效果和強大效果。

一、傳播效果概述

任何傳播活動都是為了取得相應的傳播效果，如果沒有產生效果，傳播活動本身便失去了意義。正因為如此，以如何取得最佳效果為目的的效果分析歷來最受研究者們的關注。傳播效果研究一直以來都是傳播學研究的核心，關於傳播理論的大部分研究都是效果研究。

（一）傳播效果定義

傳播效果是指傳播活動對於受傳者的認知、態度、行為產生的有效結果。傳播效果有廣義和狹義之分。廣義上，它指的是傳播出去的訊息受到了關注、

留下了記憶、改變了態度，並最終導致個人或者社會的某種行為的變化，它強調傳播活動對個人和社會產生的一切影響和結果，通常是宏觀的、抽象的。狹義上，傳播效果指的是一次具體的傳播活動引發的受傳者的各種變化，以及這種變化與傳播者期望變化的符合程度，它更多地強調傳播活動產生的即時效果，通常是微觀的、具體的。

關於傳播效果的定義，比較有代表性的是郭慶光在《傳播學教程》中提出的觀點。他認為，傳播效果具有雙重含義。

第一，傳播效果是指帶有說服動機的傳播行為在受傳者身上引起的心理、態度和行為的變化。這種觀點通常以傳播者的目的是否達到作為判斷傳播活動是否產生效果的標準。

第二，傳播效果是指傳播活動尤其是報刊、廣播、電視等大眾傳播媒介的活動在受傳者和社會上所產生的一切影響和結果的總體，無論這些影響是有意的還是無意的，直接的還是間接的，顯在的還是潛在的。

這種觀點強調的是傳播行為所產生的長期的、綜合的效果。

但是郭慶光的觀點也存在問題，這與他提出這個定義的時代背景有關。他只考慮了報紙、電視等傳統媒體，而沒有考慮到包括網路媒體、手機媒體在內的新媒體對於傳播活動的變革和對於傳播效果的影響。比起傳統媒體，新媒體的傳播效果產生機制要複雜得多，本章的後兩節將對於這個問題做詳細探討。

（二）傳播效果分類

由於效果是個比較抽象的概念，因此對於傳播效果可以有多種分類方法。這些分類方法並不能涵蓋所有類型，並且可能存在相互搭界的情況，但這些分類方法都具備一定的合理性，都從側面反映了人類對於傳播效果的認識。

首先，在傳播活動作用於傳播對象的層面，傳播效果可以劃分為認知層面的效果、態度層面的效果和行為層面的效果。這種分類方法可以追溯到拉維奇和斯坦納在1961年建立的用來預測廣告效果的框架。他們將消費者的行為劃分為六個步驟：獲知、認識、喜歡、偏愛、相信和購買。並將這六個

步驟歸納為三個方面：認知、情感和意願。其中認知層麵包括思想領域、消息提供、訊息和事實；情感層麵包括情緒領域、消息改變、態度和感受；意願層麵包括動機領域、消息刺激、導向慾望。

他們的這種分類方法也是後來廣告理論中的「AIDA 法則」的思想源頭。這三個層面是遞進關係，每一個層面都必須在上一個層面的基礎上才能產生效果。透過對認知、態度和行為這三個層面的分析，逐級深入，研究者能夠對傳播行為效果產生的具體層面有一個清晰的認識。

其次，按照傳播者的期望，傳播效果可以分為預期效果和非預期效果。預期效果是指傳播者期望產生的效果，非預期效果是指傳播者預料之外的效果。英國傳播學者、政治經驗學派的戈爾丁在研究這個問題時引入了時間維度，將傳播效果分為四種類型：短期的預期效果、短期的非預期效果、長期的預期效果、長期的非預期效果。其中短期的預期效果是指短期內產生的，傳播者希望看到的效果，包括「個人的反應」和「對媒介集中宣傳報導活動的反應」；短期的非預期效果是指短時間內傳播內容在受傳者身上引起的與傳播者意圖無關的變化，包括「個人的自發反應」和「集合的自發反應」；長期的預期效果是指長期的訊息傳播所產生的與傳播者意圖相符的累積效果，包括「推廣和普及」「知識的傳播」；長期的非預期效果是指整個傳播事業日常的、持久的傳播活動所產生的綜合效果或客觀結果，包括「社會化」「社會控制」「媒介與社會變革」。

也有學者指出，短期的預期效果可能被認為「偏見」，短期的非預期效果會被認為「無心的偏見」；長期的預期效果表示「政策」，而長期的非預期效果是「意識形態」。

二、傳播效果的歷史演進

人類對於傳播效果的認識，有一個由淺入深的過程。從最開始認為大眾傳播無所不能，可以自由支配受眾的意志，到後來認為大眾傳播的影響微乎其微，遠不如人際傳播對受眾的影響大；接著又從受眾的角度考察大眾傳播，發現大眾傳播仍然對個體和社會有一定的影響；最後在探討媒介帶來的間

接、潛在、長期的影響的同時，研究者將大眾傳播過程置於所在的政治經濟環境中進行宏觀分析，得出的結論是大眾傳播對於整個社會能夠產生重大的影響。

（一）魔彈效果

魔彈效果的代表理論是「魔彈論」，也有人稱為「子彈理論」「皮下注射論」。這一效果觀的核心觀點是大眾傳播媒介擁有不可抵抗的強大力量，普通個體在接收到媒介傳播的訊息之後，就像被子彈擊中或是被注射藥劑一樣，能夠產生直接速效的反應。它認為大眾媒介能夠操縱人群，對他們的認知、態度和行為產生全面的影響。

回顧歷史不難發現，魔彈論的提出有其特定的時代背景。首先是本能心理學和大眾社會理論的盛行。本能心理學提倡「刺激—反應」機制，認為對生物體施以某種刺激，便能產生相應的反應，人類也不例外。由於人類的遺傳生理機制是類似的，因此大眾傳媒發出相同的訊息刺激，能夠引起人群相似的反應。大眾社會理論認為，資本主義的發展和城市化運動割斷了個體同傳統社會的聯繫，打破了傳統的等級秩序，使得個體變成了一個個孤立的、分散的「原子」，變成了一盤散沙。此時專業的傳播機構對這些個體進行的有組織的傳播活動，能夠很容易產生效果。

其次是大眾傳媒的迅猛發展和社會各界對於傳播媒介的廣泛應用。魔彈論的提出時間正好處在第一次世界大戰結束與第二次世界大戰爆發之間，此時社會迎來短暫的和平期，包括大眾傳媒業在內的各行各業進入一個高速發展階段。商業廣告的繁榮為報紙和廣播提供了充足的資金支持，電視技術的研發也在有條不紊地進行。無所不在的商業廣告與政治宣傳，讓人們處處可以感受到大眾傳媒的力量。此時對大眾傳媒由崇拜轉變為膜拜，繼而過分誇大大眾傳媒宣傳力量便不足為奇了。

此外，第一次世界大戰中協約國大量使用宣傳戰和心理戰，以及潘恩基金會研究和火星人入侵地球等特殊事件的發生，進一步印證了人們對於媒介力量不可抵擋的認識。

（二）有限效果

魔彈論明顯是錯誤的，這種觀點過於簡單和天真，是一種唯意志論的觀點。但研究者們很快走入另一個極端，認為大眾傳播產生的效果相當有限，有時甚至不能產生效果，這便是有限效果論。

有限效果論之所以產生，原因在於大眾傳播的效果研究從一開始就沒有給予魔彈論太多的實證支持。與之相反，研究者們往往發現大眾傳播只有少量效果。開創了傳播效果有限論傳統的《人民的選擇》，是拉扎斯菲爾德和貝雷爾森等人在美國伊裡縣開展實證研究的調查報告。「伊裡調查」針對美國總統大選期間大眾傳媒對於選民投票意向的影響進行研究，研究者們最開始是為了驗證大眾傳播的魔彈效果。最後研究者卻發現大眾傳播並沒有左右選民投票意向的力量，選民的「既有政治傾向」造成了他們對於大眾傳媒內容的「選擇性接觸」，迴避與其原有政治立場相反的宣傳訊息。此外，拉扎斯菲爾德等人發現意見領袖對於大眾傳播的訊息存在把關作用，大眾傳媒的傳播內容並不是直接流向大眾，而是要經過意見領袖這個中間環節。整個調查中幾乎沒有找到關於媒介讓人們轉變意見的證據，「伊裡調查」的研究結論指出，在說服人們改變態度方面，大眾傳播遠不如人際傳播有效。

不僅是拉扎斯菲爾德的《人民的選擇》，同為傳播學四大先驅之一的霍夫蘭在軍隊中進行「說服性傳播」效果研究時發現，導向類影片在傳遞訊息上雖然有效，但並未能改變士兵的態度。此外還有庫珀和賈戈達「反對成見的漫畫」的研究，研究表明持有成見的人和沒有成見的人在漫畫中所提煉出的訊息都只是強化了他們既有的態度，個體對於訊息的選擇性理解會減弱訊息傳播的效力。

1960 年，克拉珀所著的《大眾傳播的效果》對有限效果模式進行了詳細的介紹，並提出了關於大眾傳播效果的「五項一般定理」。由於克拉珀的這些觀點極力強調了大眾傳播影響的無力性和效果的有限性，因而被後來的學者稱為「有限效果論」。

（三）適度效果

有限效果論的缺陷在於只考慮到傳播對於人們態度和行為層面的影響，忽略了對於認知層面的影響；只考慮傳播的短期效果，而沒有對傳播活動長期的、間接的、潛移默化的效果進行衡量。此外，無論是魔彈論，還是有限效果論，都是以傳播者為中心。當以受眾為中心，從受眾的角度考察大眾傳播效果時，會發現大眾傳播對受眾仍然具有一些基本效用，例如受眾對於媒介內容的「使用與滿足」。適度效果論為拓寬研究領域，在研究方向上進行了轉向，關注受眾在大眾傳播活動中的主動性，並著重考察大眾傳播活動對於受眾認知變化的中長期的、宏觀的效果。適度效果論糾正了以往理論的缺陷，擺脫了魔彈論的膚淺與有限效果論的狹隘。

適度效果論的代表理論有「使用與滿足理論」「議程設置理論」「涵化理論」和「知識溝理論」。其中「使用與滿足理論」突出強調了受眾在傳播活動中的主動性，糾正了大眾社會論中受眾絕對被動的觀點。對這個理論的研究，最早可以追溯到20世紀40年代，赫卓格對廣播媒介的「使用與滿足研究」和貝雷爾森對印刷媒介的「使用與滿足研究」，後來麥奎爾等人對電視媒介的「使用與滿足」進行了研究。1974年，卡茨等人在《個人對大眾傳播的使用》一文中，正式提出了「使用與滿足」的基本模式。「使用與滿足理論」認為受眾接觸媒介是為了滿足自身的特定需求，它將能否滿足受眾的需求作為衡量傳播活動的基本標準，開創了從受眾角度出發考察大眾傳播過程的先河。

「議程設置理論」認為大眾傳播雖然不能改變人們的態度和行為，卻能夠影響人們對於事物的認知。人們討論最多的內容，往往是大眾傳播媒介上報導次數最多的內容。換句話說，大眾傳媒為一般民眾設置了議事日程。「議程設置理論」的思想源頭可以追溯到20世紀20年代李普曼提出的「擬態環境說」，以及20世紀40年代拉斯韋爾提出的大眾傳播的「環境監測功能」。「議程設置理論」強調了大眾傳播在人們認知層面上的作用，而且由於傳播效果的產生是一個循序漸進的過程，認知層面的效果同樣也能對態度和行為層面產生聯動效果。

「涵化理論」又稱「培養理論」，其核心觀點是，社會要作為一個統一的整體存在和發展下去，需要全體社會成員對社會有一種「共識」，而大眾傳媒在形成人們的「共識」方面發揮了重大的作用。「涵化理論」認為大眾傳媒透過傳播有傾向性的內容，潛移默化地影響人們的現實觀和社會觀，達到「培養」的目的。「培養」的方式有兩種，一種是「主流化」，一種是「共鳴」。

「知識溝理論」認為大眾傳媒雖然能夠帶來全體社會成員的知識增長，但這種增長是不平衡的。由於經濟地位高者在傳播技能、既有知識儲備、社交範圍等方面具有優勢，通常能比經濟地位低者更快地獲取知識和訊息，因此大眾傳播實際上可能會擴大不同社會階層成員之間的知識差距。「知識溝理論」主要研究社會經濟地位對知識獲取的影響，其中社會經濟地位的衡量標準是教育、收入與職業情況。「知識溝理論」的逆命題是「上限效果假說」。

(四) 強大效果

強大效果論認為，在某些特定的情況下，大眾傳媒可以對很多人產生重大影響。這個觀點最早由諾依曼發表的論文《重歸大眾傳播的強力觀》中提出。強大效果論不是魔彈論的簡單恢復，而是在適度效果論的基礎上發展起來的。它將傳播過程放在整個社會大背景下進行宏觀的分析，探討大眾傳媒帶來的間接的、潛在的、長期的影響。強大效果論中最為著名的研究成果有「沉默的螺旋理論」「依賴理論」。

「沉默的螺旋理論」緣起於諾依曼對1965年德國議會選舉中發生的選民「雪崩現象」的觀察與思考，她發現對周圍意見環境的感知使得許多人在最後關頭改變了投票對象，使得原本僵持不下的支持率呈現出一邊倒的局面。諾依曼在對此深入研究的基礎上提出了「沉默的螺旋理論」，她認為，由於害怕孤立，人們在採取行動之前會觀察周圍的意見與看法，當週圍的意見同自己相同時，便大膽表露自己的意見，反之則轉向沉默與附和。而周圍意見環境有時並不是「多數人的意見」，而是由大眾傳媒營造出來的。最終，大眾傳媒透過意見環境影響輿論，並透過輿論導向實現社會控制，從而對整個社會產生重大的影響力。

三、傳統媒體與效果可知

傳統媒體的線性傳播模式，使得傳播活動的各個環節易於被觀察與追蹤。傳播效果的產生受到傳播者、傳播內容、傳播通路、傳播對象，以及整個媒介生態和傳播生態的影響，當這些因素相對穩定並且可以被量化分析時，便可以對傳播效果進行測量。

（一）傳統媒體時代的效果可知論

媒介的傳播效果歷來受到傳播學者，特別是經驗學派學者的關注。實用主義的研究目的使得經驗學派學者在研究傳播現象時，特別關注傳播活動所產生的傳播效果。他們認為傳播效果可以被認知和測量，具體的做法是使用經驗性方法，蒐集可以被觀察、測定和量化的經驗資料來對傳播效果進行考查，由此得出關於某次具體傳播活動傳播效果的一般解釋。使用經驗性方法的原則包括設計客觀的、可以重複進行的研究程式；蒐集關於本次研究的科學數據與資料；構建關於傳播現象的一般理論模型與定理。

經驗學派學者不僅認為傳播效果可以被測量，而且由於他們自稱採用的是客觀的數據和資料，因此標榜其效果測量的客觀性。上文提到的「伊裡調查」「說服性傳播」效果研究等，都是採用的這種方法研究傳播效果。但這些研究過分強調大眾傳播效果的有限性，遭到了批判學派學者的強烈批評。經驗學派學者後來轉變了研究視角，同樣是使用經驗性方法，得出了「議程設置」等強調傳媒影響有力性的效果論。

（二）效果可知原因剖析

傳統媒體時代認為傳播效果可以被測量，原因主要有四點。

第一，傳播者地位穩定。傳播者是內容的發送者，能夠對媒介訊息特別是勸服訊息的傳播效果產生很大影響。根據霍夫蘭在其耶魯研究中提出的「可信性效果」概念，傳播者的信譽和專業權威性與訊息的說服效果成正相關關係。

第二，傳播內容易於控制。傳播內容的主題、觀點和價值取向等訊息內在因素，直接決定了訊息的傳播效果。許多時候，「說什麼」比「怎麼說」

更重要。由於傳統媒體時代媒介資源的匱乏，大眾傳媒上的內容刊播基本上控制在少數人手中。

第三，傳播媒介難以進入。在傳播活動中，媒介形式的選取也會影響到傳播效果。內容輕快並且需要配以圖像說明的內容適合刊播在電視上，篇幅較長的時政新聞則適合刊登在報紙上。同樣是因為媒介資源匱乏，一般民眾很難獲得「媒介接近權」。

第四，傳播對象相對固定。無論是全國性的報紙、電臺、電視臺，還是省、市、縣的各級報紙、電臺、電視臺，都有自己相對固定的受眾。

受眾是傳播效果的反映者，受眾的屬性對於傳播效果起著重要的制約作用。如果傳播活動的受眾難以被估計與調查，那麼效果測量也就無從談起。正是由於這些環節相對穩定，減少了資料與數據蒐集中的不確定性，才使得傳統媒體上的效果測量成為可能。

第二節 新媒體環境下傳播效果難以預測

傳播內容一經發出，傳播者就失去了對它的控制權，即便在傳統媒體環境下也是如此。但透過對傳播過程的各個環節進行分析，可以預測其傳播活動可能產生的效果。在新媒體環境下，由於用戶生成內容與病毒式傳播等特徵，無法確定一條具體的訊息會傳得多遠，到達哪些類型的受眾，因而無法確定該訊息的傳播效果。

一、新媒體消解傳播控制權

就媒體對於社會的影響，較之傳統媒體而言，新媒體的主要影響來自它的消解力量。新媒體不僅消解了傳統媒體之間、產業之間、國家之間的界限，更重要的是它消解了政府與媒介對傳播的控制權，從而使整個傳播活動處在「失控」的狀態之下。

（一）對傳播者控制的消解

傳播者又被稱為信源、傳者，他是傳播活動的發起者，是整個傳播過程的起點。只要有傳播活動發生的地方，便有傳播者的存在，絕不會有憑空產生的傳播內容。傳播者可以是人，也可以是機器。由機器擔任傳播者的傳播活動，其最終源頭還是人。在不同的傳播活動中，傳播者的地位也不相同，例如在人內傳播中，傳播者和接受者完全平等，互動和回饋毫無障礙；在人際傳播中，傳播者和接受者的地位相對平等，可以進行有效的雙向互動；而在群體傳播、組織傳播、大眾傳播中，傳播者的地位一般要高於接受者，此時訊息傳播是單向的，回饋是遲延的。

對傳播者的控制是指對傳播活動設置門檻，限制傳播活動中傳播者的數量。這裡的傳播活動主要是指大眾傳播活動。由於大眾傳播的覆蓋面大，傳播範圍廣，能夠對社會的各個方面產生深遠的影響，因此必須對大眾傳播活動的傳播者加以限制。這種限制主要有政治與經濟兩個方面：政治方面，例如允許與執政者意見相同的媒體進行新聞報導，打擊取締與自己政見不一致的媒體；經濟方面，例如提高大眾傳媒的注資金額，超出絕大多數社會成員所能擔負的水準。

在傳統媒體時代，對傳播者的控制較為容易實現。政府透過政治與經濟兩方面的手段，保證只有少數人員可以參與到大眾傳播的過程中來，以維護自身利益和社會效益。而新媒體的出現，消解了政府對於傳播者的控制。新媒體賦予了每一個使用它的社會成員自主傳播權，打破了傳統媒體時代少數人的傳播壟斷地位。透過使用新媒體，人人都有「麥克風」，人人都是「公民記者」。

（二）對傳播內容控制的消解

傳播內容是傳播者為了達成傳播效果而編碼的訊息，它經傳播通路，由傳播者傳遞給傳播對象。傳播內容由符號和意義兩個方面構成，其中符號是傳播內容的物質載體，意義是傳播內容的精神實質，是傳播者借助符號真正想要傳遞的內容。近代以來大眾傳媒的高速發展，使得媒介內容豐富多彩，包羅萬象，其具體形式主要有文本、圖片、音頻、影片等。

之所以要對傳播內容進行控制，是出於社會管理的考慮。血腥、暴力、色情內容的傳播，不僅會干擾正常的社會秩序，而且會對社會成員特別是未成年人造成極為惡劣的影響。但對傳播內容的管制不能超過一定的限度，如果政府與媒介打著維護社會穩定的旗號，限制和禁止一切於己不利內容的傳播，那就違背了內容控制的初衷。這種內容管制發展到最後，就成了施拉姆在《報刊的四種理論》中提到的「集權主義理論」的具體呈現，此時國家利益高於一切，自由討論和訊息傳播被嚴格限定，媒介則成為權貴勢力與利益集團的推手。

　　由於傳統媒體的版面、波段、時段是一種稀缺資源，出於資源最優配置的考慮，傳播內容必然要經過篩選。而且一直以來傳統媒體都附庸於某些政治集團和經濟勢力，為了迎合他們的利益，必須對傳播內容做出相應限制。而在新媒體時代，由於傳播門檻的降低，傳播內容得到前所未有的豐富。社會的多元化反映到互聯網上是傳播內容的多元化：不管是喃喃自語自說自話，以及朋友間的親切交談，還是意見領袖的振臂疾呼，不同的傳播內容都能在互聯網上廣泛傳播。當然也有不法分子利用新媒體傳播威脅社會穩定的內容，新媒體上的內容控制放鬆加大了社會管理的難度，這點是值得注意的。

（三）對傳播通路控制的消解

　　傳播通路又被稱作傳播媒介，它是傳播內容的載體，是訊息傳播的仲介和工具。任何傳播者都需要一定的媒介和通路將訊息傳遞出去，可以說，傳播通路在傳播活動中扮演著橋樑紐帶的作用，透過承載傳播內容，將傳播活動的各個環節串聯起來。

　　關於傳播媒介，值得一提的是媒介環境學派的觀點。該學派主張關注媒介形態本身，而不是媒介傳播的具體內容，研究的目的是從媒介形態及其變化的角度來解讀社會歷史的變遷，代表人物有伊尼斯、麥克盧漢、波茲曼、梅羅維茨和萊文森等人。其中以麥克盧漢的「媒介三論」最為著名，即「媒介即訊息」「媒介———人的延伸」「熱媒介和冷媒介」。他主張電子媒介使人類重新回到部落化生存，人們將歡欣鼓舞地迎接一個所有人都與其他人緊密相連的地球村落時代。

麥克盧漢的預言如今已基本實現，透過新媒體，人們理論上可以與任何人展開交流。時間和空間對傳播的束縛已被打破，偌大的世界宛如一個「地球村」。新媒體消解了上層社會對於傳播通路的控制，使普通個體有了表達發聲的機會。在過去，傳播資源掌握在少數人手中，媒介最終淪為他們維護自身利益的工具。從「集權主義理論」到「自由主義理論」「社會責任理論」，再到「民主參與理論」，只是既得利益者發生了改變，媒介接觸依舊不平等。新媒體的出現賦予了每一個個體平等使用傳播媒介的權利，人類重歸部落化生存的過程，正是從新媒體誕生的時刻開始。

（四）對傳播範圍控制的消解

這裡的傳播範圍主要指傳播活動到達的對象，即傳播接受者，也稱受眾。受眾是一次具體傳播活動的終點，在發出回饋後他又成為新的傳播活動的起點。受眾可以是一個龐大的集合體，也可以是單個個人，依照不同的劃分標準而有所不同。具體而言，按照接觸的媒介，可以劃分為報紙的讀者、廣播的聽眾、電視的觀眾、網路媒體的使用者；按照所在區域，可分為中國受眾和區域受眾；按照捲入程度，可分為核心受眾和邊緣受眾。

「受眾」概念在新媒體時代並不適用，這裡使用這個概念主要是想說明在傳統媒體時代受眾是一個被動的角色，只能單方面地接收傳播者傳遞的訊息。受眾處在媒介掌控者的控制當中，透過什麼通路，接收何種訊息，都只能在對方提供的有限範圍內進行選擇。

新媒體對傳播範圍控制的消解主要表現在兩個方面、一方面是控制者主動施加，將傳播範圍控制在某一區域內。這種現象在傳統媒體時代極為普遍。傳播者有意將訊息傳播的範圍縮小，防止訊息傳播出去之後造成不良社會影響，或是威脅到自身利益。例如有些官員為了免受懲罰，刻意瞞報災情，並給記者封口費。另一方面是控制者被動承受，雖然期望將訊息傳播得更遠，但由於實際傳播能力有限而無法實現。過去的報紙、廣播、電視，由於派發、訊號等問題，發行範圍與收聽或視範圍只能侷限在本地。如今新媒體的實時性、開放性、全球性等特點使得傳播活動的範圍擴展到了全球，同時也能第一時間接收到世界各地發送的消息。訊息的自由流通是社會長治久安的保障，

如果一昧封堵消息，而不是加以疏導，只會引發更強大的輿論聲勢，同時謠言四起，威脅社會的正常秩序。訊息的無國界流通使得任何訊息封鎖都失去了生存的土壤，新媒體在促進訊息的自由流通方面，無疑是具有積極作用的。

（五）對傳播效果控制的消解

傳播效果是指傳播活動對訊息接受者所產生的具體效用，是傳播內容引起的傳播對象思想和行為的變化，它是傳播過程的各個環節共同作用的結果。傳播效果研究歷來受到學者們特別是經驗學派學者的重視，它幾乎成為整個傳播學研究的根本所在。根據經驗學派的觀點，無論是對於傳播者、傳播媒介還是傳播對象的研究，歸根結底都是為了對傳播活動的效果進行探討。由於傳播行為的目的性，不為實現某種傳播效果的傳播活動如同一支無的之矢，是毫無意義的。

傳統媒體的使用者本質上也不能控制傳播效果，因為傳播內容一經發出，傳播者就失去了對它的控制。同時，根據卡茨的「使用與滿足理論」，傳播對象是根據自身的實際需求對媒介內容進行選擇；根據霍爾的「編碼解碼理論」，傳播者對於接收到的內容採取不同的解碼方式，並做出偏好解讀、協商解讀與對抗解讀。雖然不能在微觀層面上將傳播效果控制到具體個人，但由於傳統媒體的使用者能夠很容易對傳播者、傳播內容、傳播媒介與傳播範圍進行控制，他們能在宏觀層面上對傳播效果進行掌控，保證傳播效果符合他們的期望，並透過各種社會調查方法進行驗證。

新媒體賦予普通個體進行大眾傳播的權利後，傳播效果從此變得難以預測。「新媒體賦權」帶來的變革貫穿了傳播活動的各個環節：社會成員無須再忍受大眾傳媒千篇一律的內容，他們能夠在新媒體海量的訊息當中尋求到自己需要的訊息；媒介壟斷被打破，用戶可以輕易地利用工具進行自主內容生產；訊息傳播沒有終點，其傳播力不會因為單次傳播活動的結束而衰減。這些變革合力作用的結果是傳播效果不再掌握在傳統媒體手中，新媒體消解了對它的控制，並將它交給了全體社會成員。

二、新媒體語境下傳播效果難以預測

新媒體構建的新型傳播語境，使得病毒式傳播等傳播形式得以發生。同時，個體能夠自主傳播訊息，解釋媒介內容並進行再生產，增加了整個傳播過程的不確定性。即便是一則短消息，也可能引發無數人的加工與轉發，其結果是經新媒體通路傳播的訊息所產生的傳播效果變得難以預測。下面以實例對網路媒體和手機媒體的傳播效果做具體說明。

（一）網路媒體的傳播效果

伊拉克戰爭又稱美伊戰爭，是人類進入新世紀以來最大規模的一場局部戰爭。除了戰爭中使用大量的先進技術和現代化武器，本次戰爭還有一點值得注意，那就是網路媒體在報導戰爭局勢與戰鬥場面方面展現出了重大的優勢。網路媒體透過豐富的媒體形式，多樣的表現手段，海量的訊息內容，將戰爭的場面完整地展現在全世界人們面前。這種「全景式傳播」所產生的傳播效果，是傳統媒體難以望其項背的。不僅如此，部落格也在本次戰爭中強勢崛起。部落格充分顯示了網路媒體的自媒體特性，用戶可以在部落格上自行生成內容，這對於打破傳統媒體的消息封鎖發揮了重大的作用。戰爭期間，以 CNN、泰晤士報為代表的傳統媒體，妄圖透過對訊息的把關與篩選，達到控制本國輿論的目的。但這不能阻止人民透過部落格、電子郵件等網路途徑瞭解輿論的真實情況和戰爭的人心向背。透過網路媒體，人們逐漸意識到伊拉克戰爭是一場沒有得到聯合國安理會授權的非法戰爭，反戰情緒開始在全球蔓延，並最終引發了全球的反戰大遊行。網路媒體既能增強訊息傳播效果，又能削弱傳統媒體的輿論控制效果。因此，有學者指出，以網路媒體為代表的新媒體，是伊拉克戰爭中一把高懸在大眾傳媒頭上的達摩克利斯之劍。

「幫汪峰上頭條」事件，不僅是新媒體環境下網民的又一次狂歡，從中也能看到網路媒體的協同作用對訊息傳播效果的放大。2013 年 9 月至 11 月，汪峰宣布離婚當天碰上李亞鵬和王菲宣布離婚，向章子怡告白當天又遭遇廣州恆大奪得亞冠，發佈新曲當日又撞上各種娛樂圈重大新聞，後者的消息迅速將前者淹沒。而網民對待汪峰連續幾次被搶風頭的態度，也從最開始的調侃逐漸轉變為要幫助汪峰上頭條。自新浪微博大 V「使徒子」發佈圖片微博

《心疼汪峰》起，網民以新浪微博為主要陣地，紛紛轉發「幫汪峰上頭條」的相關消息。由於網民們的協同作用，「幫汪峰上頭條」話題長期雄踞微博熱門話題榜的前三位。不僅如此，網路媒體上的狂歡也引發了線下媒體的參與，以《華西都市報》為代表的傳統媒體紛紛加入這個話題的討論中，《南方都市報》甚至將關於汪峰的新聞倒著放在娛樂版頭版的底部，並宣稱「翻轉過來，便是頭條：汪峰老師，我們只能幫你到這了」。到最後，是否上頭條已經無關緊要，「幫汪峰上頭條」話題的火熱帶來了強大的傳播效應，由網路媒體帶來的網民的協同與合作，以及線下媒體的聯動與參與，最終對汪峰的新歌發佈取得了非常好的宣傳效果。

（二）手機媒體的傳播效果

手機媒體具有便攜性、互動性、即時性、用戶廣泛等特點，這些特點使得手機媒體上的訊息傳播能夠產生其他媒體無法實現的訊息傳播效果。在下面的例子中，不僅可以看到手機媒體對中國民主進程的推動作用，還能看到手機媒體在自然災害中發揮的災情通報與應對作用。

廈門市海滄 PX 項目又稱對二甲苯化工項目，是廈門市有史以來引進的最大的一個工業項目。雖然投產後能夠給廈門市帶來每年 800 億人民幣的工業產值，但由於這個項目將廠址選在距廈門市中心不足 10 千米的海滄區，該地區不僅人口稠密，而且與廈門風景名勝地鼓浪嶼僅 5 千米之遙，周圍居民擔心化工廠建成後會汙染環境，危害民眾身體健康，對這個項目表示強烈反對。從 2007 年 5 月 20 日開始，有人開始透過手機簡訊在廈門市民中間傳播反對 PX 項目的訊息，並在這條簡訊的結尾處號召市民舉行遊行。在短短幾天內，該簡訊被相互轉發，據估計大約有一百萬廈門市民都收到這條簡訊。該簡訊擴散的速度之快，擴散的範圍之廣，實乃前所未有。遊行於 6 月 1 日舉行，廈門政府迅速採取行動，積極應對人民的呼聲和訴求，最終 PX 項目被遷到了漳州市漳浦縣的古雷半島。

2012 年 7 月 21 日，北京市遭遇了 61 年來最強暴雨及洪澇災害，這次暴雨給北京市及其周邊地區造成了嚴重的經濟損失。在這次災害中，以手機媒體為代表的新媒體在危機訊息傳播、民間力量的組織與動員方面發揮了重大

的作用。例如，北京市氣象局在這次暴雨中透過手機簡訊、聲訊電話、手機微博等形式向公眾發佈災情預警訊息，累計發送簡訊 140 萬人次。又如，一位名為「菠菜 X6」的網友，透過手機微博發出救助的倡議，最終動員了 300 多輛私家車，共接回首都機場的滯留旅客 500 多人。這件事情後來被稱作「雙閃行動」，被中國各大媒體廣泛報導。在認識到手機媒體的危機應對作用後，各地的危機管理部門開始重視手機媒體的傳播力量，並將其作為危機預警與應對系統中的重要組成部分。

三、傳播效果難以預測的原因

新媒體上的傳播活動之所以難以預測效果，是因為新媒體具有許多傳統媒體不具備的特徵，如實時性、互動性、自主性、海量性、多媒體性。這些特徵改變了傳統傳播過程的各個環節，實現了傳播活動質的飛躍。同時，由傳播變革帶來的關係變革，改變了人與人之間的連接狀態，進而從根本上改變了整個社會的面貌。具體而言，傳播效果難以預測的原因，主要有以下三個方面：

（一）海量內容的使用與滿足

訊息作為一種資源，在社會上的分配是不均等的，這種現象被稱作「訊息不對稱」。在傳統媒體時代，由於「訊息不對稱」，傳播者與傳播對象之間存在著訊息落差：傳播者佔有大量訊息，是「訊息富有者」；而普通大眾僅僅知曉少量訊息，是「訊息貧困者」。訊息落差的存在，使得普通大眾不得不依賴由媒體提供的訊息。這種依賴心理在大眾缺少對照訊息的情況下，逐漸演變為對媒體提供訊息不加分辨地接受，甚至是對這些媒體頂禮膜拜。這便是「魔彈論」提出的社會背景之一。而進入後工業社會後，訊息與知識的作用愈發凸顯，並逐漸成為權力、財富、地位的象徵。

1. 海量的訊息儲存

新媒體上的海量訊息儲存，徹底改變了過去傳播者與傳播對象之間的「訊息不對稱」狀態。過去訊息資源的分配之所以不均等，是因為訊息的載體——傳播媒介本身也是一種稀缺資源。世界上每天發生的事情多如繁星，

而媒介的容量是有限的：報紙的版面、廣播的波段、電視的時段，因而必須對媒介登載的訊息進行取捨。這裡便是問題所在：由於取捨標準是傳播者人為制定的，因此傳播者可以透過一定的篩選標準，使傳播活動的效果符合自身的期望。例如，透過對某件事情的持續大規模報導，為社會公眾設置議事日程，以轉移公眾的注意力；或是透過一系列帶有偏見的內容與節目，對公眾產生潛移默化的「培養」效果。然而傳播者的這些手段在新媒體時代不再完全適用，原因是新媒體的信道容量不再是稀缺資源。透過將訊息內容轉化為數位形態，極大地降低了訊息的存儲空間，使得新媒體在理論上可以承載無數訊息。在這種情況下，傳播者有意挑選的傳播內容，很容易淹沒在訊息的汪洋當中。而之前透過控制傳播內容所產生的「議程設置」效果、「培養」效果也不復存在：根據尼古拉斯·尼葛洛龐帝在《數位化生存》中的觀點，人們可以透過自助新聞篩選設計「我的日報」，自己給自己設置議程；而桑斯坦在《網路共和國》中指出，人們總是有選擇地接觸符合自身原有價值觀的訊息，從而實現「自我培養」。

2. 對海量訊息的使用與滿足

新媒體上豐富的訊息內容，緩解了過去普通大眾的訊息匱乏，大眾在獲取訊息時有了更多的選擇。根據使用與滿足理論，人們總是根據自身的實際需求選擇特定的媒介與訊息，從而使需求得到滿足。在訊息匱乏的時代，人們的需求是壓抑著的。由於缺少其他獲取訊息的通路與途徑，人們只能透過大眾傳播媒介獲取訊息，於是便有了「千家萬戶同看一個節目」的局面。這種訊息的強制性接觸，為傳播者實現傳播效果提供了條件，他只用將精心設計的內容傳播出去，便能收到期望的效果。新媒體上的海量訊息，使用戶可以根據自身的偏好進行選擇，傳統媒體的訊息強制接收不復存在。此時傳播者的傳播內容若無法滿足用戶的需求，或是不符合用戶的接收習慣，則會遭到冷落與忽視，從而無法產生傳播效果。

由此可見，新媒體的內容存儲優勢對於傳播效果的影響主要表現在兩個層面：從宏觀上看，海量的訊息提供削弱了單一傳播活動的傳播效果；從微

觀上看，個體在訊息選擇上有了更大的自由，從而使單個傳播內容的效果變得難以預測。

（二）用戶生成內容與訊息再生產

用戶生成內容(User Generated Content，UGC)，指的是任何由網路用戶自主創作的文本、圖片、音頻、影片等內容，它是互聯網上海量訊息的重要組成部分。用戶生成內容的具體形式包括網路百科、影片網站、貼吧、網路社區，開源軟體，以及各類社交媒體，其產生背景是 Web 2.0 時代的到來。Web 1.0 時代是「人機對話」時代，網路用戶被動地從互聯網中獲取訊息；而 Web 2.0 時代是「人人對話」時代，它為用戶構建了一個參與表達、創造、溝通和分享的環境。Web 2.0 具有去中心化、去威權化、協同生產的特徵，用戶既是網站內容的使用者，也是網站內容的生產者和傳播者。UGC 則充分體現出了 Web 2.0 的時代精神，即每個個體都有潛力貢獻出有價值的訊息，有機會接觸網路的人都具有自我表達的話語權。

1. 用戶生成內容

用戶生成內容帶來了訊息繁榮，但也帶來了訊息的混亂無序，增加了尋求有用訊息的成本。根據世界經濟合作與發展組織 (OECD) 在 2007 年發佈的報告，用戶生成內容需要具備三個特徵：以網路出版為前提，內容具有一定程度的創新性，非專業人員或權威組織創作。它不僅豐富了互聯網上的訊息內容，而且打破了傳統媒體對於訊息傳播的壟斷。寬泛地講，其實傳統媒體上也存在用戶自主生成的內容。20 世紀 70 年代以後，媒介壟斷程度進一步提高，民眾要求使用大眾傳播媒介的呼聲越來越高，「民主參與理論」正是在這個時代背景下提出的。歐洲一些國家開放部分電影片道，允許公眾播放自己製作的電視節目。這種內容生產往往成本高昂，而且由於開放的頻道資源有限，許多人不得不排隊等候。互聯網，準確地說是 Web 2.0 真正實現了用戶生成內容，它將內容製作與發佈的成本降低到一般民眾可以接受的水準，極大地鼓舞了人們的創作熱情。凡事都有兩面性，用戶生成內容的出現，也使得互聯網上面的訊息變得冗餘、混雜。人們每天被太多與己無關的訊息包圍，訊息不再是稀缺資源，注意力變成了稀缺資源。注意力的分散帶來的

是傳播效果的稀釋，此時無論是傳統媒體傳播的內容，還是普通個體生產的內容，訊息傳播的效果都要大打折扣。

2. 網路媒體訊息再生產

這是用戶生成內容的一種具體形式，用戶將獲取到的訊息進行再加工，並透過網路媒體傳播出去。無論是傳統媒體還是新媒體上的內容，都能透過這種方式進行再生產。用戶會對訊息做出自身獨特的解讀，這種解讀與訊息的本意也許並不一致，甚至完全相反。根據霍爾的「編碼解碼理論」，受眾會對訊息做出偏好、協商、對抗三種不同的解讀。用戶進行內容再生產時若是採用的對抗解讀，則會歪曲訊息原本的含義，抵消訊息的傳播效果，甚至是產生相反的效果。網路上的各種惡搞、戲謔、諷刺題材作品是這種對抗解讀的代表，比較典型的例子是胡戈根據電影《無極》改編製作的影片短片《一個饅頭引發的血案》。由於這種再生產的解讀性質取決於加工者，而新媒體使得所有用戶都能成為潛在加工者，因此網路媒體訊息再生產為新媒體語境下的訊息傳播效果又增加了一個不確定因素。

（三）無限互聯與病毒式傳播

20世紀40年代，當第一臺電子電腦「ENIAC」在美國問世時，研究人員無論如何也不會想到這種最初為軍方設計的機器會對後世產生如此深遠的影響。直到20世紀90年代中期，電子電腦與互聯網還是主要運用於軍隊、學校和科學研究機構，此時電腦聯網的價值被低估，整個社會還沒有意識到電腦帶來的社會聯網的價值。自1994年互聯網進入商用階段起，電子電腦與互聯網變革社會的力量開始凸顯。根據「梅特卡夫定律」，網路的價值與聯網的用戶數的平方成正比，加入網路的節點越多，網路的價值越大。電子電腦與互聯網結合而產生的電腦網路，以其訊息傳播的實時性、交互性、多媒體性等傳統媒體無法比擬的優勢，吸引了全世界的使用者，徹底改變了人與人之間的連接關係，並從根本上改變了人類傳播活動的面貌。

1. 隨時在線與永遠互聯

由於新媒體的出現，人與人之間隨時可以進入聯繫狀態，此時任何狹隘的、不公正的、帶有偏見的訊息都會遭到傳播對象的抵制，無法產生傳播效果。在過去，人們可以透過書信、電報、電話等方式進行溝通，但這些方式不是速度太慢，就是價格過於昂貴，無法讓人們隨時保持聯繫。電腦網路實現了訊息的即時傳播，同時訊息溝通的成本趨近於零，這使得人們可以輕易地同世界各地的人們進行交流，而不至於被片面的訊息誤導。第二次世界大戰期間希特勒、戈培爾之流所採用的宣傳策略，矇蔽了德國人民的雙眼，給整個世界帶來了災難性的後果。但這種手段在新媒體時代是完全行不通的。如果說在過去「謊言說一千遍就成了真理」，那麼在新媒體高度普及的今天，謊言只用說一遍，就立即有人將它揭穿。由於社會公眾之間的訊息交流使得傳受雙方的訊息佔有量趨於平等，因此大眾傳播活動，特別是宣傳活動的傳播效果在新媒體語境下變得難以預測，有時甚至很難產生效果。

2. 訊息的病毒式傳播

上一章已經談到了病毒式傳播的具體情況，這裡主要談訊息的病毒式傳播對於傳播效果的影響。新媒體的運用帶來了傳播活動從「傳者本位」到「受眾本位」的轉變，傳播者的壟斷地位被打破，用戶的主體地位得到確認。同時電腦網路將人與人之間的關係從線下搬到線上，織成一張重大的社會關係網路。「六度分隔理論」透過電腦網路得到強化，世界上任何一個人都處在這張互聯網織成的社會關係網路當中。當一則訊息進入社會關係網路時，人們可以將訊息繼續傳播出去，此時訊息不斷地從社會網路上的一個節點擴散到多個節點，最終像病毒一樣蔓延至整個網路。這種病毒式傳播的傳播效力是驚人的，只要滿足相關條件，它便能將訊息的傳播效果無限放大。

第三節 碎片化後的重新聚合

新媒體使得個體可以參與媒介內容的生產與傳播，包括對傳統媒體傳播內容的再創造；同時個體接收訊息的情境與方式不再固定，從整體上看新媒體環境下呈現出碎片化的傳播特徵。但碎片化並不代表「去中心化」，個體

第三節 碎片化後的重新聚合

參與的過程中仍然存在意見領袖的引導作用，仍然需要意見領袖的提煉與整合。透過意見領袖對碎片化內容的重新聚合，個體才不至於迷失在碎片化的訊息汪洋之中。這些意見領袖包括個人意見領袖和組織意見領袖，他們的傳播活動具有大眾傳播活動的某些特徵，其傳播效果是可以被認識的。

一、新媒體環境下的碎片化傳播特徵

人人都是傳播者，多種可供選擇的媒介、內容，以及無處不在的訊息接受者，這些因素共同造就了新媒體的碎片化傳播特徵。較之傳統媒體，新媒體的傳播能力在總體上得到了極大提升，但碎片化的存在使得單個傳播媒介與單次傳播活動的傳播能力下降。這種碎片化傳播特徵為新媒體所獨有，它主要包括內容碎片化、媒介碎片化和受眾碎片化。

（一）關於碎片

化碎片化 (Fragmentation) 是指原本完整的東西，在外界因素的作用下支離破碎，變成諸多分散的碎片。碎片化原本為社會學術語，指的是傳統社會向現代社會過渡期間，傳統的社會關係、市場結構及社會觀念的整一性被瓦解，取而代之的是利益訴求與社會成分的碎片化分割。對碎片化的研究最早見於 20 世紀 80 年代西方對於「後現代主義」的研究文獻中，80 年代末 90 年代初第三世界國家開始陸續對其展開研究。21 世紀後，中國以黃升民為代表的學者開始把碎片化引入傳播學的研究中，將碎片化廣泛應用於傳媒研究和訊息傳播研究。

根據黃升民的觀點，碎片化指的是社會階層的多元裂化，並導致消費者細分、媒介小眾化。由於社會階層的碎片化，消費、品牌、媒介、生活方式也開始朝著碎片化方向發生相應變化。碎片化的產生主要有三個原因：首先，經濟發展是社會階層碎片化的物質基礎；其次，不斷擴大的貧富差距是社會階層碎片化的根源；最後，人們生活方式、態度意識的多樣化趨向是社會階層碎片化的直接原因。以上三點在中國的現代化進程中尤為明顯。近代中國加快了由傳統的鄉土社會向現代社會轉變的步伐，經濟的快速發展也帶來了分配製度不公等一系列社會問題，同時統一的價值觀被打破，社會開始出現

多元的利益訴求與價值取向。原本單調而一致的社會階層開始崩塌，價值體系變得多元化，整個社會開始尊重社會個體的個性、尊嚴、權利、和財產。正是在碎片化社會的背景下，碎片化傳播應運而生。

（二）內容碎片化

新媒體碎片化傳播的第一個特徵是內容碎片化，主要表現在用戶接收到的訊息零碎而龐雜。過去無論是報紙、廣播還是電視，由於有專門的媒體從業人員充當「守門人」的角色，傳遞給媒介用戶的訊息都是經過篩選與整合的，媒介內容具有完整性，價值取向具有統一性。而新媒體傳播的低門檻使得任何用戶都能參與到媒介內容的生產當中，雖然豐富了新媒體上的訊息，但也使得媒介內容變得碎片化，包括事實性訊息傳播的碎片化與意見性訊息傳播的碎片化。前者指的是訊息來源的多元化、觀察角度的分散化、訊息文本的零散性和訊息要素的不完整性。例如自然災害發生時，許多親歷者利用媒介將災害發生時的情況與災後景象傳播出去。由於受到觀察視角等因素的侷限，每則內容只概括了災害的一小部分訊息。將所有人的所見所感整合起來，便構成了一幅關於本次災害的完整圖景。後者不僅指傳播訊息本身的零散性，更指意見的異質性與分裂性。針對一起事件，不同的人做出不同的解讀，得出不一致甚至是完全相反的觀點，沒有所謂的誰對誰錯，只有誰更有道理，誰有更多的社會支持者。

在原有的基礎上，新媒體的互動性加劇了傳播內容的碎片化，網路內容生產由部落格向微博的轉變就是一個典型的例子。部落格為用戶生成內容提供了一個很好的平台，它打破了傳統媒體對於傳播內容的控制，是網路訊息開始碎片化的標誌。但部落格也存在著互動性不強，內容生產需要耗費較多時間等問題。微博的出現很好地解決了這些問題。透過「@」等方式，微博可以讓指定用戶看到，對方的評論與回饋也能很方便地進行。不僅如此，140字的字數限制，方便了傳受雙方透過簡短的對話進行互動。但微博的負面效果是傳播內容的進一步碎片化，最終網路上充斥著喃喃自語與你問我答式的內容，訊息的零散性和不完整性問題進一步加劇。

（三）媒介碎片化

　　新媒體碎片化傳播的第二個特徵是媒介碎片化，主要表現在用戶接收訊息的情境與方式不再固定。在傳統媒體時代，讀報、看電視等媒介接觸行為總是發生在一些固定的場景。例如，人們通常在早上閱讀報紙，讀報的環境通常是家裡、辦公室或者是去上班的車上；看電視則通常發生在晚上，一家人坐在電視機前的沙發上收看電視節目。新媒體改變了這種狀況，它賦予了用戶訊息接收的主動權，而不必受制於訊息接收的環境。人們可以在任意時間任意地點讀報紙、聽廣播、看電視，無論是在餐廳、商場、住所，還是在各類交通工具上。

　　新媒體對於訊息接收情境的改變，源自它對於訊息傳播方式的整合。報紙在光線不好的地方難以閱讀，廣播受制於所在地的訊號，電視由於太笨重而無法隨身攜帶，傳統媒體由於自身媒介形式的缺陷，使得訊息傳播被侷限在一定範圍之內，所以便有了固定的媒介接觸場景。新媒體透過將各種媒體形式整合起來，運用多媒體的傳播形式，實現了訊息的跨媒體傳播。傳統媒體上的內容經過數位化改造，可以在任意電子媒介上傳播與轉換。讀報行為不再侷限於報紙這種單一媒介形式，人們可以在個人電腦、數位電視等終端閱讀報紙。廣播和電視也是如此。行動通訊技術的發展進一步拓展了人們的訊息接收方式，智慧手機、平板電腦、掌上閱讀器的出現使得傳統媒體的訊息接收終端合而為一，利用行動終端人們不僅可以讀報紙、聽廣播、看電視，還能進行網上瀏覽、即時通訊、影片下載等活動，而這些活動無法在傳統媒體上進行。行動終端將媒介碎片化進一步向前推進，最終人們將生活在一個媒介無所不在的環境中。

（四）受眾碎片化

　　新媒體碎片化傳播的第三個特徵是受眾碎片化，受眾的時間與思維在頻繁的媒介接觸和海量訊息的裹挾中變得支離破碎。在媒介匱乏的印刷傳播時代，人們只能從有限的通路獲取訊息。電視的出現極大地豐富了媒介的訊息資源，但由此也帶來了「電視人」「容器人」等一系列社會問題。由於長時間沉浸於電視媒介環境，人們的工作學習時間被大量占用，社會行動力也在

不知不覺中喪失。新媒體的出現加劇了媒介對於社會的負面影響。由於傳播通路的整合，人們可以透過行動終端隨時隨地接收訊息；由於傳播內容的極大豐富，人們可以很容易找到自己感興趣的內容。但新媒體的這些特點如同一把雙刃劍，其負面效果是人們花在媒介接觸上的時間更長，「媒介依存症」進一步加深。以微博為例，許多人除了在工作、學習時間使用 FB 外，走在路上甚至在過馬路時也在用手機看 FB，最終釀成悲劇，這樣的新聞報導已是數見不鮮。微博、FB 等新媒體不是利用了人們的碎片化時間，而是將人們的時間碎片化了。與電視的整塊時間占用相比，新媒體對時間的碎片化切割會帶來更大的負面影響，因此用戶必須提高媒介素養，在使用新媒體時學會節制。

新媒體對用戶時間的切割，還造成了用戶思維的碎片化。根據麥克盧漢的觀點，媒介對於人們的思維方式具有決定性作用。印刷媒介的連貫性與抽象性，培養了人們重理性、重邏輯的思維；電視媒介豐富的感官刺激，造成了人們的感性思維，同時不斷切換的鏡頭與頻道也使得人們的思維變得富於跳躍、飄忽不定；新媒體加劇了人們的跳躍性思維，並使得人們的注意力持續時間變得越來越短。人們在新媒體紛繁的媒介內容與媒介形式中跳躍轉換，而集中注意力進行深度閱讀變得越來越困難。「網路淺閱讀」很好地概括了這種現象，過度沉溺於網路媒體，其最終結果是思維的膚淺化。

二、新媒體環境下的意見領袖

新媒體的去中心化特徵，並不代表在新媒體環境下沒有意見領袖。同樣，新媒體的去仲介化特徵也並不代表利用新媒體進行的傳播活動不存在「守門人」。意見領袖換了一種姿態在新媒體環境下生存下來，繼續發揮他在傳統媒體時代具有的功能與作用，繼續對傳播活動施加「個人影響」。

（一）意見領袖的由來

意見領袖是指活躍在人際傳播網路中，經常為他人提供訊息、觀點或建議，並對他人施加個人影響的人物，這個概念最早由傳播學四大先驅之一的拉扎斯菲爾德於 20 世紀 40 年代在其調查報告《人民的選擇》中提出。當時

第三節 碎片化後的重新聚合

拉扎斯菲爾德為了驗證「魔彈論」的觀點，在伊裡縣展開調查，研究美國總統大選期間大眾傳媒對於總統投票意向的影響。結果發現大眾傳播並沒有直接左右選民投票意向的力量，大多數選民早在競選運動之初就已經做出了怎樣投票的決定。即便是那些改變了投票意向的選民，也不是因為聽從了大眾傳媒的宣傳和勸服。在改變選民投票意向方面，意見領袖的作用要遠大於大眾傳媒。

拉扎斯菲爾德提出的「意見領袖」概念，說明大眾傳播並不是直接作用於一般受眾，而是要先經過意見領袖這個中間環節。它對於否定「魔彈論」的效果觀造成了直接作用，並由此開創了「兩級傳播理論」。

關於意見領袖的界定，不同的學者有不同的觀點。根據卡茨的研究結論，社會的每一個階層都有意見領袖；意見領袖與受其影響的人非常相似；意見領袖比非意見領袖更多地接觸媒介。根據郭慶光的觀點，意見領袖與被影響者處於平等關係；意見領袖均勻地分佈於社會的各個階層中；意見領袖分為「單一型」和「綜合型」；意見領袖社交範圍廣，對大眾傳播的接觸頻度高，接觸量大。還有研究者在總結了前人的研究成果後，提出了區分意見領袖與追隨者的三個因素：價值觀的人格化體現（其人為誰）；能力（其人的知識）；關鍵社會位置（其人所知的人）。其中「價值觀的人格化」指的是意見領袖是許多追隨者學習效仿的榜樣；「關鍵社會位置」是指意見領袖不僅認識本群體內的許多人，而且認識許多雖然處在本群體之外，但可以為群體成員關心的話題提供訊息的人。

但意見領袖與「兩級傳播理論」也遭到許多學者的批評。首先，很多時候大眾傳播並不存在中間人。例如，韋斯特利研究指出，「大部分新聞報導是直接由媒介傳播開來的，其範圍遠比個人信源寬廣」。其次，意見領袖的劃分標準太模糊，有時候意見領袖與其他社會成員並無明顯區別。例如，研究者林指出，「意見領袖既有自封的，也有提名的；既應用於專門話題，也應用於一般活動。當採用不同的操作方法時，『誰是意見領袖』這個問題就變得更為混亂」。最後，「兩級傳播理論」將大眾傳播媒介默認為意見領袖

的唯一訊息通路，但在缺少大眾媒介的傳統社會與充滿危機和不安定的現代社會，意見領袖的訊息來源往往是人際傳播。

（二）新媒體語境下的意見領袖及分類

在新媒體語境下，意見領袖仍然存在並繼續發揮著守門人的作用。但是由於傳播語境發生了變化，意見領袖的存在形態也發生了相應的變化。新媒體上的意見領袖與傳統媒體時代相比，既顯示出繼承性，又存在著超越性。具體而言，新媒體語境下的意見領袖按照自身性質，可分為個人意見領袖與組織意見領袖；按照存在形態，可分為線上意見領袖與線下意見領袖；按照社會地位，可分為權威意見領袖與草根意見領袖。

1. 個人意見領袖與組織意見領袖

這種分類方法同傳統媒體時代的劃分方法沒有區別：鄉紳、貴族、長老可以充當個人意見領袖，報紙、電臺、通訊社可以充當組織意見領袖。前者是個人，後者是為實現一定目標而組成的個人的集合，二者都能對大眾傳播活動產生影響。與傳統媒體時代的不同之處在於，新媒體將他們搬到了互聯網上，從而使他們能在更大的範圍內發揮輿論引導作用。前者如許多公共知識分子搖身一變，成為微博上的「大V」，後者如許多傳統媒體開設的網站、社群、手機APP等。

2. 線上意見領袖與線下意見領袖

在新媒體時代，這兩種意見領袖呈現出某種重合性。換句話說，現實社會中的意見領袖，通常在互聯網上也能成為意見領袖。上面提到的公共知識分子與傳統媒體在新媒體上繼續擔任意見領袖，就是一個很好的例子。之所以要這麼區分，是因為互聯網還沒有普及全社會，在農村地區與偏遠山區，線下意見領袖對於訊息的傳遞與擴散仍然發揮著很重要的作用。

3. 權威意見領袖與草根意見領袖

根據出身的不同，意見領袖可以分為權威意見領袖和草根意見領袖兩種，前者是社會精英階層，後者處在社會的底層。新媒體賦予了一般民眾以表達權，使得社會精英之外的草根階層也能參與到網路訊息傳播與網路輿論的引

導當中。草根意見領袖打破了互聯網上各類權威「你方唱罷、我方登場」的局面，使底層人民也能夠讓世界聽到他們的聲音。從某種程度上說這些草根意見領袖讓「意見領袖」這個詞回歸了本真，因為和草根意見領袖一樣，權威意見領袖當初也是由草根們選舉出來的，只是他們最終脫離了草根群體。與權威意見領袖的相對穩定性相比，這些年草根意見領袖的形式在不斷發生變化，從最初網路論壇的版主，到現在個社交媒體上的網紅，相信在將來還會出現更多新的形式。

三、新媒體意見領袖對傳播活動的引導作用

新媒體環境下的意見領袖與傳統媒體時代的相似，主要是透過對訊息的篩選、優化與整合，對傳播活動施加引導。有所不同的是，新媒體上的意見領袖需要處理的是各種碎片化的訊息，其任務更加艱巨。意見領袖的訊息聚合作用克服了碎片化內容的負面影響，使其成為新媒體時代的傳統媒體，最終新媒體上的傳播效果重新回歸效果可知論。

（一）對碎片化內容的提煉與整合

對媒介上的內容進行提煉與整合，是媒體從業人員的主要任務之一。在傳統媒體上，由於傳播權掌握在少數人手中，對於訊息傳播的控制較為容易。作為意見領袖，傳統媒體透過對媒介內容進行把關，可以使訊息的傳播效果符合自身的期望。但是，互聯網上海量的碎片化傳播內容，大大超過了傳統媒體的控制能力。此時便需要一種新型意見領袖對碎片化內容進行聚合，保證訊息傳播的效力，新媒體上的各種意見領袖由此應運而生。

新媒體意見領袖對訊息傳播的引導，主要包括篩選、優化、整合三個方面。其中篩選是指意見領袖對互聯網上紛繁而龐雜的內容進行過濾，篩選出真實的、有價值的傳播內容。新媒體由於其開放性特徵，用戶可以輕易地透過它發佈消息，這是新媒體上的傳播內容魚龍混雜、良莠不齊的主要原因。但也不排除有少數投機分子透過網路通路傳播虛假訊息，以實現自身的利益，網路水軍、網路推手便是這方面的代表。意見領袖對於訊息的篩選作用，使

得新媒體上的傳播內容去偽存真、去粗存精，最終營造了一個良好的傳播環境。

優化作用是指意見領袖對傳播內容進行分析、解讀與再加工，提升訊息的傳播價值與輿論引導作用。數位技術和網路技術賦予了新媒體實時性，新聞訊息可以第一時間出現在互聯網上。同時新媒體的出現也宣告了訊息匱乏時代的結束，用戶可以透過新媒體獲取到海量的新聞訊息。在這種情況下，直白的訊息不再是稀缺資源，用戶急切需要的是對於新聞訊息的準確分析與深度解讀。意見領袖透過對新聞訊息進行再加工，發表自己對於新聞訊息與熱點事件的觀點，不僅有助於指導人們的實踐，也使得新媒體上的輿論引導更容易進行。

整合作用是指意見領袖透過將碎片化的訊息進行歸納與分類，使新媒體上的傳播內容以系統化的方式呈現。碎片化的傳播特徵是新媒體的基本特徵之一。由於內容的碎片化與媒介的碎片化，造成了人們思維的碎片化。過度沉浸在支離破碎的訊息當中，使得用戶的思維變得飄忽不定，很難進行深度的閱讀與思考。整合訊息本來是傳統媒體的職責，但新媒體的平權化與去中心化的特徵，削弱了傳統媒體的這一功能。現在這個任務落到了新媒體意見領袖的肩上，透過結構化手段組織碎片化內容，將整個世界的圖景完整地呈現在用戶面前。

（二）新媒體時代的傳統媒體

新媒體時代的傳統媒體在這裡有兩層含義，一是指傳統媒體的數位化生存，二是指新媒體上的意見領袖在網路時代扮演著傳統媒體的角色。兩者的共同之處在於，他們都是新媒體時代的意見領袖，都能對訊息的傳播效果產生影響。

1. 傳統媒體的數位化生存

網路媒體和手機媒體等新媒體的出現，對於傳統媒體造成了極大的衝擊。無論是訊息傳播的速度，還是訊息的數量，新媒體都要遠勝於傳統媒體。此外，新媒體還具有跨媒體傳播以及隨時隨地接收訊息等傳統媒體不具備的特

第三節 碎片化後的重新聚合

徵。新媒體的這些傳播優勢造成了傳統媒體用戶的大量流失，由此帶來傳統媒體廣告投放的銳減，繼而威脅到傳統媒體的生存。為了對抗新媒體的衝擊，傳統媒體紛紛遷徙到互聯網路上，尋求新媒體時代的數位化生存。

報業的數位化轉型與廣播電視業的數位化轉型，是傳統媒體尋求數位化生存的具體體現。具體的轉型路徑則包括三種：透過「數位化嫁接」實現「滋生」；以數位化的名義進行創新；透過資源整合彰顯核心競爭力。轉型後的傳統媒體能夠在新媒體環境下繼續扮演意見領袖的角色，進行新聞傳播、輿論引導等活動，保證傳播活動的傳播效果符合自身所在集團的利益。

2. 個人意見領袖成為新媒體上的傳統媒體

傳統媒體是指運用先進的傳播技術進行大規模訊息傳播的專業媒介組織，主要包括報紙、廣播、電視三種。在過去，由於傳播資源稀缺與組織運作成本高昂，傳統媒體主要掌握在執政者與經濟財團等少數人手中。新媒體的出現降低了訊息傳播的成本，削弱了傳統媒體的傳播效力，使得單個社會成員也能擔任傳統媒體的角色。但是，與報社、廣播臺、電視臺這樣的專業傳播組織不同，個人意見領袖普遍不具備嫻熟的訊息傳播技巧，也不代表某個集團的利益，因此他們在輿論引導和實現傳播的社會效果方面要遜色於傳統媒體。

（三）重回效果可知論

傳統媒體權威的坍塌與社會公眾自我傳播意識的覺醒，形成了新媒體上「去中心化」的傳播環境；傳播門檻的降低與訊息壟斷的打破，造就了訊息內容空前繁榮的局面；社會網路的擴大與社會成員之間的互動性增強，使得人們可以彼此交換訊息，彼此施加影響。所有這些因素的共同作用，讓原本掌握在傳統媒體手中的傳播控制權轉移到普通個體手中，新媒體上的傳播效果變得難以預測。

但是，不能就因此認定新媒體上傳播活動的效果是未知的，完全無法測量的。意見領袖的存在，使得新媒體平台上混雜的訊息傳播顯示出某種規律性。碎片化的訊息經過意見領袖的引導與聚合，同樣能夠發揮「議程設置」

新媒體概論
第八章 傳播效果：從可知效果到未知效果

「涵化」等一系列功能。社會生活紛繁複雜，人們有接受指導的需要，而傳統媒體與新媒體意見領袖不過是不同時期滿足人們需要的不同形式。在新媒體時代，傳統媒體的「守門人」角色讓位給新媒體意見領袖，新媒體意見領袖承擔起過去由傳統媒體承擔的部分功能。新媒體上的意見領袖具有眾多追隨者，能夠輕易對其追隨者施加影響，這與傳統媒體時代的報紙、廣播、電視沒有什麼區別。因此，新媒體意見領袖是新媒體時代的傳統媒體，他們的傳播活動具有大眾傳播活動的特徵，其傳播效果是可以被認知與測量的。

需要指出的是，新媒體上的意見領袖對於傳播活動的引導，也使得新媒體的性質發生了改變。起初，新媒體作為一種新型傳播媒介，由於其易得性、便利性、互動性等優勢，很快受到普通大眾的青睞。普通大眾的積極參與，也使得新媒體不斷發展壯大，社會影響不斷增強。同時，底層人民也能透過新媒體發出自己的聲音，逐漸形成了一支同串流媒體抗衡的力量。因此，在新媒體發展的早期階段，新媒體與草根階層相輔相成，共同促進了社會的進步發展。但是，新媒體用戶之間逐漸產生傳播力的差距，原本人人平等的傳播格局被打破。隨著串流媒體與社會精英階層的入駐，這種差距被進一步擴大，新媒體賦予草根階層的話語權被精英階層重新奪回。因此，雖然意見領袖的存在使得新媒體上的傳播效果可以被認知與測量，但它也使得新媒體淪為上層社會的話語場，喪失了原本的草根性。作為草根階層訊息交流與發佈平台的新媒體逐漸瓦解，最終被主串流媒體收編。

【知識回顧】

本章主要講述傳播效果的演變過程以及在新媒體環境下傳播效果理論出現的新變化，顯示出人們對於傳播效果認識的不斷深化。從最初的認為大眾傳播無所不能，到後來的效果有限，再到後來的強大效果，這些都是傳統媒體時代人們對於傳播效果的認識。新媒體的出現顛覆了這些效果認識，原因在於新媒體消解了傳播者對於傳播內容的控制權，影響涉及傳播通路、傳播範圍、傳播效果等各個方面。在新媒體環境下，用戶可以自主生成內容，同時傳播過程呈現出病毒式傳播的特徵，因此無法確定一條訊息會傳得多遠，到達哪些類型的受眾，也無法確定該訊息的傳播效果。

但這並不是說新媒體環境下的傳播效果完全無法預測，因為碎片化之後存在一個再度「中心化」的過程：在泥沙俱下的海量訊息中，人們需要意見領袖給予指引，需要意見領袖對訊息進行提煉與整合。由於這些意見領袖的傳播活動具有大眾傳播的特徵，其傳播效果是可以被認識的。

【思考題】

1. 為什麼說在傳統媒體時代傳播效果是可以被測量的？
2. 你認為新媒體是如何消解傳播控制權的？請舉例說明。
3. 比起傳統媒體，新媒體的傳播效果難以預測，為什麼？
4. 你如何認識新媒體上的意見領袖在傳播活動中的作用？

第九章 新媒體經營概說

【知識目標】

☆新媒體產業的特徵。

☆新媒體產業經濟面臨的問題。

【能力目標】

1. 瞭解新媒體產業鏈的構成情況。

2. 熟悉新媒體產業經營的內容。

第一節 新媒體產業經濟概貌

　　新媒體產業是一個相當龐大的產業範疇，它包含了互聯網、數位電視、數位出版、移動互聯網、動漫、遊戲、音樂、影視等多個範疇。與傳統產業經濟相比，它呈現出許多得天獨厚的優勢，並以這些優勢實現了飛速的發展。然而，機遇背後問題也在不斷浮出水面，如何揚長避短，探尋到產業健康發展的出路，則是新媒體產業經濟需要進一步思考的問題。

一、新媒體產業的崛起

　　回顧新媒體產業的崛起、變革到形態的日趨成熟，我們可以看到，作為一種經濟形態，新媒體產業已由最初簡單的「兜售訊息」「方便通訊」，逐漸轉向「連接一切可連接之物」、為互聯網及其技術的虛擬性不斷尋找實體、為傳統經濟提供載體和平台的知識經濟。

　　以技術為主導的新媒體產業都帶動了傳媒領域的深刻變革，無形之中也影響著其他產業領域的發展，並不斷發揮著媒體的仲介作用，打通各個領域之間的隔閡。

　　新媒體依託訊息技術和數位技術實現了與傳統媒體不同程度的融合，部落格（BLOG）、簡易訊息聚合（RSS）、標籤（Tag）、維基（Wiki）、社交網路服

務 (SNS) 等新媒體應用最大限度地利用了傳統媒體的訊息優勢，又以跨屏和吸引用戶興趣的訊息呈現方式剝離了人們對於傳統媒體的注意力。號稱「互聯網第一大報」的美國新聞部落格網站《赫芬頓郵報》，在 2011 年 5 月的月獨立用戶訪問量超過了《紐約時報》，具有里程碑意義。而以 Facebook 最為代表的 SNS，不僅實現了人們線下關係的線上轉移、人際的互動參與和關係維護，更是潛移默化地影響著人們的生活方式、娛樂途徑、知識獲取以及心理狀態。

而隨著新媒體產業的發展，從一開始就注重技術積累的科技公司集聚起了「馬太效應」，透過不斷的技術性變革、與傳統產業的連接、對新興力量的兼併收購，建立了自己在新媒體產業中的領先地位，並不斷擴大著對社會領域的影響。以 Google 為例，其最初的搜尋業務已經遠遠超出了搜尋結果的提供，開闢出數據挖掘和分析，從而實現了從用戶的行為中創造出價值的目的；Google 旗下半開源的安卓平台，為用戶、內容創造者和外部開發者提供了創造新的市場和豐富服務內容的工具，超過 iOS(Mac OS) 和 Windows，成為市場佔有率最高的作業系統。這樣的市場優勢很容易轉化為資金優勢，數據顯示，早在 2012 年上半年，Google 的廣告營收就達 109 億美元，首次超過美國所有印刷媒體 (報紙與雜誌) 合共的廣告收入 (105 億美元)。

在中國，經濟全球化為借鑑國外新媒體產業成果創造了機遇，並衍生出符合本土國情的使用形態，中國的新媒體產業也走上了高速發展的道路。早期的 Web1.0 時代，入口網站的興起，不斷激發著人們對資訊通訊的渴求，搜狐、網易、新浪等網站開始活躍在人們的視野中。隨後，Web2.0 時代 (2003 年至今) 開啟了全民共同參與的浪潮。不僅資訊服務在此時趨於完善，各種各樣的訊息服務滿足著人們多樣化、個性化的需求，而且，電子商務、金融、教育、遊戲等多個領域在此基礎上進行了新的蛻變，實體經濟透過新媒體產業更加高效快捷地互聯起來。

在互聯網基礎之上，移動互聯網也找到了發展的契機。2014 年上半年，中國網民上網設備中，手機使用率達 83.4%，首次超越傳統 PC(不包含平板

電腦等新興個人終端設備)整體使用率(80.9%)，成為第一大上網終端設備。相對於早期的 WAP(Wireless Application Protocol) 僅僅能夠滿足人們在移動端的資訊需求，主要專注於提供小說、新聞等有限的形式，如今的移動互聯網已經突破了各種限制，其涉及的範圍和互聯網已基本實現同步，並且其便捷性正在不斷促使更多的人捲入移動互聯網的使用中。

不斷交織的網路讓這樣一個產業不斷向人們生活的各個領域蔓延，任何行業與互聯網相加都能衍生出新的形態與特質，而這些新的形態與特質也在不斷重構傳統經濟與我們日常的生活形態。

二、新媒體產業的特徵

和傳統的產業經濟相比，新媒體產業經濟具有其自身的特點。一方面是源於新媒體與傳統媒體的差異性，另一方面是源於新媒體存在的社會環境具備了新的要素。

（一）由媒介融合帶來的產業融合

媒介融合是媒體發展的一個大趨勢，新媒體的出現更是加劇了其向前的進程。而媒介融合除了改變媒介本身的存在形式與業務流程之外，其影響力也逐步滲透到其他產業，由媒介融合帶來全新的產業融合。

所謂產業融合，一方面是相對於媒介產業自身而言，具體表現為從生產到傳播再到整合售賣更加一體化，從單次的、分散的一般性媒介內容生產轉變為各個環節緊密聯繫，深度加工，充分挖掘訊息價值的專業化內容生產。另一方面，隨著新媒體向其他領域的滲透，它也充分發揮起自身的仲介功能，不斷打通行業之間的壁壘，促進了不同行業之間的跨界合作與競爭。在這個過程中，行業格局重新開始規劃，產業之間不斷融合，不同領域的競爭優勢互補，從而滋生出新的產業形態，為消費者提供綜合的售賣與服務體驗。

（二）社交屬性與文化屬性的結合

新媒體的低門檻限制意味著人人都有了接近媒介的可能。伴隨著媒介接近而來的是一種普遍的社會交往與文化衍生。社交屬性與文化屬性的結合是新媒體產業經濟的一大特徵。

新媒體將孤立原子式的個人連接起來，讓原本相對隱性的社會關係以顯性關係鏈的形式展現出來，個體在媒介使用的過程中持續地進行內容生產與傳播，並促成新的對話和群集。而具有相似性的個體在不斷的社會互動中匯聚起來，形成不同類型的文化圈子與文化標籤，並且延伸出新的價值。

粉絲效應就是社交與文化結合併創造出產業價值的典型。分散的個體圍繞一個共同的話題進行社交互動，然後結成特定的群體，形成廣泛的群體認同，並由此樹立起新的價值取向。一旦價值確立，就會產生新的衍生物，這些衍生物背後都隱藏著各種有待發掘的商業或政治價值。如今IP經濟興起，圍繞一個IP打造出來的文學作品、影視作品、廣告代言、網路遊戲等數不勝數，都可以視作社交與文化結合創造商業價值的體現。

（三）媒介屬性與商業應用屬性結合

可以看到的是，新媒體雖然帶有一個「新」字，但仍屬於媒體的範疇，它仍承擔著媒體的一些公共職能，在社會運行過程中發揮著傳播訊息、協調社會、輿論監督等作用。與傳統媒體不同的是，在新媒體時，代媒介訊息的生產主體更加多元，傳播通路更加豐富，影響效果更加廣泛。這在某種程度上也督促著傳統媒體不斷整改適應新的形勢，更加充分地擔負起自身的責任。

然而承擔媒介職責不過是新媒體的一部分，由於缺少公共的資金支持，它們需要自負盈虧。因此在發揮媒介職能的同時，它們也在不斷結合自身的特色進行商業應用。與傳統媒體二次售賣不同的是，新媒體的商業應用形式更加多樣，除了常規的透過高流量做廣告之外，還有作為發佈的通路進行利潤分成、透過數據採集運算進行精準化行銷、對優質的節目內容進行版權售賣、IP的影視改編和遊戲改編等。可以看到，新媒體在媒介屬性的基礎上建立起自己生存發展的優勢並不斷發展壯大。

（四）訊息經濟與產品經濟結合

新媒體產業經濟是虛擬的訊息經濟與實體的產品經濟的混合體。所謂訊息經濟是因為，新媒體在某種程度上可以歸屬於第三產業的範疇，它所提供的是一種訊息諮詢服務，這種服務往往以無形的方式存在。而稱產品經濟是因為，新媒體經濟並沒有在提供訊息諮詢服務層面止步，而是超越訊息，跨入提供產品的層面，最終實現虛擬訊息與實體產品的有機整合。

從訊息到產品，在這樣一個過程中新媒體產業經濟打破了傳統產業經濟之間的界限，實現了優勢在不同領域之間的轉換。這意味著，經營新媒體需要有非常廣闊的視野，能夠打通不同行業之間的隔閡，充分發現在繁雜的資訊訊息用戶數據背後所隱含的商機，並且具備將商機轉化為實際資本回報的能力。

三、新媒體產業中存在的問題

作為一個尚在發展的市場，新媒體產業經濟中湧現出許許多多的問題。這是市場未成熟期間不可避免的缺陷。

（一）法律保障欠缺導致侵犯知識產權現象普遍存在

知識產權的糾紛問題表現為：產權人保護知識產權的意識不強；侵犯知識產權的行為泛濫；現有法律對知識產權的保障不力。

首先，產權人保護知識產權的意識不強。網路上的訊息形式多種多樣，人們不加說明地將自己的作品放置在網路空間中，人人都可以獲得。加上網民在互聯網使用過程中所形成的免費使用習慣，知識產權就很容易受到侵犯。

其次，侵犯知識產權的行為泛濫。這種侵犯行為，既有個人的行為，又有團體的行為。普遍的表現為，在尚未徵求產權人同意的情況下，私自使用他人的成果，不註明或不清晰註明出處。有的即使註明了來源，但主觀上也不願意他人注意到原始作者。

再次，現有的法律對知識產權的保障不力。現行法律中各國對知識產權的保護已經做出了一系列規定，但是由於條件界定不明確，存在著法律漏洞，

這就使得侵權人有機會打擦邊球。除了涉及範圍、金額較大的案件外，大部分對知識產權案件的處理，懲罰力度不夠，這也導致了即便有法律約束，但也是形同虛設的結果。

因此，我們需要構建新媒體產業鏈，解決現行媒介系統中的知識產權糾紛問題，規範新媒體中的內容使用。

（二）商業模式複製居多而自主創新較少

商業模式複製居多，自主創新部分較少。這表現為兩個方面：一方面是「山寨文化」盛行；另一方面是大公司資本運作，導致形成強者越強，弱者越弱的市場環境，不利於自主創新的發展。

所謂的「山寨文化」就是模仿已經比較成熟的產品和服務，對其進行加工和再造，最終成為「新產品」。在剛剛進入市場的初期，這樣的行為無可厚非，畢竟有前人提供的經驗，這樣按圖索驥至少不會出太大的差錯。但是，長期透過山寨模仿以求發展則並非一個健康的發展路徑。因為長此以往容易形成對國外模式的依賴，而無法形成自己的發展方向。

所謂「不利自主創新的環境」表現為，每當有自主創新的內容出現在市場上，大的公司就會對其進行強勢的併購，或者直接進行模仿，導致剛剛出現的「新苗」沒有生存的空間，只能活生生地被扼殺在搖籃中。長此以往，各種自主創新的嘗試都會逐漸消失，整個市場會缺乏生機與持久發展的動力。

（三）流量資源豐富但轉換率低

在新媒體產業經濟中，一個至關重要的因素就是流量。這種網路的計數方式背後反映的是用戶的使用情況與關注程度。透過流量的多少判斷，我們可以清晰地看到用戶的焦點所在，以及不同用戶群體的特徵差異。

就目前的狀況來看，在新媒體產業經濟中，流量資源總體上是十分豐富的，但是就其資源的轉換率而言，又顯得十分低下。也就是說，流量資源並沒有很好地轉換為實際的經濟利益。流量背後雖然隱藏著數以千萬計的用戶，但是這並沒有帶來交易的達成與產品服務的購買。

以網站上的廣告點擊為例，雖然總體顯示用戶瀏覽量較高，但是並不意味著購買量也會隨同顯著提高。這一方面可能是因為用戶不小心點擊了廣告，然後直接忽視內容並且關閉頁面；另一方面，對於用戶而言，點開的內容並不能吸引他們，相反甚至會帶來厭煩情緒。由此看來，有流量是一回事，流量轉換是另一回事。為了實現最終的價值，就不能僅僅著眼於產生流量，更應該思考當流量產生之後，如何與用戶溝通，說服他們產生相應的行動。

第二節 新媒體產業價值鏈構成

新媒體產業價值鏈的提出，在某種程度上，為媒介系統的運行提供了一個新方向。它將用戶、媒體、平台、企業、行銷機構、技術設備供給商均考慮在內，理清這些市場主體之間的關係，同時提出合理的利益分配機制，以及矛盾糾紛處理辦法，有利於形成良性的媒介生態系統。

一、構建新媒體產業鏈的必要性

構建新媒體產業價值鏈，在很大程度上是出於解決現實問題的需要。它將長期存在的利益劃分問題、資源配置問題、用戶需求問題、版權問題都考慮在內，從宏觀的角度，肯定了構建新媒體產業鏈的合理性與必要性。

（一）將傳統媒體納入新媒體產業鏈當中

羅杰·菲德勒認為，一切形式的傳播媒介都在一個不斷擴大的、複雜的自適應系統以內共同相處和共同演進。每當一種新形式出現和發展起來，它就會長年累月和程度不同地影響其他每一種現存形式的發展。新媒體在成長壯大的過程中，不可避免地對現有的媒介系統產生衝擊，並憑藉著自身的優越性，部分地取代舊有媒介，吞噬著其市場份額。從這個角度來看，新媒體與傳統媒體之間有一種必然的競爭關係。

但從媒介生態系統的自我完善來看，良好的媒介系統應該是同類型媒介分支進化，不同類型媒介共生，各司其職。所謂「同類型媒介分支進化」指的是，單個媒介利用新的科技與理念，不斷挖掘自身的媒介特性與傳播優勢，改善傳播的介質，增加媒介的接近水準，降低媒介的使用成本，提高媒介使

用者的主動性。而「不同類型媒介共生」則是指，不同的媒介，在整個媒介系統中持續地擴張與收縮，直到尋找自己的生存空間，以及最佳份額。其核心是發揮該媒介自身的優越性，並與其他媒介相互配合，相互補充，形成完善的傳播體系。

因此，為了改變新媒體與傳統媒體之間的這種低層次競爭關係，形成互利共贏的深層次合作關係，就需要我們構建新的媒介產業價值鏈，將傳統媒體納入新媒體產業鏈當中。

（二）整合資源與優化配置

伴隨著新媒介的推廣普及，媒介資源得到了最大限度的開發。人們開始由被動的受眾轉變成主動的網眾，透過媒介來獲取想要的訊息，並實現了以個人作為主體的媒介內容生產。我們所迎來的是一個普遍使用的時代。然而，即便使用媒介的成本已經被降到最低，媒介作為一種資源，其稀缺性的本質並沒有改變。

大規模的訊息採集與加工工作，仍然不是普通個體的知識水準可以勝任的。媒介生產過程中所需要的專業設備與技術，也同樣超出了一般人的經濟範圍。至於貫穿媒介運作中的法律政治問題，也並不允許因為這種全民性生產的加入，而受到消解。由此看來，即便用戶個人地位已經崛起，傳播科技突飛猛進，但是，整個社會的核心媒介資源仍然是稀缺的。

與此同時，面對這種資源的稀缺，現有的媒介系統中，媒介資源浪費、資源配置不合理的現象依舊普遍存在。不僅不同媒體的資源分佈不均，而且不同地區的媒體發展不平衡。在媒介所生產的內容中，精品內容較少，劣質內容較多，我們在面臨訊息冗餘的同時，又面臨著有用訊息不足的問題。這種對媒介資源較低效的使用，無法為用戶提供優質的訊息資訊，同時也不利於媒介本身的發展。

（三）為用戶提供更優質的服務

現在，無論是在哪個領域，用戶體驗都被看作組織在激烈的市場競爭中制勝的關鍵。而為用戶提供優質的服務，這是源於用戶既是媒介所普遍面向的群體，又是新媒體產業鏈的一個構成部分。

作為媒介所普遍面向的群體，用戶需要從媒介那裡獲得優質的訊息服務。這就要求媒介，一方面，要在與用戶的溝通互動過程中，完善用戶的使用體驗；另一方面，要在瞭解用戶需要，堅持自身原則的基礎上，給用戶提供豐富多樣的資訊訊息。

作為新媒體產業鏈的一個構成部分，用戶在接受訊息服務的同時，也進一步推動了商業行為的發生。無論是使用過程中伴隨的廣告收視活動，還是由媒介向銷售平台導引後促成的消費行為，用戶都扮演著重要的角色。他們是媒介經濟的主要貢獻者。

將用戶作為媒介的服務對象，不僅僅反映了用戶本身地位的提升，同時，也反映了媒介自身不斷走向專業化的過程。用戶不再以媒介附屬品的形式存在，他們有著個人訴求與主動參與的精神。而媒介則是透過提供優質的訊息服務，提升其傳播效果與影響力，促成媒介與用戶之間持續良性的互動。

二、新媒體產業價值鏈的構成部分

在對新媒體產業鏈構成要素的關聯性進行分析的基礎上，我們提出一個由內容供應商、技術設備支撐系統、平台運營系統三個部分組成的新媒體產業價值鏈，請見圖 9-1：

```
                ┌─ 技術設備支援系統 ── 網路設施、硬體設備、軟體服務
新媒體產業價值  ├─ 內容供應商      ── 傳統媒體、自媒體用戶、其他新媒體
                └─ 平台營運系統    ── 用戶、廣告主、平台營運商、行銷機構
```

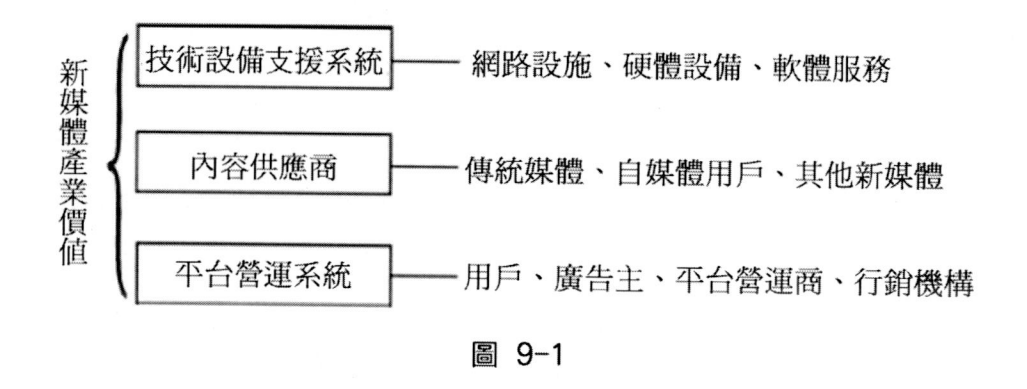

圖 9-1

（一）內容供應商

　　作為新媒體產業價值鏈當中的內容提供商，它的內容來源主要是傳統媒體、自媒體用戶、其他新媒體。內容供應商建立內容聯盟是出於整合媒介資源、實現優化配置的需要，亦是保護內容產生者知識產權的需要。它將專業化的內容生產作為自身的核心目標，發揮不同地區、不同媒體、不同生產者各自的優勢，以聯盟和優勢資源共享的形式，和商業平台進行談判。並且，內容聯盟一旦形成，就代表著商業平台免費使用其他媒介資源的好日子宣告結束。傳統的觀點認為「可獲得的免費的內容太多，而新聞機構聲稱他們希望讀者支付的有附加價值的內容卻太少了。」然而，「大量證據表明，人們願意為他們所需要的特定內容付費。」將內容的使用建立在付費的基礎上，這不僅僅保障了內容生產者的知識產權，同時，也激勵了內容生產者進行更加精緻化的生產活動，為提供更優質的內容、更優質的服務創造了動力。

（二）技術設備支撐系統

　　技術設備支撐系統的形成，從技術層面保障產業價值鏈的順利運行。它包括基礎性的網路設施，硬體設備，軟體服務等。基礎性網路設施諸如寬頻、移動網等；硬體設備包括電腦、手機、其他行動終端及連接設備等；軟體服務包括作業系統、各類軟體等。這個系統所提供的服務，一方面創造穩定的網路連接環境，確保訊息的自由流通與完整呈現；另一方面，它從用戶與平台營運者那裡獲取回饋，依據特定的需求，研發出新的技術與設備。技術設備支撐系統使得新媒體產業價值鏈的建構具備了可能性，它是產業價值鏈當

中十分重要的一環。但是，它仍然受到社會的驅動，其接收與採納是一個長期漸進的過程，技術本身不能決定一切。

(三) 平台運營系統

平台運營系統由用戶、廣告主、平台運營商、行銷機構組成。這個系統是整個新媒體產業價值鏈的關鍵所在。它建立在內容聯盟與技術設備支撐系統的基礎之上，並在實際的運作過程中，為內容的提供、技術的改進提供回饋。在平台運營系統中，各個主體基於一定的利益訴求相互關聯起來，各取所需，互利共生。其核心是實現用戶與廣告主的有效溝通，促進商品供應訊息與用戶需求訊息達成匹配。行銷機構在某種程度上，充當著傳統廣告公司的角色，為廣告主進行跨資料庫的考量，分析市場環境、產品特點，提供行銷策略、實時監控、效果評估等。而平台運營商則是需要在與用戶建立聯繫的基礎上，發揮仲介作用，形成自身的平台特色，從而滿足廣告主個性化的、有針對性的平台廣告投放。

三、平台運營系統的運作

當內容聯盟建立起來，技術設備支撐系統也趨於完善之後，平台的運營就成為可能。平台運營系統的良好運作是新媒體產業鏈的最終目的。它為產業鏈的持續運作提供經濟支持，並產生持續的互動，最終讓各個環節都能連接起來。

(一) 廣告主與用戶的溝通機制

廣告主與用戶之間的溝通，其最終目的是為了實現「生產者與商家的商品供應訊息與消費者的需求訊息的互動與溝通」。新媒體的出現，使企業的行銷活動發生了重大的變化。傳統的行銷活動的關鍵點，被放到了產品服務的最終銷售上面。而新媒體平台的誕生，讓用戶能夠以生活者的形態，進行自發式的活動。經營企業與用戶的關係也就成為可能。

其溝通機製表現為：用戶根據自身的偏好，在特定平台上進行聚合，形成特定的消費者畫像。廣告主依託行銷機構尋找到用戶聚合的平台，並在這個平台上面與用戶進行會話。廣告主與用戶持續互動，由線上到線下，再由

線下回到線上。在這個過程中建立信任與認同的長久關係，最終實現各取所需，互利共贏。

（二）平台運營商的仲介機制

平台運營商透過自身的結構設計，以及從內容聯盟中獲取支撐，最終發揮其在廣告主與用戶之間的仲介作用。傳統媒體衰落的一個直接原因就是其仲介作用的喪失，伴隨而來的是廣告費用的減少。事實上，「二次售賣」理論在新媒體環境下仍然適用，只不過它不再是唯一的經濟來源。

平台運營商的仲介機制就在於維繫自身的用戶群，增強他們的黏性，形成自身的用戶資源優勢。這不僅要求選擇合適的內容來吸引用戶，更需要創造獨特的用戶使用體驗，讓用戶在平台上的活動日常化、規律化。並且，將用戶的平台使用以多種形式的數據記錄下來，形成具有擴展性的資料庫，並將其運用到商業分析之中。

（三）行銷機構的行銷傳播機制

新媒體環境下的行銷機構，仍然是建立在環境分析、策略制定、活動監測、效果評估的基礎之上。不過，它更加突出了數據在行銷機構運作流程中的作用。這表現為：一方面，在量化的基礎上制定決策，提供可靠的依據；另一方面，強化對數據的深入挖掘和跨數據庫分析。其著眼點不再侷限於企業提供的數據當中，而是在更大的社會環境下，透過多重數據交叉分析，提供更為全面精確的行銷策略。

行銷機構在發展的過程中，會不斷完善自身的數據佔有，形成專業的數據分析團隊。在小數據時代，量化的依據是簡單的市場調查和有限的企業內部數據。在大數據時代，不同資料庫之間可以建立關聯性，而電腦運算能力的大大提升，也使得全數據分析由理想走向現實。行銷機構在新媒體環境下，會發展成與廣告主和平台齊頭的獨立第三方。其較高的準入門檻使得廣告主與平台運營商很難插足介入，這就從某種程度上促使各方更加專一於各自的領域，減少功能性重疊。

第三節 新媒體經營的組織架構

新的市場環境和新的經營策略給媒介的運作帶來了新的需求。它們使得媒介不得不對自身的組織架構進行調整，從而適應環境，並在這個過程中，為自身的發展創造機會。

一、運營部

運營部承擔著媒介的日常工作，他們直接生存在複雜的媒介環境中，應對環境帶來的機遇與挑戰，進行規律性的內容生產和媒介維護，與用戶溝通，為用戶排憂解難。

（一）媒體板塊規劃

運營部首先要做的就是對自身的內容構成做出一個科學的規劃。這個規劃的目的在於透過不同的板塊劃分，實現不同的功能區隔。同時，這也是一個用戶細分的過程。不同的部分有著不同的用戶導向，最終他們被整合到一個媒介生態系統中，可以說這是一種樹木與森林的關係。

傳統媒體的板塊規劃與布局較為固定，一旦確定下來，要進行更改十分複雜，還需要考慮諸多的問題。而對於新媒體而言，這種更改則相對方便，同時透過設置新舊版本的切換，能夠解決在改版過程中用戶的適應性問題。

總體而言，媒體板塊規劃為經營活動的開展奠定了基礎，使各種推廣運營活動得以順利展開。

（二）日常訊息維護

日常訊息維護包含了日常的訊息生產與媒介環境的優化。

雖然在新媒體環境下用戶內容生產成為主導，但是媒體的議程設置作用並非完全失效。事實上，適當地把控能夠保持媒體本身的主導地位。媒體把舞台讓給了用戶並不意味著它現在無所作為。應該看到的是，新媒體環境下的媒體經營者在日常的運作中發揮著催化劑的作用，即在用戶活躍度較高時轉移話題降溫，在用戶活躍度較低時製造話題升溫。透過調節，保證用戶活動的穩定性。

而日常訊息維護的另外一個作用就是媒介環境的優化。它是媒介自我完善、自我管理的一種形式。透過剔除不和諧因素，為用戶創造一個健康的媒介使用氛圍，促成媒介本身向前發展。這一方面是出於創造良好用戶體驗的考慮，另一方面則是源於法律政治的約束。

（三）用戶互動溝通

回饋的缺失與不及時一直是傳統大眾媒體的一大缺陷。這樣一種溝通不暢對傳播效果的實現、傳媒職能的履行都會造成不同程度的阻礙。而新媒體自身的特性為這個問題提供了卓有成效的解決方式。

如今，用戶的地位不斷上升，他們不再是被動地接受訊息，而是主動地介入傳播活動中去，並表達自己的觀點和看法。與用戶進行互動溝通，一方面是出於對用戶的尊重，與他們進行平等的對話；另一方面，透過互動，我們可以瞭解用戶的想法，對其進行深刻的洞察，最終我們提供更加符合用戶需求的產品與服務，實現二者的雙贏。

由於與用戶的接觸是一種日常性的行為，因此，在新媒體經營活動中，需要經營者保持一定的靈敏度，抓住每一個合適的機會來瞭解自己的用戶。

（四）危機風險應對

如今，危機風險不僅僅是企業和個人所面臨的困境，同時也是新媒體經營過程不得不解決的問題。

在新媒體經營的過程中，新媒體用戶會不斷地進行媒介內容生產和互動討論。而在這個過程中，稍不注意就可能引發危機。危機的矛頭可能指向任何一方，但是，最終都需要新媒體經營者介入，權衡各方的利益，採取合理的措施來進行化解。稍有不慎，便會產生難以預料的後果。

傳統媒體的層層把關機制以及高度的可控性使得他們並不用在這方面擔憂過多，然而，新媒體本身就是高度不可控的，我們很難預測下一秒在新媒體上會發生什麼事情，因此，必須時刻對敏感問題保持警惕，建立危機預警系統。同時，要迅速反應，高效恰當地解決面臨的問題。

二、技術部

在傳統概念裡，技術是科技公司的事情，媒體只用做好內容生產和傳播即可。然而，在新的媒介環境中，科技的驅動力作用日益明顯，它的變遷直接影響了內容生產與傳播的方式，因此科技也是現在新媒體不得不考慮並高度重視的部分。

（一）前沿技術的開發

前沿技術的開發著眼於現存尚未被滿足的需求以及創造新的需求層面。無論是哪個層面，抓住這一點就可以創造出新一輪的市場浪潮，甚至引領新的消費趨勢。

不過，對前沿技術的開發並非單純的技術活，它仍然是對現有的消費市場與潛在的消費市場深度洞察的結果。而技術本身不過是實現目的的手段，技術背後應該反映的是人的力量，即透過與消費者之間的深度溝通互動，並以他們的視角來開發設計，從而實現特定的需求。

（二）現有技術的優化

現有技術的優化旨在對自身的鞏固完善，同時不斷提高用戶體驗。技術本身是一個不斷完善的過程，它需要在日常的使用中不斷進行功能的調整及漏洞的修復。由於媒介上存在著大量的用戶訊息，不僅涉及用戶隱私，還會涉及一些經濟利益，這就要求在技術層面給予很好的保障。

而用戶體驗則意味著能否在激烈的競爭中佔有一席之地。透過對現有技術進行優化，不僅可以鞏固既有的用戶忠誠度，還可以讓更多的新用戶加入進來。在新媒體時代，得用戶者得天下。因此，所有人都在千方百計討用戶歡心，而完美的用戶體驗正是最為重要的前提。

三、數據部

將數據部從技術部中獨立出來，體現了在新媒體環境下對數據資源的高度重視。作為一筆尚待開發的財富，數據本身的價值及其背後的社會效用超

出人的想像。因此，在數據海量的今天，對數據的系統性管理成為媒體經營中的重要一環。

（一）數據收錄

如何將海量的數據收錄儲存，這是數據管理的第一步。在小數據時代，數據主要來源於用戶資料及其回饋內容，並透過專門人員進行錄入。在大數據時代，數據的海量性與無結構化特徵使得數據的收錄及存儲已經無法依靠單個個人、單臺電腦來完成。

電腦行業的發展與雲儲存概念的提出解決了這樣一個難題。透過建立專門的資料庫，購買虛擬服務器，將各式各樣用戶生產的數據與媒介自身的數據完整地收錄進來，這樣就有效避免了實體存儲的有限性及機械操作、數據調用的複雜性。

（二）數據處理分析

在數據完整收錄儲存的基礎上，下一步就是對數據的處理分析。處理分析的核心在於讓無結構化的數據變得結構化。其中涉及對數據進行合理的分類，特定數據的描述統計、趨勢描述等。

這一部分的工作因為專業性極強，需要有特定專業背景的人來完成。這也就是為什麼在如今社會對具有數理統計學背景人才的需求在不斷增長的原因。雖然市場上已有專業的數據公司承攬這方面的業務，但是考慮到隱私的保護與商業機密，在完全市場化運作之前，這部分的工作還是主要由媒體內部人員完成。

（三）數據開發

數據的開發包括兩個部分，一個是基於現有需求的數據開發，另一個是對現在需求的開發。但二者之間存在共同點，就是對關聯性的挖掘。這就要求數據部的人員與市場部的人員進行及時的溝通與回饋，針對市場部人員提出的要求，進行特定內容的洞察。同時，將數據挖掘發現的成果告知市場部人員，便於與其他經濟組織進行合作。

需要指明的是，新媒體中的大數據挖掘，不僅侷限於單個資料庫內部的數據挖掘，還需要不同資料庫之間的跨界挖掘，這樣才能真正洞察數據之間的核心要義。

四、市場部

前面提到的運營部、技術部、數據部，最終的目標指向都是市場部。因為只有占領市場、獲取利潤才能存活於激烈的競爭當中，並且實現進一步的發展。

（一）洞悉市場需求

瞭解需求所在是市場部的首要任務。這種需求可以是現有市場當中存在但尚未被滿足的需求，也可以是人們並沒有意識到的、潛在的需求，需要被提出和喚醒。

所謂洞悉市場需求也就是傳統意義上的傾聽消費者的聲音。只不過跟以往不同的是，在傳統媒體時代，雖然提出了傾聽的概念，但是媒體仍然保持著居高臨下的姿態，隨隨便便根據有限的回饋和拍拍腦袋的想法做出的主觀臆斷。如今，媒介資源豐富化，競爭格局被打開，可供選擇的媒體越來越多，訊息由賣方市場轉向了買方市場。所以當下需要的是，從各種途徑出發，瞭解消費者，以他們的視角來闡釋他們的需要，將其模糊不清的需求確定下來，並從媒體自身出發，尋找到滿足需求的途徑。

（二）進行市場推廣

進行市場推廣即占領市場份額，贏得更多的擁護者。從這裡出發，在新媒體運營的過程中需要有一種自我推銷的意識。以往都是媒體給別人做廣告，現在媒體需要給自己做廣告，聚集更多的人氣，為進一步的策略發展打好基礎。

市場推廣的方式很多，結合整合行銷傳播理論，它們可以是直接的廣告宣傳、名人背書，也可以是開展公益性活動、製造新聞熱點等，其目的在於

提升媒體平台的知名度。透過一系列的措施，在贏得更多用戶的同時，獲取市場上其他主體的關注，塑造品牌形象與美譽度。

需要清楚的是，市場推廣並非簡單的自吹自擂，而是建立在對市場深刻洞察基礎之上的一系列有組織、有明確目標導向、具有系統性的推廣活動。它需要對市場、消費者、其他主體有較為宏觀的把握。

（三）尋求市場合作

在一個集體創造的年代，追求單打獨鬥、一枝獨秀終究不可能長久存活，這就需要進行合作，互利共生。

市場合作的方式主要包括兩個方面，一個是尋求與供應的對接；一個是在共同目標指引下的強強聯合。前者表現為媒體透過對自身數據資源和用戶資源的整理分析，與市場上具有數據和受眾需求的主體進行合作。他們一個是資源供給方，一個是資源需求方。後者則是不同主體為了快速進入某一市場領域或者鞏固自身的市場地位，透過提供優勢資源，進行有效整合，從而實現多方的合作。

透過合作，不僅可以實現資源的轉換，還可以在互利共生中提高整體的競爭力與風險應對能力。

▎第四節 新媒體經營的內容

就新媒體經營的內容來看，目前主要包括通路和產品。而這兩大經營內容正體現了新媒體不斷打破界限的特徵，先是對媒體系統本身進行顛覆，然後再影響到其他諸多的行業當中。

一、廣告服務

對於具有豐富流量資源的新媒體而言，廣告是其收入的一個重要方面，也是新媒體經營的一個最為基礎的內容，尤其對於一些用戶活躍的小型網站論壇來說。然而在新媒體時代，廣告已經不再侷限於傳統的海量轟炸式投放，

她們更多的是透過大規模的數據運算，實現更為精準實時的定位與個性化的廣告傳播。

總體來看，新媒體時代的廣告比較突出的有三類：直接的媒體廣告（如網頁或 App 的 Banner、彈窗等）、搜尋引擎的競價排名、公關軟文。直接的媒體廣告除了傳統展示之外，更加側重於結合媒體特性，與用戶進行深入交互。透過提升情境的代入感，讓用戶將廣告訊息內化，在傳播階段提升廣告的效果。搜尋引擎的競價排名則以 Google 為代表。這類媒體又可以稱為收口媒體，其主要功能在於當用戶處於一種積極尋求訊息的狀態時，它們能夠為用戶提供一個匹配的站點，將分散的用戶導入集中，並提供相應的資訊服務。同時，透過優化搜尋排名，能夠比競爭對手搶先觸達用戶，搶占商機。公關軟文則是當下較為普遍的廣告形式，表面上看是新聞、採訪稿、知識性普及、用戶自身的心得體驗，背後隱藏著廣告的印記。它主要是以客觀的形式逐層深入，將用戶不知不覺的代入其推理邏輯之中，最終實現說服的效果。

二、專業化的訊息服務

專業化的訊息服務源自海量訊息不斷占據我們生活的這個事實。新媒體環境下媒介數量不但實現了激增，而且媒介內容生產也從媒介機構轉移到其他組織及普通個人手中。這樣一種訊息產出機制意味著我們自身處在了一個無時無刻不被訊息包圍的環境中。那麼面對紛繁複雜的訊息，對專業化訊息服務的需求就自然產生。

專業化的訊息服務具有多種類型，如訊息內容的付費訂閱、數據報告與問題諮詢、溝通需求與供給的訊息服務（提供分類訊息的網站和應用）、個性化定製（如旅行方案、醫療體檢）等。這些專業化訊息服務都體現出對訊息整合、加工、提煉的特點，而加工之前的訊息可能是免費的、廣泛分佈在人們互聯網生活中的。

三、網路遊戲

雖然遊戲在傳統媒體時代已經盛行，但在如今，單純依賴廣告營收已經不足以支撐自身的業務運作，遊戲經營已經成了新媒體經營的一個重要組成部分，作為營收的來源，為其他業務的開展提供資金支持。

網路遊戲能成為新媒體經營的一個部分主要歸因於它是從用戶的需求出發，滿足他們休閒娛樂、逃避現實的心理。用戶以虛擬化身的形式生活在遊戲中，在遊戲世界裡與他人社交、競爭，進行收集養成，確立自身的社會地位，而要很好地實現這些，他們需要不斷地花費時間和金錢。遊戲根據用戶在遊戲中的需求設置相關的付費點和付費情境，並創造出一種長期持續的投入機制，從而獲得長久的收益。由於用戶基數龐大，即便是低額度的付費都能創造出不菲的價值。騰訊、網易、搜狐這些新媒體巨頭們都表現出對遊戲經營的高度依賴。

四、增值服務

增值服務主要是指在免費的基礎性的服務之上所提供的一種附加性的服務，最為典型的代表就是會員制度。增值服務的服務對象並非產品的所有用戶，而是對產品有著更為深度需求的一部分人。

之所以存在對增值服務的需求，長尾理論給出了一定的解釋。在互聯網上，由於龐大的用戶群體存在，一些小眾化的功能也有其自身的市場，當一個產品能夠滿足許許多多小眾群體的需求時，它就能成為一個大眾化的產品，擁有足夠大的市場，並從中受益。當然，增值服務的前提是產品能夠滿足一定規模用戶的基礎性需求，並在基礎性需求上進行相應的延伸。例如：LINE為用戶提供免費的聊天通訊功能，而 LINE 會員能夠讓用戶異地查看聊天記錄；音樂類 APP 能夠讓用戶收聽各類音樂，而它的會員可以下載高清無損的文件。這些都是典型增值服務的代表。

五、智慧產品

　　智慧產品從虛擬跨越到實體，是軟體向硬體的過渡。專業的新媒體公司如今已經開始在軟體訊息的基礎上向智慧產品邁進，將自身的優勢向人們的日常生活中延伸。雖然這一部分內容才初見端倪，也並非新媒體經營的主流，但確實是一個趨勢所在。

　　例如，Google 公司生產的 Google 眼鏡，不僅可以拍照、影片，還可以上網瀏覽、收發訊息、定位導航。而具有四重定位、藍牙隨行、SOS 一鍵報警和一鍵錄音的 360 兒童衛士無疑是奇虎 360 一次領先的探索。這款 360 兒童衛士專為兒童及家長設計，旨在保護兒童這一特殊的弱勢群體，透過定位與步數統計，實現兒童的手錶與爸爸媽媽手機相互匹配，當遇到緊急情況時，能夠發出報警的聲音，這樣就能夠讓家長在第一時間內做出反應，幫助孩子脫離危險。微信相框更是透過遠程的訊息設置，讓自己的親人朋友隨時知道自己的動態。我們可以看到，這些在訊息、軟體基礎上發展而來的智慧產品正在改變我們的生活形態，也成了新媒體公司未來的一個發展方向。

【知識回顧】

　　在本章裡主要講述了新媒體產業經濟的基本特徵、主要問題、產業鏈構成、組織架構、經營內容等諸多方面的內容。新媒體產業的特徵表現為由媒介融合帶來的產業融合；社交屬性與文化屬性的結合；媒介屬性與商業應用屬性結合；訊息經濟與產品經濟結合。然而其中的問題也十分突出，例如侵犯知識產權現象普遍，有效法律保障欠缺；商業模式複製居多，自主創新部分較少；流量資源豐富，流量資源的轉換率低。從宏觀角度看，這就需要我們構建新媒體產業鏈，將傳統媒體納入新媒體產業鏈當中。同時，整合資源，優化配置，從而為用戶提供更優質的服務。而這樣一個產業價值鏈主要由內容供應商、技術設備支撐系統、平台運營系統組成，其中，廣告主與用戶的溝通；平台運營商發揮仲介作用；行銷機構發揮行銷傳播功能。總體上看，新媒體經營的組織架構中需要包括：運營部、技術部、數據部、市場部。它

們經營的內容除了廣告外還有專業化的訊息服務、遊戲、增值服務、智慧產品等。

【思考題】

　　1. 和傳統產業經濟相比，新媒體產業經濟應該如何發揮自身的優勢，避免自身的不足？

　　2. 新媒體產業鏈當中，不同部分其功能存在什麼樣的差異？

第十章 網路媒體經營

【知識目標】

☆網路媒體的不同形態及特點。

【能力目標】

瞭解入口網站、搜尋引擎、社區網站、電商網站等網路媒體的運營模式，並對網路媒體的運營提出自己的想法。

第一節 入口網站經營

入口網站，由英文的「Portal Site」翻譯而來。顧名思義，入口網站就是為互聯網用戶上網打開一扇窗，把根據一定的規則進行整理、分類以後的各類訊息提供給用戶的網站。

入口網站最初提供的是搜尋服務和目錄服務。隨著互聯網的發展和競爭的加劇，入口網站也迅速地拓展各種新的業務類型，從新聞訊息、娛樂資訊到搜尋引擎、電子郵箱、增值服務，入口網站的業務不斷拓展。

一、入口網站的類型

根據入口網站主要服務對象的地域特徵，可以分為地方入口網站和綜合入口網站。

（一）地方入口網站

地方入口網站有著強烈的地方屬性，以服務於當地互聯網用戶為宗旨，提供地方的新聞、房產、應徵求職、商場促銷、旅遊招商、歷史文化等特色訊息，具有針對性、實用性和互動性。

雖然地方入口網站擁有更精準的目標用戶群體，但是目前在發展上面臨著諸多挑戰。首先，如果缺乏明顯的區域特色，就容易跟綜合入口網站的功能趨同，面臨著來自綜合入口網站的壓力。此外，由於產品形態不夠豐富，

內容創新度不強，導致其廣告營收規模偏小，運營能力和盈利能力較弱。最後，受自身覆蓋用戶面積的侷限性所致，地方入口網站的影響力也有限。

（二）綜合入口網站

綜合入口網站面向的是全球範圍內的互聯網用戶，擁有龐大的用戶群體和較高的流量來源，影響力比較廣泛。

相比地方入口網站，綜合入口網站在用戶數、知名度、影響力和產品形態等方面具有其難以企及的優勢，在精準度和個性化方面卻有所欠缺。作為商業性質的網站，盈利才是入口網站的核心目標。但是，目前綜合入口網站還存在著盈利模式比較單一、同質化競爭嚴重等問題。因此，綜合入口網站還需要進一步在分析用戶需求的基礎上，不斷創新產品和服務，打造個性化、獨特性的品牌風格，從而建立利潤屏障，獲得行業競爭優勢。

二、入口網站的盈利模式

入口網站的盈利模式從最開始依靠網路廣告的單一化時期，逐步發展為依靠網路廣告、網路遊戲、增值業務等多元化盈利時期兩個階段。具體來說，入口網站的盈利模式主要有以下幾種：

（一）網路廣告

目前，網路廣告收入仍然是各大入口網站的收益的重要組成部分，尤其以新浪網最為典型。這是由入口網站自身的特點和網路廣告所具有的先天優勢共同決定的。

對入口網站而言，網路廣告是一種「注意力經濟」模式。入口網站的用戶主要集中於大學生和中青年白領，他們既擁有消費能力，又更樂意嘗試新事物，是廣告主最青睞的潛在顧客。入口網站依靠免費的內容和其他服務來吸引他們的注意力，再依靠積聚的用戶數和高流量吸引廣告投放，從而獲得收益。

與傳統廣告相比，網路廣告具有明顯的優勢。首先，它的傳播範圍更廣，不受時間和空間的限制，只要能上網，任何人在任何時間和地點都可以瀏覽。

其次，它的表現形式多樣，比如網幅廣告（包括 Banner、通欄、巨幅等）、文本連結廣告、按鈕廣告和富媒體廣告等，適合不同需求的網頁展示。再者，它的針對性更強，網路廣告可以針對精確的訴求對象進行廣告投放。另外，網路廣告的效果可以精準測量，每個廣告的瀏覽量、點擊量都可以被精確統計。如果用戶是處於登錄狀態瀏覽的話，還能統計這些用戶的地域分佈、性別和年齡等訊息，從而有利於廣告主正確地評估廣告效果，及時調整廣告投放策略。最後，網路廣告具有互動性，這是它的最大優勢。用戶可以透過軟體封鎖掉不想看的廣告，對感興趣的廣告也可以點擊獲取更多的商品訊息，並提出回饋建議。

（二）網路遊戲

網路遊戲目前已經成為不少中國入口網站盈利的重要來源。根據騰訊 2013 年第四季度財務報告顯示，網路遊戲收入已達 84.75 億，約占總收入的五成。而網易該季度遊戲收入則佔到了總收入的 85%。

網路遊戲主要依靠向用戶出售遊戲裝備和在遊戲中植入軟性廣告的方式來獲得收入。目前，絕大多數遊戲都採取「免費＋付費」的模式。免費用戶同樣可以體驗到遊戲過程，但是付費用戶在提升其遊戲技能、虛擬身分等級方面都有更特殊的待遇。這種「免費＋付費」的模式滿足了不同用戶對遊戲的需求，付費用戶的增加，也進一步推動了遊戲提供者改進和優化遊戲。

（三）增值業務

增值業務是指用戶需要付費才能享受到的更優質、更獨特的服務。目前，綜合入口網站的增值業務類型主要有電信增值服務和收費郵箱。

在智慧手機普及之前，入口網站跟通訊運營商合作，透過手機簡訊、彩信等增值服務獲得可觀的盈利。用戶在入口網站上點播感興趣的資訊後，入口網站會以簡訊方式將資訊推送到用戶手機；用戶也可以選擇網上自己喜愛的圖片轉為彩信發送或用彩信接收電子郵件等。用戶支付的費用由入口網站和通訊運營商共享。

目前，入口網站均為用戶提供免費的郵箱服務。但是在這些免費郵箱之外，它們還提供需付費的 VIP 郵箱和企業郵箱供用戶選擇，付費郵箱的性能更優質，功能更全面，更個性化，同時也更加的安全可靠，因此吸引了一批個人付費用戶和企業用戶，成為入口網站收益的來源之一。

三、入口網站的發展出路

隨著智慧手機的普及和行動通訊技術的發展，傳統互聯網面臨著變革與轉型的緊迫局面，傳統的入口網站也亟須探索更合理的運營方式，謀求長遠發展。

（一）利用互聯網優勢，加強內容與服務建設

傳統媒體曾堅守「內容為王」的陣地，認為優質的內容才是最能吸引和留住用戶的法寶。雖然隨著互聯網發展，「內容為王」受到了不少的質疑與挑戰，但新聞內容的豐富性、準確性、獨特性對用戶仍然有著極大的吸引力。一旦把握住忠誠的用戶群體，形成自己獨特的影響力，也就有了吸引廣告主的資本。因此，對入口網站而言，重視網站內容與服務的建設仍是當務之急。

入口網站應該充分利用互聯網優勢，整合互聯網上浩渺無邊的訊息和瞬息萬變的資訊，把內容做準、做快、做深、做活。從用戶需求出發，提供最全面的訊息、最及時的報導和最獨樹一幟的角度，打造主串流媒體平台，形成穩定的用戶群。

同時，入口網站應緊跟互聯網最新的發展潮流，利用大數據去挖掘不同用戶的特點和喜好，為他們提供個性化的資訊與服務。「今日頭條」的口號是「你關心的，才是頭條」，它根據用戶的瀏覽行為與習慣判斷用戶的喜好，從而在「推薦」頁面為用戶提供符合其口味的資訊，這樣就能讓用戶在它上面的停留時間更長，同時，用戶的忠誠度和黏著度也得以建立。所以，入口網站需要繼續朝著數據挖掘和個性化塑造方面邁進。

對地方入口網站而言，則可以充分利用本地化的特色與資源，廣泛建立與當地政府、企業和群眾的聯繫，為用戶提供當地的時政、民生等新聞。同

時，在房產、汽車、生活休閒等領域採集豐富的本地資訊，為地方用戶提供周到、貼心、實用的資訊服務。

(二) 打破同質化經營局面，探索新盈利模式

對企業而言，獨特價值與服務是其樹立核心競爭力的關鍵。然而在開放的互聯網上山寨之風盛行，互聯網產品和服務的獨特價值很難實現。要想打破同質化經營的局面，入口網站要在基於自身優勢的基礎上，創新盈利模式與經營策略。

首先，優化現有的盈利模式。在廣告經營方面，要努力做到杜絕虛假廣告的投放，同時打擊惡意點擊行為，保護用戶和廣告主的權益；另外，根據用戶瀏覽歷史和習慣劃分用戶類型，進行廣告的個性化投放，這樣不僅能夠提高網路廣告的效果，也不至於招致用戶的反感。

其次，積極探索新的盈利模式，透過整合各方資源，延長入口網站的產業鏈，獲取更多經濟效益。目前，大部分入口網站都有自己的搜尋引擎，所以可以採取「入口網站＋搜尋引擎」的方式，入口網站豐富的資訊能為搜尋引擎市場引入新的競爭元素，輸送更有價值的訊息資源，也有利於用戶體驗的便捷性和完整性。

此外，採用「門戶＋社交」的方式，利用入口網站自身的社區BBS、微博等媒體工具，進行社會化關係行銷。基於人際傳播的社會化關係行銷，更容易使用戶信服。利用社交關係鏈成功實現商品在用戶注意力上的軟著陸。對微博用戶而言，這也是一種便捷的購物流程和全新的購物體驗。

第二節 垂直網站經營

垂直網站，就是為某一特定領域、特定群體或特定需求，提供訊息和服務的網站。與大而全的綜合性網站不同，垂直網站的定位非常清晰，它力求的是提供某一方面最全面豐富的訊息和最專業的服務，針對性強、專業化程度高和服務的深度性是其最顯著的特點。

目前，大陸的垂直網站類型主要有小說閱讀網站（起點中文網、瀟湘書院）、在線影片類網站（如優酷網、馬鈴薯網、愛奇藝網、騰訊影片等）、垂直資訊類網站（如虎嗅網、36氪、虎撲網）、分類網站(58同城、趕集網等)、房產網站（如搜房網、億房網等）和汽車網站（如汽車之家、易車網）等。

隨著網民成熟度的提升，分眾化、個性化的需求開始日益突出，垂直訊息和服務的前景呈現出比較樂觀的發展趨勢。對垂直網站而言，探索適合自身的盈利模式的重要性不言而喻。

一、垂直網站的盈利模式

垂直網站的盈利主要有內容收費、網路廣告以及與商家合作獲得提成三大來源。

（一）內容收費

垂直網站的內容收費模式是指它透過提供具有附加值的內容和服務而獲取一定的收益。這種盈利模式在內容提供型垂直網站比較典型，採取最廣泛的就是「免費＋付費」相結合的手段。也就是說網站提供的內容和服務中既有免費的部分，也有要付費才能享受到的部分，網站的收益來源於付費部分。

以起點中文網為例，它有專門的免費頻道，可以供用戶進行全本閱讀。但是其提供的大部分文學作品是前面一部分章節免費，全文閱讀則需要付費才行，用戶所付費用由網站與作者分成。而影片類垂直網站，則大多採取的是會員收費或按片收費的方式。雖然擁有許多免費的資源，但是對於最新最熱門的電影和畫面更優質的電影，用戶需要購買或者付費成為會員才能觀看。

（二）網路廣告

垂直網站追求的是在某一領域的「專、精、深」，而非求大求全。正因為如此，它所吸引的用戶具有比較鮮明的特徵，更容易被區分。精確的用戶群體使垂直網站往往更能贏得廣告客戶的認可和信賴。

垂直網站汽車相關網站，提供行業資訊、車輛性能評測、汽車百科、車型對比、汽車報價、車商城和論壇等服務，形成了比較完善的整體服務方案。

對一名汽車發燒友而言，他如果想獲取汽車方面的深度訊息和知識，就更容易被汽車之家所吸引；對汽車經銷商而言，在汽車網站上投放相關廣告，既能降低對用戶的干擾和反感程度，又能為促進品牌宣傳乃至汽車銷售提供契機。

正所謂「得流量者得天下」，穩定的用戶基礎和流量表現是垂直網站提供廣告服務的良好基石，而依靠網路廣告獲取的盈利又反過來促進網站內容建設的優化和創新，二者形成良好的循環。

（三）與商家合作獲得提成

垂直網站一般與其產業鏈的上下游有著良好的溝通與合作關係，透過與上下游的廠家、商家開展合作，舉辦各類推廣和促銷活動獲得提成也是其重要的盈利手段。

這種盈利方法較多地在汽車、房產等垂直類網站使用，同時更是團購類垂直網站的重要盈利模式。像房產類的垂直網站，可以與商家合作推出「看房團」的活動，招募有興趣購房的用戶，組織他們一起去合作房產商的房地產進行看房、諮詢和購房等活動。合作的房產商提供優於市場的價格或其他優惠措施，以促進房地產銷售，而垂直網站則透過成功的交易獲取提成。

此外，目前被大家熱捧的團購網站也是垂直類網站與本地商家合作的一種形式，其模式被業界稱為「O2O(Online to Offline，線上到線下) 模式」。用戶透過關注團購領域的垂直網站，能夠對美食、酒店、美容、保健、娛樂等生活領域進行檢索和篩選，挑選出自己感興趣的項目進行線上購買，同時在線下進入商家消費。商家透過團購網站贏得更多用戶的注意力和實實在在的消費量，用戶透過團購的形式獲得優惠，而團購網站則透過成交額獲得收益，實現三方受益、合作共贏的局面。

二、垂直網站的發展方向

在互聯網的應用不斷拓展的當下，垂直網站更需要找準自身發展方向，在發揮出深度搜尋優勢的同時積極探尋跨界合作模式，並重視個性化與品牌化的經營方式，以此實現長足穩定的發展。

（一）發揮深度搜尋優勢

垂直網站的技術基礎是垂直搜尋引擎。垂直搜尋引擎是針對某一特定行業或主題的專業搜尋，是搜尋引擎的細分和延伸。相比傳統搜尋，垂直搜尋引擎需要的硬體成本更低、用戶需求特定而且查詢的方式更多樣。

當下，訊息的爆炸式噴發，使得互聯網上用戶的注意力成為稀缺資源。用戶搜尋的首要目標不再是尋找到更多的訊息，而是最快捷地找到最有用、最準確的訊息。因此，垂直網站應該發揮出垂直搜尋引擎的優勢，透過深度搜尋提高「查準率」和「查全率」。

當用戶在垂直網站上進行搜尋時，搜尋結果來源的訊息庫本身就是經過了篩選和分類的，能夠避免大量無用結果的出現。此外，垂直搜尋引擎還可以透過用戶以往的搜尋歷史和點擊行為去構築用戶模型，將與用戶興趣相關的資源進行整合，過濾掉與用戶興趣不匹配的訊息和不良訊息，從而把用戶感興趣的、對其有用的訊息在搜尋結果頁面予以呈現。

基於垂直搜尋引擎的行銷具有易定向、易開展、更有效果、更穩定的優勢，只要充分開發和把握垂直搜尋引擎的優勢，就能將其運用在很多方向，比如供求訊息搜尋、商家搜尋、購物搜尋、圖片搜尋、房產搜尋、地圖搜尋、MP3搜尋等，細緻化的搜尋會讓各行各業各類的訊息都獲得更合理更細緻的分類，為用戶更方便快捷地查找訊息提供便利，也必將推動搜尋引擎技術的進步和革新。

（二）探尋跨界合作模式

垂直網站還應順應互聯網的開放潮流，積極探尋跨界合作模式，透過與電商網站、綜合入口網站等的合作尋得可能的發展。

1. 合作電商網站

時下，電商網站方興未艾，垂直網站如果能抓住蓬勃發展的網購潮流與電商網站合作，對自身的發展是很有幫助的。

垂直電商用戶群體的針對性和垂直搜尋的優越性是垂直網站與電商網站合作的兩大法寶。精準的用戶群體能夠為電商帶來潛在的消費者，從而轉化成實實在在的交易量；而垂直搜尋的智慧化、個性化能為電商用戶帶去便捷化、人性化的使用感受。二者優勢的結合，不僅能提升電商網站的用戶體驗，更是為垂直網站開拓了一片新的發展領域。

2. 合作綜合入口網站

互聯網行業向來秉持著「合作、共贏、無界」的理念，綜合入口網站和垂直網站之間存在著競合關係，同時又都有著自身的發展瓶頸。很多專業化程度高的領域，是綜合入口網站難以駕馭的。而垂直網站雖然專業化程度高、針對性強，但是流量和用戶數上跟綜合入口網站相比卻難望其項背。因此，二者如果能實現合作，就能取長補短，在整合相互的資源優勢基礎上，實現合作共贏。

（三）個性化與品牌化經營

面對激烈的市場競爭，垂直網站需要在個性化的品牌傳播策略和多維度的傳播方式上著力，打造出個性鮮明的品牌形象以搶占用戶心裡的領地，以獲得最佳發展。

對垂直網站而言，完整、統一和清晰的品牌個性與品牌形象，對其生存發展起著至關重要的作用。這兩家旅遊網站分別突出自身的個性化業務，也是為了在用戶心中形成特別的品牌形象。

第三節 搜尋引擎經營

簡單來說，搜尋引擎的原理可以被視作三步：從互聯網上抓取網頁—建立索引資料庫—在索引資料庫中搜尋排序。以搜尋引擎為平台，以搜尋引擎用戶為對象，根據一定的競價規則人工調整搜尋結果頁上的排名順序為網站帶去訪問量的行銷活動就是搜尋引擎行銷。

一、搜尋引擎的盈利模式

搜尋引擎行銷作為一種新興的行銷手段，在一定程度上改變了當今企業開展行銷的方式，成為商家、企業與目標消費者溝通的有效媒介。它的形式眾多，包括搜尋引擎廣告、出售搜尋引擎技術、資料庫開發和特殊檢索服務收費等。隨著網路技術的發展，其行銷方式也將更加多元化。

（一）搜尋引擎廣告

搜尋引擎廣告，既包括了搜尋結果頁面展示的廣告，也包括在搜尋引擎的聯盟站點出現的廣告。其目的與傳統形式的廣告一樣，都是為了進行產品和服務的宣傳。由於搜尋引擎後臺可以統計廣告被瀏覽和點擊的數量，因此搜尋引擎廣告的效果可以得到比較準確的評估。

關鍵詞廣告是目前應用最廣泛的搜尋引擎廣告模式。廣告主可以設置一定的關鍵詞，當用戶搜尋與這些關鍵詞相關的內容後，廣告訊息就能顯示在搜尋結果的頁面裡。由於用戶是主動去搜尋這方面的訊息，因此廣告能夠實現高級定位投放。同時，廣告主可以根據自身行銷的需要更換關鍵詞，就相當於在不同的搜尋結果頁面輪換投放廣告。目前，這種模式衍生出了兩種形式：固定排名與競價排名。

固定排名，即廣告主所付費的關鍵詞網頁在搜尋結果中出現的位置是固定的，推廣位置中的第一位到最後一位價格是逐漸遞減的，付費越高，排名就越靠前，曝光量就更大，因此固定排名的廣告效果一般比較好。但是由於它收費比較高，吸引的往往是大客戶。

競價排名則是關鍵詞廣告的另一種形式，也是目前被使用最廣泛的網路行銷方式之一。它按照付費最高者排名最靠前的原則，對購買了同一關鍵詞的網站進行排名，然後按用戶點擊付費。與固定排名相比，關鍵詞廣告的競價排名價格十分低廉(除非是特別熱門的關鍵詞)，主要靠用戶的點擊來計算收益，因此對廣告主而言網路廣告費用大大降低。再加上廣告主可以自行設置每天的廣告費額度和調整關鍵詞，使得網路廣告成為中小型企業可以自己掌握的網路行銷手段。

除了關鍵詞廣告以外，內容定向廣告也被廣泛地運用。這種廣告不顯示在搜尋引擎的結果頁面上，而是與搜尋引擎服務商有聯盟或利益分成關係的站點上。例如，Google Adsense 就會把內容定向廣告投放在它們的合作站點上，同時根據點擊量給予這些網站收益分成。

（二）出售搜尋引擎技術

由於搜尋引擎的技術要求比較高，有些公司不願或無力投入重大的花費在搜尋引擎的研究上，因此它們會從一些大的搜尋引擎公司購買搜尋技術作為己用，而搜尋引擎的服務提供商會在此過程中收取適當的費用。

在入口網站發展的初期，網站也是透過向 google 購買搜尋引擎技術為用戶提供搜尋服務的。隨著入口網站的發展壯大和對用戶數據重視度的提升，它們都積極採用自身技術團隊研發的搜尋引擎技術，但也不乏目前仍然購買搜尋引擎技術的小型網站。

（三）資料庫開發

互聯網上海量的資源中不乏一些行業性、專業性的知識，搜尋引擎抓取了網上紛繁複雜的訊息後，透過一定的規則對有用的資源進行合理有序的開發，能夠建立起數以萬計的資料庫。這些資料庫在一定程度上其實就是財富庫，搜尋引擎可以透過對其的開發與利用，獲得不錯的收益。

像百度文庫，就可以視為一部大型百科全書，裡面有不同領域（醫療、教育、生活、經濟等）、不同格式（WORD、PPT、PDF等）的海量知識。既有免費的共享資料，也有需要用戶支付一定的財富值或下載券才能查閱的訊息。這些數據是由用戶自發上傳的，是否免費也由用戶決定。對於非免費的資料，查閱者用積分換取下載券或者購買百度百科的會員後才能獲得。在此過程中，不僅僅實現了文庫內容的拓展和充實，也能讓百度在其中取得一定收益。

（四）特殊檢索服務收費

除了普通的搜尋行為外，搜尋引擎還能為用戶提供特殊的檢索服務以收取費用。具體有以下幾種方式。

1. 付費收錄

某些企業出於擴大宣傳的目的，將自身網站提交給搜尋引擎予以收錄，讓相關產品和服務的訊息能夠被用戶查找到，增加與潛在客戶建立聯繫的機會，就需要向搜尋引擎支付一定的費用。當然，本身質量好的網站也是可能免費被搜尋引擎收錄的。

2. 網路實名

用戶以後想要進入該機構的網站無須記憶複雜的域名網址，直接在搜尋引擎窗口中或瀏覽器地址欄中輸入已經註冊的中文網路實名，即可進入網站。

3. 網際專遞服務

百度透過收費推出的網路緩存軟體，利用 Web 緩存實現了網路內容的本地存儲，可將用戶的網路速度提高 3 倍以上，極大地降低通訊費用。同時，檢索速度的提高使得搜尋引擎的競爭力增強，從而使收費成為可能。

二、搜尋引擎的發展方向

未來的搜尋引擎應該是簡單、精確、智慧、專業的，同時也是個性化與人性化的統一。隨著移動互聯網的發展，未來的搜尋引擎也應更加重視移動端的建設。

（一）精確化

網路時代的深入發展，給搜尋引擎提出了更高的要求。訊息不再是稀缺資源，用戶的注意力才是互聯網時代的稀缺資源。用戶在進行搜尋時，需要的不再是多而全的訊息，而是少而精的答案，所以搜尋引擎需要朝著結果的精確化方向不斷努力。

這就要求搜尋引擎透過對元數據訊息進行深度加工和分析，結合用戶的搜尋習慣和個人特徵，為用戶提供專業性、準確性的搜尋服務，使他們能迅速從結果中找到自己需要的確切訊息。

（二）智慧化

搜尋引擎的智慧化就是要更及時、更準確、更可靠地把握用戶需求，並滿足用戶的個性化需要。

（三）專業化

垂直搜尋引擎優於門戶搜尋引擎的一大特點就是能夠促進用戶與搜尋引擎的交互，為用戶提供更專業更深度的服務。因此，對搜尋引擎而言，應該吸收學習垂直搜尋引擎的這一特點，透過逐步實現支持自然語言檢索、交叉語言檢索、跨平台多語言的文檔處理和實現基本的人機對話來促進自身專業化程度的提升。

與此同時，搜尋引擎還需要實現從單一搜尋向多元化搜尋的轉變，要從單一的文字搜尋、新聞搜尋、網頁搜尋，向音樂搜尋、圖片搜尋、影片搜尋、軟體搜尋等多元化的搜尋結果發展，逐步成為多媒體內容的提供商。

（四）個性化

當各家搜尋運營商提供的服務都是同一形式的時候，就很難對用戶產生吸引力。正因為如此，搜尋引擎更應該關注用戶體驗、抓住用戶需求，創新出符合用戶使用體驗和需求的產品。只有這樣才能留住自己的用戶，提高用戶黏性和轉換成本。

未來搜尋引擎產業將逐步邁向「個性化」時代。這種搜尋引擎的內容不會再是公共訊息，而是經過搜尋引擎公司整理或從其他專業機構購買而來的，針對用戶特殊需求的內容。當然用戶在使用這些專業搜尋引擎時也是需要付費的，至少是為其中更為專業的數據付費，這就成為搜尋引擎未來的一個新盈利點。

（五）移動化

隨著移動互聯網的蓬勃發展，用戶對移動端應用的需求也不斷上升。為了搶占移動互聯網的領頭羊地位，搜尋引擎必須在移動端發力，快速而高效

地推動移動搜尋的發展，讓用戶能夠打破空間的限制，「想搜就搜」，隨時隨地搜尋到即時訊息、日常生活訊息和區域訊息。

移動搜尋的發展必須考慮到移動設備螢幕小，需要有償使用流量的特點，給出更省流量、更簡潔的結果頁面。當用戶搜尋的是商家訊息時，還可以跟生活團購類網站合作，在結果頁面給出相關的商家促銷訊息，促進O2O模式發展的同時給自身探索移動互聯網時代的新盈利途徑。

第四節 社交網站經營

在互聯網領域，英文縮寫SNS有三層含義：

其一是Social Network Service，指的是幫助人們建立社交網路的互聯網應用服務；

其二是Social Network Software，指採用P2P技術構建社會網路的軟體；

其三是SocialNetworkSites，是用來建立社會關係的網站，即社交網站。

雖然這三者側重點有所不同，但這三個詞界定的事情都是將人的社會化及社會關係的建立與維繫當作核心。

嚴格來講SNS指的都是社交網站而非社會化網路服務。因此，本文中所說的SNS主要是指社交網站。

一、社交網站的特點

每個社交網站都折射出不同的人際關係和群組動態。社交網站的特點表現在它的用戶具有相同的屬性和較高的忠誠度，成員之間互動頻繁，呈現出較高的群組聚合性。

（一）用戶屬性相同

一般來說，同一個社交網站的用戶都是基於特定的目的而聚集在一起的，他們之間在興趣愛好、職業乃至社會地位等方面會呈現出某種驚人的相似。曾經風靡一時的開心網就是定位於都市白領的社交網站，上面活躍的用戶多為二十到四十歲左右的中青年白領，他們擁有著穩定的收入和較高的學歷，工作之餘追求娛樂和社交需要。相同的用戶屬性，使社交網站在進行產品設計和優化方面更加有針對性，更加貼合其目標用戶的需要。另一方面，具有相同用戶屬性的用戶在廣告主的眼裡就是精準的用戶群體，更能贏得他們的青睞。

（二）用戶黏性較高

基於 SNS 的網路關係，對用戶而言不僅是拓展了新的人脈資源，更是對現實生活中人際關係的補充和進一步維繫。因為社交網站上的朋友大都是現實中的熟人，因此用戶對其有著較強的信任感，成員之間關係緊密，容易達到深度交流和互動。

當用戶從一個社交網站轉移到另一個社交網站上時，轉移成本相當大，因此社交網站的用戶穩定性一般比較高。而穩定的用戶關係，更容易為社交網站帶來廣告投放、增值服務和電子商務等方面的價值。

（三）成員互動活躍

正因為社交網站的用戶是基於不同興趣、愛好和需求而聚集的，因此在這個圈子裡，他們對自己感興趣的話題會積極發言和討論，同時主動進行傳播，表現出較高的活躍度。

除此之外，部分用戶出於渴望受到其他用戶的關注或是成為在某一領域「意見領袖」的意圖，會積極在社交網站上貢獻原創內容，從而豐富社交網站的內容。像基於知識分享和問答的知乎網，就聚集著不同行業的精英和專家，為網友提供專業的、科學化的解釋，而網友也樂於透過這樣的平台進行知識上的交換與學習，呈現高度活躍性。

（四）群組聚合性好

不同的社交網站所提供的主要服務不同，用戶可以根據自己的需求選擇自己感興趣的駐足。

擁有相同興趣愛好的用戶組成一個群組，彼此分享在這個領域內的資訊、知識和期待，形成聚合性高的小團體。

二、社交網站的盈利模式

由於貼近用戶需求，社交網站吸引了重大的流量，如何挖掘其商業價值並且轉化成可見的收益，是社交網站經營的核心問題。目前，國內各大社交網站的盈利來源主要表現在以下幾方面：

（一）開發網頁遊戲

網路遊戲目前已經成為網路經濟和文化娛樂業的重要支撐，它所帶來的虛擬物品交易市場呈現一片繁榮之景，其前景也被許多投資者看好。

曾幾何時，「開心農場」和「好友買賣」兩個遊戲在互聯網用戶間風靡一時，一時間，網頁遊戲開始在社交網站上遍地開花。推出大批網頁版應用和遊戲，吸引用戶參與和使用，為自身謀求了又一個全新的發展空間。

透過網頁遊戲，社交網站開拓的盈利方式主要是植入廣告和提供增值服務。

網頁遊戲與社區的有機融合趨勢正愈演愈烈，這一模式不僅可以增強社交網站的趣味性，為社交網站帶去更多的流量和活躍度，同時也能刺激用戶產生附加於遊戲的增值服務需求，為社交網站帶來豐厚收入。但是，我們也應清醒地看到，網頁遊戲相比其他遊戲而言對用戶的長久吸引力不足，這會影響到該盈利模式的持續性。

（二）商業廣告宣傳

商業廣告是社交網站盈利的主要模式，但廣告收入不僅要受網站知名度和點擊流量的影響，也要受社交網站的用戶特徵制約。一般來說，知名度越

大、流量越高的社交網站,其廣告收入就越高;相對地,剛剛起步沒有知名度和點擊流量小的社交網站,廣告收入就比較有限。當然,只有當社交網站的用戶是目標消費者時,廣告主才會樂意買單。

目前,社交網站上的商業廣告主要有硬廣告和軟廣告兩種。直接在頁面呈現出來商家訊息的就是硬廣告;軟廣告則不會直接呈現廣告內容,而是會把商家訊息植入、遊戲道具等,也有商家採取透過帳號發佈新鮮事和活動,置頂曝光在用戶頁面的方式,這些廣告不會直接傳遞出商品訊息,因而對用戶的干擾程度較少,更容易被接受。

(三) 品牌推廣活動

這裡的品牌推廣活動指的是廣告主與社交網站合作在線上舉辦活動吸引用戶參與,同時在線下拉動消費的合作分成模式,是 O2O 的一種方式。這種模式利用社交網站的高人氣,吸引用戶參與到品牌的互動中,為用戶提供一定的獎品或優惠,再帶動用戶在線下進行消費。這種模式將是社交網站新的盈利增長點,對網站的發展和用戶活躍度、忠誠度的培養都有很大的裨益。

基於用戶足跡分享的街旁網,曾跟星巴克進行合作,用戶在星巴克透過街旁網客戶端簽到,就能獲得一枚星巴克的勳章,並且享受到星巴克的優惠價格。對用戶而言,社交網站上的虛擬身分和線下實實在在的優惠是吸引他們參與到活動的主要因素;對星巴克而言,則是利用街旁網的流量轉化為自身的銷售額;而對街旁網來說,不僅有利於提高用戶活躍度,也能透過該模式與商家進行利益分成。

(四) 提供增值服務

發展自身增值服務直接向用戶收費,以及與第三方合作提供增值服務收取傭金也是社交網站的一大盈利手段。

上面提到過的出售遊戲道具就屬於增值服務的一種,此外,大部分社交網站還提供付費會員服務和付費功能。用戶付費成為會員以後,能夠享受普通用戶無法享受到的功能和服務。增值功能和服務提升了產品的價值,企業在取得合理利潤的同時也讓顧客產生了更高的滿意度。

此外，社交網站還積極開放平台，與第三方服務提供商共享服務費用。第三方服務商如電商網站、美容保健機構、金融理財機構等，可以在社交網站上廣泛地開發新功能和業務供用戶使用。其形式多種多樣，比如社交網站用戶可以借助銀行支付體系透過第三方的服務進行交易活動、在社交網站上實現購物、在線學習美容課程等，而社交網站將按照參與用戶人頭數或成交額抽取一定比例的傭金。

三、社交網站的發展方向

社交網站以人與人之間的社會關係為基礎而存在，因此，在考慮其運營和發展方向的時候，必須要讓它先依靠優質的社區資源吸引和凝聚用戶，獲得穩定的用戶資源和關係資源後再考慮如何將用戶資源變成經濟利益。

（一）維護社區生態，豐富網站內容

由於互聯網上訊息冗雜，一些不良訊息和內容也透過社交網站擴散開去，汙染社區生態。因此，需要加強對社區生態的維護，堅決剔除不良訊息，阻止其進一步傳播，為用戶提供一個健康的、積極向上的陽光社區。

此外，社交網站的布局和形式需要儘量活潑化，內容和功能則應該生動化、趣味化，且適合讓用戶直接分享和傳播，這樣才能引起關注度。社交網站切忌依靠山寨和模仿國外優秀的社交網站，不能因盲目追隨而失去特色，而應該立足於本國的用戶特徵，結合網站自身情況，為用戶提供真正有價值的、有特色的內容和功能。只有這樣方能從競爭對手中脫穎而出，開拓出更廣闊的經營疆域。

（二）改善用戶體驗，增強用戶黏性

當社交網站擁有一定的用戶量和影響力以後，就應該要著力於提升用戶活躍度、培養忠誠用戶，這就要求社交網站不斷改善用戶體驗。

當前國內社交網站從用戶定位到內容、功能都大同小異，而這種同質化的結果就是使用戶產生審美疲勞，從而導致用戶流失。對整個社交網站行業而言，長此以往會降低行業的創造力和活力，導致整體萎靡。

正因如此，社交網站就需要樹立以用戶為中心的宗旨。從用戶角度出發，推出具有獨特性、創新性的產品和功能，給用戶耳目一新的感覺；迎合用戶偏好，加強內容和服務的趣味性、娛樂性，讓用戶真正能放鬆身心；關注用戶需求，強化內容的實用性，給用戶創造更高的使用價值。只有這樣方能讓用戶擁有良好的體驗，心甘情願地成為忠誠用戶。

（三）挖掘用戶數據，實現精準行銷

擁有了持續的用戶資源、穩定的用戶關係之後，社交網站便可以充分開發自身的用戶數據。基於對社交網站用戶的群體特徵、需求取向和消費心理的準確分析，可以為他們量身打造網站內容和服務。用戶不喜歡的內容和服務可及時更換和優化，用戶表現出需求和興趣的領域及時跟進，這樣能夠最大程度契合用戶心理，提升用戶滿意度，同時真正把用戶資源轉化成自己的競爭優勢。

精準行銷是在精準定位的基礎上，依託現代訊息技術手段建立個性化的顧客溝通服務體系，實現企業可度量的低成本擴張目的。相同的用戶屬性和良好的群組聚合性，為社交網站實現精準行銷創造了先天的良好條件。明確的目標用戶群體，讓廣告主可以有針對性地投放廣告，達到事半功倍的效果。

（四）加大品牌推廣，打造口碑行銷

社交網站上的朋友，多半源自現實生活中的朋友或朋友的朋友，所以當他們傳遞給我們關於某種產品的訊息時，可信度比廣告高得多。社交網站可以利用這個特點建立口碑行銷模式，這是它與生俱來的優勢和資源獨享的商機。

口碑行銷就是把口碑的優勢應用在行銷過程之中。社交網站透過為用戶提供優質的、有價值的內容和服務，贏得他們的信任，再讓他們基於對產品的肯定和喜好，自覺在社交網站上進行傳播，實現「借力打力」。利用免費而高效的用戶資源去擴大產品和服務的知名度，開展網路行銷活動，是一種低成本高成效的行銷模式。

（五）整合多方資源，發力移動社交

社交網站的用戶關係網路，是它與其他平台進行合作的不二法寶。對社交網站而言，透過整合多方資源，實現強強聯合，能在鞏固自己地位的同時進一步拓展發展空間。比如透過與電商網站合作，促進社會化電子商務的發展；與新聞網站合作，豐富社區用戶互動的資訊來源和內容；與影片網站合作，強化社交網站的娛樂性和休閒性。

此外，在互聯網產品紛紛試水移動端的當下，社交網站也應該不甘人後，發力移動社交。人們在日常工作和生活的閒暇之際，都會用手機打發時間。對他們而言，這個時候逛逛社交網站，看看朋友們的動態會是不錯的選擇。因此，社交網站應該把握好這一機會，開發出自身的移動客戶端產品，在產品設計和功能上以更貼近移動化的實際要求予以優化。搶占移動端入口，是社交網站應對傳統互聯網逐漸衰退，移動互聯網興起浪潮的最佳舉措，同時更為之後 SoLoMo 時代的到來打好基礎。

SoLoMo 即：Social(社交的)、Local(本地的)、Mobile(移動的)，連起來就是 SoLoMo，社交本地移動，即社交加本地化加移動，它代表著未來互聯網發展的趨勢。

第五節 電子商務網站經營

電子商務有廣義和狹義之分，本章所提到的電子商務指的是狹義上的電子商務。狹義的電子商務是指人們利用電子化手段進行以商品交換為中心的各種商務貿易活動。電子商務網站，則是為人們提供電子商務貿易的平台。

一、電子商務網站的特點

縱觀電子商務網站的發展情況，不難發現它們都具有以下幾方面的特點：

（一）商品種類豐富與選擇餘地大

電商網站上的商品琳瑯滿目，再加上電子商務的全球化普及，用戶更可以輕輕點擊滑鼠就享受全球化購物的便捷。對企業用戶而言，供求訊息的發

佈、商品的訂製和採購都可以透過互聯網進行，精簡了流通環節；對單個的消費者而言，服裝、鞋包、化妝品、日用百貨、電子產品等應有盡有，足不出戶就能買到滿足生活所需的物品。

由於同一種類的商品有不同的廠家或商家提供，因此企業和個人消費者可以對不同的商品訊息進行比較和甄別，增加了選擇的餘地。這樣不僅方便企業和單個的消費者「貨比三家」，進行最優化地的選擇，同時也在一定程度上促進商品的生產商提高產品質量。

（二）交易過程便捷化、協調性

電子商務簡化了交易的流程，交易雙方透過互聯網進行溝通交流，從購前諮詢到達成購買、支付行為等都在互聯網上進行，整個過程都十分的便捷化。透過網路，客戶不僅可以深入瞭解商品詳情和配送途徑等訊息，而且可以說明自己的需求、定製喜歡的產品；廠家和商家利用互聯網直接展示和傳遞商品訊息，提升了訊息的傳播效率，讓交易過程更加快速便捷。

電子商務網站的良好運作離不開各類廠家與商家、支付機構、物流和配送中心、技術中心等多個環節的協調運作，因此具有較強的協調性。此外，廠家和商家可以根據互聯網市場上的用戶需求和競爭者情況及時更新和調整產品及價格，確保高效化運轉，也是交易過程協調性的體現。

（三）資金流通的快捷性、安全性

在電子商務環境中，交易雙方的資金周轉可以透過網上銀行進行，不需要面對面支付，這樣有利於避免線下交易中資金周轉的拖沓。此外，許多電商網站還提供第三方支付平台。買方下單支付時，貨款先是送到第三方帳戶上，當確認收貨以後貨款才會進入賣方帳戶，這樣可以有效解決交易中的糾紛，保障雙方的權益。

另外，雖然參與交易的買賣雙方沒有面對面進行磋商，但是他們對交易的溝通洽談、下單、款項的支付和收發貨的通知等全部交易過程都是在互聯網上進行的。一旦發生交易紛爭，各種訊息的查詢與核對也能得到保證，從而提升了電子商務的安全性。

二、電商網站的主要類型

電商網站的分類標準多種多樣，其中最常見的方法是按照參與電子商務交易的對象進行分類，將其分為 B2B(Business to Business，企業對企業)、B2C(Business to Customer，企業對消費者)、C2C(Customer to Customer，消費者對消費者) 和 C2B(Customer to Business，消費者對企業) 四種模式。

（一）B2B 模式

B2B 模式指的是參與電子商務交易的雙方都是企業 (或商家、公司)，他們透過內部訊息系統平台和外部網站，進行產品、服務和訊息的交換，完成包括訊息的發佈、訂貨與收貨、票據的簽發與接收、支付、配送方案等環節在內的整個交易過程。

按行業性質，B2B 可以分為垂直 B2B 和綜合 B2B。其中，行業垂直類 B2B 主要是針對某一個行業做深、做透，在專業上更加權威、精確。綜合 B2B 電商則覆蓋整個行業，主要在廣度上下功夫。

（二）B2C 模式

B2C 電商可劃分為綜合 B2C 與垂直 B2C 兩大類。其中綜合 B2C 相當於百貨商場，擁有齊全的商品種類和龐大的商品數量，基本能滿足人們各方面的生活需求；而垂直 B2C 則像專賣店，主要滿足某一類消費需求或特定人群的需要，如食品、家電、母嬰等細分領域。

1. 綜合 B2C

從服裝、食品到保健，從生活、工作到娛樂，綜合 B2C 能夠滿足人們生活方方面面的基本需求。

一般來說，綜合 B2C 的優勢主要表現在這幾方面：豐富的商品種類和具有競爭力的價格能吸引龐大的用戶群體，流量來源充足；利用自身規模優勢更容易吸引較多的線下知名品牌進入，透過擴大規模吸引顧客，同時也抬高

了同行業競爭者的進入門檻；充當交易平台，提供訊息、物流和支付服務，以此收取的服務費與利潤也較為客觀。

綜合 B2C 的劣勢則表現為：銷售產品雷同、銷售策略趨同，出現了嚴重的同質化現象；對品牌的依賴性嚴重，品牌本身有著去或留的決定權，就算是平台足夠大，也會面臨一些品牌突然撤離的風險；高昂的行銷成本、大投入的物流整合和持續的價格戰，使得其毛利率相當可悲。

2. 垂直 B2C

垂直 B2C 滿足的是某一類消費需求或特定人群的需要，像食品、家電、母嬰、鞋靴、服裝等。這類網站主要在其核心領域內深入挖掘，不斷擴展產品線和產品系列，加強生產商、供應商和線下通路商之間的溝通與合作，協調利益衝突並完善售前售後的各項服務。

垂直 B2C 的優勢表現在：客戶群定位準確，能夠滿足特定消費群體需求，更易形成獨特的口碑和形象；商品集中度高，服務專業性更強，能形成自身的專業能力和品牌影響力；零售方式多種多樣並且易於管理，容易在短期內實現盈利，而且相對綜合 B2C 風險較小。

其劣勢表現為：因為規模較小，自身影響力有限，導致流量來源比較狹窄，流量過少又導致規模難以擴大，陷入惡性循環；缺乏個性化、獨特化的商品，可替代性非常強，垂直 B2C 有的商品綜合電商也能提供；綜合 B2C 在規模優勢的保障下有更強的採購議價能力，同類型的商品相比垂直 B2C 而言可能價格更具有競爭力，因此垂直 B2C 無力抗衡綜合電商的價格戰，一旦捲入價格戰之中很可能就被拖垮。

（三）C2C 模式

C2C 模式指的是發生在個人與個人之間的電子商務，交易雙方基於同一個在線交易平台，完成商品或服務的洽談、購買和支付。賣方在自己的網上店鋪提供商品訊息，買方可以自主選擇商品進行瞭解和購買。

（四）C2B 模式

C2B 是一種新興的電子商務模式，指的是消費者對企業 (Customer to Business) 進行反向驅動的一種新型消費模式。通俗點來說，指的就是消費者提出需求，而企業根據消費者的需求來進行生產。

在工業時代的 B2C 模式是一種以生產企業為中心的模式，而在訊息時代，新的商業模式應該是以消費者為中心，透過市場的需求為原動力去驅動商業資源，透過互聯網實現消費者與生產者之間的靈活溝通，讓生產與市場銜接更加緊密，幫助消費者和生產者創造一個更省錢、省力、省時的交易通路。

在 C2B 電子商務模式下，消費者可以透過 C2B 網站發佈自己的需求訊息，企業來報價和競標，消費者自行選擇與自身需求最契合、性價比最高的商家來成交。這樣一方面降低了消費者進行選擇和試錯的成本，另一方面商家也可以節省一大筆行銷費用，削減了中間很多煩瑣的環節。

C2B 模式的基本構件包括：個性化行銷捕捉碎片化、個性化需求，以數據低成本、全流程貫通為基礎實施拉動式配銷、柔性化生產快速滿足市場需求。總的來說，消費者將改變企業，在數據驅動下企業和製造商將趨於個性化、靈活性、敏捷性。

與工業時代「大生產＋大零售＋大品牌＋大物流」的一整套體系相對應，基於個性化行銷、巨型網路零售平台、柔性化生產以及社會化供應鏈的高速發展，C2B 模式有了越來越堅實的支撐，其形貌、特徵、機制也越來越成熟了。

在前端，它們或是提供相對標準化的模組供消費者組合，或是吸引消費者參與到設計、生產的環節中來；在內部，它們提升組織能力，以個性化定製方式去服務於海量消費者；在後端，它們積極調整供應鏈，使之具備更強的柔性化特性。

「網紅經濟」和「粉絲經濟」可以被視為 C2B 模式的一種。網紅們在運營自身的人氣，維護和運作粉絲的同時，也會以「按需生產」的理念對接企

業。在 2015 年，這種透過互聯網連接設計者、生產者和消費者的「網紅經濟」模式創造了 50 億元的交易量。由此可見，C2B 這種企業追逐市場跑的模式，擁有非常大的發展潛力，是大勢所趨。

三、電商網站的發展趨勢

在電子商務的發展日新月異的當下，如何規避前人的錯誤，吸收與借鑑優秀的運營經驗，以更好地發揮自身的特點謀求健康發展，是需要認真探討的問題。電商網站的發展趨勢體現在以下四個方面：

一是優化原有的購物體驗，透過建立網購信譽體系、完善支付平台、關注用戶體驗來為消費者提供更安全更優質的服務；

二是促進電商網站的流量來源的多元化，尋求商業合作，加強微博和 SNS 網站的流量轉換力度；

三是利用大數據，實現精準訊息匹配；

四是加快布局移動端的電子商務產業鏈，提升購物的便捷性和實時性。

（一）優化原有購物體驗

電商網站必須要懂得經營用戶，只有打造人性化的用戶體驗才能吸引和留住用戶。而電商網站的用戶最關心的，無非商品是否可靠、付款是否安全、購買過程是否方便，把握好這幾點，電商網站才能贏得用戶的青睞。

網購最讓消費者擔心的一點就在於商品是看得到、摸不著的，沒法瞭解其產品質量。對電商網站而言，建立並健全電子商務信任體系勢在必行。電商網站應該加強對商家的信譽管理，透過實名認證、商家繳納保障金等方式來提高進入門檻、約束商家行為。一旦發現商家有出售虛假偽劣產品的行為，或者受到用戶投訴，電商網站管理人員可以透過公告、黑名單甚至要求商家退市等方式對商家予以懲處。

此外，要保障交易過程中的支付安全，這就要求電商網站不斷完善支付平台。首先，需要拓展支付通路。目前，電商網站上的支付通路主要是透過網上銀行，交易雙方需要開通網銀功能才能進行。雖然也有部分網站提供貨

到付款的功能或透過第三方支付平台交易，但並非所有電商網站都支持這些方式，因此拓展有效的支付通路有利於提升購物的便捷化。

其次，需要加強支付過程中的安全保障。大部分電商網站仍然只需要一條驗證碼就能付款，安全性較差。隨著行動支付時代的來臨，利用手機支付雖然方便但是安全性降到了最低，如何保障支付安全對電商網站而言也是一個重大命題。

再者，需要簡化操作流程，提升體驗界面。支付流程在保障安全的基礎上一定要盡可能地流暢化、簡潔化，付款的界面要對用戶友好，不需要用戶到處去尋找付款入口。同時，在支付時應提醒用戶確認付款金額和方式，避免誤操作。

（二）擴大流量來源

對電商網站而言，流量就相當於購買量和交易額。目前，電商網站的流量來源比較單一，主要來自消費流量和網路廣告的引流。因此，電商網站亟須透過開放平台策略、尋求商業合作、加強流量轉換等手段擴大流量來源。

此外，跟商家合作，利用電商平台發佈商家新產品、特供商品也是吸引用戶的不錯手段，在吊足消費者胃口的同時也能收穫不錯的成交額。例如眾籌項目，由明星發佈活動，由用戶自主選擇是否支持，凡是達到了預設金額的項目就會付諸實施，用戶成為該項目的「股東」之一，這種方式未必不是電商網站未來的一種發展趨勢。

對電商網站而言，依靠投放網路廣告的方式引流固然能造成不錯的促銷效果，像「雙十一」之前，各大影片、新聞網站都是鋪天蓋地的「雙十一」的廣告，最終天貓商城當天以 350 億元的成交額定格了一年一度的瘋狂大促銷。然而，網路廣告的投放本身就需要高昂的成本投入，這無疑會使自身的利潤大打折扣，因此，電商網站需要積極尋求其他的流量轉換方式，比如透過社會化媒體實現行銷。目前社交網展發展趨勢可觀，用戶關係鏈也比較牢靠。合理利用社會化媒體進行商業推廣，可以依靠口碑行銷和信任行銷的力量為電商網站注入新的活力。

(三) 精準訊息匹配

電商網站會記錄用戶的每一筆交易甚至是每一個行為，因此透過對用戶數據進行挖掘和分析，可以為用戶提供個性化的服務和推薦，進一步促進購買行為的發生。

利用用戶數據可以識別用戶的優勢需求。用戶的瀏覽行為一般會被瀏覽器的 Cookie 記錄，電商網站的後臺也能獲得。近期用戶搜尋最多的商品類型、瀏覽最高頻次的商品或添加到購物車的商品很可能就是用戶最近有購買需求的，如果電商網站適當地在推廣位將這些商品進行推廣，就很有可能促使用戶衝動購買。

Cookie，有時也用其複數形式 Cookies，指某些網站為了辨別用戶身分、進行 Session 跟蹤而儲存在用戶本地終端上的數據 (通常經過加密)。

此外，對用戶數據的挖掘還能發現其潛在需求，把握用戶的需求變化。透過用戶的歷史購物行為和其收藏的商品，可以大概推斷用戶的喜好，包括商品種類、商品風格、商品價格區間等。一旦瞭解了這些訊息，當用戶再進行購物搜尋時，就能把符合用戶喜好的商品進行優先排列，這樣是個性化推薦的一大進步，促進用戶購買的同時也能給他提供良好的搜尋體驗。

(四) 布局移動電子商務

電商網站要想在移動互聯網時代爭當領頭羊，就需要加快在移動電子商務方面的策略布局，透過培養用戶使用移動端購物的習慣，優化移動端的產品交互，解決移動端高流量的消耗問題和保障行動支付的安全等措施來搶占先機。

要想培養用戶使用移動端購物的習慣，首先，需要給予一定的刺激和獎勵，比如在移動端購物提供更優惠的價格或移動端專享的商品等。其次，還要優化移動端的產品交互效果，跟電腦相比行動終端的螢幕更加小型化，產品設計者需要優化商品的呈現方式，進一步細化商品分類，以方便用戶方便快捷地找到心儀的商品。

然而，行動支付雖然便捷，但是面臨手機丟失時可能給用戶帶來經濟損失的問題，因此，需要解決好行動支付的安全問題，透過設置新的行動支付密碼等方式來保障用戶利益。

【知識回顧】

在本章裡主要講述了入口網站、垂直網站、搜尋引擎、社交網站和電商網站五種網路媒體的基本情況和經營方式，並對它們未來的發展方向提出了可能的合理設想。對入口網站而言，未來在利用互聯網優勢，加強內容與服務建設的同時也需要探索新的盈利模式，打破當前同質化經營的局面。垂直網站則需要充分發揮垂直搜尋引擎的優勢，提高查準率和查全率，同時積極探尋跨界合作模式尋求可能的發展，並且注重自身的品牌形象塑造，搶占用戶心裡的領地。搜尋引擎則應該走向精確化、智慧化、專業化、移動化的發展之路，實現個性化與人性化的統一。基於人與人的社會關係而存在的社交網站，則要讓它先依靠優質的社區生態和資源吸引用戶，用良好的用戶體驗凝聚用戶後再利用大數據實現精準行銷和口碑行銷，將用戶資源變成經濟利益。而電子商務網站則需要優化原有的購物體驗，提供更安全更優質的服務，同時加強微博和 SNS 網站的流量轉換力度，進行數據挖掘實現精準推薦，並加快布局移動端的電子商務產業鏈，提升用戶購物的便捷性和實時性。

【思考題】

1. 以入口網站為例，分析它們的廣告運營方式。
2. 你最常使用的社交網站是什麼？談談它的盈利模式是怎樣的？
3. 綜合 B2C 與垂直 B2C 的發展你更看好哪個？為什麼？
4. 你認為網路媒體應該如何應對移動互聯網的衝擊？

第十一章 數位電視媒體經營

【知識目標】

☆數位電視媒體的不同形態及特點。

【能力目標】

1. 瞭解網路電視、數位電視、車載電視與樓宇電視之間的聯繫和區別。

2. 熟悉這四種數位電視媒體的運營模式,並指出其運營模式的優點與不足。

第一節 IPTV 經營

在新媒體時代,人們越來越注重媒介的交互性,注重媒介帶來的人與人之間的互動。傳統的電視媒介只能單方面地傳播訊息,而且用戶與用戶之間無法進行溝通,越來越不適應時代的要求。正是在這樣的背景之下,出現了IPTV,它彌補了傳統電視媒介的不足,並給整個電視行業帶來一場徹底的變革。

一、IPTV 概況

IPTV(Internet Protocol TV) 是伴隨著互聯網的發展而興起的,是一個不折不扣的新媒體;同時,它又是從傳統的電視媒體發展而來的,身上帶有傳統媒體的特徵。它依賴電信運營商,但從事的業務又涉及廣電行業。可以說,正是這些雙重身分,構成了 IPTV 本身。

(一) 關於 IPTV

IPTV 又叫網路電視,是一種集互聯網、多媒體於一身的電視媒體。它經常與數位電視混淆,原因在於兩者具有一些共同的特徵,如節目資源的海量性、節目形式的互動性等。此外,兩者在提供業務方面也存在許多重合之處。但它們在本質上還是存在一些差別:數位電視是指利用數位技術進行訊

息編碼，向用戶提供高清電視節目的有線電視的總稱，由廣電運營商負責運營；而IPTV是網路電視的總稱，由電信運營商負責運營，其核心技術是網路技術。一般認為，IPTV是指利用網路技術整合多媒體與即時通訊等多種技術，向用戶傳輸電視節目的交互式網路電視的總稱。它有兩種接收方式：一是個人電腦，二是配有IP機上盒的電視機。

IPTV在的最早發展可以追溯至1999年。當時微軟公司提出了著名的維納斯計劃，並聯繫了包括宏碁等六家電視機原始設備製造商，目標是實現電視機與互聯網的接軌。但是，由於當時個人電腦的上網功能都還沒得到普及，這個計劃最終擱淺。

直到2004年，IPTV的發展才正式起步。

（二）IPTV的特徵

由於網路技術的應用，使得IPTV具備使其他電視媒體望塵莫及的交互性，這也成為IPTV的本質特徵。除了互動性強之外，IPTV還具有以下特徵：

首先，IPTV提供點播、錄播等電視業務，改變了媒體內容的傳播方式。傳統電視完全按照節目表播放，這使得用戶只能在特定的時間收看特定的節目，極大地限制了用戶的觀看自由。部分數位電視雖然改變了訊息的傳輸訊號，能夠播放更加清晰的節目內容，但單向傳播的本質依舊沒有變化。IPTV透過與網路對接，使用戶可以隨時觀看自己想要的節目，保證了播放內容的自由化與個性化。

其次，IPTV的機上盒採用了嵌入式的uClinux系統，這使得IPTV的操作界面更加豐富，除了主目錄外，還有風格各異的二級目錄和三級目錄。這樣比起其他電視媒介，IPTV的界面更加美觀，而且也更富有操作性，讓用戶可以在更多的目錄之間進行選擇。

最後，與互聯網對接的IPTV可以隨時調取網路上的訊息資源，這使得IPTV的節目內容不再侷限於央視與各省市電影片道，而是涵蓋了整個互聯網路。海量的訊息並不會導致檢索的低效率，由於IPTV將內容進行了清晰的分類，用戶可以很方便地搜尋到自己想要的訊息。

二、IPTV 產業鏈

根據以往的研究，IPTV 的產業鏈由晶片供應商、基礎設備提供商、技術平台提供商、應用軟體供應商、內容和應用開發商、頻道運營商、電信運營商、用戶這八個環節組成。為了簡單起見，這裡將這八個環節分為設備提供商、內容和服務提供商、網路運營商、終端用戶四個方面。

（一）IPTV 設備提供商

設備提供商包括晶片供應商和基礎設備提供商，主要負責為 IPTV 提供 IP 機上盒等硬體設施，並為 IPTV 的業務系統提供建設與升級服務。由於機上盒的作業系統需要在較小的內存空間裡完成一些實時操作，因此需要晶片供應商提供體積小但功能足夠強大的晶片，機上盒的其他組件則由基礎設備提供商負責生產。目前，隨著 IPTV 市場逐漸打開 CISCO、IBM、飛利浦等企業紛紛加入其中，積極地為 IPTV 市場的拓展提供設備支持。

（二）IPTV 內容和服務提供商

內容和服務提供商在整個 IPTV 產業鏈中屬於一個較大的環節，具體包括技術平台提供商、應用軟體供應商、內容和應用開發商、頻道運營商這四個方面。他們不僅需要為 IPTV 提供足夠豐富的內容，還需要為用戶提供各種 IPTV 業務，例如「直播」「點播」「增值服務」等。由於 IPTV 的運營商對內容的整合運營不及服務提供商，其頻道內容整合、頻道的推銷通常外包給專門的頻道運營商，保證用戶的數量增長，實現盈利，同時降低自身的經營風險。

（三）IPTV 網路運營商

網路運營商是 IPTV 產業鏈的核心，是整個 IPTV 產業的關鍵所在。運營商的工作涉及整個產業鏈條的各個方面：首先，他要與設備提供商合作，努力壓低 IP 機上盒的成本，保證大多數人用得起 IPTV，促進 IPTV 用戶的數量增長；其次，他要根據自身的實際情況決定將哪些內容與業務外包出去，實現產業價值的合理分佈；最後，他還要不斷提升服務質量，保證 IPTV 用戶的觀看體驗，在用戶滿意的基礎上實現盈利，促進整個行業的穩定發展。

（四）IPTV 終端用戶

終端用戶雖然處在整個產業鏈的最末端，但實際上它卻是整個 IPTV 產業發展的起點，也是 IPTV 產業鏈各個環節發展的根本動力。由於 IPTV 帶來的是一種新的收視方式，同時需要用戶付出額外的費用，因此轉變用戶的消費觀唸成了 IPTV 產業的核心問題。過去的電視觀眾習慣於以免費或者較低的價格收看電視，如今 IPTV 需要收取額外的資費，用戶難免會產生牴觸心理。對此，IPTV 運營者應該從兩個方面入手：首先是加強節目的互動性，顯示出 IPTV 具備而傳統電視沒有的優勢；其次是注重提升內容質量，以豐富的節目形式和吸引力強的內容，讓用戶願意為內容支付額外的費用。

三、IPTV 經營模式

儘管存在著牌照限制、行業壁壘等問題，IPTV 運營商還是嘗試著用不同的方法去推廣與經營 IPTV。由於各地的實際條件不同，運營商需要因地制宜，採取合適的運營方式。

（一）合作運營模式

合作運營模式是指由廣電企業和電信運營商共同運營 IPTV，利用自身資源為用戶提供服務。

（二）廣電主導模式

廣電主導模式是指在運營 IPTV 的過程中，形成了一個由廣電企業控股的運營實體，由這個運營實體對 IPTV 的發展全權負責。

廣電主導模式並不是說沒有電信運營商的參加，它實際上是合作運營模式的一個極端情況，即廣電企業在與電信企業合作的過程中占據了運營的主導地位。

第二節 數位電視經營

人們對於數位電視已經不再陌生。它已經融入普通百姓的生活中，為他們提供著高質量的電視節目，以及一些傳統電視無法提供的服務。

一、數位電視概況

數位電視與傳統電視不同，與網路電視 (IPTV) 也不盡相同。它採用了數位技術進行訊息編碼，保證用戶接收到高質量的節目訊息。由於安裝了機上盒和數位電視晶片，數位電視具備了和網路電視一樣的交互性，但數位電視的經營者通常是廣電企業，而網路電視的經營者大多為網路運營商。

（一）關於數位電視

作為一種新興電視媒介，數位電視是在整個社會的經濟和文化發展到一定階段時應運而生，與之對應的是傳統電視。傳統電視媒介採用的是模擬電視訊號，這種訊號容易受到干擾，出現畫面閃爍、清晰度低等問題，這在如今講究用戶體驗的時代是難以生存的。而數位電視克服了傳統電視的缺點，透過採用數位技術將電視訊號進行編碼和調製處理，保證了訊息的傳播質量。

與傳統電視相比，數位電視有三個突出的優點。首先是傳播質量高、訊息誤差小。其次是頻率資源足，節目數量多。這都是由於數位電視採用了數位技術編碼訊號，使得電視訊號不易受到干擾，而且同一信道內允許透過的訊號數量大大增加。最後，數位電視具備傳統電視不具備的交互性。傳統電視採用的是「我播你看」的傳播模式，用戶只能被動地接收訊息；而在數位電視中，用戶可以根據自己的需求搜尋、點播訊息，主體地位得到凸顯。

根據訊號傳輸的方式，數位電視可以分為地面數位電視（地面無線傳輸 DVB-T）、衛星數位電視（衛星傳輸 DVB-S）、有線數位電視（有線傳輸 DVB-C）。地面數位電視的特點在於可以實現移動接收；衛星數位電視的特點是覆蓋面廣，設備成本低；而有線數位電視的特點則在於透過光纖和電纜傳輸訊號，保證了節目的接收質量。

數位電視發展經歷了四個階段：運營系統建設階段，此時數位電視產業才剛剛起步，還需要進行調試與試運營；運營規模擴張階段，這個階段內數位電視用戶數量得到了一定的增長；運營業務發展階段，數位電視開始普及；運營市場成熟階段，到了這個階段數位電視普及，付費點播將得到全面發展。

（二）數位電視競爭對象

新媒體時代媒介之間對於用戶注意力的競爭異常激烈，數位電視需要與網路媒體、手機媒體、廣播媒體、報刊媒體等眾多新老媒體爭奪用戶。而在電視媒介領域，數位電視最大的競爭對象是電信行業推出的 IPTV。

IPTV 是在三網融合的背景下，電信行業與廣電行業結合的產物。利用寬頻網路向用戶提供電視節目，打破了電視媒體與網路媒體的界限，使得 IPTV 在內容與技術上具備其他電視媒體望塵莫及的優勢。就目前的形式來看，數位電視的市場份額仍然大於 IPTV，但隨著國家三網融合策略的進一步執行，IPTV 大有超過數位電視的可能。但這並不是說 IPTV 將來會取代數位電視，因為數位電視網路化也是數位電視目前的一個發展趨勢。相信在不久的將來，IPTV 與數位電視將逐步打破界限，走向融合，共同挖掘電視市場的價值。

（三）數位電視盈利模式

數位電視的盈利模式主要包括兩個方面：一是提供增值服務，二是售賣智慧數位電視及其相關產品。

第一個方面將是未來數位電視發展的主要方向：透過提供高清節目、付費點播、在線互動等業務，打破「二次售賣理論」的束縛，從除廣告外的其他途徑實現盈利。這樣不僅能夠保證用戶的觀看體驗，還能幫助自身完成市場擴張。但是，就目前的情況看，廣電行業提供的業務不僅種類單一，滿足不了用戶越來越分化的觀看需求，而且互動性差，未能實現數位電視雙向傳播的特點。此外，長期習慣於以較低的收視費用觀看電視的用戶，能否接納需要付費才能觀看的數位電視節目，存在一個觀念轉變的過程。因此，要實現增值業務的穩定增長，數位電視運營者還有很長的一段路要走。

售賣智慧數位電視及其相關產品則是數位電視實現盈利的另一條通路。未來電視的發展一定是智慧化、個性化的，從手機的發展演變過程就可以很清楚地預測電視在未來的發展方向。從目前國內的電視市場來看，大多數電視產品及相關配套設施還相當落後，這說明智慧數位電視及相關配套產品還

有相當大的市場，隨著三網融合的進一步發展，數位電視未來的銷售前景將呈現出一片光明。

二、數位電視產業鏈

經過這些年的發展，數位電視已經形成了一條較為完整的產業鏈條，從前期的節目製作，到後期的內容傳播、效果測評，都有專門的公司去執行。一般認為，數位電視的產業鏈可以分為四個部分：內容提供商、設備提供商、網路運營商、終端用戶。

（一）內容提供商

數位電視的內容提供商分為兩大類：一類是各地的主流電視臺，他們多數在政府的扶持下生產內容節目；一類是民營的電視節目製作公司與影片網站，他們完全按市場化運作，需要根據用戶的喜好不斷調整自己的節目內容與形式。由於數位技術的發展，數位電視可以承載比傳統電視多許多倍的訊息，這使得頻道不再是稀缺資源，不僅內容提供商生產的內容可以更多地傳播出去，豐富的內容也讓用戶有了更多的選擇。可以說，正是由於數位技術的發展與數位電視的普及，催生了一大批數位電視內容提供商。

（二）設備提供商

設備提供商包括硬體提供商和軟體提供商，前者為數位電視提供硬體設施，如數位電視機上盒、數位電視晶片等，後者則為數位電視提供互動軟體和點播軟體等。在數位電視走向市場的過程中，設備提供商扮演了關鍵的角色，他不僅需要提供方便用戶使用的硬軟體設備，降低數位電視的使用門檻，同時還需要進行相關的網路改造、技術研發、硬體升級，保證數位電視能夠順利投放市場。

（三）網路運營商

數位電視業務的開展需要一個網路平台提供支撐，這個工作就是由數位電視的網路運營商來負責完成。除了搭建與經營這個平台，網路運營商還需

要做的是保證用戶能夠順利地接收到來自內容提供商傳輸過來的訊息。為此，他們需要經常進行訊息傳輸網路通道的建設與維護，保證訊息的順利傳輸。

（四）終端用戶

用戶是數位電視的使用者，是節目內容與硬軟體設施的消費者，也是網路運營商的服務對象，因此在整條數位電視產業鏈中，用戶是其他所有環節的目標與歸宿。數位電視的終端用戶由於使用的媒介不同，呈現出與傳統電視用戶不同的特點：首先，他們不再是被動地獲取訊息，而是可以根據自己的訊息需求進行點播服務；其次，數位電視中增加的互動業務使得用戶更容易與數位電視運營者以及其他用戶展開交流與互動。

三、數位電視經營模式

數位電視的經營不同於傳統電視，前者的情況更加複雜。傳統電視只需要一臺電視機即可完成訊號接收，而數位電視需要機上盒等硬體設施才能播放節目。不僅如此，由於訊息服務形式更加多樣，承載這些多元化節目的數位電視需要用新的思路去經營。

第三節 樓宇電視經營

分眾傳媒，讓人們迅速知曉並熟悉了一個新事物———樓宇電視。這種新的媒體形式在短短數年內席捲了各大城市的辦公室、住宅區、餐廳和賓館，並出現了向其他媒介形式擴張的趨勢。它為廣告市場帶來了新的商機，也為媒介市場帶來了終端媒介網路的完善，對整個傳媒行業產生了重大的影響。

一、樓宇電視概況

樓宇電視是傳統媒體在新媒體時代取得的一次重大突破，它擺脫了傳統媒體的缺陷，使廣告傳播變得精確、有效。這使它獲得了市場的認可與資本的青睞，並在不到五年的時間裡鋪成了一張重大傳播網路。

（一）關於樓宇電視

樓宇電視從傳統的電視媒體中分化而來，一方面它繼承了電視媒體的特點，集圖像、音頻、影片於一身，以多種媒體形式傳播訊息；另一方面，由於傳播環境不同、傳播對象不同，樓宇電視有時能夠產生傳統電視無法達到的傳播效果。一般認為，樓宇是指安裝在辦公室、住宅區、餐廳和賓館等公共場所的電梯入口或電梯內壁，用於播放商品訊息廣告的移動電視終端。

早在 2002 年，中國領先的數位化傳媒集團———分眾傳媒率先在國內推廣樓宇電視，嘗試這種分眾化傳播模式。樓宇電視的潛在價值很快被市場發現，一時間湧現出不少經營樓宇電視的傳媒公司，其中以分眾傳媒和聚眾傳媒最為突出。兩家傳媒公司在不到兩年的時間內將觸手延伸至中國 30 多個城市的 1 萬多座辦公室，廣告訂單也如雪片般紛紛飛來。快速擴張的背後，是公司與公司之間的相互兼併與收購：2005 年，分眾傳媒收購框架傳媒，同年在美國成功上市；2006 年，分眾傳媒以總值接近 1.83 億美元的價格收購了國內樓宇電視市場的最大競爭者———聚眾傳媒，確立了它在樓宇電視市場的壟斷地位。

然而好景不長，樓宇電視在經歷了五年左右的飛速擴張後，很快陷入發展瓶頸：以智慧手機為代表的新媒體不斷從樓宇電視市場搶奪用戶資源；而過度的廣告播放使用戶逐漸失去了對樓宇電視的關注與興趣。2008 年的全球金融危機更是給了國內樓宇電視市場沉重一擊，樓宇電視市場的缺陷被徹底地暴露出來。受到金融危機衝擊的分眾傳媒股價一度跌至 4.8 美元，當時的總市值僅為 12 億美元，不得不尋求與新浪公司合併。兩者計劃以股票置換的方式完成合併，但合併方案最終卻未能敲定。2009 年 9 月，分眾傳媒與新浪共同宣布終止合併，結束了長達一年的談判。

（二）樓宇電視的特徵

快速擴張的背後，是樓宇電視重大的發展潛力。國際投資巨鱷們之所以青睞中國的樓宇電視市場，也正是因為看中了這一點。要分析樓宇電視的發展潛力，則必須從樓宇電視的特徵說起。

首先，傳播對象為社會精英群體。由於樓宇電視往往安裝在商務辦公室、高檔小區的電梯口，受眾多為具有較高消費能力的人群，因而更容易受到廣告主的追捧。樓宇電視透過占據合適的傳播地點，實現了訊息的分眾化傳播。由於實現了傳播對象的區隔，樓宇電視的廣告傳播更容易命中目標群體，避免了廣告資源的浪費。

其次，傳播環境相對封閉。安裝在室內的樓宇電視，由於環境較為封閉，因而具備強制性傳播的特點。人們在等候電梯的這段時間，注意力處於空閒的狀態，此時樓宇電視上播放的內容很容易抓住人們的眼球，將廣告訊息傳遞出去。較之電梯口的樓宇電視，電梯內壁樓宇電視的傳播環境更加封閉，充分利用人們在電梯裡不到一分鐘的停留時間，往往能比大肆地廣告轟炸取得更好的傳播效果。

最後，傳播內容時效性強。傳統的電視媒體在編排節目時，往往需要將各種因素考慮在內，而且一經播出就難以改變，表現出一定的滯後性。樓宇電視則不存在這個問題，僅需要插上存有廣告影片的隨身碟，樓宇電視上的內容便能馬上更新，這使得傳播內容的時效性得到了保證。後來採用的無線數據傳輸技術，將整個區域的樓宇電視連接成一張重大的聯播網路，廣告內容可以透過遠程操作隨時更換，進一步突顯了樓宇電視的實時傳播特點。

二、樓宇電視經營困境

樓宇電視的發展從一開始就帶有快速擴張的特徵，這為它將來面臨的經營困境埋下了伏筆：一是行業準入太低，沒有技術壁壘，這使得競爭者們將目光全都放在跑馬圈地上；二是快速擴張的背後，樓宇電視經營者忽視對內容的建設，導致核心競爭力缺失，受眾在感到短暫的新奇後迅速將它忽視。

（一）核心內容缺失

由於占據有利的地理位置，樓宇電視經營者從一開始就沒有對傳播內容給予太多關注。分眾傳媒創始人兼 CEO 江南春曾說過：「如果你能抓住人們片刻無聊的時間和空間，把握住這樣的片刻的無聊的時候依舊可以創造一個重大的市場。你不必為了 1 小時的內容來贏得吸引他 5 分鐘關注廣告的時

間。」由此可以看出這位中國樓宇電視的先驅並沒有將工作的重心放在媒介的內容上面，這為日後樓宇電視的經營困境埋下了伏筆。

由於沒有具體的節目內容，樓宇電視上面所有的訊息都是廣告。這些廣告因為要做到吸引人們短暫的注意力，通常製作得十分簡短，這使得樓宇電視上的廣告具有較高的重複播放頻率。短期的重複播放的確可以造成引起人們注意並加深對廣告商品印象的作用，但人們對於廣告的容忍度是有限的。空洞乏味的廣告被經營者以很高的頻率重複播放，很快就會遭到人們的反感。沒有核心內容的樓宇電視如同一篇華而不實的新聞報導，短時間內可能會吸引到一些眼球，一旦人們發現上面並沒有太多吸引他們的內容時，很快就會將注意力轉到其他地方。根據一項研究統計，主動觀看樓宇電視的受眾比例自樓宇電視誕生之日起就在不斷下降，在不到三年的時間裡，便跌至44%。由此可見，樓宇電視在經歷快速擴張後迅速陷入發展瓶頸，與其經營者不注重內容建設是分不開的。

（二）未能實現分眾傳播

樓宇電視較之傳統媒體的重大優勢在於它完成了受眾分化，實現了分眾傳播。但這種受眾分化是不完全的，甚至可以說是不合格的。在一棟辦公室內，不同企業的員工可能存在重大的收入差異。不僅如此，清潔工、快遞員，各類低收入人群同樣也是樓宇電視的傳播對象。顯然，那些高端消費品廣告對這類人群的傳播是無效的。這裡僅僅以收入水準作為評價標準，而沒有將其他人口統計學變量以及興趣愛好等因素考慮在內，如果算上它們，會發現樓宇電視的分眾化傳播策略進行得如此不成功。

未能實現分眾傳播並非經營者的主觀意願，這與樓宇電視自身的缺陷和廣告市場的激烈競爭也有關係。一方面，樓宇電視是從傳統的電視媒介中分化而來，天生帶有大眾傳播媒介的特點。因此，在差異化傳播方面，遠不如高度個性化的手機媒介做得好。另一方面，樓宇電視早期具有的高投資回報率，使得樓宇電視廣告市場的競爭異常激烈。最終廣告主們在競爭中實現兩極分化，樓宇電視的內容長期被少數廣告主壟斷著。這種壟斷經營使得廣告訊息趨於一體化，要實現差異化傳播自然無從談起。

(三) 傳播效果不佳

樓宇電視雖然處在一個封閉的環境，傳播活動具有強制性，但這並不意味著它能取得理想的傳播效果。由於不注重內容建設，廣告重複頻率太高，樓宇電視上的內容很容易遭到人們的忽視。根據有關研究者的調查，人們在習慣了樓宇電視廣告的聒噪後開始漠視它的存在。即便是完整地看完一個廣告，也沒有留下什麼印象。手機媒體的出現無疑加劇了樓宇電視的受眾流失，越來越多的人選擇在等候電梯時使用手機媒體，而不是觀看滿是廣告的樓宇電視。

此外，即便取得了認知層面的傳播效果，樓宇電視在態度和行為層面的傳播效果也並不理想。廣告的強制性傳播使得人們在一定程度上加深了對產品的印象，提升了產品知名度，但這對於促進購買也許並無多大幫助。根據以往的研究數據，研究者對不同媒體進行了促成購買行為的影響力評分，結果依次為電視 (3.71)、網路 (3.54)、報紙雜誌 (3.10)、樓宇影片 (2.66)，樓宇電視的表現比其他媒體都要差。難以實現認知層面效果向行為層面效果的轉化，同樣成了樓宇電視陷入經營困境的原因之一。

三、樓宇電視經營的出路

想要提升傳播效果，打破經營困境，樓宇電視經營者需要從多個方面下手。既要開始注重節目的質量，也要不斷豐富節目的形式，同時還應當積極擁抱其他幾種新媒體形式，在合作的基礎上共同開發受眾資源，實現互利共贏。

(一) 提供多元內容

樓宇電視要實現吸引受眾眼球、達到傳播效果的目的，必須改變目前循環播放廣告的現狀，以多元化的內容應對受眾的審美疲勞。大眾傳播媒介最初是作為提供新聞與訊息的工具才得以蓬勃發展，樓宇電視也不例外。如果將廣告而不是訊息作為首要的傳播內容，未免本末倒置，喪失了媒介的訊息服務功能。

第三節 樓宇電視經營

具體而言，樓宇電視可以根據一些規律化的時間點，例如上下班時間、午餐時間，播放一些與人們生活緊密聯繫的內容，例如天氣預報、生活資訊，以及一些突發事件的報導。在收視高峰期為人們提供需要的訊息，最大限度地喚起人們對樓宇電視的關注。

當然，提供多元內容的成本會導致樓宇電視廣告內容的減少，樓宇電視經營者的收入下降。這就需要經營者在提升關注度與收入減少之間尋求一個平衡點，在成本可控的範圍內，最大限度地提升傳播活動的質量與效果。

(二) 豐富節目形式

不注重內容建設的另一個後果是廣告形式單一，缺乏吸引力。傳統的叫賣式廣告早在傳統媒體時代就已經被證明存在缺陷，容易使受眾產生厭煩情緒。然而，這種廣告形式卻在一些新媒體上大行其道，樓宇電視便是其中之一。經營者依仗自身的媒介優勢與傳播優勢，認為單向度的傳播仍能產生很好的效果。這種觀念急需改變，因為交互性和多樣性已經成為這個時代的媒介主題，樓宇電視想要在激烈的媒介競爭中蓬勃發展，必須進行轉變。

首先，可以借鑑電影媒體上的植入廣告形式，將廣告訊息隱藏在一則短小的故事中，受眾在看完故事的同時，也受到了廣告訊息潛移默化的影響。目前越來越多的企業開始製作這類宣傳企業訊息的故事影片，說明這也是廣告在這個時代的發展趨勢。其次，可以採用網路媒體上的浮窗廣告形式。樓宇電視在播放新聞節目等內容時，在螢幕右下角設置一欄浮窗廣告，這樣不會影響人們的觀看體驗，也可以將對廣告內容感興趣的人們吸引過來。最後，可以使用手機媒體上的二維碼廣告形式，想要瞭解廣告的詳細內容，需要掃描二維碼。這樣不僅實現了廣告受眾的細分，也提升了廣告的參與性，保證了廣告的傳播效果。

(三) 與其他新媒體合作

以往的傳播實踐已經證明，單一媒介的傳播活動很難再產生大眾傳播時代的效果，想要高效地傳播廣告訊息，必須採取媒介合作的方式。樓宇電視首先要同網路媒體合作。及時更新內容，並播放一些時效性強的訊息，網路

技術的發展與樓宇電視終端網路的鋪就使之成為可能。其次要與手機媒體展開合作。利用手機媒體互動性強的特點，透過掃描二維碼等形式，吸引人們對樓宇電視播放內容的關注。此外，手機媒體的其他功能，例如 LBS(基於位置的服務)功能也能與樓宇電視的內容結合，透過播放附近店鋪的新品上市，打折促銷等訊息，將線上的用戶引流至線下的實體店鋪，實現 O2O。

第四節 車載電視經營

　　作為一種新媒體形式，車載電視在許多方面與樓宇電視有著共同之處。例如，他們都是在一個封閉的環境下進行傳播，都經歷了 21 世紀初的飛速發展。但兩者還是存在一些差異，這些差異是由車載電視自身的媒介屬性與車載電視的傳播環境共同決定的。

一、車載電視概況

　　與上面介紹的幾種新媒體形式一樣，車載電視的發展時間很短，直到 21 世紀初才開始起步。相似的是，車載電視由於具有傳統電視無法比擬的優勢，很快便在全世界的範圍內掀起一股移動電視的發展高潮。

（一）關於車載電視

　　關於車載電視，塗光雍教授的觀點，他認為「車載電視就是在公車上運用一定的技術性載體向公車上的乘客提供最新的資訊」。本書認為，車載電視是指安裝在公車、計程車、輕軌、捷運等公共交通工具上，採用數位技術與行動通訊技術進行訊息傳播的一種移動電視媒介。與傳統電視不同的是，採用了新媒體技術的車載電視能夠在高速移動的過程中接收與傳遞訊息，同時保證訊息傳播的高質量。由於挖掘到「人們乘坐公共交通工具出行時的剩餘注意力」這一市場空白，車載電視很快開闢了一個新的收視市場，並在這個新的傳播陣地牢牢地站穩了腳跟。

　　與傳統電視相比，車載電視主要有三大特點：

　　首先，封閉的傳播環境，保證了訊息的強制性接收。由於傳播對象處於狹小的交通工具內，無論主觀上同意與否，都很難迴避車載電視傳播的訊息。

車載電視上播放的廣告，即便傳播對象有心不去看圖像，也很難避免廣告的聲音傳入耳中。而對傳統電視而言，用戶可以輕易地選擇換臺或者走開。車載電視的訊息傳播具有強制性，這點與樓宇電視有共同之處。

其次，開放的受眾資源，拓展了訊息的傳播範圍。傳統電視的傳播對象較為固定，主要是一個家庭的各個成員。而車載電視的傳播對象並不固定，其傳播範圍隨著交通工具的移動而獲得極大的拓展。公共交通工具每到一個站點，會有一批乘客上下車，這使得車載電視的受眾群體始終處於變化之中。不斷更新的受眾群體使得車載電視能夠將訊息盡可能多地傳遞出去，從而擴大了訊息的傳播範圍。

最後，低廉的傳播成本，提升了廣告傳播的回報率。經過數十年的發展，傳統電視行業已經形成了一個較為穩定的市場，傳播資源主要集中在少數集團的手中。要在傳統電視上刊登一則訊息，需要承擔高額的費用。這種情況在車載電視市場很少出現。尼爾森公司 (The Nielsen Company) 在 2008 年進行的一項收視率調查，在中國經濟最活躍的 11 個城市，無論是千人成本還是收視點成本，車載電視的廣告投放成本都要遠遠低於傳統電視。

（二）車載電視的發展軌跡

一般認為，新加坡是最早將車載電視投入使用的國家。早在 2001 年，新加坡就在 1500 輛公車上安裝了車載電視。由於具有傳統電視無法比擬的優越性，這種新的訊息傳播形式很快在全世界範圍內普及，並成功開闢了新的廣告市場與傳播陣地。

二、車載電視經營現狀

雖然車載電視發現並快速地開闢了公共交通工具上的這塊傳播陣地，並能積極利用自身的特點，與其他傳播媒介形成優勢互補，共同開發用戶資源。但是，車載電視自身的侷限性，逐漸限制了它的發展，並帶來了一系列的經營問題。

（一）車載電視經營問題

在經歷了 2006 至 2012 這 6 年間的快速發展後，媒體人和廣告人逐漸意識到，車載電視並非像人們期望的那樣具備廣泛的受眾群體與良好的傳播效果。相反，車載電視雖然擁有這麼多潛在的傳播對象，但真正觀看並記住傳播內容的受眾卻少之又少。不僅如此，車載電視雖然擁有如此大的傳播網路，每天進行著可以媲美傳統電視的大眾訊息傳播，可在影響受眾的認知、態度和行為方面，車載電視的傳播效果就要大打折扣了。

首先，嘈雜的外在環境影響了訊息的傳播質量。與傳統電視封閉的傳播環境不同，車載電視是在一個相對開放的環境裡進行訊息傳播。這是它的優勢，同時也能成為它的劣勢。擁擠的車廂使得人們無法集中注意力觀看車載電視，即便人們能夠集中注意力，吵鬧的環境也會使得人們聽不清車載電視上播出的內容。此外，乘坐公共交通工具出行的人們，內心不及坐在家中時平靜，有可能將車載電視上播出的內容視為另一種噪音，並因此產生厭惡情緒。

其次，過多的廣告影響了受眾的觀看體驗。依仗著自身的強制性傳播優勢，在車載電視播放的內容中，廣告所占比例遠遠高於其他媒體。由於公共交通工具上的傳播媒介較為單一，媒介廣告市場缺乏競爭，車載電視的運營者很少在廣告的趣味性和互動性上下功夫，而是沿用了傳統電視上的「口號式」廣告。這種單向度的廣告不僅影響觀看者的用戶體驗，而且容易遭到人們的忽視與迴避。

最後，節目的編排未能實現受眾細分。迄今為止，車載電視仍然採用的是一攬子的傳播策略，未能根據受眾的特徵進行內容的細分，實現訊息的有效傳遞。雖然公共交通工具上的乘客具有很大的異質性，但在某個時間段內仍能表現出相同的特徵。例如在早晚上下班的時間，車上的乘客以學生和白領居多；而在上午 9 點至 11 點間，是家庭主婦和老師出行的高峰期。不僅如此，地理因素也會影響乘客的整體特徵。例如在旅遊專線上，遊客的數量普遍要多一些；而在工業園區專線上，技術人員與工程師的數量要大於其他類

型的乘客。車載電視如果不意識到這些細分後的群體，仍然不加區分地傳播訊息，最終將淪為一種單向度的大眾傳播工具。

然而，這些年隨著智慧手機的興起，東方明珠移動電視的受眾嚴重流失。人們在乘坐交通工具時不再觀看車載電視，而是選擇用手機刷微博、看朋友圈等。智慧手機作為一種新媒體，其交互性與便捷性是其他媒體無法比擬的，過去具備媒介優勢的車載電視在它面前顯得像傳統媒體那般無力。如何抵抗手機媒體的衝擊，究竟是全力同它爭奪用戶，還是同它合作共贏，這些是現階段的東方明珠移動電視亟待思考與解決的問題。

三、車載電視經營的發展趨勢

雖然面臨受眾流失、傳播乏力等問題，但在開發交通工具上的注意力資源方面，車載電視取得的成就還是有目共睹的。由於具有強制傳播、受眾面廣等優勢，車載電視依然能夠在媒介競爭日益激烈的環境下佔有一席之地。在將來的運營中，車載電視應當在形式、內容與編排這三個層面改進自身的傳播策略，以抵抗手機媒體的衝擊，穩住自己在公共交通工具上的第一媒介地位。

（一）突出碎片化特徵

「碎片化」是進入 21 世紀以來，隨著互聯網的發展而產生的概念，它指的是原本整體的事物變得零散，整個社會由「一元性」向「多元性」過渡。新媒體時代的傳播環境也是這樣，人們不再關注相同的內容，對每則內容的關注時間也變得越來越短。車載電視需要把握新媒體時代的這一傳播特徵，在傳播內容的形式上突出「短、平、快」的特點。人們在乘坐公共交通工具時，往往只有短暫的停留時間，注意力也很難長期集中在車載電視上。這需要車載電視更新播放內容的形式，以短小、簡潔、碎片化的內容，迎合人們的訊息需求。

（二）增強視覺性體驗

封閉的空間雖然有利於訊息的強制性傳播，但由此帶來的喧鬧環境卻嚴重影響了訊息的傳播力。然而，這對車載電視來說並非無法克服。運營商在

製作節目內容時，可以充分發揮字幕的作用，幫助乘客獲取訊息。在播放新聞資訊與生活訊息時加上清晰的字幕，能夠保證訊息的有效接收。在播放廣告時同樣如此，字幕能夠使廣告訊息一目瞭然，而不需要聽清楚廣告到底在說什麼。此外，在安排車載電視上的內容時，可以更多地選擇視覺體驗較強的節目，例如魔術雜技、惡搞影片等。這一類節目主要透過畫面傳播訊息，無須借助音頻，因而適合在車載電視嘈雜的媒介環境下傳播。

（三）提升內容服務性

在內容層面，車載電視經營者需要做的另一點改變是提升傳播內容的服務性和針對性。大眾傳播媒介之所以能夠繁榮發展，是因為它能夠服務大眾，滿足人們的新聞需求和訊息需求。車載電視市場能夠快速擴張，與出行人們的訊息需求也是分不開的。因此，在製作節目時，車載電視應當注重發揮節目的服務功能，透過天氣預報、物價訊息等內容，為乘客提供實用的訊息。只有為乘客提供他們需要的訊息，車載電視上播放的內容才會有人觀看，而不至於遭到迴避。

（四）合理編排節目表

在編排層面，車載電視經營者還應當根據乘客的特點合理地編排節目表。例如，在早晚高峰期，由於乘客多為學生和白領，可以多播放一些他們喜愛的新聞資訊與娛樂資訊；9點之後可以多播放一些適合老年人觀看的養生類節目，以及家庭主婦感興趣的實時物價訊息。總之乘客的屬性會在某些時間段上表現出一致性，車載電視需要根據乘客的特徵來編排節目表，以便合理配置傳播資源，實現訊息的精準傳播。

【知識回顧】

在本章裡主要講述了網路電視、數位電視、樓宇電視、車載電視四種數位電視的基本情況和經營方式，並對它們的發展趨勢提出了合理的設想。對於網路電視而言，要繼續依託互聯網的優勢資源，不斷壯大自身，同時政府也需要在網路電視經營權問題上給予電信運營商更大的自主權，保證它們能夠不受廣電企業的束縛，實現獨立發展。數位電視則需要繼續摸索適合自己

的經營道路，運營商們應當根據所在地的實際情況制定策略，同時也要明確投資主體的問題。樓宇電視需要注重自身的內容建設，而不是一味地播放廣告，同時還需要積極地同手機媒體合作，發揮自身的獨特優勢。車載電視的內容建設同樣不容忽視，運營商應當在內容的碎片化、視覺性、服務性等方面入手，同時精心安排節目的播放時間，保證資源的合理配置與訊息的精準傳播。

【思考題】

　　1.IPTV與數位電視的區別是什麼，它們有哪些特徵？

　　2.在數位電視的幾種典型經營模式中，你認為哪一種最合理？並說明理由。

　　3.樓宇電視在經歷了快速擴張後很快陷入經營困境，原因是什麼？

　　4.如今在智慧手機如此普及的情況下，你認為車載電視媒體還有存在的必要嗎？

第十二章 手機媒體經營

【知識目標】

☆手機媒體的基本概況。

☆手機媒體產業鏈及經營模式。

【能力目標】

1. 整體上把握手機媒體的發展概況。

2. 瞭解手機媒體產業鏈的具體構成及其演變。

3. 瞭解手機媒體的盈利模式及其主要業務類型。

第一節 手機媒體發展概況

　　1973年，馬丁·庫帕發明了手機。直到今天，在短短40多年的時間裡，手機已經從簡單的通訊工具發展成為一種新型的大眾媒體，並且昭示出未來無限的前景。手機媒體的發展依託於移動互聯網，這不僅使得手機媒體相對於其他媒體有了許多顯著的特點，而且伴隨著移動互聯網的發展，手機媒體也擁有了其獨特的發展軌跡。

一、手機媒體的概念

　　手機媒體，從其字面意義上來看，最簡單的解釋就是一種以手機為載體的媒體。然而，目前學界尚無一個權威的定論來定義手機媒體。

　　有學者從技術角度來解讀手機媒體，如「手機媒體作為新時代高科技的產物，是在電信網和互聯網融合的基礎上發展起來的一種新型大眾媒體」。又如「手機媒體是一種透過寬頻串流媒體技術，集合網路和傳統媒體功能於一身，向用戶進行數位化傳輸圖像、文字、音頻等訊息的新媒體」。高麗華從媒體經濟和媒體經營的角度出發，認為手機媒體是「以移動為核心，以無線網路為紐帶，以語音、數據和多媒體增值業務為內容，以手機為通訊、訊

息和娛樂多功能智慧終端，以媒體生產與媒體消費中的受眾雙重互動性為特徵的傳播媒體」。朱海松從訊息傳播的角度來定義手機媒體，認為手機媒體是「以手機為視聽終端、以手機上網為平台的個性化訊息傳播載體，它是以分眾為傳播目標，以定向為傳播效果，以互動為傳播應用的大眾傳播媒介，亦稱移動網路媒體」。

童曉渝將手機媒體與其他大眾媒體進行比較，認為報紙、廣播、電視和網路為傳統的四大媒體，手機媒體是新興的第五媒體。即認為手機媒體是一種新的大眾媒體。《第五媒體原理》一書認為，「伴隨行動通訊技術及手機終端的日益發展，手機增值服務概念在不知不覺中使得手機從單一話音媒介向簡訊、彩信、圖鈴及多媒體視訊等多元化媒介轉變。在此過程中，手機透過對傳統媒介傳播形態的整合而日益具備了媒體的特徵，成為繼第四代傳播媒體———互聯網之後的新興傳播媒體。具體而言，這種整合主要體現在手機傳統的話音通話功能、手機簡訊對文本訊息的呈現及手機多媒體視訊終端的日益成熟。這種整合給人們的社會生活帶來了重大的影響，而且由此揭開了人類傳播歷史的新篇章———移動傳播時代」。這一觀點不僅指出了手機媒體對其他大眾媒體的整合，而且強調了整合基礎上的創新，這正是手機媒體能夠獨立於傳統的四大媒體成為第五媒體的根本之處。

但另一種觀點卻認為手機媒體並非第五媒體，而是網路媒體的延伸。而關於手機媒體到底是一種新的大眾媒體，還是僅僅是網路媒體的延伸這一爭論，在學界長期存在著。匡文波在《手機媒體概論》中提出「手機是具有通訊功能的迷你型電腦，手機媒體是借助手機進行訊息傳播的工具。手機媒體並非獨立的媒體形態，即並非第五媒體，而是網路媒體的延伸」。「手機媒體也只能成為訊息海量的網路媒體新的組成部分，否則它將面臨訊息貧乏的難題」。同樣在《手機媒體概論》中匡文波又提到「手機媒體要取得良性發展，還需解決終端限制、商業模式不成熟、訊息內容缺乏、監管缺位等一系列問題。只有解決了這些問題，手機媒體才能真正走向成熟，成為真正意義上的『第五媒體』。而 3G(The 3 Generation Mobile Communication Technology，即第三代行動通訊技術)將是解決這些問題的東風和助推劑」。而目前，3G 已經普及，4G(The 4 Generation Mobile Communication

Technology，即第四代行動通訊技術）方興未艾。智慧手機的普及率不斷增高，手機媒體的經營也逐漸形成了成熟的模式，基於手機媒體平台產生了許多獨特的手機媒體形態和內容，形成了特有的媒體生態。因此，現在再談手機媒體是網路媒體的延伸，語境已經失去了。美國媒介理論家保羅·萊文森甚至認為「從長遠來看，互聯網可以被看成僅是為手機服務的一個功能而已」。

筆者認為，對於手機媒體概念的多種解釋和爭論是由於隨著技術的進步手機媒體本身的內涵總是在不斷地向外延伸。手機媒體本身就是一個不斷演變著的事物。

二、手機媒體的特徵

手機媒體在內容上整合了紙質媒體、廣播媒體、電視媒體和網路媒體，因此在一定程度上集中了傳統四大媒體的優勢。並且，由於手機媒體同樣依託於互聯網，因此也表現出許多與網路媒體相似的特徵。但又由於手機媒體是行動通訊與移動互聯網的結合，這使得手機媒體具有了一些區別於其他任何媒體的特徵。

（一）移動性與便攜性

人類有兩種基本的交流方式：說話和走路。可惜，自人類誕生之日起，這兩個功能就開始分割，直到手機出世，才將這兩種相對的功能整合起來，集於一身。手機之前的一切媒介，即使是最最神奇的電腦也把說話和走路、生產和消費分割開來。唯獨手機能夠使人一邊走路一邊說話，一邊走路一邊發簡訊。於是，人就從機器跟前和禁閉的室內解放出來，進入大自然，漫遊世界。保羅·萊文森的這一說法充分詮釋了手機媒體是「人的延伸」。因此，手機媒體又被稱為「帶著體溫的媒體」。手機對於某些人來講也是個人裝飾的一部分。手機小巧玲瓏、便於攜帶的特徵使得人們逐漸養成了隨身攜帶手機的習慣，甚至於哪天出門忘記帶手機就會覺得渾身不自在。這也使得人們大量的碎片時間被手機媒體占用，手機媒體「透過吸引受眾在非連續的、間歇的和零散的時間段和空間段內的注意力來獲得經濟收入，創造出『離散眼球經濟』」。同時，正因為手機媒體的高度移動性和人們隨身攜帶手機媒體

的習慣，使得基於位置的服務得到迅速發展，如基於用戶位置的廣告訊息推送等。正如許多觀點所認同的那樣，高度的移動性和便攜性是手機媒體迅速發展的根本契機。

（二）個性化與隱私性

一個手機往往只有一個使用者，這就使得手機媒體的使用極具個性，並且具有一定的隱私性。手機媒體的受眾可以自己決定看什麼、不看什麼，使用什麼、不使用什麼。這樣就避免了互聯網的海量訊息給受眾造成的無所適從。並且，當受眾按照自己的興趣和需求選擇訊息時，受眾的媒體使用習慣也得以顯現。因此，手機媒體可以對特定群體甚至個人提供個性化的服務，從而滿足受眾個性化的訊息需求。同樣，由於手機媒體個性化和隱私性的特徵，基於用戶特性的精準行銷也得到了極大的發展。

（三）及時性和互動性的增強

手機媒體訊息傳遞的及時性的增強得益於它高度的移動性與便攜性。網路媒體已經使得訊息的傳播變得十分迅捷，一條訊息在一瞬間就能夠傳遍世界的各個角落。人們不能隨時待在電腦旁邊，卻可以隨身攜帶手機，因此，就訊息抵達受眾的角度來講，手機媒體具有無可匹敵的優勢。正是由於手機媒體隨時存在於人們的身邊，具有顯著的易得性，使得受眾透過手機媒體參與互動較之於以往更加便捷。又由於手機媒體的訊息的傳遞及時且個性化，使得受眾參與互動的意願大大加強。因此，手機媒體與其他任何媒體相比，訊息傳播的及時性和互動性都大大增強了。

（四）高普及度

中國互聯網路訊息中心發佈的第 34 次《中國互聯網路發展狀況統計報告》顯示，截至 2014 年 6 月，中國網民規模達 6.32 億，其中，手機網民規模 5.27 億。網民上網設備中，手機使用率達 83.4%，首次超越傳統 PC 整體 80.9% 的使用率，手機作為第一大上網終端的地位更加鞏固。智慧手機擁有相對低廉的價格並且操作相對簡易，這大大降低了接入互聯網的門檻，使得許多僅有初級上網需求的群體也能夠接入互聯網。特別是隨著智慧手機的價

格持續走低和流量資費日益平民化，將會有更多的人成為智慧手機的用戶。同時，不斷湧現的手機應用，如移動電子商務、訊息諮詢等也在吸引著越來越多的人接入移動互聯網。重大的受眾群體使得手機媒體極具競爭力。

三、手機媒體的發展歷程

可以說，任何一次媒體的發展變革都離不開技術的進步。同樣，手機媒體的發展也與行動通訊技術的發展息息相關。第一代行動通訊技術時期，即 1G(The 1 Generation Mobile Communication Technology，即第一代行動通訊技術)，手機就是「大哥大」，僅僅具備通話功能。2G(The 2 Generation Mobile Communication Technology，即第二代行動通訊技術)發展起來之後，手機開始具有支持彩信業務的 GPRS(General Packet Radio Service，即通用無線分組業務)和上網業務的 WAP(Wireless Application Protocol，即無線應用協議)服務，以及各種 Java 程式。而 3G 使得手機成為迷你電腦。4G 使得傳輸速率大幅提升，最高可以達到每秒數百兆節的下載速度，這又將給手機媒體的發展帶來無限的空間和可能。本書已經在第五章中對行動通訊技術進行了具體的闡釋，在此就不再贅述了。

由 SunMicrosystems 公司於 1995 年 5 月推出的 Java 程式設計語言和 Java 平台的總稱，一種可以撰寫跨平台應用軟體的面向對象的程式設計語言。

伴隨著行動通訊技術的發展，手機從最初的移動通話工具發展成為了大眾媒體。手機的大眾媒體化進程是從簡訊的大眾化傳播開始的。

伴隨著 4G 時代的應用，很少有人再提及手機媒體的終端限制問題。手機的普及率已經超過電腦，並且性能不斷提高，給手機媒體的發展提供了重大的空間。同時，手機媒體行業開始逐步形成了完整的產業鏈。獨立的手機媒體內容產業悄然形成並不斷發展壯大，在 2G 時代手機媒體訊息內容缺乏的問題已經不復存在。手機媒體的形態也在發生著變化。隨著產業鏈的完善，手機媒體的商業模式也不斷走向成熟。當然，隨著技術的發展，手機媒體的

產業鏈、盈利模式以及商業模式必定會處於動態變化的狀態中。但手機媒體市場所表現出的重大潛力和無限的可能性已經得到了人們的公認。

第二節 手機媒體產業價值鏈

產業價值鏈的概念是1985年由哈佛商學院的麥可·波特教授在其撰寫的《競爭優勢》一書中首次提出的。他認為，企業要發展獨特的競爭優勢就要為其商品及服務創造更高的附加價值。商業策略就是要將企業的經營模式解構成一系列的增值過程，這一連串的增值流程，就是產業價值鏈。「每一個企業都是用來進行設計、生產、行銷、交貨以及對產品起輔助作用的各種活動的集合。所有這些活動都可以用價值鏈表示。」麥可·波特認為企業的價值創造可以分為基本活動和輔助活動，基本活動和輔助活動又分別包括了許多環節。這些不同但又緊密相關的生產經營活動，構成了一個創造價值的動態過程，也就是產業價值鏈。

一、手機媒體產業價值鏈各環節

對於手機媒體產業價值鏈到底包括哪些主要環節，學界目前的認識並不是十分統一。雖然在各種研究中所提出的手機媒體產業鏈各環節稍有出入，但總體來看大家都一致認為至少應該包括以下幾個環節：移動運營商（Mobile Networks Operator，MNO）、內容提供商（Content Provider，CP）、服務提供商（Service Provider，SP）、設備製造商（Equipment Provider，EP）、終端製造商（Terminal Provider，TP）和用戶。手機媒體產業價值鏈的各環節是一個有機統一的整體，各個環節的經營活動都與其他環節緊密相關。

（一）移動運營商（MNO）

移動運營商在手機媒體產業鏈中占據著主導的地位。主要負責提供行動通訊業務，運營和維護移動傳輸網路，即建設、運營、維護移動網路和應用平台、增值業務推廣、計費等。在手機媒體的發展初期，移動運營商主要就是提供一個業務運營的平台，保證網路業務的質量，提供網路及其業務之間

的漫遊管理。內容、服務提供商只有透過移動運營商的增值業務的整合才能夠接觸到最終的用戶，運營商把持著產業價值鏈的中心環節，在利益分配上保持著絕對的強勢。

隨著 4G 技術的普及，運營商的地位受到了一定的挑戰，但其在產業價值鏈中的主導地位仍然十分穩固。在這一時期，運營商積極開發新的業務和服務，勢力擴展到產業鏈的各個環節。向上，運營商與內容、服務提供商展開合作，參與內容服務的開發、運營；向下，與終端製造商展開合作，推出定製機等。

目前，世界六大移動運營商包括美國的 Sprint，英國的 Vodafone，荷蘭的 KPN，法國的 Orange，德國電信旗下的 T-Mobile 和日本電話電報公司旗下的 DoCoMo。而中國目前的移動運營商主要有中國移動、中國聯通和中國電信三家企業。

在 4G 時代，流量開始以 GB 為單位進行計算。在業務模式方面，由於移動網路用戶對流量不斷增長的需求，促使運營商將傳統的「語音＋流量＋簡訊」的套餐組合逐步轉變為以「流量」為核心的個性化的套餐組合。同時，在擁有寬頻優勢和龐大用戶資源的前提下，運營商將透過提供更強大的、更具運營商特色的移動互聯網產品來提升對 OTT 的議價能力和產業鏈的主導權。

（二）內容提供商（CP）

內容提供商主要負責內容的獲取、分類、整理、加工等，在整個產業價值鏈中處於基礎的地位。它收集處理大量的涉及社會、經濟、自然、地理、交通、文化、新聞、音樂、美術、人物等各方面的數據和訊息，包括各種原創和創新內容，透過將這些數據加工，來滿足行動終端設備和系統接口的要求，以便形成在移動網路上可以傳送和利用的訊息。手機媒體的內容提供商與傳統媒體不同，它不是單一的企業能夠完成的。由於手機媒體向用戶提供各種各樣的訊息產品，因此就必須有各種不同的訊息來源。而這只能從社會的各行各業去獲取。例如，地質部門掌握大量地理資源、唱片公司掌握眾多音樂資源、數據調查機構掌握各種經濟數據、文化部門擁有大量文化資源、

體育部門掌握最新的體育資源等。內容提供商可以分為內容創作與內容收集兩大類。創作類的內容提供商是各種訊息和數據的源頭，如唱片公司和出版社等。收集類的內容提供商主要負責對創作類的內容提供商提供的訊息內容進行加工處理，對數據進行深層的挖掘和分析，使得這些原始的訊息資源符合用戶和移動運營商的需求。所以說，收集類的內容提供商主要是對內容進行再次加工。

TDD，亦稱 TD-LTE，即 TimeDivisionLongTermEvolution（分時長期演進）。LTE 標準中的 FDD 和 TDD 兩個模式只存在較小的差異。TDD 即時分雙工 (TimeDivisionDuplexing)，是行動通訊技術使用的雙工技術之一，與 FDD 頻分雙工相對應 (FrequencyDivisionDuplexing)。

OTT 是「OverTheTop」的縮寫，是指透過互聯網向用戶提供各種應用服務。這種應用和目前運營商所提供的通訊業務不同，它僅利用運營商的網路，而服務由運營商之外的第三方提供。

（三）服務提供商（SP）

服務提供商在手機媒體產業鏈中造成了連接內容提供商和移動運營商的中樞作用。它專注於提供具體的網路業務，負責根據用戶的要求，將內容提供商提供和開發的應用進行包裝和推廣，使用戶可以獲得各種需要的應用服務，並向不同的客戶群提供特色業務，進一步細分用戶市場。也就是依託於移動運營商的基礎網路，向用戶或者移動運營商提供具體的增值業務應用。孫浩洋在《中國手機媒體傳播模式及經營模式分析》中將服務提供商分為門戶型、專業型、專項型三種。門戶型服務提供商主要以向用戶和運營商提供簡訊服務的入口網站為主。專業型服務提供商更加注重提供技術型和創意型的服務。而專項型服務提供商只專注於自己具有絕對優勢的某項服務。

有學者提出，服務提供商是移動增值服務不成熟時期的過渡產物。隨著手機媒體產業的不斷完善和產業價值鏈各環節實力的不斷增強，服務提供商的作用和地位將不斷地淡化，並最終從屬於內容提供商和移動運營商。這種觀點的正確與否我們現在無法判斷，但從 2G 時代開始，特別是 3G 時代以來，內容提供商和服務提供商就不斷地出現在人們的視野中。人們一般直接將兩

者合併,稱為內容服務提供商,而並不是將兩者分開。實際上,目前內容提供商和服務提供商的業務有較大的交叉,一個企業往往同時承擔了這兩者的角色。因此,業界也常將兩者放在一起討論。本章在接下來的部分也會將兩者放在一起討論。

(四) 設備提供商 (EP)

設備製造商主要為移動運營商開發和提供網路設備,主要工作包括移動技術標準的設計推廣、移動網路系統設備研發和生產以及應用平台設計和推廣。

伴隨著移動互聯網的快速發展,設備提供商的業務模式也必須伴隨著運營商的需求的改變而改變。各設備提供商之間的競爭也由原來的技術和價格上的競爭發展為包括服務在內的全面競爭。服務也從有形產品的附屬品逐漸轉變為獨立的產品,並漸漸在企業中造成了主導的作用。目前,建立並完善服務行銷體系成為設備提供商應對市場競爭並取得競爭優勢的關鍵。目前規模較大的設備提供商有華為、愛立信、思科、Nokia西門子通訊公司、阿爾卡特朗訊等。

(五) 終端製造商 (TP)

終端製造商就是研發和推廣手機設備的企業。這是在整個手機媒體產業價值鏈中最為貼近用戶的一個環節,也是整個產業價值鏈中所有環節所產生的價值的一個載體。這一個環節具有廣闊的市場空間,同樣競爭也十分激烈。伴隨著移動數據業務的發展,原先不是手機生產商的企業也加入這個隊伍中,如消費類電子產品、電腦和PDA(Personal Digital Assistant,又稱為「掌上電腦」)生產廠家等。

激烈的競爭使得原先地位非常穩固的手機製造企業開始喪失發展的基礎,市場份額被來自PC(Personal Computer)產業的創新競爭者逐漸侵蝕。隨著4G時代的到來,行業迅速洗牌,一些老企業,如Nokia的市場份額迅速縮水,索尼愛立信甚至被索尼收購。新的企業不斷崛起,同時也有不少企業在競爭中失利。

二、手機媒體產業價值鏈演變

手機媒體的產業價值鏈並不是一成不變的。隨著移動互聯網技術的不斷發展，手機媒體市場也在不斷發生變革，用戶的需求也在不斷地改變。為了適應這些變化，產業價值鏈上的相關企業都必須做出相應的調整。因此，產業價值鏈上的參與者可能會增多也可能會減少，某些環節可能會增強，某些環節可能會被減弱。

（一）內容服務提供商的地位不斷提高

在 2G 時代，運營商把控著整個手機媒體產業價值鏈。內容服務提供商為用戶提供的訊息、服務產品只有透過運營商的增值服務的通道才能接觸到最終的用戶。僅僅提供通道的移動運營商在利益分成中卻又占去了大部分的利益。3G 時代的到來，極大地豐富了手機媒體的形式，手機媒體終端能夠承載更多的、更豐富的多媒體內容。同時，用戶的訊息需求更加多樣化了，透過原來的移動運營商的增值業務通路所提供的服務已經不能滿足用戶的訊息需求，用戶的訊息需求實際上形成了一個重大的長尾市場。內容服務提供商必須針對用戶的需要提供有針對性的、個性化的訊息服務。這也使得內容服務提供商的重要性大大提升了。

2008 年 7 月 10 日，蘋果公司的 AppStore(Application Store，即手機應用商店) 正式上線，創造了一個全新的手機媒體經營模式──應用商店。App Store 其實就是內容服務提供商透過整合產業價值鏈的各種資源，以移動互聯網的通路形式搭建的手機增值業務交易平台。為用戶購買手機應用產品、手機在線應用服務、運營商業務、增值業務等各種手機數位產品及服務提供一站式的交易服務。過去的手機應用開發者只能透過和運營商合作才能將軟體發佈到消費者手中，而現在，App Store 的出現改變了這一切。應用商店這一經營模式無疑改變了內容服務提供商在整個產業鏈中的被動地位，使其取得了極大的主動權。因此，App Store 模式從誕生開始就迅速擴散，Nokia 迅速推出了自己的應用商店 (Ovi Store)，微軟也推出了微軟手機應用商店 (Windows Marketplace For Mobile)。由於 Web 2.0 的興起和智慧手

第二節 手機媒體產業價值鏈

機的普及，手機應用商店也如雨後春筍般迅速地發展了起來。內容服務提供商、終端製造商、運營商等都可以建立自己的手機應用商店。

內容服務提供商在產業價值鏈中的地位的提高還表現在由其提供的手機應用在很大程度上衝擊著移動運營商的增值業務，甚至是基本的通話業務。這些 APP 大多都是免費的，並且具有良好的用戶使用體驗，而運營商所提供的增值服務都必須繳納服務費。比如，網路電話軟體 Mobile Voip 和 Skype 幫助用戶大大節省了電話費。而社交軟體的影片通話和網路通話功能又在很大程度上分流了運營商的通話業務。同樣 LINE 的上線不僅分流了運營商的通話業務，簡訊業務也遭到了重大的分流。目前，幾乎能夠找到所有移動增值業務的免費替代 APP。這也直接導致了移動運營商和內容服務提供商之間的矛盾。運營商認為自己建設網路基礎設施投入了重大的成本，伴隨著移動互聯網的高速發展，自己的利益卻被邊緣化了。隨著內容服務提供商的崛起，利潤迅速從運營商流向內容服務提供商。同樣的問題在國外已經引起了「網路中立」問題的大爭論。

(二) 產業價值鏈的整合發展

隨著移動互聯網的高速發展，手機媒體產業鏈的各環節之間相互滲透，甚至變得界限模糊。首先設備製造商紛紛開始發展手機終端業務，並且逐漸占據了較大的市場份額。另外，傳統的 PC 製造商，消費類電子產品製造商等都開始涉足手機終端產業。以蘋果、三星以及小米等終端製造商為代表，它們正在努力使自己的業務向產業價值鏈的上游延伸。現在幾乎所有的智慧手機上都有製造商自己的手機應用商店。同時，終端製造商也積極地開發作業系統，提供手機應用軟體。終端製造商也與內容服務提供商展開合作，推出各種手機應用軟體的定製版。甚至在手機出廠時就預先將一些應用軟體安裝手機裡。這些企業透過不斷地進入相關的領域，對產業價值鏈進行垂直整合。透過提供一個超級平台來滿足用戶在各個層面的服務和內容需求，從而不斷地增加用戶對於平台的黏性。蘋果在這方面就是一個很好的例子。

移動運營商雖然仍然是整個產業價值鏈的主導，但當前其絕對優勢的地位也頻頻受到挑戰。移動運營商也在積極地發展自己的內容服務業務。同時

運營商與終端製造商展開合作，推出定製機。特別是 4G 時代，不同的運營商經營著不同標準的網路服務，需要終端製造商生產具有相應的網路制式的終端設備。

第三節 手機媒體盈利模式

　　盈利模式是企業在市場競爭中逐步形成的企業特有的賴以盈利的商務結構及其對應的業務結構，是企業的收入來源比例分配，並且決定著企業盈利的總規模以及長期盈利的源泉。眾多企業參與手機媒體的經營的最終目的就是為了實現盈利。能不能夠找到個合適的盈利模式往往成為企業能否成功盈利的關鍵。手機媒體的盈利模式會不斷地適應移動互聯網技術的發展、手機媒體市場的變化。因此手機媒體的盈利模式並不是一成不變的。

一、傳統的手機媒體盈利模式

　　「二次售賣」作為大多數傳統媒體的主要盈利模式得到了廣泛的認可。「二次售賣理論」認為媒體首先將媒介產品賣給消費者（讀者、聽眾或觀眾），然後再將消費者的時間（或注意力）賣給廣告商。媒體第一次售賣的是媒介產品，即內容，向消費者收費。媒體第二次販賣的是消費者的時間（或注意力），向廣告商收費。實際上，手機媒體在剛剛成為大眾媒體的初期也主要是透過「二次售賣」的模式來盈利。首先將內容產品出售給手機媒體用戶，然後將受眾的注意力出售給廣告商。於智偉在《談手機媒體經營模式》中提出手機媒體的主要經營模式有：「夢網」模式、廣告模式、免費獨立站點WAP 模式以及內容收費模式。並且認為，相對而言，廣告模式和內容收費模式擁有清晰的盈利模式，市場也比較成熟。

　　3G 時代以前，手機媒體主要是透過各種移動增值服務來為用戶提供內容產品。這些內容產品包括手機報、手機雜誌等。用戶購買這些內容產品主要透過支付增值服務費、簡訊費、數據流量費來實現。以手機報為例，用戶如果要享受這項服務，首先要開通手機報這項增值服務，這就需要支付增值服務費。手機報有兩種形式，一種是簡訊或彩信的形式，透過這種形式獲取手

機報需要支付簡訊費;另一種形式是透過網路傳輸手機報,用戶透過這種形式獲取手機報需要支付數據流量費用。當訂購某一項增值服務的用戶達到一定規模後,就可以吸引廣告投放,獲得廣告費用。在這些費用當中增值服務費和廣告費用運營商會按照一定的比例給內容服務提供商分成。

另外,除了透過售賣媒介產品來獲利,手機媒體作為通訊工具使得訊息服務費用始終是手機媒體盈利的基礎。訊息服務費用包括通話費、簡訊費、數據流量費等。雖然,隨著技術的發展,資費普遍下調,但需求的快速增長、市場規模的增長填補了這個落差,使得訊息通訊費用始終是一個重要的盈利點。

二、手機媒體盈利的現狀

隨著 4G 網路的普及,智慧手機用戶和移動互聯網市場的規模越來越大,手機媒體無論在形式上還是內容上都發生了重大的變化。因此,手機媒體的盈利模式也發生著重大的改變。目前,手機媒體的盈利模式變得更加多樣化。同時,由於手機媒體產業是一個發展迅速的產業,手機媒體的盈利模式也在不斷地發生變化。

(一) 移動 APP 成為盈利增長點

從蘋果推出 App Store 後,各種手機應用商店如同雨後春筍般地發展了起來。手機應用軟體的市場需求大,開發門檻低,因此迅速形成了一個龐大的市場。但是,許多 APP 並沒有實現盈利。能不能夠盈利成為決定 APP 生死存亡的關鍵因素。因此,目前擺在手機 APP 面前的問題不是技術而是盈利模式的問題。戴娜在《移動互聯網時代手機媒體的盈利模式研究》中將手機 APP 的盈利模式歸納為三類:下載付費、應用中付費、應用內置廣告盈利。但也有人將 APP 的盈利模式分為九類:單純出售產品的模式;廣告模式;收入組合模式(透過免費或低價吸引用戶下載,然後出售其他產品);持續推出更新附屬功能模式(APP 主程式免費,但附屬功能收費);月租費模式(用戶按月給開發者支付費用);二次運用模式(將一款 APP 產品進行簡單的重組或修改後改變為另一款 APP 產品,進行再次銷售);平台媒合模式(媒合使

用者與企業，幫助雙方找到對方，如 LBS，即基於位置的服務）；代為開發模式（開發者為有需要的企業開發 APP）；授權模式（開發者使用由其他內容供應商的內容作為 APP 內容）。筆者認為無論是三種盈利模式還是九種盈利模式在本質上都是一致的。九種盈利模式是三種盈利模式的細化，而三種盈利模式是對九種盈利模式的概括。實際上，戴娜所提出的下載付費、應用中付費、應用內置廣告盈利三種盈利模式中下載付費、應用中付費也是出賣產品內容。而應用內置廣告，實際就是出賣受眾注意力。

（二）「免費」的盈利模式

克里斯‧安德森在《免費：商業的未來》中認為，新型的「免費」並不是一種左口袋出、右口袋進的行銷策略，而是一種把貨物和服務的成本壓低到零的新型卓越能力。在 20 世紀「免費」是一種強有力的推銷手段，而在 21 世紀它已經成為一種全新的經濟模式。互聯網經濟又被稱為比特經濟。在這種經濟環境下，隨著產品銷量的不斷增多，邊際成本是遞減的。一個應用程式或者是服務被設計出來之後，無論複製多少遍，成本並不會增加。因此，當一個產品的數量達到足夠大的時候，分攤到每一個產品上成本是可以忽略不計的。這在客觀上，為移動互聯網企業實施「免費」的經營策略提供了條件。「免費」的策略可以迅速地降低產品使用者的門檻，吸引大批用戶來嘗試產品，從而達到迅速聚集產品受眾、實現規模效益的目的。對於企業來講，這種方式往往比花錢做廣告來推廣自己的產品更加划算。目前，「免費」的定價策略被移動互聯網企業廣泛運用。由於國內用戶的付費意識低，因此更加容易被吸引。

從免費到盈利往往有三條途徑。一個是廣告模式；另一個是提供部分的免費產品，並將這部分產品的價格疊加到另一部分產品上面；還有一種是 Freemium(Free+Premium) 模式，即用免費服務吸引用戶，為用戶提供免費的基礎服務，但是高級服務需要收費。這種模式最常見的就是會員制。在一個手機影片應用中，作為普通的用戶你可以免費地享受影片資源，但是如果你想去除廣告或者觀看新上映的影片就必須成為會員，為此你就需要付費了。

「免費」模式並不是移動互聯網一誕生就存在的，而是市場不斷開發、競爭加劇的結果。目前，這也是在手機媒體中運用最多的盈利模式。

（三）移動電子商務具有較強的盈利能力

移動電子商務近年來發展十分迅速，內容提供商、運營商等都紛紛涉足移動電子商務領域。首先，市場對於移動電子商務的需求十分龐大。移動電子商務的開發給消費者的生活帶來了實實在在的便利，如隨時隨地的轉帳、支付功能，繳水、電、氣費的功能，投資理財的功能，等等。另外，移動電子商務把控著盈利的最後一道關卡———支付。便捷的支付方式必然更容易使用戶掏腰包。如微信推出了支付功能，這使得用戶在玩微信上的社交遊戲時為一些遊戲道具付費變得更為便捷了，這無疑會增加微信的遊戲收入。同時，這種支付功能還可以運用到在微信上擁有公眾號的企業的銷售中，用戶只需要幾個簡單的操作就可以在微信平台內完成購買、支付的各個環節，這將會大大提高微信平台的用戶黏性和廣告價值。

三、手機媒體的業務類型及其盈利模式

運營是手機媒體的核心環節，而業務模式又是運營的核心元素。對每一種業務模式的盈利模式進行解析，可以幫助理解整個手機媒體是如何實現盈利的。傳統的手機媒體業務主要是語音通話業務和移動增值業務這兩大類。隨著手機媒體的發展，通話業務在整個產業鏈中創造的盈利所占的比例已經越來越少。而移動增值業務也被各式各樣的手機應用所解構。目前，手機應用所能夠提供的業務類型十分的豐富，筆者將選取幾種有代表性的業務類型進行分析。

（一）手機閱讀及其盈利模式

隨著移動互聯網的快速發展和智慧手機的普及，使用手機等移動設備進行閱讀已經成為一種新的閱讀習慣。目前，手機閱讀平台可以為用戶提供新聞資訊、圖書、雜誌、漫畫、文獻等各類閱讀資源。用戶可以選擇在線閱讀，或者下載後離線閱讀兩種閱讀形式。由於目前的手機閱讀平台都具有較強的交互性，因此可以對用戶的閱讀習慣進行分析，然後為用戶提供個性化的圖

書推薦服務。又由於手機媒體的移動性和便攜性的特點,用戶可以充分利用碎片化的閒暇時間進行閱讀,為用戶帶來了極大的便利。

目前,手機閱讀應用最常用的盈利方式主要還是內容模式和廣告模式。按照內容來進行收費主要分為兩種形式,一種是直接出售閱讀產品,另一種是收取包月費一類的費用。另外,近年來「打賞」模式在網路小說中比較流行。讀者如果喜歡作品可以對作者進行「打賞」,「打賞」的數額多少不限。但是移動互聯網用戶普遍付費意識不強,已經習慣了免費獲取各種互聯網資源。因此,大部分手機閱讀應用的閱讀資源都是免費的。廣告收入一直是手機閱讀應用的重要盈利來源。聚集用戶越多的手機閱讀平臺,廣告收入往往也就越多。楊陶玉在《手機閱讀內容盈利模式的研究》中提出了手機閱讀獲利的三種方式:銷售獲利、廣告獲利和通路獲利。他認為通路獲利可以分為四種模式。

第一種是資料庫模式,即建立用戶資料庫進行精準行銷,或者向用戶提供更為個性化的推介服務。

第二種是整合行銷,即整合用戶資源,將線上獲利和線下獲利結合起來。還有就是整合閱讀產品的發行通路,形成規模化優勢。

第三種是增值業務,即將文字產品轉化為有聲讀物或者是雙語讀物。

第四種是版權售賣,在這裡作者認為可以透過版權保護來盈利。而實際上,版權盈利一般是將讀者群體比較龐大、質量較好的產品進行出版,或者改編為影視作品。

(二) 手機影片業務及其盈利模式

手機影片是指基於移動互聯網,透過手機終端,向用戶提供影視、娛樂、原創、體育、音樂等各類影片內容直播、點播、下載服務的業務。4G 普及之前由於網速和終端的限制,手機影片業務並沒有真正普及。隨著 4G 時代的到來和智慧手機的發展使得手機影片應用有了廣闊的市場前景。

由於大多手機影片應用都是影片網站的延伸,所以兩者在盈利模式上具有很大的相似之處。首先,廣告是主要的收入來源。影片類應用中普遍存在

貼片廣告、頁面廣告等，有的還會開闢專門的廣告專題。有時，廣告也是供用戶觀看的內容。比如植入式廣告、微電影廣告。微電影廣告是以廣告產品為主題創作的微電影，透過微電影的形式來傳遞產品訊息，效果往往比硬性廣告好得多。同時，由於微電影的時間比廣告片長一些，藝術表現的空間也更大，所以能夠更好地傳遞品牌個性與價值，因此受到了廣告商的青睞。Freemium 模式也在手機影片應用中廣泛使用，用戶觀看大多數影片資源都是免費的，但是要想獲得更好的服務，如去除廣告或者觀看新的電影就需要付費。優質的內容一直是影片應用吸引用戶的基礎，但高額的版權費用往往使企業入不敷出。因此，許多影片網站開始製作自制劇，以減少購買版權的壓力，吸引用戶關注，賺取廣告費用。

隨著手機影片應用的快速發展，一些寄生於其上的商業模式開始發展了起來。它們就是聚合類移動影片應用。它們與各大影片網站進行合作，將優質的影片內容聚合到自己的平台，透過對每位用戶的觀看大數據行為進行分析，在用戶每次登陸時，把更有針對性的影片內容推薦給每位用戶。聚合類移動影片應用目前也主要是採用 Freemium 的盈利模式。

（三）手機遊戲業務及其盈利模式

手機遊戲指的是在手機上運行的遊戲類應用程式，可以分為單機遊戲和網路遊戲兩大類。隨著技術的進步，手機遊戲具備了極強的娛樂性和交互性。

手機遊戲產業市場重大、增長迅速，但競爭也異常激烈。總的來看，手機遊戲的生命週期都比較短，像「植物大戰殭屍」「憤怒鳥」這類手機遊戲相對來講生命週期已經很長了。另一些手機遊戲應用，如「臉萌」等被稱為「月拋型」遊戲，而「圍住神經貓」等被稱為「日拋型」遊戲。這些「月拋型」和「日拋型」的手機遊戲還沒有建立起自己的盈利模式，就已經消亡了。因此，對於遊戲開發者來講，延長遊戲的生命週期是盈利的前提。除了對遊戲進行維護和更新以外，不斷地為遊戲添加新的內容也可以有效地延長遊戲的生命週期。比如電影《致青春》上映以後，遊戲「找你妹」迅速地推出了與電影有關的關卡，很好地契合熱點，提升了遊戲的活躍度。

對內容付費仍然是手機遊戲應用的主要盈利模式之一。有的應用是在下載時就要付費，但這更多的是盈利模式。在亞洲，內容付費一般是採用在遊戲中購買道具等相關產品，以提升遊戲體驗這種方式。這種使用中付費的方式是最為普遍的。用戶數量足夠大的手機遊戲應用還可以透過吸引廣告商投放廣告來盈利。影響力足夠大的手機遊戲應用甚至可以透過衍生產品來盈利。衍生產品可以是影視、音像製品，也可以是紀念品、玩具、衣服等，甚至可以開設主題商店。

（四）手機電子商務及其盈利模式

手機電子商務就是利用手機終端進行的電子商務活動，包括 B2B、B2C、C2C 三種形式。手機電子商務使得人們能夠隨時隨地進行各種交易、商務、金融等活動，為人們的生活帶來了極大的便利。由於手機電子商務是一個涵蓋面很廣的範圍，因此其中也包括了許多細分的業務類型。網購類業務是手機電子商務中的一個主要業務。當然，這一類業務中也包括一些進行二手交易的平台和團購平台。另外一類業務是購物訊息類業務購物分享平台以及查詢、比價和提供折扣的平台。手機支付也是手機電子商務中的重要業務。還有一類業務是近年來才興起的，這就是手機金融理財業務。

手機電子商務的業務種類雖然很多，但總的來看主要的盈利模式就是兩類：服務費模式和廣告模式。任何一種手機電子商務業務在提供服務的同時都要收取一定的服務費用，但大多數時候服務費是面向商家來收取。但有的時候服務費也面向用戶收取，比如用戶進行較大數額的轉帳時。而透過廣告模式盈利除了依靠一些頁面廣告來獲利以外，還可以依靠一些比較隱形的廣告形式來獲利，比如將廣告內容變為購物諮詢等。

【知識回顧】

手機媒體是一個發展中的概念。作為行動通訊和移動互聯網的結合，它具有高度的移動性與便攜性，並且是個性化的、具有隱私性的媒體。相對於其他媒體，它具有更強的及時性和互動性，普及度也更高。隨著行動通訊技術的發展，手機媒體從簡單的通話工具發展為大眾媒體，並且逐漸搭建起完

善的產業價值鏈。手機媒體的產業價值鏈主要包括移動運營商、內容提供商、服務提供商、設備製造商、終端製造商和用戶這幾個環節。目前，內容服務提供商在產業價值鏈中的地位不斷提高。同時，整個產業價值鏈也走上了整合發展的道路。訊息服務費始終是手機媒體盈利的基礎。4G時代以前，手機媒體透過各種移動增值服務來為用戶提供內容產品，並利用「二次售賣」的模式來盈利。現在，不同的手機媒體業務發展了各具特色的盈利模式。總的來看，APP和移動電子商務逐漸成為新的盈利熱點，「免費」也逐漸成為一個較為盛行的盈利模式。

【思考題】

1. 如何理解學界對於手機媒體概念的爭論？

2. 手機媒體產業價值鏈的發展趨勢是什麼？會對手機媒體產業造成什麼影響？

3. 手機媒體的盈利模式發生了哪些變化？

第十三章 新媒體廣告經營

【知識目標】

☆行銷環境的變化對行銷觀念帶來的影響。

☆企業在新媒體環境下的行銷策略。

【能力目標】

1. 瞭解新媒體帶來的行銷環境的變化。

2. 結合具體的案例，分析企業如何在新媒體環境下進行自身的行銷推廣。

第一節 網路廣告經營

新媒體廣告的概念是相對於傳統媒體廣告而言的，它建立在數位化技術平台之上，具有多種傳播形式和內容形態，是可以不斷進行更新的廣告。網路廣告、數位電視廣告、手機廣告等，都屬於新媒體廣告的範疇。

網路廣告是指透過電腦網路，以文字、圖片或多媒體形式發佈的廣告。1994 年，美國 Hotwired 主頁上的 AT&；T 等 14 個客戶的旗幟廣告 (Banner)，被認為網路廣告的發軔。

一、搜尋引擎廣告（SEA）

隨著互聯網訊息資源的爆炸式增長，受眾的注意力愈來愈成為稀缺資源。如何讓廣告主的產品和服務訊息脫穎而出，第一時間呈現在用戶面前並引起用戶關注，是廣告主首要關心的問題。搜尋引擎 (SearchEngine) 以其基於關鍵詞匹配的訊息檢索機制，能夠為用戶在瞬間搜尋所需的相關訊息，成為解決訊息爆炸的有效工具。

搜尋引擎起源自一款名為 Archie 的程式。20 世紀 90 年代初期，加拿大麥基爾大學電腦學院的學生開發出的這款程式，不僅能自動蒐集訊息資源，而且能建立索引並提供檢索服務，Archie 的工作原理與現在的搜尋引擎很相

似，所以也被公認為現代搜尋引擎的鼻祖。經過 20 多年的發展，搜尋引擎已被越來越多的人熟知和運用，搜尋引擎廣告這一全新的行銷推廣方式也得到了越來越廣泛的運用。

（一）搜尋引擎廣告定義

搜尋引擎廣告 (Search Engine Advertising) 是廣告主根據自己產品和服務的推廣需求，確定關鍵詞和廣告內容，並在搜尋引擎上購買並自主定價進行投放的廣告。一旦用戶搜尋到廣告主所設定的關鍵詞時，搜尋結果頁面就會展示出相應的廣告。

（二）搜尋引擎廣告特點

搜尋引擎廣告相比傳統的廣告方式，突出的特點在於具有發現實時精準的需求，提供優先考慮的可能，依據實際效果付費和訊息簡潔、延展性強等特點。

1. 發現實時精準的需求

搜尋引擎廣告與傳統大眾媒體的「推送式」廣告不同，它是一種由用戶主導的「觸發式」網路廣告形式。由於訊息檢索行為是由用戶根據自身需求主動發起的，因此網站可以透過搜尋引擎跟蹤用戶行為，精準記錄每一個關鍵詞的展示數、點擊數及露出時間，從而幫助廣告主對潛在目標客戶進行精準定位，實時精準地發現客戶需求。

2. 提供優先考慮的可能

用戶檢索時所使用的關鍵詞能夠直接反映出用戶對該產品 (或問題) 的關注。因此，搜尋引擎廣告透過將企業訊息優先或在頁面的顯著位置展示出來，滿足用戶的這一需求，提高廣告主被用戶優先選擇或考慮的可能。

3. 依據實際效果付費

搜尋引擎廣告主要採取 PPC(Pay-Per-Click) 的付費模式，即按照點擊次數收費。此外，經常使用的收費方式還包括 CPA(Cost-Per-Action 按行動收費)、CPM(Cost-Per-Thousand-Impressions 按千次印象收費)、

CPS(Cost-Per-Sale 銷售傭金) 等。與傳統媒體的「千人成本」收費模式不同，這些都屬於「按效果付費」，即更加關注廣告與受眾之間的互動性，或廣告投放後對受眾產生的影響，因此，從一定程度上緩解了廣告主的擔憂，使他們無須再為「另一半」不知何去何從的無效廣告支付高額成本。對於眾多成本有限的中小企業主來說，這無疑是一種更節約、更高效、也更直觀的廣告方式。

4. 訊息簡潔，延展性強

搜尋引擎廣告的工作流程和原理是：廣告主將訊息發佈在網站上成為以網頁形式存在的訊息源；搜尋引擎將這些網站或網頁訊息收錄到索引資料庫；用戶使用關鍵詞進行檢索；檢索結果頁中羅列出相關的索引訊息和相關的連結 URL；用戶可以自主選擇感興趣的訊息並點擊進入訊息源所在的網頁。在這個過程中，搜尋引擎的廣告主要扮演的是「訊息嚮導」的角色，檢索出的訊息一般只是某個網站或網頁的簡要介紹，而非全部內容。但用戶可以透過連結進行「剝洋蔥式」的層層檢索，直至尋找到最為滿意的訊息。

(三) 搜尋引擎廣告類型

最常見的搜尋引擎廣告類型有兩種：關鍵詞廣告和競價排名廣告。

1. 關鍵詞廣告

關鍵詞廣告 (Adwords) 也稱為「關鍵詞檢索」，是目前應用最廣泛的搜尋引擎廣告模式。廣告主可以設置一定的關鍵詞，當用戶搜尋與這些關鍵詞相關的內容後，廣告訊息就能顯示在搜尋結果的頁面裡。它具有以下特點：一是廣告形式簡單，通常是文字廣告，包括廣告標題、簡介和網址連結等；二是更加靈活，廣告主自行設定出現的廣告訊息及內容，也可以根據需要實時調整廣告內容和定價，還可以隨時終止投放；三是費用可控，只有當用戶點擊廣告時才會計費，只顯示而沒有點擊的廣告則無須付費，這就保證了費用的「有效性」，改變了一般搜尋引擎廣告一次性付費的弊端；四是可以實時瞭解廣告效果，當購買了關鍵詞廣告後，廣告主將獲得一個管理入口，可以實時在線查看廣告點擊情況和消耗的費用，包括每個關鍵詞已顯示的次數

和被點擊的次數、點擊率、關鍵詞的當前價格、每天的點擊次數和費用等，這有助於廣告主對廣告效果進行跟蹤、記錄和分析，並逐漸積累使用關鍵詞廣告的經驗。

2. 競價排名廣告

競價排名也稱付費搜尋，它按照付費最高者排名最靠前的原則，對購買了同一關鍵詞的網站進行排名，然後按用戶點擊付費。競價排名能實現對用戶的自然分流，使用戶和廣告主之間形成一種互動，擺脫了傳統電視廣告、報紙廣告一對多的形式，廣告推送更具有針對性。同時，與固定排名相比，關鍵詞廣告的競價排名價格十分低廉（除非是特別熱門的關鍵詞），主要靠用戶的點擊來計算收益，因此對廣告主而言網路廣告費用大大降低。再加上廣告主可以自行設置每天的廣告費額度和調整關鍵詞，使得網路廣告成為中小型企業可以自己掌握的網路行銷手段。

(四) 搜尋引擎廣告存在的侷限

儘管搜尋引擎廣告為廣告主提供了新型的、有效的行銷方式，然而也存在著不同程度的侷限性。

1. 洩漏用戶隱私

近年來，隨著消費者對於個人隱私權的日益關注，搜尋引擎也因泄漏用戶隱私而飽受詬病。當用戶使用不同的關鍵詞在搜尋引擎進行搜尋時，其瀏覽訊息 (Cookies) 會被搜尋引擎的後臺資料庫記錄，而且這些數據會被用在第三方網站上做廣告以獲取利潤。

2. 廣告真實性缺乏監管

出於對網路搜尋引擎的信任，用戶普遍認為用關鍵詞搜尋時，結果頁面中排名靠前的一定是同類產品或服務中最好、用戶最多的，然而像百度這樣最大的中文搜尋引擎，其搜尋結果基本都是人為干預後的。另外，競價排名導致用戶在進行搜尋時，出來的搜尋結果頁面的前幾位都是帶有「推廣」字樣的廣告訊息。如果購買該關鍵詞的廣告主較多的話，可能搜尋結果頁面的

大半屏都是推廣訊息，甚至這些推廣訊息可能還是未經審核的虛假訊息。這必將影響用戶的體驗以及對搜尋引擎的信任。

3. 存在惡意點擊

一家做卡拉 OK 設備的美國公司平均每天花費 2000 美元在搜尋引擎的關鍵詞廣告上。每天的點擊次數為 200 次左右，帶來的銷售額約為 6000 美元。突然某一天他們發現這些關鍵詞被點擊的次數上升到 800 次／天，廣告費上漲到 3000 美元／天，然而銷售額幾乎沒有變化，仍維持在 6000 美元左右。這就是在搜尋引擎廣告中比較常見的一種惡意點擊現象。惡意點擊的行為有的來自競爭者，他們為了消耗完對手的當天預算，提升自己的廣告排名；另一些則是來自搜尋引擎廣告聯盟網站，他們為了獲得每次點擊的廣告傭金而自己實施廣告點擊行為。每天都有無數廣告主在為無效點擊的「效果」付費，曾有專家估計，搜尋引擎廣告中大概有 20%~35% 的點擊都來自惡意點擊。關鍵詞越熱門，每次點擊成本越高，惡意點擊的潛在風險也越高。

（五）搜尋引擎廣告未來發展方向

針對搜尋引擎廣告自身的特點和目前的發展狀況，未來需要透過完善搜尋引擎技術、優化廣告投放和提供精確調查等方式來進一步完善其功能，以更好地服務於行銷的需要。

1. 完善搜尋技術

搜尋引擎的出現在很大程度上解決了人們在互聯網上查找訊息的困難，但使用中也確實存在覆蓋率低、時效性差、訊息不準確、檢索不全、答非所問等侷限。因此要想獲得更好的發展，必須要以智慧化、專業化、個性化為目標，在現有基礎上進一步優化和完善。例如，開發多媒體搜尋引擎，用影片、音頻、圖像等取代文本成為互聯網的主要訊息載體；開發個性化搜尋引擎，能夠識別用戶的訊息需求及偏好，提高訊息查詢的精準性；開發智慧化搜尋引擎，能夠基本實現智慧分詞技術、概念搜尋、同義詞技術、短語識別以及機器翻譯技術；開發垂直搜尋引擎，面向特定的行業和領域，為用戶提供更快更準更全面的查詢結果。

2. 優化廣告投放

目前,大多數網路運營商對搜尋引擎的目標設定仍然侷限在「被搜尋引擎收錄」和「在搜尋結果中排名靠前」兩個最基本的目標。然而,從實際情況來看,僅僅實現這兩個效果並不一定能有效提升用戶的點擊率,更難保證將訪問者轉化為客戶或潛在客戶。若想實現透過搜尋引擎廣告來增加訪問量的目標,需要從整體上進行網站優化設計,並充分利用關鍵詞廣告等有價值的搜尋引擎廣告的專業服務。只有真正把增加的訪問量轉化為企業提升的經濟效益或者社會效益,才算真正達到搜尋引擎的廣告效果。正因為如此,對搜尋引擎而言,未來的發展中必須更加關注為廣告主帶來的經濟效益。

3. 提供精確調查

無論是獲取行業最新資訊和技術,瞭解經濟市場動態,還是對競爭者和潛在客戶進行行為分析,搜尋引擎都是最常用的工具。隨著「大數據」「雲計算」等技術手段的不斷創新和發展,未來搜尋引擎也應該在獲取了廣泛的互聯網訊息之後,採取這些新型的訊息處理手段,運用專業網站和工具對數據進行整理、分析和跟蹤等「精加工」處理,以保障所提供的結果更加精確。利用「大數據」技術手段,未來搜尋引擎還應該對獲取的初步訊息結合專業網站進行分析和跟蹤,即「精加工」,從而提供更加精準、理性的調查分析結果。

二、即時通訊廣告(IM)

即時通訊(Instant Messaging)是一種允許兩人或者多人透過網路即時進行文字訊息、文檔傳遞和音影片交流的終端服務。最早的即時通訊軟體是一款名為 ICQ 的軟體工具,三個以色列青年在 1996 年開發。1998 年,美國在線以 2.87 億美元收購了 ICQ。如今 ICQ 已是世界上最大的即時通訊系統,擁有 1 億多用戶,主要在美洲和歐洲市場。中國最熱門的即時通訊軟體是騰訊 QQ,誕生於 1998 年 11 月,它也是絕大多數中國網民接觸互聯網的第一項基本服務。發展到今天,即時通訊已經不再是一個單純的聊天工具,而是

集交流、資訊、娛樂、搜尋、電子商務、辦公協作和企業客戶服務等於一體的綜合化訊息平台。

(一) 即時通訊廣告定義

即時通訊廣告 (Instant Messaging Advertising)，顧名思義就是透過即時通訊工具等進行產品或服務推廣的一種廣告方式。其最基本的特徵是高效、快速、即時。即時通訊廣告不僅是企業提供在線客服的利器，也是進行商機挖掘、開展病毒行銷的利器，是繼電子郵件行銷、搜尋引擎行銷之後的又一重要行銷方式。

(二) 即時通訊廣告特點

依託於即時通訊軟體的特點，即時通訊廣告也具有到達率高、互動性強和成本低廉等特點。

1. 到達率高

即時通訊工具因為其關係網的龐大和好友之間親密度、黏合度高的特點，聚集了大量的人氣。基於即時通訊工具所進行的產品或服務推廣，或者其他有價值的訊息，都很容易在即時通訊工具上實現廣泛傳播，基於人際傳播的口碑效應是其他傳統廣告形式難以望其項背的。

2. 互動性強

透過即時通訊軟體，廣告主可以直接、即時地與目標消費者進行在線交流，這種方式便於讓廣告主掌握主動權，將品牌訊息主動展示給用戶，擺脫以往千篇一律的廣告轟炸，可以更加人性化地進行傳遞，而且由於雙方可以即時交流，所以互動性也能大大提升，一改廣告主等待關注的被動局面。透過巧妙利用即時軟體的各種互動應用和功能，如虛擬形象秀、聊天表情、聊天氣泡、聊天背景等，將品牌不露痕跡地融入進去，這種隱形廣告遭到用戶抗拒的可能性也就大大降低。而且，一旦它們形式新穎有趣，用戶還會自願參與這種互動並進行轉發和傳播，在這種輕鬆愉快的氛圍下形成對品牌的印象，並促成用戶日後的購買意願。

3. 成本低廉

跟播客廣告和入口網站廣告相比，基於即時通訊工具的簽名廣告位成本更加低廉，而且曝光率更大。參與廣告傳播過程中的每個人不僅是訊息的接受者，更是訊息進一步傳遞的節點，也就是俗語所謂的「一傳十，十傳百」。與傳統媒體時代的「口口相傳」相比，即時通訊工具的介入降低了廣告傳播的成本，而且傳播的速度、訊息量和便捷性也明顯加強。

（三）即時通訊廣告的類型

即時通訊工具的廣告類型十分豐富，而且隨著網路技術的進步也在不斷地發展和更新。下面以中國即時通訊的領先者騰訊公司為例，簡要羅列出最主要、最常見的幾種廣告形式：

1.QQ客戶端廣告 (表 13-1)

表 13-1　QQ客戶端廣告

廣告名稱			廣告範例
ALL IN ONE	綜合	AIO-右邊豎欄	
		AIO-右下角Button	
客戶端──RichButton			
客戶端──MiniBanner			
客戶端──影片等待窗口			
客戶端──發送文件文字連結			
好友對話窗口──左下文字連結			
客戶端──天氣冠名廣告			

2.QQ郵箱廣告 (表 13-2)

表 13-2　QQ郵箱廣告

廣告名稱	廣告範例
QQ郵箱——歡迎頁——通欄	
QQ郵箱——發送郵件成功頁——底部通欄	

3.QQ遊戲廣告 (表 13-3)

表13-3　QQ遊戲廣告

廣告名稱	位置描述	廣告範例
QQ遊戲大廳——通欄1	廣告位於QQ Game大廳以及所有遊戲桌面的左方	
QQ Game——退出廣告位第1區——背景彈出	所有玩家退出遊戲大廳時在屏幕正中央彈出此廣告	

4.QQ秀廣告 (表 13-4)

表 13-4　QQ秀廣告

頁面	廣告名稱	廣告範例
分類項目	QQ秀——單品——服裝欄通欄	
	商城首頁——二屏通欄	
	QQ秀——商城首頁——品牌活動圖	
	QQ秀——單品——頭像通欄	
	QQ秀——單品——配飾欄通欄	
樂園	QQ秀樂園首頁——左側繽紛活動推薦	
	QQ秀樂園——活動推薦	

5.QQ資訊頁面廣告(表13-5，因廣告形式眾多，下圖僅以視窗廣告為例)

表 13-5　QQ資訊頁面廣告

位置描述	廣告範例
視窗	

這些不同類型的即時通訊廣告可以根據廣告主傳播的目標受眾和目的性來自主選擇和組合，而且廣告效果也是可以實時監測和回饋的，對廣告主而言廣告的有效性也更高。

三、部落格廣告

部落格即網路日誌，是社會媒體網路的一部分。一個典型的部落格結合了文字、圖像、音樂等元素，能讓讀者以互動的方式留下意見。

(一) 部落格廣告的定義

部落格廣告是以部落格為平台為企業推銷產品和服務、打造品牌、樹立形象的廣告形式。在一定的策劃和創意過程之後，在部落格平台上發佈關於產品或者服務的品牌、特點等相關訊息，誘導用戶產生購買意願。其本質在於透過原創的專業化內容進行知識分享和爭奪話語權，從而為博主建立起信任權威甚至形成個人品牌，進而影響讀者的思維和消費行為。

(二) 部落格廣告的類型

部落格廣告大致分為以下四種類型。

第一，類似於常見的網路廣告，主要以旗幟廣告、按鈕廣告、插頁廣告和富媒體廣告等形式呈現。通常是將已經製作好的網路廣告素材，掛在各種類型的部落格網站或者網頁上，以供部落格讀者進行瀏覽或點擊。

第二，企業或者廣告主募集專業寫手，在部落格網站上發表和自身的產品和服務息息相關的，具有較強知識性、專業性或趣味性的部落格日誌。

第三，企業或者廣告主建立企業或行業專題，由部落格網站負責版面的設計、註釋、連結和其他功能的設置，企業主要負責內容的提供。

第四，個人部落格廣告，最典型的有新浪部落格。企業利用明星部落格的「人氣」資產在部落格上投放廣告，並且付給博主廣告費。這有點類似名人代言廣告，這種部落格的內容基本上與廣告無關，企業更多的是利用名人效應來聚斂人氣，增強廣告效應。

（三）部落格廣告的特點

部落格廣告的特點很大程度上是由部落格這個載體的特點所決定的。因此，部落格廣告具有內容的廣泛性、發佈的自由性和閱讀的大眾性、訊息的時效性和傳播的交互性等特點。

1. 內容的廣泛性

正是因為部落格內容的多元化，造就部落格廣告內容的廣泛性。部落格內容既可以是個人日常生活和工作中的見聞，也可以是對時事熱點、社會人生的感悟，可謂包羅萬象，應有盡有。部落格不僅僅是作為一種休閒娛樂和抒情寫意的網路日誌而存在，更是博主用來彰顯個性和自我魅力、表現自我價值的傳播平台。

2. 發佈的自由性

部落格的誕生真正意義上開啟了個人傳媒時代，自此拉開了自媒體的序幕。一般來說，部落格都是個人網頁，由所有者自己寫作、發佈和管理，因此可以說是真正意義上的個人傳媒工具。部落格的所有者具有生產和發佈各類訊息的自由和權利，既可以記錄自己的心情，表達個人的態度，也可以與

他人分享訊息。部落格內容不必像傳統媒介的內容一樣受到編輯審核和修改等，部落格的「守門人」就是博主自身，願不願意在部落格上投放廣告，廣告的形式和具體內容要怎樣呈現，博主都有一定的選擇權，因此部落格廣告也就具有了發佈的自由性。

3. 閱讀的大眾性

部落格是個人的遊樂場，也是公眾的觀光地，是個人性和公眾性的有機結合。作為一種開放性的傳媒工具，它把個人空間變成了公共領域。部落格的讀者也不再侷限於博主自身或少數人，而是所有有可能點擊進來的網路用戶，是廣大的社會公眾。如果博主的名氣越大、學識越高、文筆越好，那麼他的讀者就越多，部落格的影響力自然越大。瀏覽率越高，意味著潛在的廣告受眾也就越多。一旦在部落格上投放廣告，那麼當讀者閱讀部落格的時候，自然也就可以瀏覽到各種廣告訊息。

4. 訊息的時效性

部落格一般都是按時間的先後順序排列的，最新發佈的部落格在部落格網頁的最上方，最舊的在最下方，這樣方便閱讀和管理。因為只要部落格內容不斷更新，就可以將最新的文章和資訊及時向讀者發佈，促進廣告內容的快速傳播，提高部落格的可讀性，增強傳播的實效性。此外，一旦部落格廣告出現問題還可以即時更換，這樣就能更加便捷地讓讀者瀏覽到廣告訊息。隨著訊息技術和通訊工具的發展，人們還能利用移動部落格的形式即時傳播圖像和文字，甚至是音頻、影片、資訊和商業廣告訊息，從而提高廣告傳播的速度與效率。

5. 傳播的交互性

部落格廣告的廣告主、發佈者和廣告受眾，可以透過網路實現真正的雙向互動，不斷促進訊息的溝通和完善。部落格廣告的交互性不同於普通網路廣告。普通網路廣告一般是把受眾引流至公司的相關網站，受眾將自己的意見和建議回饋給企業，企業再根據受眾的意見做出回應。這種回應往往是一對一的，不可能兼顧到所有人。這往往導致一些受眾的意見沒有得到重視而

積極性減退,甚至還會影響到他們對品牌的忠誠度。部落格廣告的交互性,是指企業與受眾真正的雙向溝通與交流。這種交流最終反映的是大眾的意見,而企業做出的回應也是針對所有受眾,從而能夠最大限度地滿足客戶的要求。

四、微博廣告

在較短的時間裡,微博迅速發展成為一個影響重大的社會化新媒體,同時也成為一個全新的廣告推廣平台。微博廣告類型多樣,並且具有準確性、立體化、高速度、便捷性、廣泛性等特點。但目前的微博廣告業表現出一些弊端,如虛假粉絲和虛假廣告泛濫,垃圾廣告的強制推送,廣告效果難以評估等問題。

(一) 微博廣告定義

微博即微型部落格的簡稱,是一種透過關注機制分享簡短實時訊息的廣播式的社交網路平台。微博具有即時、互動、便捷、簡單的特點,在其初期為社交媒體用戶帶來了全新的傳播體驗。微博廣告將微博作為廣告平台,將每一個受眾(粉絲)作為潛在行銷對象,企業也可以利用微博靈活且低成本的特點向網友傳播企業和產品訊息,從而達到促銷、關係維護等多重行銷目的。

(二) 微博廣告類型

下面以新浪微博為例,簡要介紹幾種常見的微博廣告形式:

1.PC 端廣告

(1) 微博登錄頁面廣告:位於登錄頁面左側;

(2) 微博頂部廣告:出現在新鮮事下方,微博內容欄上方;

(3) 快訊置頂欄目條:鎖定固定帳號,對微博內容進行置頂推送;

(4) 底部廣告:位於微博最底端;

(5) 右側活動廣告:位於微博右上方;

(6) 右側話題廣告:位於活動廣告下方;

(7) 微博名稱後面的 ICON 廣告；

(8) 模板廣告：商業性模板，如明星演唱會模板；

(9) APP 遊戲植入廣告。

2. 客戶端廣告

(1) 客戶端開屏廣告：啟動應用時出現；

(2) 頂部條框廣告；

(3) 關鍵詞廣告：轉發微博並且微博內容中含有與品牌相關的關鍵詞，會出現相關品牌的漂浮廣告。

（三）微博廣告特點

筆者認為，基於移動互聯網技術的微博廣告具有準確性、立體化、高速度、便捷性以及廣泛性等特點。

1. 準確性

調查顯示，一半以上的微博用戶的年齡集中在 26~35 歲之間。他們具有一些共性，如年輕、關注時尚，具有一定的購買力，比較容易受到廣告的影響。另外，微博用戶會根據自身的特點或喜好為微博貼上不同的「標籤」。廣告主可以根據這些「標籤」將微博用戶根據不同的年齡、身分、職業、地域、愛好、收入等進行歸類，並準確定位其產品和服務的目標人群。在大數據時代，透過挖掘微博用戶自己發送的文本可以較為清晰地對其進行「身分畫像」。廣告主甚至可以判斷用戶所關注的事物、人際關係、情感狀況、價值取向等，從而進一步提高廣告投放的準確性。

2. 立體化

借助先進的多媒體技術手段，微博廣告可以利用文字、圖片、影片等多種形式呈現，大大拓展了廣告的創意空間，更大限度地調動了潛在消費者的感官，從而更易打動潛在消費者。

3. 高速度

微博廣告不僅與所有的互聯網廣告一樣具有高度的及時性。並且，在微博特有的傳播環境下，一個粉絲數較多的帳號發出一條微博後，短時間內互動性人際轉發就可以將其發送至微博世界的每一個角落。

4. 便捷性

微博廣告短小精悍，創作和發送都較為容易，成本也較低，對於廣告主來說具有極大的便捷性。

5. 廣泛性

透過粉絲關注的形式進行病毒式的傳播，可能抵達微博的每一個節點，影響面非常廣泛。同時，名人微博、大V、網路紅人等對微博進行轉發，利用其龐大的粉絲群體能夠使事件的傳播量呈幾何級放大。

（四）微博廣告的弊端

「虛假粉絲」「虛假廣告」橫行，是微博廣告的一大弊端。虛假粉絲，也就是「殭屍粉」，是指由電腦軟體惡意註冊生成的假微博帳號，可以賣給微博用戶冒充粉絲數量。「殭屍粉」是微博行銷的「利器」。因為「刷粉」不但可以「漲面子」，還可「賺錢」。微博行銷公司註冊「殭屍粉」後將其低價售給博主，博主不用花太多成本便能為自己購買上萬個「粉絲」。擁有足夠多粉絲數的博主可以透過給商家連結廣告，或轉發微博廣告的方式進行獲利。粉絲數量數百萬、上千萬的微博，一年的廣告收益可達幾十萬、上百萬。

垃圾廣告的強制推送是目前微博廣告的又一嚴重弊端。對於微博廣告主來說，廣告被轉發的次數越多，也就意味著收益越多，可是這種病毒式的廣告轉發，帶給受眾的不只是產品的訊息，更多的是干擾。新浪微博曾推出一款廣告系統，廣告主只需繳納一定廣告費，微博內容將由新浪官方直接植入用戶頁面。這一舉動遭到了用戶的強烈投訴，因為在沒有「關注」對方的情況下收到系統自動發送的廣告微博，並且無法刪除，更有甚者，一天會被強行推送多條訊息，幾乎全部為「垃圾廣告」。

微博廣告的廣告效果存在難以評估的問題。微博的粉絲積累需要一個較長的過程，不便於短時間內評估廣告效果。此外，由於每條訊息引起的反應可能千差萬別，容易受到攻擊或由於操作失誤而產生負面影響。

五、SNS 廣告

SNS 網站作為近年來新興的一個廣告投放平台，隨著大數據時代的到來表現出良好的發展前景。SNS 廣告最大的特點在於它是一種依賴於網路人際關係進行傳播的廣告訊息，這不僅使得廣告訊息的被接受度得以提升，也使得潛在消費者可能由訊息的被動接受者變為主動的傳播者。由於 SNS 網站的用戶每天進行網路社會交往時會產生大量的原始數據，這使得 SNS 網站本身就成為重要的數據源，這對進行用戶分析，進而進行精準行銷有很大的優勢。同時，這也決定了 SNS 廣告未來必然採取基於用戶數據的發展模式。

（一）SNS 廣告定義

SNS，即社交網路服務，指幫助人們建立社會性網路的互聯網應用服務。SNS 社區在發展的時間並不長，但是已經成為網民的一種重要社交模式。SNS 廣告是基於六度分割理論，在 SNS 網站的分享功能基礎上進行的一種廣告行銷。透過病毒式的網路人際傳播使得廣告得以迅速擴散。從 Facebook、Twitter，到微博，SNS 已經成為人們生活中一個非常重要的部分，其廣告商業價值也開始日益彰顯。

（二）SNS 廣告類型

目前，SNS 廣告主要有條幅廣告、植入式廣告和活動式廣告三種類型。條幅廣告就是傳統的互聯網廣告，其前景不被看好。植入式廣告和活動式廣告將成為 SNS 廣告未來主要的發展方向。

1. 條幅廣告

條幅廣告既是在網站社區首頁及兩側刊登的條幅式圖文廣告，與普通的互聯網條幅廣告一樣。對於 SNS 網站上的這種廣告形式仍存在一些質疑。SNS 用戶在使用服務時，注意力幾乎全部集中在螢幕的中央 (好友訊息區)，

因為出現在這個位置的訊息才是用戶需要的 (如好友動態等) ; 而為了不影響用戶體驗, 目前 SNS 網站的條幅廣告幾乎都位於螢幕的四周, 這裡並不是用戶會注意到的區域。調查表明, 只有不到 20% 的用戶對於 SNS 頁面四周的 Banner 廣告有印象。

2. 植入式廣告

相對於條幅廣告, SNS 網站中的植入式廣告具有更強的滲透力。植入式廣告即將產品或品牌及其具有代表性的視覺符號甚至服務內容植入媒介內容中, 使其成為媒介傳播內容的一個部分, 讓用戶自然而然地留下對產品或品牌的印象, 並產生好感, 繼而達到行銷目的。用戶使用 SNS 網站維護自己的網路人際關係以外, 還會經常使用 SNS 網站中的各種運用。在這些運用裡植入廣告不僅可以潛移默化的增強對用戶、對產品或品牌的印象, 並且由於用戶選擇的主動性, 廣告效果也會大大增強。本田汽車就曾在 Facebook 的虛擬禮物中植入產品來加強用戶與品牌的情感聯繫。2014 年情人節前夕, 本田汽車向 Facebook 的用戶發送虛擬禮物———一根紅線, 並有溫馨提示「心是完整的, 油箱也是滿的」。許多 Facebook 用戶都樂意贈送這樣一份虛擬禮物給親朋好友, 短短 4 天時間, 參與贈送該禮物的人數就達到了 150 萬。

3. 活動式廣告

SNS 網站還利用自身資源, 與廣告主聯合開展各種行銷活動, 進一步創新廣告形式, 增強廣告效果。這些行銷活動包括開設活動頁面、開發虛擬貨幣、運行網路遊戲、組織虛擬活動等。2012 年, 開普敦旅遊局在 Facebook 上推出了一款遊戲應用程式。透過這款應用, 用戶可以體驗一場虛擬的開普敦之旅。用戶透過授權該遊戲應用, 並註冊登記, 就能根據自己的興趣愛好, 安排長達 5 天的行程。系統在接收到指示後, 會為用戶量身定做出虛擬的旅行計劃書, 並隨即生產一張顯示用戶姓名、所在地、出發日期的登機證。接著發佈飛機飛行的圖片提醒用戶其「虛擬游計劃書」已前往開普敦。之後, 系統會根據用戶專屬的旅行計劃, 在 Facebook 上動態發佈旅遊過程。比如: 飛機何時抵達開普敦, 在某地吃了第一頓早餐, 準備向特布爾山進發, 等等。要是看到喜歡的內容, 只需點擊連結, 用戶就能把行程中令人心動不已的照

片和影片分享到 Facebook 時間軸或是 Twitter 上，讓朋友們羨慕一番。這一活動使得眾多 Facebook 用戶足不出戶就體驗了一次完美的開普敦之旅，並且引起了該用戶朋友對於這一話題的關注，從而使得當季到開普敦旅行的人數大大增加。

（三）未來發展方向

未來 SNS 廣告的發展是基於用戶數據的處理和分析的，主要包括線上線下資源整合、用戶訊息收集分析、提升遊戲品質以及創新廣告表現形式四個方面。

1. 線上線下資源整合

隨著 O2O+LBS 模式的日益完善、智慧手機的普及以及 4G 網路的推廣，未來的 SNS 廣告將更加注重線上和線下的資源整合，例如線上發起活動，線下組織實施，既能為用戶帶來更加真實的網路體驗，又能為廣告主創造更多的價值空間，構建一個更加完善的價值生態體系。

2. 用戶訊息收集分析

未來 SNS 網站的平台服務商要透過對用戶個人訊息的分析和挖掘，在多個維度上對用戶進行分類，從而進行廣告的精準投放。另外，SNS 網站可以透過用戶訊息收集分析設計出更有針對性的產品和服務，提升用戶體驗，在此基礎上進一步提高行銷的效果。

3. 提升遊戲品質

目前，SNS 網站之間的競爭非常激烈，為了爭奪用戶資源，各類遊戲層出不窮，但品質參差不齊。對於遊戲運營商來說，光靠抄襲是難以獲得長足發展的，品質才是 SNS 遊戲成功的保證。

4. 創新廣告表現形式

社交網路的發展十分迅速。但目前 SNS 廣告的傳播形式仍以網頁廣告和植入式廣告為主。真正精心策劃的，基於 SNS 網站傳播環境的廣告傳播活動仍然較少。未來運營商需要進一步加強 SNS 廣告形式的探索和創新。

第二節 數位電視媒體廣告經營

一、數位電視媒體廣告的形式

數位電視媒體廣告目前主要有數位電視廣告、樓宇電視廣告以及車載電視廣告三個大類，各大類下可進一步劃分為眾多小類。

（一）數位電視廣告

著名媒體數據調查公司尼爾森預測，截至 2020 年，中國數位電視廣告營業額將達到每年 200 億人民幣，占整個國內市場份額的 10%。數位電視廣告作為數位電視媒體廣告的一個非常重要的類型，也是未來電視廣告必然的發展方向。

1. 數位電視廣告特點

相對於傳統的電視廣告，數位電視廣告有其無可替代的特點。最重要的特點就是數字電視廣告具有互動性。傳統電視廣告的傳播是單向的，觀眾處於一個被動接受的地位。而當觀眾在觀看數位電視廣告時，不僅可以進一步查看自己感興趣的廣告的詳細訊息，甚至可以在電視上完成購買。這不僅提升了觀眾觀看廣告的體驗，也大大提升了廣告傳播效果。其次，數位電視廣告可以在一定程度上做到投放的精準性。數位電視可以在機上盒中設置軟體，實時地監控用戶的觀看行為，又由於人機交互的實現使得收集更多的用戶訊息成為可能。在掌握這些數據的基礎上進行廣告投放將大大提高投放的精準性。

2. 數位電視廣告類型

徐琦等在《中國有線數位電視廣告經營現狀、困境與策略研究》中提出當前數位電視廣告主要有 17 種形態。包括互動類廣告、卡拉 OK 貼片廣告、回看/點播播放器廣告、VOD/NVOD 點播掛角廣告、VOD/NVOD 點播落版廣告、VOD/NVOD 點播貼片廣告、VOD/NVOD 點播欄目冠名廣告、VOD/NVOD 點播首頁頁面廣告、回看貼片廣告、數位廣播背景廣告、用戶管理界面廣告、音量條廣告、頻道列表廣告、換臺導航條廣告、欄目二級頁面廣告、

目錄主頁廣告、門戶廣告等。隨著數位電視技術的發展以及廣告行銷方式的創新，還會有更多形式的數位電視廣告出現。

總的來看，可以將以上多種數位電視廣告形式歸為三類。分別為電子節目目錄廣告 (Electronic Program Guide，EPG)，增值業務廣告以及互動廣告。

電子節目目錄就是用戶在使用數位電視機上盒時用來進行收視導航，尋找並選擇電視節目的目錄。EPG 廣告就是透過數位電視節目目錄導航訊息傳遞廣告商情，這種廣告曝光到達率和到達頻次都比較高，但缺少互動性。

增值業務廣告是在數位電視增值業務中展露的廣告，廣告效果的好壞受到增值業務本身極大的影響。如果某項增值業務對觀眾沒有吸引力，那麼這其中的廣告的效果也會大打折扣。目前，各項增值業務中的影片貼片廣告成為一個熱點。

互動廣告是指用戶可以透過遙控器實現與廣告訊息實時互動的數位電視廣告。互動廣告不僅能夠在用戶點擊後提供更為詳盡的產品或服務訊息，還能將廣告設計得有趣味性和參與性，甚至能夠在數位電視實現購買。這類廣告的實現需要雙向互動電視網路的支撐，目前還處於起步階段，但這是數位電視廣告發展的趨勢。

(二) 樓宇電視廣告

樓宇電視廣告多安裝在辦公室、商場、高檔小區、星級酒店等建築周圍及內部，包括樓宇戶外超大液晶屏、電梯等候區的顯示器、室內走廊的顯示器等多種形式。樓宇廣告自出現以來憑藉其針對性強、傳播效果好的優勢獲得了快速的發展。

樓宇電視廣告特點主要包括：

1. 環境相對封閉，干擾低，頻次高

樓宇電視一般被置於電梯等相對封閉的空間，由於空間狹小和無事可做，電梯內的影片廣告更容易吸引人們去觀看，相對於其他形式的戶外廣告擁有

更高的關注度。從播放頻次來說，一般為 6~15 分鐘循環播放，因此可以讓受眾在低干擾的環境中去欣賞。

2. 受眾比較固定，消費能力較強

商務樓宇影片主要針對的人群是城市中高端收入及消費階層。年齡多集中在 18~45 歲，教育程度多是大學以上，職業也以公司職員、大學生和管理人員為主。

（三）車載電視廣告

車載電視媒體指的是訊息發送端採用數位廣播技術 (主要指地面傳輸技術) 播出，接收終端安裝在公交汽車、計程車、商務車、私家車、地鐵、輕軌、城鐵、火車、輪渡等各類流動人群集中的其他公共場所的移動載體。

1. 車載電視廣告特點

車載電視廣告具有直接接觸消費者、更容易吸引觀眾的注意力、傳播流動人群、能夠覆蓋預定市場等特點。

(1) 直接接觸消費者

車載電視廣告可以在特定區域、服務點或商品銷售點附近直接接觸消費者，從而在一定程度上可以進行基於地理位置的精準廣告投放。

(2) 更容易吸引觀眾的注意力

觀眾在接收車載電視廣告時多處於靜止和無所事事狀態，在這種狀態下電視廣告更容易吸引觀眾的注意力，因此可以「強迫性」地讓觀眾觀看且反覆觀看，從而使觀眾對廣告產生深刻的印象。

(3) 傳播各類流動人群

車載電視廣告具有可移動的特點，可以迅速將廣告訊息傳至城市的每一個角落，以及各類不同人群。

(4) 能夠覆蓋預定市場

廣告主可以根據這些公共交通工具的特性、行車路線以及潛在消費者的出行習慣等，選擇合理的投放組合，從而迅速有效地覆蓋預定市場。

2. 車載電視廣告類型

車載電視廣告主要分為公車載電視廣告和計程車載電視廣告兩類。

(1) 公車載電視廣告

公車在都市運行，接觸大量移動人群，這使得車載電視廣告成為一種滲透力極強的戶外廣告。它是傳統影片廣告的延伸，具有固定廣告的傳統優勢，如：廣告畫面連續、廣告影響持續不斷、衝擊力大、能有效地向特定地區、階層進行廣告訴求；它又是移動廣告，訴求對象為乘坐公共交通工具的所有乘客，這就使影片廣告的受眾層面更廣泛，廣告到達率更高。

(2) 計程車載電視廣告

透過安裝計程車頭枕後的互動螢屏系統，為高收入、高消費的目標受眾在計程車內提供訊息服務的同時推送廣告訊息。同時，計程車載電視可以透過 SMS/MMS 技術來收集乘客的電子郵件地址、電話號碼等更多、更深入的訊息。乘客還可以利用手機獲取優惠券或其他下載程式，以促進銷售或回饋。

二、數位電視媒體廣告存在的問題

數位電視媒體雖然依託於數位技術，但目前來看，其廣告傳播的特徵更接近於傳統的電視媒體。甚至於有的數位電視媒體廣告的製作水準還不如傳統的電視廣告。其原因主要是由於數位技術的運用還不夠充分，交互性和精準性的實現程度太低。可以說，許多數位媒體電視廣告雖然占據著有利的通路，但沒有將通路優勢發揮出來。

(一) 內容製作粗糙

數位電視媒體廣告多具有本地化的特徵，而本地化廣告的製作成本較低，因此相對於傳統的高成本電視廣告來講，數位電視媒體廣告就會顯得相對粗

糙一些。另外，許多數位電視媒體廣告，特別是公車載廣告的內容太過單一，同一廣告內容反覆播出，而且部分廣告聲音太大，已經造成公共空間裡一定程度的視覺和聽覺汙染，讓乘客不勝其煩。

（二）互動程度不高

目前，公車載廣告仍然以傳統的「推送式」廣告為主，無法與乘客有效互動。計程車載廣告為乘客提供互動選擇，但與此同時也帶來另一不足，即乘客可以透過中斷或快進等方式選擇廣告播放方式，從而使廣告效果大打折扣。

第三節 手機媒體廣告經營

手機廣告是一種以手機為傳播載體的廣告。手機廣告是網路廣告的一種，但相對於網路廣告，手機廣告具有移動性的優勢，使得用戶可以隨時隨地接受廣告訊息。隨著手機用戶普及率的逐漸提高，手機作為一種新型媒體的應用價值也日益凸現。相對於其他媒體，手機媒體傳播成本低、覆蓋人群廣、可以便捷地利用人們的零碎時間，快捷地傳播訊息。4G 的普及，手機成為真正的富媒體，給了手機廣告更大的發展空間。

一、手機媒體廣告的類型

就目前來看手機廣告主要有強推型、點擊型、交互型和嵌入型四種模式。

強推型手機廣告例如簡訊、彩信、彈窗等，是將分眾後的廣告訊息直接「推送」到用戶面前，這是最早出現的手機廣告形式。

點擊型廣告即透過用戶點擊連結，跳轉到網頁進行展示的廣告。

具有交互性的手機廣告，可以直接透過技術手段實現交互，如製作成小遊戲的廣告。目前，比較流行的 H5(HTML5.0) 廣告便是一種具有交互性的廣告。也可以是基於移動互聯網技術並且經過策劃的行銷活動，如基於 LBS 的移動互聯網行銷活動。

實現手機嵌入式廣告需要在手機的應用程式中嵌入 SDK 代碼。用戶在使用軟體時，手機螢幕的上方或下方會出現固定的廣告條目。用戶如果對廣告感興趣，可以主動點擊，螢幕上就會出現廣告的詳細訊息。

二、手機媒體廣告的優勢

手機媒體廣告具有一定的強制接受性。同時由於手機媒體的富媒體特徵和移動互聯網傳播的互動性和精準性，使得手機媒體廣告形式多樣，傳播效果好。相對於傳統廣告，手機媒體廣告的價格更為低廉。

（一）強制接受

手機廣告具有強制性，特別是手機簡訊廣告。對於廣告主來說，廣告訊息能夠直接發送到每一位終端用戶的手中，實現有效推送，這無疑是性價比最高的一種廣告形式。但對於用戶來說，個人訊息頻頻外洩、垃圾簡訊輪番騷擾，直接影響著用戶的正常生活和訊息安全。而用戶一旦感到自己的購買行為受到某種「強迫」，就會生發牴觸情緒，從而影響廣告效果。

（二）形式多樣，傳播效果好

手機廣告的表現形式包括動畫、圖像、影片、文字、音頻等，並且可以根據廣告創意需要進行任意的組合創作，因此可以最大限度地調動各種藝術表現手段，製作出形式多樣、表現力強、能夠激發消費者購買慾望的廣告。同時，基於移動互聯網技術，手機廣告更具互動性和精準性，使得傳播效果大大提高。

（三）價格低廉

手機廣告的收費方式包括 CPM(千次展示)、CPC(有效點擊)、CPA(有效註冊) 等。這些都屬於按照效果付費的模式，相較傳統大眾媒體而言，手機廣告價格更為低廉，市場上簡訊廣告平均服務價格為 3 分至 7 分錢一條，更適於中小企業廣告主投放。只要廣告主定好預算，定額、定向、定條發送給目標受眾即可，其費用是傳統媒體的十分之一，可以省下大筆的廣告宣傳費用。

三、手機媒體廣告的問題

傳統廣告管理制度規定，從事廣告業務必須具備市場準入資格，即獲得廣告業營業執照。在廣告的發佈環節也必須經過一系列的審批流程。在這樣一種法律規範和管理制度下，廣告經營者和發佈者的行為尚能得到一定控制，對廣告的監管和控制至少有章可循。但在手機媒體傳播環境下，幾乎任何擁有網路使用權的法人，懂得一定廣告發佈的操作方法的單個個體及其他經濟組織或個人都有可能從事廣告業務，這使得手機廣告的管理變得困難。

目前，手機廣告監管方面的法律法規還不夠健全，因此手機廣告中的虛假與欺詐問題一直比較嚴重。另外，由於手機廣告本身內容的豐富性，範圍的廣泛性，數量的龐大性，形式的多樣性和真假的難辨性使對手機廣告的監管十分困難。

（一）垃圾廣告橫行

近幾年來，各種移動應用呈爆發式的增長，與此同時，一些應用開發者和不良廣告商利用惡意廣告插件，肆意推送廣告，嚴重傷害了用戶體驗和利益，也嚴重影響了移動互聯網的健康發展。其中多數廣告以推送消息、懸浮窗口的形式出現在手機通知欄或 APP 應用窗口。這些手機廣告誘導用戶點擊自動下載軟體，甚至盜取用戶隱私和進行惡意扣費。另外，惡意廣告在展示方式上也不斷發生變換，除透過利用 Android 手機的消息欄不斷推送垃圾廣告訊息外，甚至偽裝成其他應用的懸浮通知來誘導用戶點擊。一旦用戶進行點擊就會自動下載軟體，不僅消耗用戶流量同時還賺取推廣費用。

（二）侵犯用戶隱私

很多惡意廣告中都存在洩漏個人隱私的危險。用戶只要啟用相應軟體，就可以竊取用戶的隱私訊息，比如利用手機自帶的 GPS 定位功能獲得用戶位置訊息，甚至拿到用戶手機裡通訊錄的號碼。

【知識回顧】

　　本章將新媒體廣告分為網路廣告、數位電視媒體廣告和手機廣告三大類別。

　　網路廣告中重點介紹了搜尋引擎廣告、即時通訊廣告、部落格廣告、微博廣告以及 SNS 廣告。搜尋引擎廣告可以分為關鍵詞廣告、競價排名廣告兩類。搜尋引擎廣告具有發現實時精準的需求，提供優先考慮的可能，依據實際效果付費，以及訊息簡潔，延展性強等特點。但也存在洩漏用戶隱私、廣告真實性缺乏監管、惡意點擊等問題。未來，搜尋引擎廣告需要完善搜尋技術，優化廣告投放，提供更為精確的調查。即時通訊廣告以 QQ 為例，包括有 QQ 客戶端廣告、QQ 郵箱廣告、QQ 遊戲廣告、QQ 秀廣告、QQ 資訊廣告等多種形式。具有到達率高、互動性強、成本低廉等優勢。部落格廣告形式多樣，其內容具有廣泛性，發佈具有自由性，閱讀具有大眾性，訊息具有時效性，傳播具有交互性。微博廣告同樣形式多樣，也具有準確性、立體化、高速度、便捷性、廣泛性等特徵。但微博廣告也存在虛假粉絲、虛假廣告橫行，垃圾廣告強制推送，廣告效果難以評估等問題。SNS 廣告主要包括條幅廣告、植入式廣告、活動式廣告三類。未來，SNS 廣告的發展將會更加注重線上線下資源整合，用戶訊息收集分析，提升遊戲品質，創新廣告表現形式等方面。

　　數位電視媒體廣告主要包括數位電視廣告、樓宇電視廣告、車載電視廣告三個類別。數位電視廣告類型繁多，總的來看可以分為電子節目目錄廣告、增值業務廣告以及互動廣告三類。數位電視廣告相對於傳統的電視廣告最大的優勢在於其廣告的互動性及傳播的精準性。而樓宇電視廣告特點主要包括傳播環境相對封閉，傳播過程干擾低，傳播頻次高，受眾比較固定，消費能力較強等。車載電視廣告主要有公車載電視廣告和計程車電視廣告兩類，具有直接接觸消費者、容易吸引觀眾的注意力、傳播流動人群、能夠覆蓋預定市場等特點。但總的來看數位電視媒體廣告還是存在內容製作粗糙、互動程度較低的問題。

就目前來看，手機廣告主要有強推型、點擊型、交互型和嵌入型四種模式。手機媒體廣告具有一定的強制接受性。同時由於手機媒體的富媒體特徵和移動互聯網傳播的互動性和精準性使得手機媒體廣告形式多樣，傳播效果好。相對於傳統廣告，手機媒體廣告的價格更為低廉。但也存在著垃圾廣告橫行、侵犯用戶隱私等問題。

【思考題】

1. 你認為微博廣告和 SNS 廣告哪種效果更好，分別適用於哪些類型的廣告主？

2. 針對數位電視媒體的現存問題，你覺得應該如何改進？

3. 移動互聯網時代，你認為手機媒體的廣告有何發展方向？

第十四章 企業的新媒體行銷

【知識目標】

☆行銷環境的變化對行銷觀念帶來的影響。

☆企業在新媒體環境下的行銷策略。

【能力目標】

1. 瞭解新媒體帶來的行銷環境的變化。

2. 結合具體的案例，分析企業如何在新媒體環境下進行自身的行銷推廣。

第一節 從傳統行銷到新媒體行銷

從傳統行銷到新媒體行銷，我們所面臨的行銷環境發生了翻天覆地的變化。以前使用的準則，如今可能早已過時。曾經不被看好的荒地，現在可能已成為一片沃土。新媒體的迅速崛起，為企業的行銷活動帶來了無限的機遇，同時，新的思維方式與運作方式，也給企業開展行銷活動帶來了空前的挑戰。

一、企業行銷環境的變化

新媒體行銷的提出，在很大程度上是源於行銷環境的改變。這種改變既包括內部環境，又包括外部環境。既包括訊息流、物流、資金流的暢通完善，又包括消費者行為的遷移、地位的崛起以及消費者對平等對話的要求，對行銷活動的主動參與。

（一）線上訊息流的自由流動

新媒體的普遍接近性，使得線上訊息的自由流動成為可能。在傳統媒體環境下，媒介本身是作為一種非常稀缺的資源而存在。負載在媒介上的訊息，無論是數量上、容量上還是呈現形式方面，都受到了限制。基於這種環境下的廣告，其與生俱來就帶上了不完全訊息的缺陷。

然而，隨著線上訊息趨於自由流通，消費者對產品逐步有了一個較為全面的瞭解。人們可以在不同產品之間進行比較。廣告中的片面說辭，已經不再能左右消費者。消費者在消費的同時，也在為其他消費者提供訊息。人們將消費後的使用感受發佈在網上，與他人分享，並形成針對某一產品、某一品牌的系列討論。消費者可以在權衡利弊之後做出購買決定，減少了因訊息不足所導致的消費風險。

從不完全訊息向完全訊息的轉變，一方面，企業能夠實現對產品、品牌及企業形象更為全面的展示。借助訊息的可拓展性，讓消費者能夠獲得更全面的瞭解。另一方面，一些被忽視的問題，一些刻意隱瞞的缺陷也會暴露在消費者的視野當中，倘若沒有完善的問題解決機制，負面的口碑將會嚴重損害品牌的形象。

（二）線下物流網的延伸擴展

與訊息流相對的，是日漸趨於完備的物流系統。如果說，訊息流的背後所反映的是人們的觀念接觸問題，那麼，物流的背後所反映的則是人們的實體接觸問題。

網路交易的最大特點就在於物流與訊息流合一。物流的改進，直接將人們的購買行為，從有限的時空中解放出來。消費者只需要對商品進行選擇，便可以足不出戶地購買到想要的產品，煩瑣的中間環節被一一省略。消費者不再需要精心安排好購物時間，然後挨家挨戶進行挑選，也不再需要大包小包地將購買的物品拎回家，更不必因堵塞的交通與惡劣的天氣，影響自己的消費心情。他們只需要坐在電腦前，點擊滑鼠，瀏覽頁面，將相同產品的賣家進行比較，選擇好滿意的產品，確認下單，然後等待購買的產品送貨上門即可。

可以看到，日趨便捷的交通，與四通發達的物流網路，使得消費者購買商品後的等待時間被不斷縮減。與此同時，對於那些因受到實體店限制，無法獲得的商品，如今也可以透過網上購買，然後派送到消費者手中。從企業的角度來看，這就需要重估網點價值，進行合理配置，以及網點價值的再開發，避免不必要的資源浪費，從而擴大利潤空間。

（三）網上資金流的暢通完善

訊息流與物流的完善為新的消費行為帶來了可能性，而網上資金流的暢通則為新的消費行為奠定了堅實的基礎。

線上資金流的暢通完善，首先表現為對利益群體之間壁壘的消除。縱觀歷史，我們可以看到，互聯網的意義與價值，遠不止電腦與電腦之間的連接，它的意義更在於一種開放的、兼容並包的精神。傳統競爭中各自割據的觀點，嚴重與互聯網精神相悖，自然也就無法實現利益的最大化。因此，企業與金融系統之間，需要在達成協議的基礎上，實現利益的合理分配，暢通線上資金流，從而保證消費的各個環節暢通無阻。

同時，在網上金融系統的運行過程中，無論是企業，還是金融系統，都在不斷地加強資金流通的安全性。這是因為，線上金融系統與線下金融系統相連接，如果出現漏洞或故障，不僅會給自身帶來重大損失，還會侵害消費者的權益，影響其在線上消費的信心。

為此，各大電子商務平台透過與金融機構加強合作，共同來保證安全。透過網站的優化及漏洞的修復，避免受到不法分子的入侵。同時，除了銀行系統自身的網盾及保護措施外，還有多重驗證系統，如簡訊、密保卡、驗證碼等。透過這一系列的措施，網上的資金流通得到保證，也推動了消費者的網上消費行為趨於常態化。

（四）消費者地位的提升

新媒體的廣泛使用，讓消費者地位得到空前提升，他們不僅可以自主地獲取訊息，尋求答案，還可以在日常的媒介使用過程中結成群體，建立連接關係，以集體的力量與企業進行平等對話。同時，透過多種方式，避開企業的單方的宣傳，拒絕接受相關的訊息。

傳統的企業宣傳往往是老王賣瓜，自賣自誇。大部分情況下，消費者因為訊息不足，只能被動選擇相信，至於具體的細節，很少可以獲得。如今，媒介的近用性促使消費者主動性的提高，簡單的搜尋即可獲得想要的訊息，還可以進行不同產品之間的橫向比較。

不僅如此，在面對權益受到侵害時，消費者透過網路連接起來，孤立的訴說變成了集體的抵制，一個人的聲音經過社交網路被放大成一群人的聲音，企業再也不能忽略消費者的看法，保持居高臨下的姿態，他們必須積極應對，直到問題合理解決。否則，消費者群體對企業持續負面的評價，會讓企業遭受重大的損失。

至於那些一度讓媒介用戶苦不堪言的騷擾電話、垃圾郵件，電視中的廣告以及網頁上的彈窗問題，現在，人們透過手機可以設置電話黑名單；透過E-mail可以識別垃圾郵件；透過滑鼠點擊可以關閉網頁窗口；透過數位電視訂閱可以跳過商業廣告；透過安裝插件可以淨化網站頁面環境。這些都使得不斷湧現的廣告訊息止步於用戶面前。消費者已經今非昔比，這需要企業重新處理與消費者的關係。

（五）媒介使用者的遷移

根據第33次中國互聯網路發展狀況統計，截至2013年12月，中國網民規模達6.18億，全年共計新增網民5358萬人。互聯網普及率為45.8%，較2012年底提升3.7個百分點。而中國手機網民規模達5億，較2012年底增加8009萬人，網民中使用手機上網的人群占比提升至81.0%。與此相對的是，2013年傳統媒體廣告市場的整體增長僅為6.4%，低於同期GDP增速，其中報紙廣告同比下降8.1%，6家報業上市公司中，有3家的廣告收入降幅超過兩位數。這些數據都在不同程度上反映出媒介使用者的遷移，傳統媒體的受眾在不斷減少，新媒體的使用群體在不斷增多。

技術的革新為媒介的更替提供了可能性，然而，社會、政治和經濟上的力量在新技術的發展方面扮演著強有力的角色。社會觀念的改變，政治上的引導，商業利益的驅使，都會影響新媒體的普及過程。而使用者的媒介遷移也絕非是一個簡單採納的結果，它同樣受到諸多力量的推動。

最為直接的一個原因，應該是媒介接觸成本的不斷降低。早期的電腦體型笨拙，價格昂貴，其使用範圍侷限於軍事機構和教育機構當中。如今，電腦的款式趨於多樣化，根據不同的需求有著不同的設計，價位由低到高不等，不僅在城市可見，在鄉村中，其使用比例也在逐年提高。而與此相對的用戶

媒介使用習慣也發生了重要的變化，對新媒體的使用時間增多，接觸更頻繁，這也就使得基於傳統媒體之上的行銷活動不得不進行調整，重新制定策略。

二、新媒體環境下企業行銷面臨的機遇與挑戰

互聯網所掀起的革命，在這裡，人人都想抓住機遇，拾獲第一桶金。然而，諸多未知與不確定性的存在，又讓許多人躊躇不前，不敢輕舉妄動。對於企業而言，做到有勇有謀，才能打贏行銷的勝仗。

（一）企業行銷面臨的機遇

新媒體所帶來的可能性，其潛力無窮。在互聯網思維的指引下，合適的時間、地點、人物直接關係到行銷活動的成敗與否。所有的一切都顯得稍縱即逝，因此，能否察覺變化，洞悉變化之中所賦予的深刻內涵，這是企業需要重新思考把握的。

1. 交互傳播帶來深度溝通的可能

交互性產生於20世紀90年代中期，最初是電腦產業用來為新的一波電腦技術造聲勢的流行語。隨後逐步由技術領域擴展到社會學、心理學的研究當中。這是一個十分寬泛的概念，可以被用來分析人與人、人與機器、機器與機器之間的連接關係。而在日常的使用中，交互性被簡單地理解為人與人的互動、人與電腦的互動。

交互性通常被作為區分新的數位媒體和舊的模擬形式的一個比較基準。在許多人眼裡，新媒體之所以為新，其根本在於它具備傳統媒體所無法企及的交互特性。它改變了單向的線性傳播模式，促使傳播智慧化，從而讓深度溝通成為可能。

在早期的線性傳播活動中，獲取回饋是一件很困難的事情，即便有少量的回饋，也不能完全瞭解受眾的想法與期望。同時，其滯後的時效，讓傳播者無法對傳播活動進行及時的調整。而新媒體自身的交互特徵，讓之前傳播所面臨的問題得到了很好的解決。新媒體傳播既包括了一對一的人際傳播，又涵蓋了一對多的群體傳播，傳播雙方根據實際情況做出相應調整。傳播過

程中，可以獲得有效的回饋，其時差趨近於零。雙方在互動中深度溝通，共享意義和價值，消除傳播障礙與傳播隔閡，從而實現更好的理解。

　　2. 更準確地把握消費者需求動態

　　企業的行銷觀念，經歷了以產品為中心，以生產為中心，向以消費者為中心的轉變。當消費者價值被企業發掘之後，把握消費者需求就成為企業關注的焦點。

　　在小數據時代，消費者被簡單類型化，對於消費者的分類大多基於人口統計學特徵的概括。企業對消費者需求的把握，也只是進行一般性的模糊化處理。我們只能依靠費用高昂、效率低下、真實性缺失的市場調查來瞭解消費者，揣測他們的想法。

　　在大數據時代，我們不僅可以瞭解消費者需求，同時，還能夠把握消費者需求的動態變化。這是源於，在新媒體環境下，消費者的媒介使用行為，會留下真實、瑣碎的數位足跡，而這不經意間成為一種消費者的自我表露。對於這些去結構化的數據，企業可以透過大數據分析，從中提取有效訊息，並進行整合，從而獲得一種準確的歸類，並繪製出消費者畫像。

　　把握消費者需求動態意味著，企業在行銷活動中，可以不斷調整訴求點，改變企業的行銷策略，從而直指消費者的內心，同時，將數據中獲取的訊息回饋到生產環節，可以改進產品，提高產品特徵與消費者需求之間的匹配度，實現更好的銷售。

　　3. 行銷活動被量化

　　約翰‧沃納梅克曾說過，我知道我的廣告費有一半是浪費的，但我不知道是哪一半。這是傳統媒體時代，企業所普遍面臨的困境，如今，在新的媒體環境下，這個問題有了很好的解決途徑。

　　隨著行銷推廣活動由傳統媒體向新媒體轉移，活動開展過程中數位足跡都會被記錄下來，於是也就有了測量的依據。以前不好測量的廣告曝光，現在可以透過用戶點擊的形式計算。行銷效果可以透過追蹤記錄，看有多少訪問者點擊了相關頁面或廣告來測量。此外，還可以記錄他們在頁面停留了多

長時間以及之後他們又訪問了哪些網頁。雖然其效果仍然存在諸多的不確定，但是相比從前，已經有了很大的改善。而消費者在網上的行為路徑也變得可以實時監測，透過數據的分析，對特定群體進行精準投放成為可能。

行銷活動的量化具有普遍性。它包括行銷活動前的市場調查與用戶溝通，行銷活動中的行情監控，行銷活動後的效果評估，又包括具體的行銷策略制訂。以往的量化分析，往往具有滯後性、片面性、虛假性並帶有強烈的主觀臆斷。而現在的量化分析，是基於自然狀態下的實時全數據分析。數據之間隱藏的關聯性被挖掘出來，並經過嚴密的分析，所得出的結論更為細化，並可以透過多種生動形象的圖表呈現出來，表達直觀，具備真實性和指導性，為企業提供了科學的依據。

4. 社群中的品牌擁護者幫助企業解決麻煩

社區或者社群是一種共生的系統，在這個系統中，人與人之間不斷產生聯繫，這既有利於價值的產生，又有助於情感的建立。在社群中，成員基於一定的興趣愛好聚集起來，形成共同的精神依託，並開展一系列的活動。

在新媒體出現之前，社群就已經存在，只不過傳統的社群類別單一，成員之間的聯繫相對鬆散，而在互聯網的支持下，社群可以以多樣的形式出現，並且建立聯繫的成本降低，成員相互聯繫也變得越來越便捷。

不斷成長的社群為企業的行銷活動帶來了新的機遇。透過主動建立自己的社群，展開社交活動，透過給社區增添價值和幫助他們達成目標的方式來建立自己的影響圈子，這樣你就可以建立影響力和形象，成為這個社區中的權威人物。同時，企業可以將自己的用戶匯聚到一起，提供他們之間交流討論的平台，傳播知識，分享快樂，增強他們對品牌的瞭解和認可，並在他們的討論中，發現問題。因為，作為企業的追隨者，他們可以提出真誠的意見和建議，這些對於企業而言具有極大的價值。

不僅如此，社群背後是一個強大的支持系統。他們能夠在其他用戶遇到與企業相關的問題時，提供幫助與建議，甚至直接幫他們解決問題，這為企

業的客服減少了一筆不小的開支。而當企業陷入危機時，社群成員會站出來，幫助企業渡過難關，為企業正名。他們為企業提供了強大的支持後盾。

5. 企業以最小成本換來最大效益

以往企業的行銷活動中，廣告投放占據了其較為主要的成本支出。如今，各種豐富的自媒體形式、社交網站為企業傳播訊息，構築溝通平台，形成擁護社群帶來了前所未有的便利。

首先，表現在訊息傳播方面。無論是在社交網站，還是各種自媒體上，企業都可以建立自己的平台，用以傳播訊息。伴隨著媒介用戶不斷由傳統媒體向新媒體遷移，人們的網上活動越來越頻繁。傳統的企業宣傳主要借助於主串流媒體的廣告投放，大量的費用被投入幾十秒鐘的電視廣告、面積有限的印刷媒體、轉瞬即逝的廣播節目中。現在，透過對網上不同平台的運作及組合，充分利用多種訊息呈現形式，展示企業形象，吸引特定的人群，與他們在不同平台上以不同方式進行溝通，瞭解他們的想法，滿足他們的需要。

其次，表現在傳播效果方面。以往的企業宣傳，或多或少都帶有自吹自擂的性質。大部分為單向的訊息輸出，其在消費者心目中的可信度較低。而現在，在各種平台上，用戶可以相互交流，分享購買或使用後的感受，提供產品的優點和缺點進行參考，這樣可以給消費者提供一個全面的認識。在一些電子商務平台上，這些訊息隨處可見，人們可以透過比較做出抉擇。同時，新媒體讓大範圍的口碑傳播成為可能。正面的口碑傳播能夠產生普通廣告傳播無法比擬的效果，一旦口碑形成，即便企業不再去大肆宣傳，也能讓產品暢銷。

不過應該明白的是，免費媒體並不意味著完全免費———公司需要在產品、服務和行銷上進行投資，在某種程度上引起注意，並引發人們書寫和談論有關該公司品牌的內容和話題，但這筆費用並不是直接用來進行媒體宣傳的。

（二）企業行銷面臨的挑戰

挑戰作為機遇的對立面，仍然普遍存在，並且比以往更加嚴峻。也正是因為存在這些高風險的挑戰，回報才顯得如此豐盈。這需要企業不斷提高適應外部環境，應對外部風險，協調組織內部關係的能力。

1. 海量訊息導致人們注意力分散

我們的社會經歷了由農業社會到工業社會再到訊息社會的轉變，這一個轉變對我們的政治、經濟、文化、社會生活都帶來了重大的影響。如今，訊息既作為一種稀缺資源而存在，又時時刻刻充斥著我們生活的方方面面。

這已然不是隨隨便便一個企業，就可以說出「消費者請注意」的時代。「注意力經濟」的提出，明確指出了消費者注意力的稀缺性，而所有人都面臨著注意力被分散的困境。每個人的一天都充斥著無數的訊息，這些訊息湧入大腦，僅有少量能夠被儲存下來。

正因為此，企業的行銷也變得更加困難。因為，從認知到態度到行為，如果訊息不被注意，我們很難說人們會形成對它的態度，並促成實際的行為發生。所有的企業都在想辦法將自己的訊息傳遞給特定的人群。以前只要你的訊息具有關聯性、原創性、衝擊力，那麼就可以被人們所注意。但現在，其他企業也具備了相同的屬性，他們也有獨特的創意、鮮明的訴求、優質的產品。那麼，如何重新贏得消費者的關注也給企業帶來了挑戰。這需要更加深入的消費者洞察，更加細緻的消費關鍵時刻捕捉，以及更加精準的媒介訊息投放。

2. 高風險時代導致企業隨時面臨危機

伴隨新媒體而來的，是一個高風險的時代。所謂「高風險」既包括自然發生的風險（如各種自然災害，環境問題等），又包括人為的風險（社會動盪、金融危機、戰爭等）。所有這些風險都有可能轉化成危機，經由新媒體，被迅速地放大，並廣泛地擴散。其間伴隨著流言與謠言的傳播。諸如不報導、不理會等試圖掩蓋真相的解決方式，已經不再適用。

不同種類的危機，時時刻刻威脅著企業的正常運轉，不僅媒體的報導會讓企業陷入困境，網民的挖掘以及謠言的散佈都會對企業造成不同程度的衝擊。危機已經超出了其本身的影響範圍，一旦有了導火線，後面的事態將會無限延伸，並被無限挖掘。倘若企業應對不當，反應遲緩，其破壞力是不可估量的。

應該明白的是，高風險本身就是這樣一個高速發展社會的伴生物。其背後有著複雜的社會動因，它不僅會影響企業的發展，還關乎個人的生存。危機將會以日常化的形式出現，波及範圍超出了危機本身的發源地，將各方捲入在內，甚至會引發蝴蝶效應。

因此，對於企業而言，面對常態化的危機，就需要形成常態化的危機管理機制，利用網路技術進行實時監控，在第一時間著手應對，避免危機被擴大。

3. 從單個行業競爭發展到跨界競爭

對於競爭者的理解，已經從價格、定位相似的品牌，同一品類中的品牌，發展到了任何具有替代作用的商品。在新媒體環境下，企業所面臨的不僅僅是來自同行的競爭壓力。網路技術、數位技術以及行動通訊技術的發展，將企業與企業之間的角逐，放到了一個更大的舞台上。不僅不同企業之間的界限被打破，並且行業內部的競爭格局，也逐漸擴大到了不同行業之間的跨界競爭。

傳統意義上，具有優勢的企業，可能會在各自的領域裡一枝獨秀。但脫離了「溫室環境」，能否面對風雨的考驗，這成了企業需要重新思考的問題。競爭範圍的擴大化，對企業自身的能力提出了新的要求。

另一方面，以往的競爭者，某種程度上看是企業眼中的競爭者，這是在一定的市場調查與分析基礎上確立的。而消費者在實際選擇過程中，所進行比較的對象並沒有被考慮在內。如今透過大數據分析，我們可以找發現，消費者是在將企業的產品和哪些產品在進行比較。而這類競爭者，需要被重點關注。因為它們具有實際的威脅，直接影響著交易的順利達成。

面對跨界競爭，企業需要對自己進行新的定位，將現實的競爭對手與潛在的競爭對手都考慮在內，靈活應對新的狀況。在保持自身傳統優勢的同時，學會適應互聯網環境，以開放的心態，去創造新的優勢。否則，若繼續故步自封、虛驕自大，則必然會被新興之秀所取代。

4. 消費者群集形成消費抵制

消費者地位的崛起，很大程度上源於生產力的發展，產品趨於多樣化。人們的選擇越來越多，企業開始滿足並迎合消費者的個性化需求。可以看到，如今的企業已不再是一人獨大，消費者地位的空前提高，在不斷削弱著曾握在企業手中的權力。當失去了主導的話語權，企業再想一意孤行，將消費者排斥在外，最終的結果肯定是得不償失的。

類似的，還有 PX 事件、杜汶澤事件等。這些都反映了在新媒體環境下，消費者已學會結成群體，對自身權利進行捍衛。因此，企業的行銷活動必須比以往更加謹慎，否則，後果不堪設想。

5. 行銷傳播整合能力的重要性凸顯

整合行銷傳播理論一直以來都受到行銷界的重視，許多學者、業界人員都在原始理論的基礎上，進行了擴展延伸。究其本質而言，整合行銷傳播的理論要旨，是講求行銷傳播要素的合理配置和有效組合。

行銷傳播整合能力之所以重要，是在於它不僅強調了對物質資源、人力資源的合理配置，也將對訊息資源的管理考慮在內。同時，它還上升到一種思維層面，強調在實際運作過程中，在企業內部進行重組，在企業外部尋求合作。其目標是在訊息超載的環境中，透過調動各方資源，實現關鍵訊息的有效到達，同時在合作的過程中做大做強。

僅從行銷傳播的角度來看，科勒就指出，我們可以從六個方面來考察行銷者是否創造出最有效果和最有效率的傳播計劃：

(1) 覆蓋。即採用的每一種傳播方式到達的受眾比例，以及不同的傳播方式之間存在多大重疊。

(2) 貢獻。即一個行銷傳播從沒有暴露在其他傳播形式下的消費者處獲得期望反應和傳播效果的內在能力。

(3) 通用性。即共同聯想在不同傳播形式之間被強化的程度。

(4) 互補性。即不同的聯想和連接在多大程度上被不同的傳播形式強調。

(5) 多用性。即一個行銷傳播形式在多大程度上是穩健的，以及對不同群體的消費者有用。

(6) 成本。即行銷者必須權衡行銷傳播在所有上述這些標準上的表現和成本，以形成最有效果和效率的傳播計劃。

在新媒體環境下，我們需要重新思考整合的方式。

第二節 新媒體環境下企業行銷觀念嬗變

面對行銷環境的改變，以及行銷活動中所面臨的機遇與挑戰，當務之急是對行銷觀念進行重新審視。所謂「重新審視」，並非對傳統行銷觀念的徹底顛覆，而是一種基於變化之上的揚棄。既包括在策略上，重新進行排列組合，又包括在思維上，進行與時俱進的革新。

一、從數據收錄到大數據挖掘

數據的作用在於提供科學依據，排除主觀臆斷。無論是對市場環境、產品、勞務價格的調查，還是對需求狀況、競爭對手、消費者的分析，這些都需要數據的支撐。然而，現在的情況是，數據的收集方式、數據總量、數據分析方式都發生了重大的變化，這也就需要新的思維來處理數據，挖掘數據的價值。

（一）基於數據收錄的消費者行為分析

早期的數據大部分來源於企業的市場調查以及內部的系統記錄當中。無論是市場行銷還是廣告投放，都需要建立在數據分析的基礎之上。這些數據要麼來源於現有二手資料的分析，要麼來源於市場的調查。然後根據這些數據，做出分析，得出簡單的指導性結論。至於內部的系統記錄，一般是對用

戶訊息和銷售訊息的收錄，這些數據大部分侷限於用戶的基本統計學訊息，產品銷售概況，很難進行進一步挖掘。

之所以會這樣，是因為我們所獲得的數據都是小數據，「小數據」有五個基本特徵：

一是靜態性。事前調查、事中調查、事後調查都只是對消費者生活時刻的靜態調查，但是這與消費者的社會動態性不符。

二是局部性。抽樣調查只是對局部人群的描述，雖然統計學在社會研究上具有一定的科學性，但是人性的多元性和複雜性，很容易使局部數據失去代表性，難以反映真實的群體特徵。

三是單維性。小數據只是反映了企業與生活者之間的消費關係，而忽略了消費行為與社交行為、政治行為、文化行為等行為之間的關聯性。

四是群體性。抽樣調查的結果一般是類型化的消費者畫像，是一種群體形象和群體行為，這難以真實表達小眾需求和個性需求。

五是非場景化。抽樣調查只是對個體的孤立調查，往往容易忽略影響消費者行為的各種場景化因素，這些因素很大程度上決定了消費者的調查結果。

由於計算能力和訊息數量的限制，基於小數據的分析，只能得出用戶的簡單描述，雖然能部分反映消費者的需求，但是無法掌握他們需求動態的變化，也無法發掘與其他數據之間的關聯性。

(二) 基於數據關聯性挖掘的消費者行為預測

大數據最為核心的作用就是基於現有的數據分析對未來進行預測。小數據時代的抽樣調查、因果關係確立、進行盡可能精準的預測已經不再是我們的追求。現在，我們更多的是透過全數據的分析，數據的模糊化處理，在萬千事物當中，不斷發掘事物的關聯性。

這種數據關聯性的挖掘，在很大程度上得益於電腦技術的發展和用戶生產內容的激增。電腦技術的發展提供了對龐大數據進行提取，並挖掘運算的能力。因為面對海量的數據，僅僅依靠人工分析或者單個電腦的運算效率極

其低下,並且也無法對數據進行有效的提煉。而用戶生產內容則提供了大量真實的原始數據。這有效地避免了傳統調查當中數據不客觀、數據訊息量有限等弊端。

在數據挖掘過程中,我們不僅可以驗證預設的關係假設,還能夠發掘數據當中隱藏的、被忽略的訊息內容。同時,消費者的行為在這個過程中被深度洞察,我們能夠更加合理地對消費者進行類別劃分,對他們的行為進行預測,針對不同的消費者進行不同的訊息傳播與說服。

二、從培養消費者到建立用戶社群

如何處理與消費者的關係,如何與消費者建立聯繫,這一直都是企業所面臨的問題。以前,我們會透過直郵,或者電話訪問的方式來瞭解消費者,說服他們,並透過廣告宣傳將潛在的消費者發掘出來,現在,我們利用互聯網以及行動終端,透過品牌,將消費者與消費者連接到一起,形成一個個社群。

(一) 基於建立消費者與產品關聯的消費者培養

早期處理企業與消費者關係的方式為,建立消費者與產品的關聯,從而培養消費者。透過對消費者進行分類,針對不同類別,進行有計劃的客戶關係管理,提升顧客的滿意度,從而在消費者之中形成正面的口碑,建立美譽度和忠誠度。

這一系列過程看似簡單,但實際上費時費力,公司要製作廣告並在媒體上播放以吸引潛在的新顧客;公司還要給潛在的新顧客直接發送電子郵件或打電話;公司的銷售人員則需要參加貿易展銷會,希望在那裡找到新的買家;從經銷商處購買客戶名單;等等。造成這些狀況的原因在於,消費者與消費者彼此互不相識,他們只能透過消費行為與企業建立聯繫,除此之外,再無其他。

而企業一方面要留住老顧客,防止客戶流失,另一方面也要讓新顧客加入自己的隊伍,從而佔有更大的市場份額。他們需要應對各種不同的關係,蒐集各種資料,從而瞭解哪些才是自己產品的消費群體,並說服其持續使用

自己的產品。在這個過程中，企業不斷嘗試著展示自己的形像個性，突出產品的獨特魅力，借助名人、公關活動來增添附加值，力圖透過自己的言行，打動和感動消費者。

可以看到，這種基於建立消費者與產品關聯的消費者培養，將企業或者產品放置在中心，而消費者被置於外圍，消費者與消費者之間基本沒有聯繫。在這樣的結構中，始終都是企業在進行說服，消費者在接受說服。雖然這樣也能夠培養自己的消費者，建立良好的顧客關係，但是，成本開銷較大，消費者本身的多重角色並沒有被考慮在內。

面對諸多改變，我們需要重新認識消費者，因為他們不僅僅是在消費，而且還在促成新的消費行為發生。他們歸屬於某一類群體，有著共同的價值觀和信仰，他們需要找尋到彼此，透過聚合形成更強大的力量，而企業要做的就是將他們聚集起來。

（二）基於建立消費者與消費者關聯的用戶社群建設

社交活動將志趣相投的人們聯繫起來，並幫助他們與他人相聯繫。在社交的過程中，我們會不斷結識新的人，並增加自己的社會資本。就像六度分隔理論所說的那樣，我們透過六個人就可以認識世界上的所有人。互聯網的出現，讓人與人之間的連接關係以更為顯著的方式呈現出來。於是人與人之間建立關聯，我們在各自歸屬的社群裡，分享快樂，傳播知識，不斷擴展自己的人脈網路，影響著別人，也在被別人影響，形成單個個體所不具備的群體的力量，這就是社群的力量。

至於企業，它們所要做的就是，促成社群的建立，幫助其正常運轉。在這個過程中，與社群成員進行溝通，並促使他們吸引更多的人加入進來。正如查克‧布萊默所描述的：「我們的行銷對象是一個會在內部共享訊息、行動迅速、桀驁不馴的社群。這個社群的成員同你我相互聯繫，共同組成了一個鮮活的有機體。而『血管』裡流著的，就是訊息的血液。」透過與社群成員之間的溝通，推動企業的行銷活動，由產品的行銷向人的行銷轉變，最終讓社群成員成為你的代言人。他們無處不在，就可以隨時地向他人傳遞你的訊息，這比起企業單一的說服更為有效。

社群一旦形成，就會成為一股穩定的力量。雖然企業可能是社群的發起者，也可能是社群主要的討論對象，但是它絕不是社群中的主導。企業應該放低姿態參與到社群的會話中，彼此相互磨合，相互需要，說服他們成為自己的信徒。讓企業代表社群的形象，讓社群代表企業的形象，這些會形成無形的資產，並在企業發展的過程中，為企業提供持續的動力。

三、從企業的單個創意到消費者的集體創造

創意作為廣告人的兩大傑出貢獻之一，無疑對我們經濟生活的方方面面，產生了重要的影響。而創意這個概念，也由早期企業單個的廣告創意作品，發展到了如今的企業與消費者協同進行的集體創造活動。

（一）基於產品與消費者心理的傳統企業創意

傳統企業創意的立足點，是產品特徵與消費者心理。這可以追溯到早期的廣告創意理論。其代表就是廣告發展史上的創意革命時代，大衛·奧格威、威廉·伯恩巴克和李奧·貝納的廣告創意理論。

奧格威認為，創意必須服從科學的規定性，必須來自科學的調查研究，而不是個人的主見和想當然，必須遵守一定的法則，而不是漫無約束，所要解決的核心問題是廣告訴求內容的科學確立，而不是廣告內容的表現。伯恩巴克認為，一則好的廣告必須具備三個基本特質，即關聯性(Relevance)、原創力(Originality)和衝擊力(Impact)。而李奧·貝納則突出強調產品本身「與生俱來的戲劇性」，即「商品能夠使人們發生興趣的魔力」。

基於特定的歷史環境，這些創意理念，總體上都是將產品、消費者心理作為廣告創意活動的出發點，力圖在創意過程中，展現產品特性，尋找消費者身上的利益關係點，曉之以理，動之以情。從而實現勸服，促成購買。

在這樣的創意觀指導下，一句廣告語，一幅廣告畫面，一篇廣告文案，一部廣告片，都可能實現促進商品銷售的目標。而所謂的創意，在某種程度上，依賴於廣告公司的業務能力。消費者雖然被考慮在內，但是他們往往是作為被代表的對象存在於創意環節中。即使存在用於傾聽消費者聲音的市場

調查，也僅僅是片面的反映與揣測。但是由於產品的相對有限，物流與訊息流系統的欠完善，這樣的創意觀也在其歷史環境下，發揮著無法替代的作用。

（二）基於消費者與企業互動機制下的大創意理念

可以看到，伴隨媒介迅猛發展而來的，不是廣告創意的沒落或者死亡，而是在一個新的高度，強調了創意的重要性。我們已經由傳統意義上的「被廣告時代」進入真正意義上的「廣告時代」。而存在於廣告中的創意活動，也由侷限於廣告作品、廣告運作的創意作品、創意活動，轉變為基於消費者與企業互動機制下的大創意理念。

消費者逐步脫離「被代表」的尷尬地位，以新的參與者的身分，進入企業行銷活動的創意環節。傾聽消費者的聲音，變成了與消費者的平等對話。企業行銷推廣中的創意活動，不再是自導自演的獨角戲，而是將消費者納入創意傳播的過程中，在持續地溝通回饋中進行創意。這是一種集體的創造。

四、從品牌就是一切到一切都是品牌

品牌作為廣告人的另一個傑出貢獻，就其本質而言，是對創意理論的延伸，即透過品牌來實現創意。然而，品牌的內涵，遠不止於此。作為一個概念集合體，品牌的最大價值就在於，它為企業及產品創造出了重大的附加價值與利潤空間，增強了企業的整體實力與競爭力。品牌觀念也在不斷進行沿革。曾經是品牌就是一切，而現在，一切都是品牌。

（一）基於產品特性與企業個性的傳統品牌觀

傳統的品牌觀，經歷了從無到有，從單一到多元的改變，而品牌本身的含義也是豐富多樣的。早期對於品牌的理解，更多的從實際運用的角度，將品牌視作一種標記或標識，其目的就是為了在競爭中形成區隔。美國行銷協會對品牌的定義就是這種品牌觀的代表。所謂「品牌」就是「同定一個或多個賣方的產品或服務的、以區別於競爭對手的產品或服務的名稱、術語、標記、象徵或它們的組合運用」。日本學者仁科貞文認為，品牌是「假設構念 (Hypothetical Construct) 之一」，並從心理學的角度將品牌定義為「消費者掌握的商品、服務和企業的相關知識」。之所以存在這麼多的差異，是因

為,「品牌」這個概念本身就是無所不包。它既包括抽象層面的主張,也包括具體層面的實踐。基於這個概念,也發展出了一系列品牌理論。

20世紀50年代,大衛·奧格威提出了品牌形象論,該理論從品牌形象的市場利銷性與競爭力;品牌形象樹立的長期性和一致性;品牌形象的成長、改變與提升;影響品牌形象的因素等多個方面闡述了品牌形象的重要性。

在品牌形象論之後發展而來的,是品牌個性論。該理論認為,形象的差異來自性格的差異。形象只能產生認同,而個性可以造成崇拜。隨後,大衛·愛格在對品牌個性論做了延伸,並提出品牌個性尺度論、品牌個性要素論、品牌關係論。

20世紀90年代,品牌資產理論提出,該理論認為,品牌資產是一系列資產,因此,對品牌資產的管理包括投資創造並強化品牌資產。其次,每種品牌資產創造價值的方式各不相同。最後,品牌資產不僅為企業創造價值,也為消費群創造價值。與此相伴的還有同期大衛·愛格提出的品牌認同理論。品牌認同建立在企業、符號、產品和人這四個概念之上,包括基本認同與延伸認同。該理論強調以品牌的核心價值和意義建立品牌的永久生命力。

在這些品牌觀的基礎上,也形成了一些實際的品牌運作過程。如奧美提出的「360度品牌管理」。強調從檢視品牌資產,到確定或定義品牌精髓,從將品牌精髓反映於所有的傳播工具,到定期追蹤品牌狀況等一個完整的鏈條。而JWT的「全方位的品牌傳播策略」則圍繞著消費者洞察、品牌遠景、品牌意念、品牌計劃四個核心展開。

傳統的品牌觀為品牌理論構建起了一個龐大的框架,並從不同角度闡釋了品牌背後的深刻內涵。總體而言,這些都側重於對品牌重要性的強調,認為品牌就是一切 (Brand Is Everything)。

(二) 基於品牌訊息碎片化的現代品牌觀

在新的訊息環境與媒介環境下,我們對於品牌的理解,一方面延續了傳統的理論體系與操作流程,另一方面,也根據新的時代背景,進行了一定

的修正。現代的品牌觀所傳達的是，品牌可以是任何東西 (Brand Can Be Anything)。

以往的品牌觀，無論是將品牌理解為標識或產品，還是企業或員工，這都反映了對品牌理解的侷限性，認為品牌需要在有限的實體中尋求依託，並借助這些精心選擇的實體來傳遞訊息，實現價值。而現在，品牌作為一種構想，作為一種意念，在訊息環境中，它已經將自己解放出來。品牌的概念被擴展到無限大，任何一種可以依附的媒介，都可以承載品牌訊息，並發揮品牌效用。品牌訊息不斷碎片化，它們不是變得無跡可尋，而是真正變得無處不在。

以咖啡館為例，傳統的品牌觀會認為，咖啡館的品牌就是其名稱（咖啡館的名字）、產品（各種各樣的咖啡）、員工（咖啡館的店員），而現代的品牌觀則告訴我們，不要限制了品牌的存在範圍。咖啡館內部精緻的布局；讓人想上前交談的幽默客人；店裡惹人憐愛的寵物；主辦方發起的活動；網上流傳的咖啡館照片；一個知名人士對咖啡館的讚許；雜誌上呈現的美食攻略；等等。這些都可以是你的品牌。

從「品牌就是一切」到「一切都是品牌」，這是一個思考視角的轉變。前者旨在說明品牌對於企業生存與發展的重要性，後者則表明，這種重要性已經滲透到日常生活的方方面面，它幫助我們在訊息泛濫的環境中，實現與消費者的密切接觸，彰顯著自身的價值與不同，挖掘品牌與品牌使用者之間的關聯性，鞏固二者之間的關係，進而使這種對品牌的依賴回歸到對產品的依賴上。

五、從追求利潤最大化到注重人文關懷

從追求利潤到人文關懷，這中間反映的是企業與消費者之間關係的變化。早期的行銷觀強調企業與消費者各取所需，各得其所。而新的行銷觀關注企業與消費者的共同發展，以及在面對人類普遍性問題上一致的態度。這樣的轉變，將行銷由一種經濟性活動，延伸成為一種社會性活動。將社會與人的發展放到首位，經濟利益退居其次。

（一）基於利益至上的理性主義行銷觀

傳統環境下的行銷觀的關注點在於行銷活動中的「銷」，其核心是「物的行銷」。為了推銷產品，任何手段都可以被使用。可以看到，這是一種基於利益至上的理性主義行銷觀。最終目的，是實現利益的最大化。

在這樣一種行銷觀的指導下，消費者被當作誘導、說服的對象。他們是一群符號的組合，而行銷者要做的就是解讀符號，尋找產品要素與這些符號之間的最佳匹配方式。所謂建立與消費者的聯繫，進行有效的客戶關係管理，也只是從經濟的角度來看待消費者，通過投其所好，使他們成為自己利潤的源泉。

基於利益至上的理性主義行銷觀是生產與消費都不發達時期的產物。企業要想在激烈的競爭中生存下來，就必須用盡全力來實現商品的有效銷售，否則就很難在激烈的市場競爭中找尋到自己的位置。而消費者只不過是達成這一目的的一個構成環節，並非最終目的。他們身上只具備經濟屬性，這些屬性是他們的價值所在。他們身上的社會屬性被抹掉，人的價值與生存意義不被考慮在內，這並非企業不願意，而是源於企業有更重要的目標必須實現。

早期的這種行銷觀也在自身的系統中不斷調試，從以產品為中心到以消費者為中心的轉變過程中，企業一方面保證最終目標不變，一方面試圖去改善與消費者的關係。因為他們意識到，消費者才是他們能夠生存下來的根本。

（二）基於人文關懷回歸的新行銷觀

新環境下的行銷觀的關注點在於行銷活動中的「營」，其核心是「人的行銷」。從銷售到經營的轉變，體現出企業行銷本身更加注重長期的投資，而非短期內的曇花一現。而「人的行銷」則反映出，行銷者不再把顧客僅僅視為消費的人，而是把他們看作具有獨立思想、心靈和精神的完整的人類個體

首先，是重新審視消費者。像對待你的家人一樣對待他們，將你能給的最好的東西給他們，傾聽他們的訴說，替他們著想，並盡你所能幫助他們解

決問題。不要急於求成，你的付出會換來他們的回報，他們也會向你對待他們一樣對待你，理解你。

其次，是關愛自己的員工。他們是你大家庭中的一員，你的所有輝煌成就都離不開他們的支持。他們將你的想法付諸實踐，他們與你的顧客接洽，幫助你樹立形象，應對問題，讓你的路越走越順暢。

再次，是尊重你的競爭對手。因為他們的存在，你才能不斷向前。他們帶給你壓力，也為你創造了新的可能。他們讓你更加清楚地認識到自我，並有針對性地提升自我，從而讓你的每一個今天都比昨天更好。

最後，是熱愛你所處的世界。關心自然，保護環境，不傷害動物，讓所有的一切都和你一同和諧發展，而不是只顧自己，不管他人。你的一舉一動都將種下善果，而世界會因你而改變。

行銷中的人文關懷，既是一種理念，也是一種實踐。它對行銷者提出了更高的要求，而它也將帶來更高的回饋。

第三節 企業的新媒體行銷策略

所謂行銷策略，無非是在合適的時間、合適的地點，將合適的訊息，傳遞給合適的人，並促成合適的行為發生。這就決定了企業行銷活動的不可複製性。然而，這種特殊性的背後，仍然存在普遍的規律可以探尋。當企業制訂具體的行銷策略時，可以在普遍原則的基礎之上，進行創造性的發揮。

一、增加行銷活動中消費者參與

既然消費者的地位已經發生了空前的變化，企業的行銷活動自然要對消費者的角色，進行重新審視。讓消費者參與到行銷活動中來，這不僅是一句口號，更是一個精心策劃與逐步實施的過程。

（一）讓消費者直接參與到行銷活動中

讓消費者直接參與到行銷活動中，也就是透過他們的親身體驗，來實現企業的行銷目的。這樣做的原因在於，直接的消費者體驗能夠將消費者納入

行銷推廣活動中去，使他們經歷整個過程。這有利於他們更加真切地瞭解產品與服務，同時在參與的過程中形成認同，促成記憶。當消費情境出現時，產生積極的聯想，誘發購買行為。

新媒體的出現，不僅讓線上的行銷活動活躍起來，還促成了線上行銷與線下行銷的互動。而消費者的參與，將線上與線下打通，擴大了行銷的傳播效果。以微信為例，朋友圈的點贊換取禮品的活動風靡一時，這種活動不僅操作簡單，而且充分調動了用戶的人際關係網路來形成支持，在這個過程中能促成相同興趣的群體加入，至於那些不感興趣的人，也會出於朋友情義給予支持。而行銷者所要傳遞的內容能夠實現很好的人際擴散。與之相對的微博轉發抽獎活動，由於獎品內容豐富，有專門的抽獎運作機制防止暗箱操作，讓每個人都感到有機會中獎，即使沒有抽中也沒有多大損失。正是利用這種心態，微博抽獎行銷也賺足了大家的眼球。

更為有效的就是遍佈各大商場的 Apple Store，它將蘋果產品展現出來供進店的消費者親自試用，在這個過程中形成自身的使用體驗，無須他人過多宣傳，就能夠體會到蘋果獨特的魅力，這樣的直接參與對產品銷售促進起著重大的作用。

（二）增加消費者間接參與的機會

直接參與的關鍵在於「參與者的主體性」和「參與者的活動在場」，其面對的人群，則是企業行銷對象的一部分。間接參與則是將那些無法在場的人考慮在內，他們雖然不是活動的主角，卻也見證了活動的開展。

直播發布會的網路影片、圖文播報等資訊播報方式即使在世界另一端，也能夠及時跟隨發佈會現場的動態，並在網路上形成了熱烈的討論。可以看到，間接參與的行銷活動會比直接參與的人數範圍更廣，這種參與絲毫沒有減弱行銷的傳播效果，反而促成其效果的擴大化。不同的人借助網路平台聚集到一起，海量的用戶生產內容能夠迅速掀起一股熱潮，而這就是間接參與的魅力。

直接參與的消費者與企業共同形成表演的舞台，而間接參與的人群則是座無虛席的觀眾。目光的聚集點都落在了企業的行銷活動上，可以說，這樣的盛大表演能夠在所有參與者心裡留下十足的印象，其效果是傳統媒體行銷所不能匹敵的。

（三）強化對行銷活動的心理參與

直接參與、間接參與更多的是強調行為層面，心理參與則是把關注點放到了心理層面上，從消費者心理出發，來實現行銷活動的效果。

所謂「行銷活動的心理參與」，即對企業的行銷活動表示認可和贊同，由表面的認知層面到達態度、心理層面。心理參與的背後所強調的是行銷活動的價值導向。它反映了企業對自身的價值定位，以及對持有同樣價值觀的消費者的展現。

心理參與伴隨著積極的價值評價，它是行銷活動的最高點，因為這種價值觀的宣揚有助於促成消費者對品牌的忠誠。它讓消費者覺得企業的個性、企業的價值觀就是他們自己的個性、自己的價值觀，二者相互映照，代表著某一種相似的生活態度。當然，這種參與不會像其他參與形式那樣顯現出來，它是一個個人內化的過程，一旦形成肯定態度，就會伴隨今後的產品選擇。它能夠讓企業在競爭對手強勢進攻的情況下，在消費者心中仍佔有一席之地。

需要明白的是，這種心理參與不是企業的一次行銷活動就能形成的。它建立在企業的長期投入之上，反映了消費者與企業之間的密切聯繫。

（四）積極促成行銷活動的參與再傳播

參與再傳播，也就是我們經常提到的「正面口碑傳播」。自古就有「酒香不怕巷子深」，可見口碑存在的歷史遠遠早於互聯網。不過其傳播範圍有限，且不利於掌控。因此，雖然它存在已久，但是影響有限，企業對它只能是求而不得。由於互聯網的發展，口碑行銷重新進入人們的視野，並成為在新媒體環境下，企業行銷的一個有力手段。

從 Web 1.0 到 Web 2.0，媒介與受眾之間的界限變得越來越模糊，每個人都參與到訊息生產中。之所以能夠實現這種參與再傳播，是因為現在，每

個人都是一個媒體，每個人都有自己發聲的權利，每個人都能借助自身的影響力進行傳播擴散，那麼看似微不足道的力量，經過社交網路被無限放大，就可以產生非常好的行銷效果。參與再傳播的前提是，你的行銷活動具有足夠的魅力，能夠以特定群體的說話方式說話，展現出他們的性格與個性，人們願意參與到價值的創造與傳播中去，否則，只會是一個人在自編自演，甚至惡化成負面的口碑傳播。要知道，成功的行銷來源於打造能激發網民分享慾望的自主發佈 (Self-Publishing) 的網路內容。這可不是什麼騙人的鬼把戲，也不是去僱傭一家代理公司來「騷擾」民眾。你要做的，是掌握網路狂歡效應這一當今最有效的行銷方式。為了更好地說明這個問題，下面讓我們觀賞一場風靡全球的行銷盛宴———冰桶挑戰賽。

2014 年夏天，一場名為「冰桶挑戰賽」風靡全球的公益活動引發人們的熱烈討論。「冰桶挑戰賽」，全稱為「ALS 冰桶挑戰賽 (ALSIceBucketChallenge)」，該活動的目的在於呼籲人們關注「漸凍人」。這個活動規定，被邀請者要麼在 24 小時內接受挑戰，要麼就選擇捐出 100 美元作為「漸凍人」的公益資金。

而參加這個活動的人更是涉及社會各界，包括科技界微軟創始人比爾·蓋茲、微軟前 CEO 史蒂夫·鮑爾默、微軟現任 CEO 納德拉、Google 聯合創始人謝爾蓋·布林、Google 聯合創始人拉里·佩奇、亞馬遜 CEO 貝索斯、蘋果 CEO 蒂姆·庫克、Facebook 創始人 CEO 馬克·扎克伯格，體育界 NBA 球員勒布朗·詹姆斯、科比·布萊恩特、庫裡、足球運動員 C.羅納爾多、馬塞洛·維埃拉·達·席爾瓦、儒尼奧爾、內馬爾·達席爾瓦，還有演藝界的諸多藝人。這樣大的陣勢，一方面讓更多人漸凍人患者，另一方面也能一定程度上為這些患者募集資金。

雖然這並非一場行銷活動，但是這種參與的形式無疑代表了新媒體環境下的一種行銷精神與行銷方式，而活動的參與者，也在公眾心目中樹立了良好的形象。如今的行銷環境已經今非昔比。線上訊息的自由流通，線下物流網的延伸擴展，網上資金流的暢通完善，消費者地位的提升，媒介使用的遷移，等等。這些改變都在理論和實踐層面，讓企業的行銷必須進行重新修正。

如何處理與消費者的關係？如何讓自己的聲音不被訊息海洋淹沒？如何應對持續出現的危機？要想解決諸如此類的問題，我們需要找到一個新的視角。

二、將企業與產品訊息置於消費者可能到達的地方

將企業與產品訊息置於消費者可能到達的地方，這是在訊息超載的環境下，增加企業的曝光度，促進消費者深入瞭解的一個行之有效的策略。它所解決的是接觸管理中觀念接觸的問題，即使消費者的注意力被分散，企業的相關訊息也可以被消費者看到。

（一）讓官方網站成為權威訊息的發源地

某種程度上說，官方網站的作用就在於，它幫助企業獲得了一個可以掌控的話語平台。這對企業而言，具有十分重要的意義。

事實上，對於企業官方網站的形式，並不存在嚴格的限制。但從其基本構成來看，應該包括企業的基本概況（企業名稱、發展歷史、公司地址、聯繫方式等），延伸訊息（經營理念、企業文化、企業新聞、成果展示、工作機會等），產品介紹（文字說明、圖片展示、影片介紹、購買通路等），法律責任（隱私政策、使用條款、條件等），品牌社區（社區、論壇、部落格），服務（個人帳戶、查詢服務、在線諮詢、電話客服等）。

無論是產品發佈，還是公開聲明，官方網站應該成為首先發聲的地方。特別是現在，企業隨時都可能捲入新聞事件當中，因此，及時澄清訊息，避免謠言泛濫使企業處於被動地位，促進公眾對企業說法及態度的瞭解，這都是十分必要的。已經確立的企業信譽度和美譽度，會延伸至網上。而到了網上，同樣需要企業不斷地經營、維持。官方網站正是提供了這樣一個平台，在訊息混雜的世界裡，樹立自身的誠信形象，贏得消費者的認可。

同時，其作用不止於此。企業還可以將涉及產品相關的問題，以專欄的形式放在官方網站（或官方論壇）上，提供解釋說明與相應的解決措施。如常規問題以FAQ的形式呈現，提供故障檢測方法，以及問題解決途徑等。這可以讓消費者遇到問題時，直接登錄官方網站尋求解決。在這個過程中，會增加網站流量，增加消費者對企業、產品和品牌的瞭解。

（二）在企業社交網站培養粉絲群討論組

成功的企業明白如何培養自己的信徒，建立自己在他們心中的信仰。大眾文化中的粉絲現象可以給我們以啟示。

在傳統媒體中，企業有意識地透過黃金時段、關鍵位置的巨額廣告投放，來建立權威與信仰，或借助名人效應，來增添附加值。如今，社交網站的成熟普及，消費者的群聚，為企業提供了一個近乎免費的舞台，在這裡，企業可以培養自己的粉絲，形成自身的擁護者。

這種新的建立信仰的方式，其核心在於增強社群成員的黏性，而非傳統的企業主導參與。作為企業，其只需要保持社區成員的活躍度，發展壯大成員規模，在需要的時候，做出適當的調適即可。因為，社區成員才是參與互動的主體。在這裡，他們可以進行分享，也可以牢騷抱怨。所有與企業、品牌、產品相關的訊息都可以在這裡討論，同時，企業文化也潛移默化地在社區中顯現出來。

成員與成員之間，不僅有激烈的討論與經驗的分享，他們還能互幫互助，相互結識，並促成線上的社交行為。這就使得早期平台上簡單聚合的成員，在長期的互動過程中，發展成為一種具有認同感、依附感的群體。他們因產品、品牌走到了一起，而他們之間的個人行為，也在日積月累之中，為企業創造出無形的資產。他們與企業的關係日益緊密，而這種緊密關係，會帶來持續不斷的正面口碑。當企業陷入風波的時候，他們也會站出來，維護品牌形象，並尋找證據，幫助企業澄清事實。

（三）企業微博、微信拓展訊息通路

企業對微博、微信的使用，與其他社交網站的差異在於，這裡是需要企業直接參與，並成為主導。它需要專業的運營團隊來進行日常性的維護和週期性的訊息生產。

如果說，一般性的社交網站是從社區成員的角度來進行興趣的聚合，那麼微博和微信，則是直接從企業訊息傳播的角度，來進行訊息的生產與互動。

對微博、微信的重視，一方面是基於這兩種媒體傳播優越性的考慮；另一方面，是為了避免因在傳播通路中的缺席，導致企業訊息被淹沒。

將微博、微信與傳統媒體進行類比，微博就好像是一檔實時的電臺廣播，而微信更像是一份精緻的週刊或雜誌。可見，除開與用戶的溝通交流，微博本身更強調時效性。因為，這直接決定著微博用戶對企業微博的關注程度。在訊息處理上，對於跟企業自身相關的訊息，應當選擇合適的時機發佈；而對於外界其他訊息，微博的運營團隊也要能夠及時捕捉，學會建立聯繫，或者表明企業的立場。

至於微信，其訊息傳播主要是基於資訊訂閱和用戶內容分享。這就要求無論是在內容選擇、呈現形式，還是欄目設置、語言風格上，都要精益求精。同時，應該保證規律性的生產週期。間隔太短，會對運營人員造成壓力，降低內容的質量，同時影響閱讀率；間隔太長，或不規律，則無法培養用戶的閱讀習慣，同時，削弱了訊息傳播的影響力。

無論是微博還是微信，它們的目的都在於拓展訊息傳播通路，將訊息以深淺不一的方式，置於消費者可以到達的地方。

（四）線下付費媒體補充

新媒體天生就具有傳統媒體所無法企及的優越性。它們憑藉豐富的內容、多樣的形式、廣泛的覆蓋、低廉的價格，無疑為企業的行銷活動開闢了一個新的世界，並不斷帶來新的可能性，其優勢顯而易見。雖然傳統媒體的生存空間在不斷地被新媒體蠶食，然而，不可否認的是，傳統媒體依舊是媒介系統中的一個重要組成部分。它們還是擁有一批穩定的受眾群體，並占據著一定的市場範圍。因此，對於企業的訊息傳播而言，傳統付費媒體的作用不容忽視。

然而，與以往不同的是，如今對傳統媒體的使用，不再是將其視為主要的訊息傳播通路。從某種程度上說，我們的傳統媒體投放，更多的是為了獲得一種訊息覆蓋上的補充。新媒體和傳統媒體在訊息接收群體、訊息傳播情境、訊息呈現方式、訊息內容特點上均存在著差異，為了實現企業有效的訊

息傳遞以及消費者完整的訊息獲取,企業在制訂訊息傳播策略的過程中就需要綜合考慮,進行適當的傳統媒體投放。

這種投放應該符合媒介組合的原則,根據其所要實現的目標,進行週期性的刊播。一方面,是為了彌補新媒體覆蓋面上的不足,另一方面,是為了對所要傳播的訊息進行強化。

三、在深度溝通中解決問題與化解危機

公共關係問題從來沒有像今天這樣引人注意。傳統的危機應對,總體而言有著固定的程式,危機本身對企業的傷害也相對有限。而在今天,危機已經直接關乎企業的生死存亡。伴隨著危機的頻繁發生,如何解決問題、化解危機,如何與消費者進行深度溝通,爭得消費者的諒解,這些問題都被賦予了新的內涵。

(一)重視每一個與自身相關的問題

重視每一個與自身相關的問題,這是在新媒體環境中與消費者進行深度溝通的一個最基本的要求。這是因為,在很大程度上,一個人的問題背後,所反映的是一群人的問題。以往我們會認為,沒有意見就是最好。但要知道,能夠做到十全十美的畢竟是少數,甚至根本就不存在十全十美,只不過是問題尚未被發現。從這個角度來看,有人指出問題,雖然會讓你陷入麻煩,但也並非壞事。問題的及時提出,可以幫助企業做出改善,避免更為嚴重的事故發生。借此機會,也可以樹立形象,表明態度。

換個角度,從媒體表達上看,消費者現在擁有了自己的發聲通路。在訊息不對稱的環境下,企業的故意忽略也許還行之有效,但倘若放到今天,可以說是在掩耳盜鈴。消費者的不滿經由社交媒體發出,可能會被層層放大,最終將企業逼到無路可退,甚至不得不花大力氣來進行危機公關,從而平息憤怒,挽回信譽。與其置之不理,坐等事態發展到最惡劣的時候再去補救,不如從一開始,就主動採取行動,及時發現問題,並尋求解決方式,為企業樹立一個真誠、負責的形象。

當我們把與自己相關的問題都解決好了，即使不去大肆宣傳，在這個口碑傳播興盛的年代，也能獲得消費者的認可。因為消費者知道，與他們密切相連的，是一個專心實幹的企業，而這樣的企業是值得信賴的。

(二) 典型問題以 FAQ 的形式呈現

從被動的訊息接受者和產品購買者到主動的訊息搜尋者和產品挑選者，消費者的權利與地位被空前地提高。面對問題，他們會首先選擇自己去尋求答案，而企業，需要讓這些問題的答案，可以被消費者找到。

我們經常可以發現，許多所謂的與企業產品相關的問題，事實上是源於消費者本身。消費者對產品使用不當、操作不當，或者沒有注意到產品使用過程中的禁忌事項都將導致不愉快的消費體驗，而這事實上並非企業產品存在問題。

如果面對這些問題。企業還需要一個一個去解釋、去說明，那麼會造成人力資源與財務資源的重大浪費。但是，這些問題又著實需要我們去解決。因此，把典型問題羅列出來，指明解決方式便成了一條可以遵循的路徑。

透過將與產品相關的問題及解決方式以 FAQ(Frequent Ask Question) 的形式展現出來，當消費者遇到相應問題的時候，可以直接找到最佳解決方案。這可以減少企業的服務成本，消除消費者的負面情緒。

(三) 真誠化解危機與在危機中重建美譽度

在高風險時代，危機已成為常態。我們現在所面臨的問題不是如何避免犯錯，而是如何形成完善的危機應對機制：在危機發生前建立一套規範的預警系統；在危機發生時主動迎接，積極化解；在危機發生後重建美譽度，完善自身形象。貫穿著整個危機應對過程的一個詞就是「真誠」。

所謂真誠，不僅僅表現在態度層面，更多的是要將真誠付諸行動。原則性的問題在現在仍應該儘量避免發生。即便公眾能秉持寬容之心，一旦觸及底線，也很難獲得諒解。

危機從爆發到擴散，從高潮到衰退，具有一個明顯的週期性。時間越早，越有利於問題的解決。在危機大規模擴散前及時做出回應，讓公眾聽到官方的聲音。一方面是提供權威的說法，表現出企業積極應對的態度，另一方面，可以有效防止由於訊息通路閉塞，溝通不及時所導致的謠言擴散。同時，面對公眾，應施以人文主義關懷，幫助捲入危機的人群妥善解決問題，予以承諾，而非消極推諉，視而不見。最終的目的，是在解決問題的基礎上，維護信譽，修復形象，重獲公眾的認可。

【知識回顧】

　　在本章裡主要講述了新的媒介環境對企業行銷的影響。從傳統行銷到新媒體行銷，企業行銷環境發生了重大的變化：線上訊息流的自由流動，線下物流網的延伸擴展，網上資金流不斷暢通完善，消費者地位日益提升，同時，媒介使用者發生了遷移。新媒體環境下，企業行銷面臨諸多的機遇與挑戰。從機遇來看，交互傳播帶來深度溝通的可能，我們更準確地把握消費者需求動態，同時，行銷活動被量化，社群中的品牌擁護者幫助企業解決麻煩，這些都意味著企業以最小成本換來最大效益。而挑戰依舊嚴峻，海量訊息導致人們注意力分散，高風險時代導致企業隨時面臨危機，競爭擴大化，從單個行業競爭發展到跨界競爭。而消費者群集形成新的消費抵制，企業需要溝通訊息，不得不更加重視行銷傳播整合能力的提高。

　　新的媒體環境，帶來企業行銷觀念嬗變。行銷經歷了從數據收錄到大數據挖掘；從培養消費者到建立用戶社群；從企業的單個創意到消費者的集體創造；從品牌就是一切到一切都是品牌；從追求利潤最大化到注重人文關懷。企業的新媒體行銷策略需要進一步增加行銷活動中消費者參與；將企業與產品訊息置於消費者可能到達的地方；在深度溝通中解決問題與化解危機。

【思考題】

1. 企業的新媒體行銷有什麼樣的機遇和挑戰？
2. 新媒體行銷與傳統媒體行銷的差異性體現在哪裡？

3. 在新媒體環境下，企業應當如何應對公共危機？

第十五章 新媒體倫理與用戶媒介素養

【知識目標】

☆瞭解媒介倫理與媒介素養。

☆瞭解新媒體環境下的媒介倫理與媒介素養的特徵。

【能力目標】

1. 瞭解當前媒介倫理失範現象及應對措施。

2. 瞭解媒介素養教育的現狀及重要性。

3. 培養自覺提升新媒體素養的意識。

第一節 新媒體環境下的媒介倫理

媒介倫理這一概念從產生起就處在不斷地流變之中。而新媒體倫理則是媒介倫理發展到新媒體時代的產物。相對於傳統媒體時代的媒介倫理，新媒體倫理所要面對的問題在本質上仍然是一致的，只是這些問題在新媒體環境下具有新的表現形式，包括訊息汙染、網路侵權以及網路導致的人格異化問題等。要構建新媒體環境下的媒介倫理，應從多個方面進行努力，包括健全立法、加強執法、行業自律、社會監督、加強對新媒體從業人員和使用者的道德教育以及採取必要的技術手段等。

一、新媒體倫理及其發展歷程

新媒體倫理實質仍是媒介倫理，是媒介倫理在新媒體環境下的一種表現。因此，新媒體倫理就是各類主體 (包括媒介從業人員、媒介組織以及公眾等) 在參與新媒體活動時，為了獲得一種有價值的行為方式而進行倫理抉擇的一系列準則。相對於傳統媒體倫理，新媒體倫理要解決的問題更為複雜，其本身也會隨著媒體傳播環境的變化而不斷調整併增添新的內容。

（一）從媒介倫理到新媒體倫理

對新媒體倫理的研究是基於媒介倫理的，事實上新媒體倫理也是媒介倫理中的一部分。因此，要探討新媒體倫理必須得從媒介倫理開始。

1. 媒介倫理及其發展

媒介倫理的研究最早興起於美國。早期的研究基本上是將媒介倫理學等同於新聞倫理學，也就是將媒介倫理侷限於新聞行業內，指的是新聞工作者的職業道德。而當前對於媒介倫理的研究普遍認為媒介倫理涉及新聞、廣播電視、出版編輯、廣告等多個領域，不僅包括媒介從業人員的職業道德，還包括媒介組織的倫理道德甚至公眾的倫理道德。媒介倫理要解決的問題就是媒介從業人員、媒介組織以及公眾如何進行倫理抉擇的問題。與社會倫理道德一樣，媒介倫理也不是抽象的、固定不變的，而是具體的、歷史的，在不同的時間和空間裡存在著不同的道德規範；由於它所涉及的領域和主體總處在不斷地發展之中，因而迄今為止仍然沒有一個關於媒介倫理的一致界定。

美國新聞學學者克利福德·G.克里斯蒂安認為，新聞倫理學在美國的研究可以分為三個重要時期。第一個時期是19世紀90年代的發端期，此時新聞學教學剛剛進入大學，為了提高新聞事業本身的專業性和社會認可度，出現了一些關於新聞的倫理討論，並制定了一些倫理規約，然而只是淺嘗輒止；第二個時期是20世紀20年代到30年代的學術繁榮期，受到科學自然主義的影響，客觀性幾乎成為新聞報導的同義詞；第三個時期是20世紀80年代至今，實用哲學興起，大眾傳播倫理學得到了較大的發展。中國對於媒介倫理的研究主要集中在第三時期。20世紀90年代之後，對於媒介倫理的研究進入快速發展的階段，特別是伴隨著新媒體的興起，「風險社會」的到來，媒介倫理問題成為研究的熱點。

2. 媒介倫理的研究現狀

對於媒介倫理的研究，已經具有了較為深厚的學術積累。並且確立了媒介倫理研究中的基本原則，包括亞里士多德的中庸之道、康德的絕對命令、密爾等人的功利主義原則、羅爾斯的正義論以及金泰爾等人的社群主義理論。

亞里士多德的中庸之道：亞里士多德認為「良善的生活」是人類最高的善，這引導他提出行為的道德基礎是人和人的行為，而不是特殊的規則。因此，他認為美德存在於兩個極端之間，如怯懦和蠻勇之間。而對於每一個個體而言，勇敢就存在於怯懦和蠻勇之間的一個點上，而這個點的位置則是因人而異的。它要求媒介從業者在「過」和「不及」之間尋找平衡點，是對媒介平衡公正原則的反應。

康德的絕對命令：康德認為一個人所做的選擇能夠成為普遍規律，並且博愛和仁慈應當是行為的目的，而不應當僅僅是手段，這兩個準則就是絕對命令。根據康德的思想，檢驗一個行為要看它是否具有普遍的適用性。因此，媒介從業人員不能要求特權，並且絕對命令會在媒介倫理的各行為主體面臨倫理抉擇的時候，提醒他們什麼是應該放棄的。

密爾等人的功利主義原則：該原則認為行為的結果是決定行為是否道德的重要因素。它的一個總原則是增進整個社會和每個人的利益總量，然而在各個利益相關方之間進行取捨卻非易事。許多哲學家認為，功利主義原則對善的計算使其從根本上就帶有一種錯誤的傾向，並且容易使人關注短期利益。

羅爾斯的正義論：正義論中對媒介倫理最具影響的是「無知之幕」假設，它要求人們擺脫當下的各種感覺和知識，在社會現實面前拉上一道大幕，使人們純粹從零點開始思考正義的原則。這為媒介從業者的職業價值觀的確立打開了一個新的視角。

金泰爾等人的社群主義理論：社群主義認為，人們彼此之間都有某些無法逃避的權利要求，除非以人性為代價，否則不能拒絕這些要求。它主張社會公正是占主導地位的道德價值觀，在討論與媒介的社會角色，以及互聯網這個重大的社區有關的倫理問題時社群主義是很有幫助的。

在長期對於媒介倫理的研究中形成了一些主要的研究議題，包括新聞自由與社會責任的爭論、圖片和影片新聞中的倫理問題、廣告倫理、媒介傳播中的隱私問題、娛樂化問題等。公共關係與媒介也被納入媒介倫理研究的範疇內，因為西方學者普遍認為公共關係是一種特殊的傳播活動。另外，媒介與經濟、政治、文化等現實問題同樣被納入媒介倫理研究的範圍之內，如媒

介經營中涉及的倫理問題、戰爭中的媒介傳播行為、媒介傳播中的種族歧視和媒介全球化等問題。

3. 新媒體傳播環境的變化

美國學者菲利普·帕特森和李·威爾金斯在其著作《媒介倫理學：問題與案例》中提出了這樣的觀點：

學院派哲學家有時會爭論，隨時間出現的真的是什麼新倫理問題，還是只是老問題在重複出現。應用倫理學者對此問題有一個臨時性的答案。核心的倫理問題可能一直保持一致，但是它在現實世界的表現和道德上的相關事實往往要求原創性的思考。

因此，根據菲利普·帕特森和李·威爾金斯的觀點，在新媒體環境下並沒有產生新的倫理問題，而是舊的倫理問題有了新的表現形式。產生這種現象的根本原因在於網路社會與現實社會的關係：網路社會脫胎於現實社會，又存在和發展於現實社會之中。也就是說，網路社會是現實社會的一個部分，但這並不是說兩者是等同的，網路社會相對於現實社會具有自身的獨特之處。人的社會關係的形成和發展是道德產生的客觀前提和直接基礎。因此，一切的道德倫理都是以社會關係為前提的。新媒體倫理相對於傳統媒體倫理之所以會表現出自身的特殊性，根本原因就在於在新媒體環境下人的社會關係發生了改變。因此，媒介倫理問題在新媒體環境下便出現了新的表現形式。

（二）新媒體倫理內涵及特徵

要搞清楚什麼是新媒體倫理就必須先搞清楚什麼是媒介倫理。實際上，媒介倫理要做的就是讓媒介從業人員、媒介組織以及公眾等學會在「善」與「惡」或者正義與非正義之間做出理性的抉擇，或者在若干個合乎道德的正義行為中進行抉擇，從而選擇最有價值的行為方式。如果說媒介倫理要解決的問題在於各類主體（包括媒介從業人員、媒介組織以及公眾等）在參與媒介活動時如何進行倫理抉擇，那麼，新媒體倫理就是各類主體（包括媒介從業人員、媒介組織以及公眾等）在參與新媒體活動時，為獲得一種有價值的行為方式而進行倫理抉擇的一系列準則。

相對於傳統媒體，新媒體倫理形成的根本原因在於網路社會中的人際關係與現實社會有所區別。網路社會作為人類的虛擬生活空間具有全球一體化、時空壓縮性以及虛擬性等特徵。在此基礎上，網路傳播因此具有交互性、多媒體性、訊息海量性、開放性、匿名性等特點。網路傳播的便利和極強的交互性使得網路人際交往對現實人際交往具有一定的替代作用，這可能會導致情感冷漠的問題；多媒體性使得使用網路的體驗不斷優化，又可能導致沉迷的危險；訊息海量性使得人們深受訊息過載的困擾；開放性加劇了訊息安全的隱患；而匿名性則更易激發使用者對於網路活動的一種不負責任的態度。再則，多種因素的聯合作用又容易導致諸如網癮、網路暴力等問題。因此，倫理問題在新媒體環境下可能被放大或加劇了，並與其他倫理問題交織在一起，使得新媒體倫理面對的現實更為複雜，要解決的問題更為多樣。

另外，新媒體技術一直處於快速發展中，相應地，其傳播環境也在不斷地發展演變。伴隨著越來越強的交互性和對訊息篩選過濾能力的增強、網路實名制的實施等，新的媒體倫理問題不斷顯露出來，這就要求它不斷地調整自身，增添新的內容，以適應現實狀況的變化。

二、新媒體環境下的傳播倫理問題

我們在上文中已經提到新媒體與傳統媒體倫理的核心問題是一致的，只是許多問題在新媒體環境下呈現出新的表現形式。儘管許多舊的媒介倫理問題在新媒體時代依然存在，但我們在這裡著重探討的是新媒體環境下新生的具體倫理問題。又由於網路媒體是新媒體的主要表現形式，所以在此討論的傳播倫理問題多以網路媒體為主。目前，對於新媒體倫理問題關注較多的，包括訊息汙染、網路侵權以及網路導致的人格異化問題等。

（一）訊息汙染

學者邵培仁認為，訊息汙染是指媒介訊息中混入了有害性、欺騙性、誤導性訊息元素，或者媒介訊息中含有的有毒、有害的訊息元素超過傳播標準或者道德底線，對傳播生態、訊息資源以及人類身心健康造成破壞、損害或者其他不良影響。蘇潔在《新媒體使用中的失德現象及對策研究》中提出，

可以將訊息汙染分為有用訊息汙染、無用訊息汙染以及有害訊息汙染三類。有用訊息汙染是指有用的訊息由於存放不當而沒有發揮應有的價值；無用訊息汙染是指無用訊息存放在新媒體中形成訊息梗阻；有害訊息汙染則是指色情、虛假等會對社會秩序、人倫綱常以及公眾心理健康有害的訊息。根據以上解釋，訊息汙染的具體形式十分多樣，包括網路色情訊息、網路虛假訊息、訊息超載等問題。

網路色情訊息是訊息汙染最為突出的表現之一。網路上充斥的色情訊息對於廣大青少年的心理健康極為不利，並且容易誘發社會上的性犯罪問題。同樣，網路中日益泛濫的暴力、消極、墮落的訊息與色情訊息一樣，都是與社會主流的道德倫理觀念相違背的，並且不斷地消解著主流道德倫理觀念。

網路虛假訊息也是泛濫於新媒體的又一訊息汙染問題。一方面，虛假訊息可能是別有用心的人特別製造用於詐騙、誹謗、傳謠等不良目的；另一方面，由於在新媒體環境下人人都成為傳播者，因此訊息生產者的水準參差不齊，知識或經驗的錯誤、訊息的模糊、訊息質量過低等都會造成虛假訊息。

訊息超載的根本原因在於，新媒體環境下訊息具有海量性的特點。普通公眾成為訊息的生產者和上傳者。另外，人類可以透過傳感器、特定的軟體程式，使得自身收集數據的能力大大提升。目前，人類擁有的數據存儲量呈指數級增長，已經進入大數據時代。於是，如何在龐大的訊息海洋中迅速獲取自己想要的訊息就成了首要的問題。事實上，人們在面對訊息海洋時往往感到無所適從。訊息質量過低、檢索工具的侷限使得人們使用訊息的成本大大增加，效率也相對降低了。

（二）網路侵權

網路侵權行為主要表現為對知識產權與人格權的侵犯。知識產權是指智力創造成果的擁有者依法享有對其成果的專有權利。傳統的知識產權主要包括工業知識產權和著作權，而網路知識產權是在互聯網環境下發生的知識產權。雖然網路知識產權仍涵蓋了傳統的知識產權，但加入了許多具有互聯網特徵的知識產權問題，包括電腦軟體、網路域名、數位化作品等的知識產權問題。由於新媒體本身的開放性，使得網路知識產權的侵權行為極易發生。

目前，網路知識產權保護不力已經嚴重地阻礙了基於網路的知識生產和發表活動，對於文化事業的發展也是極為不利的。

網路知識產權的侵權行為的具體表現有：軟體盜版；未經產權所有者的許可在網路上下載、轉載或發佈其作品；冒用、竊用網路商標；未經許可使用他人專利號；商業入口網站不規範轉發媒體內容並不註明新聞來源；等等。

人格權是指民事主體所固有的、以維護主體的獨立人格所必備的生命健康、人格尊嚴、人身自由以及姓名、肖像、名譽、隱私等各項權利。人格權主要包括生命健康權、姓名權、肖像權、名譽權、隱私權、婚姻自主權等。網路侵權行為對人格權的侵犯主要體現在對姓名權、肖像權、名譽權和隱私權的侵犯。侵犯姓名和肖像權主要是指未經所有者的許可便使用其姓名或者肖像的行為。這種侵權行為主要是利用所有者的影響力謀取某些商業利益。新媒體環境下對於名譽權的侵犯主要體現在惡意造謠誹謗，並透過網路通路散播謠言等行為上。對於隱私權的侵犯體現在未經訊息權益人的授權就非法蒐集、刺探和公開訊息權益人的私人訊息。近年來，頻發的人肉搜尋行為就是典型的侵犯名譽權和隱私權的例子。另外，對隱私權的侵犯還表現為軟硬體設備的製造商、網路服務提供商甚至是政府在公眾不知情或未得到公共許可的情況下蒐集公眾訊息，用於商業或其他目的。

（三）網路導致的人格異化問題

現代人對於新媒體或者網路的依賴愈來愈重，如果一個人出門忘帶手機那麼必須回去取，否則一天的活動都無法正常開展，並且總是覺得內心不安。這種過度的依賴使得人格異化問題得以產生。異化的一個基本特點就是反客為主和工具性壓倒了目的性，物反過來成為奴役人、控制人的力量，原來的主體卻成為被動的受制於物的存在。其中最為典型的就是網路成癮以及過度使用導致的情感冷漠和迷失。

「網癮」即「互聯網成癮症候群」，簡稱為 IAD(Internet Addiction Disorder)。它主要是指人們（以青少年為主）由於長時間地沉溺於網路之中，而對網路形成了極為頑固的心理依賴和難以割捨的情感，以至於生活在虛擬世界中不能自拔的一種心理和行為狀態。網癮症多出現於青少年，對其

身心成長極為不利。青少年網癮症引發的悲劇在當今社會上更是屢見不鮮。青少年一旦形成了網癮，首先受影響的就是他們的學業，導致其學習成績急遽下滑。並且，由於其過度迷戀於虛擬世界，往往會對現實生活失去興趣，不願意正視現實生活，傾向於採取逃避的態度。網路遊戲往往具有非常強烈的觀感刺激，其遊戲設置也常常違背現實生活的倫理道德，青少年沉溺於此容易形成扭曲的世界觀，將虛擬世界的想法或行為移植到現實生活中。另外，青少年網癮症還引發了大量的家庭問題。導致青少年形成網癮的原因是多方面的，如青少年本身強烈的好奇心，有限的認知能力，錯誤的家庭教育理念，等等。從新媒體倫理的角度去看這個問題，可以發現有很多方面值得改進，如網路遊戲的分級制度、對青少年上網行為的引導、對網路不良訊息的過濾等。

　　人是社會關係的產物，離開了這些社會關係將無法把握人的本質。每個人都需要和其他人交流互動，不僅為了獲得訊息更為了獲得情感上的支持。新媒體環境下的人機互動，或者由網路媒體提供輔助的人人互動，都不可能替代現實中的人際互動。新媒體環境下的人機互動具有虛幻性，也就是說交往的對象實際上是不存在的。網路上的人際互動，交往的雙方都具有隱匿性，因此經常出現網路詐騙、網路暴力以及錯位的網戀等問題。另外，過度依賴網路維持社會交往，往往會導致現實社會交往不足的情況發生。一方面，透過網路與千里之外的朋友聯繫卻忽視與現實中身邊的人進行互動；另一方面，一些人試圖透過網路來擴張自己的社會關係。現實證明，網路上建立或維持的社會關係並不會延伸至現實中，反而造成嚴重的時間上的、精力上的負擔。過度依賴網路社交往往容易導致情感上的冷漠，加重人的孤獨感。同時，眾多的社交媒體將人的時間嚴重地碎片化，過多的訊息往往讓人不知如何取捨，從而造成一種迷失感。

三、新媒體環境下的傳播倫理建構

　　建構新媒體傳播倫理應該在公平正義、權利義務、互惠互利、相互尊重、自律他律、節制無害的原則下進行。建構新媒體傳播倫理是一個系統的工程，

必須從多個方面進行努力，包括健全立法、加強執法、行業自律、社會監督、加強對新媒體從業人員和使用者的道德教育以及採取必要的技術手段等。

（一）透過法律手段建構新媒體倫理

　　管理公共事務主要有兩種基本路徑，分別是法治和德治。康德曾提出世界上的兩種義務，其一是嚴格義務，這是比較消極的，如不能偷盜、欺騙等；另一種是善意義務，這是比較積極的，如幫助他人、與人為善、樂於奉獻等。從某種意義上講，法律屬於嚴格義務，也是社會倫理的最後一道底線。同時，法律也是具有約束力和強制力的社會規範。網路社會是現實社會的延伸，是人類社會的有機組成部分，因此也必須受到法律的約束。網路中也存在著大量的犯罪活動，如網路詐騙、網路造謠、透過網路傳播不良訊息等，這些行為也必須透過法律來進行規範和治理。

　　從立法的角度來看，美國在網路立法方面起步較早，成為許多後來國家立法的參照。《訊息自由法》《訊息自由法修正案》《電子訊息自由法》以及《開放政府法》等賦予了美國公眾從網上獲得訊息的權利，並且規定了美國政府為公眾開放訊息的義務。在網路隱私保護方面，1974 年透過了《隱私法案》，1986 年透過了《電子通訊隱私法案》，此後又相繼透過了《電子交流隱私法》《電腦查對和隱私保護法》和《聯邦訊息安全管理法》。1998 年，美國還透過了《網上兒童隱私權保護法》，對兒童在網路上的隱私權和電子通訊方面的隱私權進行了有力的保護。這些立法在維護網路隱私安全方面都造成了重要作用。2000 年的《數據質量法》用以保證聯邦政府所發佈訊息及統計數據的質量、客觀性、實用性以及完整性。在防止網路詐騙方面，美國製定了《反電腦詐騙和濫用條例》。另外，如加拿大製定了《個人保護與電子文檔法》《網路加密法》《保護消費者在電子活動中權益的規定》；日本製定了《個人訊息保護法》；英國也制定了《反電腦濫用法》。

　　董潔在《網路倫理失範與價值建構》中提出，網路立法要遵循三個原則：

　　第一是繼承性原則，即關於虛擬世界的立法要與現實世界的立法一脈相承；

第二是尊重性原則，即在立法過程中考慮到網路本身的特點；

第三是前瞻性原則，即制定網路法規的時候要考慮到網路本身發展變化的速度極快，立法應該反映網路本身發展的特點、趨勢和規律。

再健全的法律也需要切實的執行才能發揮它的效用，因此，在健全立法的同時還需要加強執法。加強執法首先需要一支專業的網路執法單位，有計劃地、常規性地進行執法活動，而不是等到網路犯罪活動造成較大傷害時才做出反應。這樣才能夠在網路犯罪活動進行的初期就進行制止和懲戒。並且，常態化的網路安全維護有利於維持良好的網路環境。加強執法的一個重要方面就是要加強執法的力度和懲治的力度。由於網路的匿名性和開放性使得違法犯罪活動更容易滋生，形式也更為變化多端，加強執法力度和懲治力度將對其產生有力的威懾作用。另外，由於網路犯罪活動往往涉及多個領域，在執法過程中也需要多個部門配合行動。因此，建立一個長期的協調機制就顯得十分必要了。

（二）行業自律

政府監管、行業自律、社會監督是進行社會公共事務管理的三種主要的具體手段。行業自律就是指新媒體行業透過對自身內部的管理和規範，以及其他同行輿論評價的力量對從業的個人或組織形成監督。

要進行新媒體行業自律首先需要建立新媒體自律組織，主要就是新媒體行業協會或新媒體仲裁評議組織。這些行業組織對行業進行管理可以發揮較高的專業水準，避免了外行管理的尷尬。另外，這些行業組織的存在可以有效地調節行業競爭，促進公平競爭，在相互監督中形成良好的市場氛圍，促進行業的良性發展。行業組織透過要求行業成員和新進入行業者遵守行業規範，在運營時接受同行監督，在必要的時候執行對行業成員的獎懲措施來履行自己的職責。除此以外，進行新媒體行業自律還需要受道德規範約束和制定新媒體行業的規章制度。道德規範和規章制度應該強調新媒體的社會責任，將其作為最高的道德追求，同時也應該制定明確的獎懲辦法，並保證其實施。另外，進行新媒體行業自律還需要建立新媒體行業的自我評價機制。這包括開展媒介批評與監督如開發專門的新媒體產品用以進行媒介批評或提供監督

平台，以及建立新媒體新聞評議制度。新媒體新聞評議制度即建立民間自願性的新聞行業道德評議組織，出版新聞職業道德評議刊物，開展日常性的新聞倫理道德評議活動，以及制定相應的新聞職業道德規範等。

新媒體行業進行自律其實是其倫理自覺的一種體現。有效的行業自律能夠提高新媒體的公信力和社會形象，並且能夠在行業內部形成一種良好的道德氛圍，從而有利於新媒體行業的發展。

（三）社會監督

政府監管和行業自律的力量是有限的，社會監督的力量是無限的。新媒體時代傳者和受者的關係發生了改變，傳統的訊息接收方現在也成為訊息的生產者和發佈者。可以說新媒體重新賦予了眾多網民話語權。在這種前提下，對新媒體進行社會監督的可行性便大大提高了。就目前來看，在新媒體時代社會監督在反腐以及其他社會重大公共事件上都表現出了明顯的積極效應，但直接針對新媒體本身的監督仍然比較少。已有的新媒體社會監督案例都是由網民自行發起的，因此一個事件能否受到社會監督具有一定的偶然性。同時，新媒體環境下的社會監督還具有一定的非理性特徵，容易演化為網路謠言或網路暴力行為。所以，要形成良好的新媒體社會監督體系首先要提高網民的倫理道德水準以及媒介素養。另外，新媒體本身應該自動自覺地接受社會監督，為社會監督提供便利的監督途徑，並且對社會監督的結果做出積極的回應。

（四）加強德育

德育即道德教育。在建構新媒體倫理時應該重點對兩個群體加強道德教育，一是新媒體從業人員，另一個是新媒體的使用者。道德是倫理的載體和形式，道德將倫理的要求內化為規範和德性。因此，要建構新媒體倫理就必須先進行道德建設。

新媒體從業人員的道德水準直接決定著能否成功建構良好的新媒體倫理。新媒體從業人員首先應該提高自己的專業水準，熟悉新媒體的傳播環境與傳播特徵。比如，新媒體從業人員應該提高自身對於網路訊息的甄別能力，

新媒體概論
第十五章 新媒體倫理與用戶媒介素養

許多新媒體從業人員對從網路上獲得的消息不加以甄別，在沒有弄清楚消息源的情況下就盲聽盲從，製造了許多報導虛假新聞的鬧劇。因此，新媒體從業人員良好的專業素質是建構良好的新媒體傳播環境的前提。在社會主義市場經濟不斷發展的今天，媒介的市場化運作使得很多傳媒工作者的思想觀念也發生了變化。許多媒體由黨政的喉舌變為了追求利潤和效益的市場主體，這必然會影響到媒體從業人員的價值觀念和職業道德，新媒體更是如此。如今，加強新媒體從業人員的道德教育關鍵在於加強其社會責任意識的教育。新媒體從業人員也應該清楚地認識到新媒體和傳統媒體一樣是引導輿論、影響社會的重要力量，只有自身先樹立起強烈的社會責任意識，新媒體才能夠承擔得起應有的社會責任。

當前，媒介倫理研究正在進入一個快速的發展階段。目前的趨勢是媒介倫理研究的關注點正在從媒介組織和媒介從業人員轉移到媒介受眾。受眾倫理的研究之所以越來越多，根本上是由於新媒體使得傳統的受眾獲得了訊息的傳播權，這使得原有的訊息傳播權分散化，引發了權力的轉移，這也是一個社會權力或公共權力的放開與擴大的過程。在這種前提下，新媒體的用戶一方面在生產和傳播著媒介內容，另一方面用戶的媒介使用行為也會對媒介組織和從業人員產生極大的影響。新媒體的使用者有較高的參與公共事務的熱情，但是落實公共意志的通路卻相對匱乏，導致了社會矛盾的排解通路不暢，因此便出現了網路謠言、網路水軍、網路暴力等新媒體環境下的傳播亂象。所以，在新媒體環境下建構受眾倫理就成為建構新媒體倫理的一個重要部分。陳汝東認為「傳播倫理可以概括為兩個方面：訊息傳播的道德和訊息解析的道德，或傳播倫理和受眾倫理。受眾倫理是訊息接收主體自身的道德因素及其在傳播過程中被賦予的道德權利和應承擔的道義責任」。在這個意義上，新媒體環境下的受眾既應該接受傳播倫理的規範，也應該接受受眾倫理的規範。

在建構新媒體受眾倫理的過程中，一方面是要從整體上提高網民的道德水準，樹立其正確的價值觀，建立主流的網路文化，另一方面就是要提高網民的媒介素養。在具體的實施方面，頒布網路使用公約或規範，建立網民自

治組織，加強學校教育特別是針對青年的媒介素養教育，普及社會媒介素養教育等都是行之有效的方法。

（五）技術手段

建構新媒體倫理在某些時候需要採取一些必要的技術手段。然而，任何的技術手段都具有「雙刃劍」效應，會產生一些積極的影響，也可能會帶來負面效應。因此，可以說採取必要的技術手段是一種權宜之計。

網路實名制就是必要的技術手段之一。採用網路實名制可以有效地減少由於網路匿名性導致的道德鬆懈問題。由於身分的公開網民會對自己所發表的言論和傳播的訊息採取一個更為謹慎和負責任的態度，從而可以有效地抑制網路謠言、網路語言暴力等現象的發生。但另一方面，雖然網路傳播也是現實傳播的一個部分，應該遵守同樣的倫理規範，但是畢竟傳播環境有所不同。現實中人們的確是在進行實名制的傳播活動，但其傳播力遠不及網路傳播。因為網路傳播是沒有時空限制的。同樣，線下傳播時可能不為人所注意，但如果經由網路傳播則可能會引起軒然大波。因此，在網路上採取實名制雖然會使網民採取一種比現實中更為謹慎的態度，但這與網路作為社會「宣洩口」的功能是相矛盾的。並且，實名制的實施可能會引發更為嚴重的網路隱私問題。

必要的網路過濾和審查也是目前正在實施的技術手段之一。網路過濾軟體的功能很多，如過濾不良網站、攔截木馬、廣告和色情內容，以及清除網路痕跡等，網路防火牆還可以阻止未授權的網路訪問。網路審查主要是對網路上的言論和網路傳播的內容進行審查，透過設置敏感詞等方式，對不符合規範的內容進行舉報、封鎖或刪除。網路過濾和網路審查是非常便捷的清理網路傳播環境的方法，但也在一定程度上損害了網路本身互聯互通、平等自由的基本原則。

第二節 新媒體用戶的媒介素養媒介素

養這一概念在不同的時期有不同的意義，大致經歷了抵制、批判、參與三個階段。與媒介素養一樣，新媒體用戶的媒介素養同樣關注媒介使用者對於媒介的認知、批判和使用三方面的能力，是用戶的媒介素養發展到新媒體時期的產物。為了表述方便，除了目標外，以下將新媒體用戶的媒介素養統稱為新媒體素養。

一、媒介素養的內涵及其演變

媒介素養這一概念從 20 世紀 30 年代產生以來就處在不斷地變化發展之中，從最初的注重抵制、預防媒介的負面影響到對媒介的批判和質疑，再到促進受眾積極參與。而關於媒介素養的定義更是不勝枚舉，但就目前來看，接受度較高的定義都關照到了受眾對媒介的認知、批判和使用三個方面的能力。

（一）媒介素養概念的演變

媒介素養這一概念的首次提出是在 1933 年。英國學者利維斯和湯普森在《文化和環境：培養批判意識》一書中認為，學校應當引入媒介素養教育，並提出了一套完整的建議。書中提到「力求透過媒介素養教育，使學生免受媒介所傳播的不良文化、道德觀念或意識形態的負面影響」。當時提出的媒介素養觀念實際上是那個時代媒介效果研究的產物。當時，在英國以電影為代表的大眾傳媒製造出的流行文化不斷地衝擊著傳統的社會生活和原有的價值觀念。媒介效果研究認為大眾傳媒以低級庸俗的文化消解著精英文化，推銷一種低水準的滿足和虛假的幸福感，會誤導社會成員的精神追求。大眾傳媒中暴力、色情、過度娛樂化的內容以及受眾對媒介的過度使用都會嚴重地危害到受眾，特別是青少年和兒童。美國媒介素養運動的奠基人尼爾·波茲曼以印刷媒介作為標準來比較和衡量其他的媒介形式。他認為印刷媒介創造了童年這一概念，而電子媒介又使之趨於消逝。為了防止童年的消逝，波茲曼認為家庭和學校應該聯合起來抵制電子媒介對兒童的負面影響。基於這樣的

認識，當時的媒介素養關注的是受眾辨別和抵制來自大眾傳媒的不良影響的問題，實際上這是一種保護主義的媒介素養觀。

伴隨著媒介技術的不斷發展，新的媒介形式也在不斷地出現。受眾本身的媒介體驗也越來越豐富，不同受眾群體對於媒介文本的解讀也不盡相同，受眾對於媒介的使用方式，以及媒介在受眾生活中扮演的角色都發生了重大的變化。在這種情況下，再將受眾僅僅視為媒介傳播效果的受害者就顯得不合時宜了。因此，伴隨著媒介本身的發展、受眾與媒介關係的發展，媒介素養這一概念也在不斷地發展之中。媒介素養從最初精英主義提出的抵制和防禦到文化多元化的認識與實踐，從重視獨立批判能力到重視賦予民眾傳播能力和權力。陸曄和郭中實在《媒介素養的「賦權」作用：從人際溝通到媒介參與意向》中提出：「媒介素養從源自精英文化脈絡、保護公眾免遭不良訊息的對抗和免疫式的媒介素養觀，轉變為對媒介的質疑和批判性思考，並進一步拓展到以公眾媒介參與為核心的研究範式。媒介素養並非僅僅教導公眾瞭解媒介訊息如何生產，它與現實有何不同，更強調如何使受眾成為具有行動能力的現代社會的『積極貢獻者』。公眾主動透過參與媒介表達自我進而參與社會是媒介素養運動的重要目標。」

（二）媒介素養的定義

到目前為止，媒介素養已經發展成為了一個多含義、多角度、多層次的概念。有相當多關於媒介素養的定義，它們分別從不同的角度對媒介素養做出了界定。美國學者愛倫‧魯賓認為目前對於媒介素養的定義主要有三種模式：「能力模式」「知識模式」和「理解模式」。縱觀目前對於媒介素養的多種定義，都在這三個模式的範圍之內。

1992年，在美國的媒介素養指導會議上將媒介素養定義為獲取、分析、衡量及傳播訊息的能力。這個定義側重於訊息的認知能力，是媒介素養的「能力模式」。

媒介學者保羅‧梅瑟利斯認為媒介素養是關於媒介如何在社會中起作用的知識。這一定義關注的是訊息是如何傳播的，是所謂的「知識模式」。

大眾傳播研究者賈斯廷‧劉易斯和蘇特‧加利認為媒介素養是理解文化、經濟、政治和科技對訊息的創造、生產和傳播的制約。這個就是所謂的「理解模式」。W. 克瑞斯特和 W. 波特認為所有關於媒介素養的定義都包含以下五個元素的部分或全部：

第一，媒介是被建構的，也在建構真實；

第二，媒介有商業的利益和追求；

第三，媒介有政治的和意識形態的訴求；

第四，由於內容和形式各異，不同的媒介有各自不同的審美特質、符碼和傳統；

第五，受眾獲得媒介的意義是透過協商而來的。

而事實上，W. 克瑞斯特和 W. 波特的這一觀點也是更加側重於「理解模式」。

目前，較為成熟和被廣泛接受的媒介素養定義都同時包含了魯賓所提出的三個模式所涵蓋的內容。如，李軍林認為「媒介素養是指人們對各種媒介訊息的認知解讀和批判能力以及使用媒介訊息為個人生活、社會發展所用的能力」。張燕認為「媒介素養是指人們獲取、分析、評價和傳播各種媒介訊息的能力以及使用各種媒介訊息服務於個人的工作和生活的能力」。在新媒體環境下，我們每個人都是訊息的接受者和傳播者，新媒體將每個人捲入其中，它不僅僅是一種媒體更是一種生活方式。在這種情況下，是否擁有良好的媒介素養，即認知、批判和使用媒介的能力，直接影響著個人的生活水準和發展機會。因此，媒介素養是現代公民必備的生存能力和生活技能。

二、新媒體用戶媒介素養的意義與內涵

新媒體帶來了新的傳播環境和具有新的使用習慣的受眾，因此也帶來了新的問題。傳統的媒介素養在客觀上已經不足以應對新情況，因此必須建構新媒體用戶的媒介素養。同時，新媒體環境下媒介素養的建構對於個人和社會發展都將具有長遠的意義。目前，對於新媒體素養沒有一個公認的定義，

但與媒介素養的定義相似，現有的比較成熟的定義都強調對於新媒體本身的使用能力、批判能力，以及運用媒介來實現自身發展的能力。

(一) 培養新媒體用戶媒介素養的意義

新媒體的誕生極大地改變了已有的媒介生態，新媒體環境下的傳播具有及時性、互動性、海量性、全球性等特點。新媒體環境下的用戶具有主動性、參與性，接觸媒介的機會更多，媒介體驗更為豐富的特點。新媒體在當今社會中所造成的作用已經遠遠超越了傳統媒體的作用，它更多地融入社會生活中，成為必要的生產工具或是實現個人發展的重要手段。這些新的情況在傳統媒體時代不曾出現，因此，傳統媒體時代的媒介素養沒有提供應對這些新問題的世界觀和方法論。

在上文中，我們已經介紹了媒介素養這一概念的演變。事實證明，在不同的歷史和社會語境下，媒介素養都包含了不同的意義。以英國為例，20世紀30年代盛行保護主義的媒介素養理念；20世紀七八十年代影視媒介素養成為媒介素養的核心；20世紀90年代之後重視賦權的媒介素養教育理念廣為接受；近年來，新媒體文化中的潛在風險和個人發展問題成為新的關注點。媒介素養的觀念之所以會不斷地演進，一方面是由於媒介本身在不斷地變化，另一方面媒介研究或者更大範圍的社會思潮也在不同的時代表現出不同的特徵，這些都會對當時的媒介素養觀產生重要的影響。從媒介本身的角度來看，印刷媒介、電子媒介、數位媒介都有各自不同的傳播特徵，相應地受眾接受習慣也有很大的差別。當前是一個多種媒介形式共存的時代，每個人每天都會接觸到形形色色的媒介。顯然，對於受眾來講，使用每一種不同的媒介都需要調動不同的知識，使用不同的思考模式，對於每一種媒介的批判方式也是不一樣的。所以，媒介素養具有針對性，針對不同的媒介形式有不同的媒介素養要求。新媒體時代，人們對於媒介的認識進入了一個新的階段，同時也面對著新的社會現實。新媒體相對於傳統媒體表現出新的特徵，傳統媒體受眾不經過學習無法直接掌握新媒體的使用方式。這些現實都要求在具有普適性的媒介素養觀下發展出一種更具有針對性的新媒體用戶的媒介素養觀。

對於個人來講具備了新媒體素養將為個人帶來更多的學習、工作的機會，也能幫助個人較好地規避新媒體帶來的一系列風險。尼古拉斯·尼葛洛龐帝在《數位化生存》中有一句名言「計算不再只和電腦有關，它將決定我們的生存」。張敬輝在《數位時代的大眾素養：數位媒介素養》中提出「數位媒體素養是現代社會下個人生存的必然要求」，在網路上如何進行自我宣傳，樹立良好的自我形象，如何在網路上結交朋友並維持自己的社會關係，這些都是在數位媒體環境下基本的生存技能。從國家和社會的層面上講，培養社會公眾良好的新媒體素養能夠促進社會和諧、提升國家競爭力。張豔秋在《理解媒介素養：起源、範式與路徑》中提出：對於整個社會而言新媒體素養有利於促進知識經濟發展；有利於促進社會和諧；有利於促進社會公共參與；有利於降低數位媒體風險及危害。

（二）新媒體用戶媒介素養的內涵

新媒體素養，與相關研究中出現的「數位素養」「數位媒體素養」「訊息素養」「網路媒介素養」等概念有較高的重合性。學者們普遍認為新媒體素養是新媒體用戶的媒介素養，是用戶的媒介素養在新媒體環境下的具體體現與充實。根據上文的觀點，新媒體素養相對於傳統媒介素養將更加具有針對性，將著眼於新媒介環境下媒介使用者的能力問題。這些能力與傳統媒介素養的要求具有較大的差別。但兩者仍然有共同之處，如兩者都強調對媒介本身的使用能力、批判能力，以及運用媒介來實現自身發展的能力。

現有的關於新媒體素養的定義有很多。大多數定義都將新媒體素養界定為媒介使用者應該具備的一種能力，相當於上文中魯賓所提出的「能力模式」。

如美國媒介素養聯盟將新媒體素養定義為「識別、檢索、評價、組織、有效創造、利用、交流訊息處理問題的能力」。

如保羅·吉爾斯特於1997年首次提出的「數位素養」這一概念。他認為數位素養是使用者有效處理及交流各種數位訊息和知識所需的能力。吉爾斯特進一步指出了數位素養提出的一些新挑戰。他認為人們對於以網路媒體呈現出來的多媒體形式的訊息的解讀能力需要透過摸索和學習才能獲得；網路

媒體上的訊息檢索方式不同於傳統媒體，這要求人們必須重新學習新的訊息檢索方式；數位化傳播要求使用者具有多元思維和互動能力。吉爾斯特所提出的這一定義就是典型的「能力模式」。

如約拉姆·愛施特認為，數位素養不僅包括對數位訊息的使用能力，還包括特別的思考能力和心智慧力，主要有六種：

第一，解讀數位媒體上視覺符號或圖形所包含的訊息和指示的能力；

第二，對已有訊息進行複製、重排或創新的能力；

第三，透過非線性導航來收集碎片化或非文本性訊息並對其進行再創造的能力；

第四，對數位媒體上的訊息進行批判性思考的能力；

第五，在虛擬社區中進行有效溝通和自我表現的能力；

第六，在壓力狀態下同時執行多項任務的能力。

加拿大「媒介意識網」在項目報告《加拿大數位素養：從無所不包到過度轉型》中提出了數位素養應該包括以下三個方面的能力：

第一，獲取和使用各種數位媒體軟硬體所需的技能和知識；

第二，批判性數位媒體內容及應用的能力；

第三，利用數位技術進行創作的知識和能力。這也是一種「能力模式」的定義。

而另一些關於新媒體素養的定義則兼顧了魯賓所提出的「能力模式」「知識模式」和「理解模式」。如美國學者 Art Slverblatt 認為新媒體素養應該包括以下能力：能夠獨立負責地進行自身的媒介消費行為；對於網路媒介傳播的基本原理有所瞭解；認識到網路媒介是如何影響個人生活和整個社會的；分析和探究網路媒介上所傳播的訊息；對網路文化有所瞭解。如李衛東在《媒介素養：網路道德問題出路新探》中提出網路媒介素養應該包括四個方面的內容：

其一，如何認識和看待網路，即網路媒介觀；

其二，對於網路媒介的歷史與現狀、網路的結構、特點與功能、傳播原理和機制等有一定的瞭解，即網路媒介知識；

其三，瞭解網路媒介對於個人和社會的用途和影響，以及如何科學地建設、管理和使用網路，即網路媒介能力；

其四，對網路參與者、網路訊息、網路行為的辨析能力，參與網路過程中的用戶活動、精神狀態、道德意識以及文化心理等，即網路文化素質。

類似的關於新媒體素養的定義還有很多，在本書中就不再一一列舉了。總的來看，對於新媒體素養的定義有兩個較為明顯的特徵。一方面強調新媒體素養相對於傳統媒體素養要求一些更為具體和有針對性的能力；另一方面，新媒體素養所要求的能力從根本上看仍然是對媒介的認知、批判和使用三個方面的能力。

三、新媒體用戶媒介素養教育

（一）西方新媒體用戶的媒介素養教育

媒介素養作為一種能力並不是人先天就具備的，而是後天透過教育習得的。隨著互聯網、新媒體逐漸超越單純的媒介成為人們的生活方式時，越來越多的企業、服務包括民主活動都轉移到了網路上。如果新媒體的使用者不為已經到來的數位化生存準備必需的知識、技能、訊息管理能力、創新能力、批判能力以及相應的價值觀，那麼就會在個人發展上處於不利的地位，甚至有被社會遺落的風險。互聯網的發展是人類的一大進步，但這並不代表著所有的人都能從中獲益，對於那些缺乏新媒體環境下的媒介素養的人群，這也許會是一場災難。這恰好證明了進行新媒體環境下媒介素養教育的必要性。另一方面，擁有了傳統的媒介素養並不意味著就擁有了新媒體素養，新媒體環境下的媒介素養教育必然有別於傳統的媒介素養教育。這就使得各國不得不重新思考媒介素養教育的問題。

第二節 新媒體用戶的媒介素養媒介素

相比於其他的先進國家,美國在傳統媒介素養教育方面做得並不突出,但在新媒體素養教育方面卻走在了前頭。美國的新媒體素養教育有三個主要的實施主體,

第一個是科學研究機構。在美國,許多高等院校或研究所都成立了相關的科學研究項目、計劃、工作坊等。比如麻省理工學院的比較媒介研究項目就與各地中小學聯合開展了許多相關項目,如「海洋大葉藻項目」和「麻省理工遊戲」等。

第二個教育實施主體是社會力量,包括社會團體、民間協會、非營利性組織、個人名義的教育項目、活動等。由於美國的五十個州的教育體系都是獨立運作的,這些社會團體十分有利於各州老師之間的接觸、溝通和資源共享。

第三個教育實施主體是各中小學校,也是新媒體素養教育的主要陣地。除了傳授新媒體的相關知識以外,學校主要透過開發網路教學平台,將新媒體運用在教學和學習當中,透過這種以學生為中心的參與式的教學方法來培養其新媒體素養。

另外,美國的新媒體素養教育往往都是以項目的形式出現的,每一個項目都有特定目標,以培養使用者特定的一種能力。美國的新媒體素養教育可以分為四個層次,分別為初級階段、中級階段、高級階段和成人階段。初級階段是要告訴使用者新媒體是什麼,怎麼使用;中級階段是要培養使用者一定的批判意識;高級階段要求使用者學會利用新媒體為個人的成長和發展服務,並且能夠評估和管理自己的新媒體使用行為;成人階段即從宏觀角度把握新媒體與國家、社會的相互作用。總的來講,美國的新媒體素養教育受到文化研究視角的影響,重視受教育對象的媒介使用體驗,教育過程以使用者為中心,並注重提升其使用媒介的愉悅度。

在英國,新媒體素養教育被視為「公民課程」,目的在於透過新媒體素養教育來保護英國的主流文化及價值觀。1989 年,英國教育部將新媒體素養納入正式的教學體系中,規定小學和中學的學生都要進行新媒體素養的教育。2002 年,英國又在國家課程中新增了「公民課程」部分,在公民課程的大綱

中確定了新媒體素養的地位，並且作為中學教育的法定課程。2009年6月，英國政府公佈了「數位英國」白皮書。這一國家策略的主要目的就是要將英國打造成為「數位之都」。「數位英國」這一計劃共有五個方面的重要內容，其中一項重要內容就是確保所有人公平的數位接入，透過打造普遍的網路接入和公民新媒體素養，使得每一個英國公民都參與到數位經濟和數位社會中來。2010年5月，戴維·卡梅倫領導的保守黨在英國的大選中取得了勝利。卡梅倫出任首相之後提出了「數據權」的概念。他指出，「數據權」是訊息時代每一個公民都擁有的一項基本權利，並承諾要在全社會普及「數據權」。近年來，BBC也推出了系列新媒體素養教育行動，如「首次觸網」工程、「校園報導」工程、「BBC連結」媒介素養網站等，都具有較大的影響力並取得了良好的效果。

加拿大作為媒介素養教育的先行國，在新媒體素養教育方面也進行了許多有益的探索。加拿大從2006年開始舉辦「媒介素養周」的活動，該活動每年一次，每次都有不一樣的主題。到目前為止，其採用過的主題分別有：你從媒介中的獲益；電子育兒；互聯網通行證；數位時代的未來新聞採集；性別與媒體；等等。加拿大的「媒介意識網」作為一個媒介素養教育網站全球知名。該網站從1996年開始關注新媒體素養教育方面的問題，並於1999年推出了「加拿大網路意識工程」，2012年5月，該網站更名為「媒介智者」。該網站一直致力於協調家庭、社會、學校等各方資源，關注各種網路問題，以提高加拿大公民的新媒體素養為己任。

西方國家在新媒體素養教育方面已經做出了許多有益的探索，如制定政策使新媒體素養教育成為學校教育的必需部分；將提高公眾的新媒體素養作為國家策略；充分利用各種社會資源，協調家庭、社會、學校的力量等。總的來看，國外的新媒體素養教育呈現出以下特點：先進國家起步早、重視程度高；重視針對家長、老師、學生的多種形式的實踐教育；協調多種社會力量。

（二）亞洲新媒體用戶的媒介素養教育現狀與展望

　　港臺地區的媒介素養教育起步較早，已經形成了較為成熟的模式。常志剛在《臺灣媒體素養教育：背景、現狀與反思》中指出，臺灣的媒介素養教育經歷了三個發展階段，分別為理念發展階段、政策確立階段、實踐推廣階段。臺灣媒體素養教育的參與主體有社會組織、媒體以及學界，基本形成了一個完整的媒體素養教育體系。大陸的媒介素養教育整體上比較滯後，到目前為止仍處在探索引進的階段。在這種情況下，新媒體素養的教育更是嚴重不足。北京師範大學學者李德剛首先將新媒體素養這一概念引入中國，他在《新媒介素養：參與式文化背景下媒介素養教育的轉向》中指出：新的媒介環境，新的媒介文化，新的媒介素養迫切需要新的媒介素養教育策略。

　　中國的新媒體素養教育首先是從理論研究開始的。中國對於新媒體素養教育的研究始於對西方相關研究的譯介和引進。隨後的研究開始在西方理論的基礎上反觀中國媒介素養教育的現實，探索在中國進行新媒體素養教育的可能性及方式。近年來，關於中國公眾媒介素養及新媒體素養的大量實證研究開始湧現，為相關研究積累了大量的原始數據。總之，中國關於新媒體素養教育的研究已經較為成熟，對中國新媒體素養教育的實踐起著良好的促進作用。

　　新媒體素養教育實施主體主要就是學校，學校是進行新媒體素養教育的絕對主力。學校實施新媒體素養教育的途徑之一就是將有關新媒體素養的課程加入現有的課程體系之中。

【知識回顧】

　　媒介倫理涉及新聞、廣播電視、出版編輯、廣告等多個領域，不僅包括媒介從業人員的職業道德，還包括媒介組織的倫理道德甚至公眾的倫理道德。媒介倫理要解決的問題就是媒介從業人員、媒介組織以及公眾如何進行倫理抉擇的問題。

　　新媒體環境下並沒有產生新的倫理問題，而是舊的倫理問題有了新的表現形式。因此，新媒體實質仍是媒介倫理，是媒介倫理在新媒體環境下的一

種表現。新媒體倫理就是各類主體（包括媒介從業人員、媒介組織以及公眾等）在參與新媒體活動時，為了獲得一種有價值的行為方式而進行倫理抉擇的一系列準則。目前，關注較多的新媒體倫理問題包括訊息汙染、網路侵權以及網路導致的人格異化問題等。

建構新媒體傳播倫理是一個系統的工程，必須從多個方面進行努力，包括健全立法、加強執法、行業自律、社會監督、加強對新媒體從業人員和使用者的道德教育以及採取必要的技術手段等。

媒介素養這一概念的發展經歷了抵制、批判、參與三個階段，從最初的注重抵制、預防媒介的負面影響到對媒介的批判和質疑，再到促進受眾積極參與。媒介素養主要是指受眾對於媒介的認知、批判和使用三個方面的能力。

媒介本身和社會思潮的發展演變要求在具有普適性的媒介素養觀下發展出一種更具有針對性的新媒體環境下的媒介素養觀。新媒體素養是指用戶對於新媒體的認知、批判和使用三個方面的能力。對於個人來講具備了新媒體素養將為個人帶來更多的學習、工作的機會，也能幫助個人較好地規避新媒體帶來的一系列風險。從國家和社會的層面上講，培養社會公眾良好的新媒體素養能夠促進社會和諧、提升國家競爭力。

【思考題】

1. 什麼是媒介倫理和媒介素養？
2. 在新媒體環境下媒介倫理與媒介素養有哪些新的特徵？
3. 建構新媒體傳播倫理應該從哪些方面努力？
4. 在新媒體環境下用戶應該如何提高自己的媒介素養？

後記

　　記得 2013 年 10 月，我與一位大學同學一起回母校看望一位即將退休的老師時，與出版社李遠毅總編輯和楊景罡社長，偶然提起現在新媒體發展快速，對報刊、廣播、電視等傳統媒體形成重大衝擊，而大學已經開設或正在準備開設「網路傳播」及相關專業，有些學校甚至正在籌劃「新媒體系」或「新媒體學院」。相對而言，儘管出版和翻譯出版了不少與新媒體有關的各種書籍，但是體系完整的新媒體系列著作卻極少，此情形與 20 多年前廣告學專業「剛開始嶄露頭角」時頗為相似。有鑒於此，遠毅兄與景罡兄便邀請我主編一套「新媒體系列叢書」。在此之前，我的研究方向主要是廣告經營管理、媒介經營管理，對新媒體雖然有所涉獵，如在撰寫《廣告經營與管理教程》(2011)、《廣告管理學》(第三版，2012) 和《廣告法規與管理教程》(2013) 時，已有章節涉及「網路媒體管理」的內容，但畢竟不是系統研究。因此，對主編這套叢書以及接下編寫《新媒體概論》一書的任務，從一開始我心裡還是有些發怵的。好在有遠毅兄和景罡兄的信任與支持，有初次擔任叢書主編的「誘惑」，於是便接下了這兩個「活兒」。後來幾經商議，終於在 2014 年春節期間定下這套叢書的編寫體例、首期十本書的書名及相關作者。

　　概論性書籍，容易編成大拼盤、大雜燴，要自成體系且兼具特色，十分不易。這本《新媒體概論》做了一些有益的探索：一、二章為總論篇，是對新媒體概念、特點、表現形態和發展歷程的概述；三、四章為技術篇，是對新媒體三大主體技術———網路技術、數位技術和行動通訊技術的解讀；五至八章為傳播篇，是從傳播參與者、傳播內容、傳播過程和傳播效果四個層面，考察新媒體對傳統媒體的影響與顛覆；九至十四章為經營篇，是對在新媒體技術構築的運營平台上，所開展網路媒體經營、手機媒體經營、數位電視媒體經營、新媒體廣告經營和企業的新媒體行銷的總體把握；十五、十六章為管理篇，主要從新媒體的政府規制、新媒體倫理和新媒體用戶的媒介素養三個方面，剖析新媒體管理問題。總之，本書在移動互聯、媒介融合、數位行銷、大數據和社交媒體等的背景下，沿著技術、傳播、經營和管理的邏

輯，對新媒體進行梳理和闡釋，以期揭示出其內在的脈絡與規律。至於這個目標是否達到，只好交給讀者諸君去評判了。

　　本書由周茂君提出整體框架、編寫大綱，並完成全書的統稿工作，具體各章節編寫者為：第一章由周茂君完成，第二章、第十章由楊娜、周茂君完成，第三章、第四章由王伶俐、周茂君完成，第五章、第九章、第十四章由陳世立、周茂君完成，第六章由周逸青、周茂君完成，第七章、第八章、第十一章由彭鐵鑫、周茂君完成，第十二章、第十六章由李搏南、周茂君完成，第十三章由李莎、楊娜、李搏南、周茂君完成，第十五章由周茂君完成。

　　新媒體屬於新生事物，不僅其概念在不斷地演進，而且網路技術、數位技術和行動通訊技術的進步，也在不斷地推動新媒體向前發展，各種新媒體形態及其應用和新知識、新理論層出不窮，而我們的學識與視野有限，故書中疏漏之處恐在所難免，祈望讀者正之。

　　是為記。

周茂君

第二節 新媒體用戶的媒介素養媒介素

國家圖書館出版品預行編目（CIP）資料

新媒體概論 / 周茂君 編著 . -- 第一版 .
-- 臺北市：崧燁文化，2019.10
　　面；　　公分
POD 版

ISBN 978-957-681-998-8(平裝)

1. 傳播產業 2. 數位媒體 3. 網路媒體

541.83　　　　　　　　　　　　　　　108015864

書　　名：新媒體概論
作　　者：周茂君 編著
發 行 人：黃振庭
出 版 者：崧燁文化事業有限公司
發 行 者：崧燁文化事業有限公司
E - m a i l：sonbookservice@gmail.com
粉 絲 頁：　　　　　　網　址：
地　　址：台北市中正區重慶南路一段六十一號八樓 815 室
8F.-815, No.61, Sec. 1, Chongqing S. Rd., Zhongzheng Dist., Taipei City 100, Taiwan (R.O.C.)
電　　話：(02)2370-3310　傳　真：(02) 2370-3210
總 經 銷：紅螞蟻圖書有限公司
地　　址：台北市內湖區舊宗路二段 121 巷 19 號
電　　話：02-2795-3656 傳真:02-2795-4100　　網址：
印　　刷：京峯彩色印刷有限公司（京峰數位）

　　本書版權為西南師範大學出版社所有授權崧博出版事業股份有限公司獨家發行
　　電子書及繁體書繁體字版。若有其他相關權利及授權需求請與本公司聯繫。

定　　價：650 元
發行日期：2019 年 10 月第一版
◎ 本書以 POD 印製發行